经济学省级特色专业建设省资金资助

李利英 / 主　编
李铜山　康涌泉 / 副主编

粮　食　经　济　问　题

Commissariat Economy Issues

中国农业出版社

图书在版编目（CIP）数据

粮食经济问题 / 李利英主编 . —北京：中国农业
出版社，2015.6
ISBN 978 - 7 - 109 - 20883 - 4

Ⅰ.①粮…　Ⅱ.①李…　Ⅲ.①粮食问题-研究-中国
Ⅳ.①F326.11

中国版本图书馆 CIP 数据核字（2015）第 199754 号

中国农业出版社出版
（北京市朝阳区麦子店街 18 号楼）
（邮政编码 100125）
责任编辑　赵　刚

北京中科印刷有限公司印刷　　新华书店北京发行所发行
2015 年 6 月第 1 版　　2015 年 6 月北京第 1 次印刷

开本：700mm×1000mm 1/16　印张：27.25
字数：445 千字
定价：48.00 元
（凡本版图书出现印刷、装订错误，请向出版社发行部调换）

《粮食经济问题》编写人员

主　　编　李利英

副 主 编　李铜山　康涌泉

参编人员（按章数及字数排序）

王贵民　刘　凌　刘清娟　梁瑞华

王松梅　王　理　李进霞　戴晓鹂

毕艳峰　段瑞君　朱晓宁　郭慧萍

前　言

粮食经济问题既是经济问题，也是政治问题。尤其是在我们这样一个拥有 13 亿多人口的农业大国，确保粮食安全，对于实现我国国民经济又快又好发展，促进社会稳定和谐，保障人民安居乐业，具有极其重要的意义。随着 20 世纪 90 年代以来我国市场经济体制的确立和发展以及粮食流通体制的改革，原有的"粮食经济问题"的体系和框架已不能适应粮食经济新形势的需要，为此，我们组织编写了这本《粮食经济问题》教材。

这本教材由河南工业大学经济贸易学院经济学系、河南工业大学粮食经济研究中心部分老师编写。经济学系前身是河南工业大学粮食经济专业，粮食经济专业是河南工业大学（原郑州粮食学院）开办最早的专业之一，其源自 1959 年 6 月北京粮食专科学校设立的粮食经济专业。教材编写者长期致力于粮食经济问题的研究和教学工作，本教材是参编者长期研究成果的梳理，教材的出版凝结着编者的心血和汗水。本教材的特点是力求理论联系实际，深入浅出，内容系统、全面，通俗易懂，易于读者理解与接受。

本教材有以下特色：第一，注意知识的系统性、完整性。本教材从粮食生产、消费，到粮食市场及粮食贸易，再到粮食的安全与储备，完整、系统地分析了粮食经济问题涉及的粮食生产、流通、消费与分配问题。第二，注重教材的实用性。教材运用大量现实数据及图、表分析，阐述当前我国现实粮食供求状况，粮食流通、粮食储备、粮食贸易状况，避免了理论脱离实际。第三，注重教材适用的广泛性。本教材内容涉及粮食经济问题的各个方面，适合于经济学、金融学、财政学、国际贸易、工商管理、电子商务、粮食物流、粮食工程、食品科学与工程、食品质量与安全等专业本科生与研究生作为教材使用。同时，也可为粮食部门工作者，从事粮食理论的研究者参考使用。

全书内容共6篇，加上绪论，共分为17章，绪论部分介绍了粮食经济问题的产生与发展，粮食经济问题的研究内容及方法。第一篇是粮食生产与粮食消费，共有4章内容，系统地介绍了影响粮食生产及粮食消费的主要因素，中国粮食作物的地理分布及特点，粮食生产的基础知识及中国的粮食生产，粮食消费的基本构成及消费变化。第二篇是粮食市场与粮食贸易。共3章内容，系统地介绍了粮食市场的基础知识、中国粮食市场的体系建设，中国粮食价格体系的形成及历史演变，中国粮食价格的波动及防止过度波动的对策，中国粮食的进出口贸易。第三篇是粮食流通与粮食期货，共有2章内容，系统地介绍了粮食流通的内涵和中国粮食流通体制改革及演变，中国粮食期货市场的产生与发展。第四篇是粮食安全与粮食储备，共2章内容，系统地介绍了粮食安全与粮食储备的基础知识，以及粮食安全的考量和我国粮食储备制度。第五篇是粮食调控与粮食政策，共2章内容，系统地介绍了粮食宏观调控的内涵、目标与我国粮食宏观调控的手段，中国粮食政策的目标及粮食政策的历史沿革。第六篇是世界粮食经济问题概览，共3章内容，系统地介绍了联合国粮食组织，世界"四大粮商"，世界种业巨头，世界粮食生产与商贸流通，世界粮食安全与粮食储备等内容。

本教材编写的目的是要构建一个系统完整的粮食经济问题的研究框架，希望通过本书的教学让同学们全面掌握粮食生产、粮食消费、粮食市场、粮食流通、粮食安全、粮食储备、粮食调控的基本知识，了解我国粮食生产、粮食消费、粮食安全的现状以及我国粮食生产、流通、消费、分配领域的问题和对策，培养学生分析问题、解决问题的能力，达到提高学生素养的目的。

本教材由李利英教授任主编，李铜山教授和康涌泉副教授任副主编，对全书进行修改、总纂及定稿。参与编写的人员具体分工是：李铜山编写第一章绪论，王松梅编写第二章，刘清娟编写第三章，康涌泉编写第四章、第十章，刘凌编写第五章、第九章，朱晓宁编写第六章，王贵民编写第七章、第十四章，王理编写第八章，戴晓鹏编写第十一章，段瑞君编写第十二章，梁瑞华编写第十三章，毕艳峰编写第十五章，郭慧萍编写第十六章，李进霞编写第十七章。本书在编写过程中，受到河南工业大学教务处、河南工业大学经济贸易学院、河南工业大学粮食经济研究中心的大力支持。另外，在本书的编写过程中，经济贸易学院部分研究生参与了教材书稿的大量校正工作，在此一并表示感谢。

在本教材的编写过程中，我们参阅了大量有关粮食经济问题的书籍、杂志、报纸及网上资料，这些参考材料给了我们很大启发，大部分我们都列在教材每章后面的参考文献之中，对于相关文献的作者表示最诚挚的谢意！另外，由于我们水平有限，教材难免出现这样那样的缺点和不足，敬请广大读者批评指正。

李利英

2015 年 5 月

目　　录

第二篇　粮食市场与粮食贸易

第一章 绪 论

本章学习目标：

1. 了解粮食经济问题的相关概念；
2. 了解粮食经济问题的产生与发展；
3. 掌握粮食经济问题的研究对象和研究内容；
4. 了解粮食经济问题的研究方法和学科性质。

第一节 粮食经济问题的相关概念

一、粮食的概念

粮食的概念是随着时间的推移而不断变化和更新的。尤其是随着科学技术的发展以及人们粮食消费水平的提高，粮食的概念也是不断发展的。

（一）中国传统粮食概念

1. 广义的粮食和狭义的粮食

按照中国传统解释，粮食有广义和狭义之分。

广义的粮食指谷物类、豆类、薯类的集合，包括农业生产的各种粮食作物和粮食部门经营的全部品种，这与国家统计局每年公布的粮食产量概念基本一致。其中，谷物类主要包括稻米、小麦、玉米及其他杂粮，如小米、黑米、荞麦、燕麦、薏仁米、高粱等。豆类主要包括大豆、绿豆、蚕豆、豌豆、小豆、豇［jiāng］豆等。需要指出，大豆既是粮食，又是油料。薯类主要包括甘薯、木薯、马铃薯等。这是目前通行的解释。

狭义的粮食指谷物类，即禾本科作物，包括稻谷、小麦、玉米、糜［méi］（黍［shǔ］和稷［jì］）、大麦、高粱、燕麦、黑麦等，习惯上还包括蓼［liǎo］科作物中的荞麦。

2. 粮食概念的演变

粮食在中国古代是有区别的两个字。许慎《说文解字》："行道曰粮，谓糒［bèi］也。止居曰食，谓米也。"这里的"粮"是指行人携带的干粮；"食"指长居家中所吃的米饭。后来两字逐渐复合成"粮食"这一名词，最早出现在先秦史籍中，在《左传·鲁襄公八年》中就记有："楚师辽远，粮食将尽"。

清朝康熙五十五年（1819），张玉书等编的《中华大字典》对粮食的解释是"谷食"，即谷物类。可见，在中国历史上，人们一直把粮食解释为谷物。

3. 粮食的代称

中国古代粮食的代称也叫谷、五谷、八谷、九谷、百谷等，但以五谷为最多。

五谷一词，初见于《论语·微子》："四体不勤，五谷不分。"《周礼》中则是九谷、六谷、五谷杂称。到战国时代，五谷的称谓便普遍起来。

五谷的种类古代说法不一，《周礼·夏官职方氏》"其谷宜五种"指：黍、稷、菽（［shū］豆类总称）、麦、稻，这是很普遍的一种。另一种指麻、黍、稷、麦、菽。后统称谷物为五谷，但不一定限于五种谷物。

五谷一词的出现，标志着当时人们对粮食有了比较清楚的分类，亦反映出粮食食物已经成为人类古代最基本的生活资料。

4. 粮食品种的变化

中国是世界上农业发展最早的国家之一，也是世界上最大的农作物起源中心之一。

中国最早出现的粮食作物，南方以水田作物稻为代表，北方以旱地作物粟（［sù］，谷子）为代表，起源中国，距今至少有7 000多年的历史。

糜子有粳糯两种类型，粳性的称稷，糯性的称黍，起源中国，距今至少有5 000多年的历史。

麦，古代是小麦和大麦的通称，起源中国，距今至少有7 000多年的历史。

大豆又称菽，起源中国，距今至少有5 000多年的历史。

高粱起源于非洲中部、印度和中国西部的干旱地区，在中国至少有6 000多年的历史。

玉米起源于墨西哥和秘鲁，明代中叶传入中国，距今至少有800多年的历史。

甘薯发源于中美洲，明朝万历初年传入中国，距今至少已有 400 多年的历史。

在《诗经·小雅》中，农作物的排列顺序是：黍、稷、稻。当时，人们迷信自然，称社为地神，稷为谷神，故将二者结合在一起称为社稷。

由于古代以农立国，"国以民为本，民以食为天"，因而社稷成了国家的代名词，这充分说明黍、稷等粮食品种在当时的重要地位。

（二）粮食部门粮食概念

中国粮食部门一直按所经营管理的粮食商品品类来解释粮食。

1950 年，粮食是指小麦、大米、大豆、小米、玉米、高粱和杂粮七大类。

1952 年，粮食减为小麦、大米、大豆和杂粮四大品类。

1957 年，粮食增为小麦、大米、大豆、杂粮和薯类五大品类。

1971 年，又把杂粮改为"玉米等"，粮食为小麦、大米、大豆、玉米、薯类新五大品类，一直沿用到现在。

在粮食商品品类中，粮食又根据其领域和作用对象的不同分为四类：

1. 原粮

原粮又称"自然粮"，是指收割、打场和脱粒后，没有加工和不需要加工就能食用的粮食。如小麦、稻谷、大豆、高粱、玉米、绿豆、大麦、蚕豆、薯类等。中国在计算全社会粮食生产时，使用原粮计算。

2. 成品粮

成品粮是指原粮经过加工后的产品，如面粉、大米、小米、玉米面等。但有些原粮不经过加工也可直接制作食物，既算原粮，也算成品粮，如豆类、薯干等。

3. 混合粮

混合粮又称"实际粮"，是指原粮和成品粮的统称，即按照经营活动发生的实际粮食品类进行排列的方法，如小麦、面粉、稻谷、大米、大豆、高粱、玉米面等。

4. 贸易粮

贸易粮是指粮食部门在计算粮食收购、销售、调拨、库存数量时使用的粮食品类的统称，包括小麦、大米、大豆、玉米、薯类这五大类。在计算时要将原粮（如稻谷、谷子）或成品粮（如面粉、玉米面）按规定的折合率，折合成相应粮种的贸易粮。

（三）国际通用粮食概念

1. 中国和 FAO 的粮食概念的差异

中国和联合国粮农组织（FAO，Food and Agriculture Organization of the United Nations）所采用的粮食概念有所差异。

中国有关"粮食"的概念：一般理解为谷物类、豆类、薯类。

FAO 有关"粮食"的概念：Food、Grain。英语 Food 译成中文是食物，Grain 译成中文是谷物。新中国成立前人们把 Food 译成粮食，新中国成立后沿用这一译法至今。因此，国际上通用的粮食概念与中国的粮食概念大不一样。

2. 英语及词典中对粮食一词的解释

在英语中，Food 是指可吃的干物质，即食物，与供饮用的含营养成分的液体"饮料"相对。

1982 年《简明牛津字典》对 Food 的解释：由肌体吸收，用来维持生命和促进生长的营养物质，它是固体形态的食物。

《美国传统词典（双解）》：Material, usually of plant or animal origin, that contains or consists of essential body nutrients, such as carbohydrates, fats, proteins, vitamins, or minerals, and is ingested and assimilated by an organism to produce energy, stimulate growth, and maintain life. 翻译为中文就是：食物，通常是源于植物和动物的物质，包含有人体所需营养的基本成分，如碳水化合物、脂肪、蛋白质、维生素和矿物质等，由产生能量、促进发育和维持生命的组织消化并吸收。

3. FAO 的分类

FAO 出版的生产年鉴每年所列食物产品目录，有 8 大类 106 种。

8 大类 106 种具体包括：谷物类 8 种；块根和块茎作物类 5 种；豆类 5 种；油籽、油果和油仁作物 13 种；蔬菜和瓜类 20 种；糖料作物 3 种；水果、浆果 24 种；家畜、家禽、畜产品 28 种。

FAO 每年公布世界谷物总产量时，由于我国翻译上的历史习惯，常译成"世界粮食总产量"。其实，这个"世界粮食总产量"只是谷物类，不包括大豆、杂豆和薯类。

FAO 的谷物（Cereal），包括麦类、粗粮（杂粮）（Coarse Grains）和稻谷类三大类。其中，麦类包括小麦、大麦、皮麦、青稞（元麦）、黑麦、燕麦、莜麦；稻类包括粳稻、籼稻、糯稻、陆稻（旱稻）、深水稻；粗粮类包括玉米、高粱、荞麦、粟（谷子、小米）、黍（穈子）。

从 20 世纪 90 年代起，国家统计局的统计年鉴和统计摘要，均在粮食总产量的栏目中另列谷物总产量指标。

与 FAO 的"世界粮食总产量"相比较，我国广义的"粮食总产量"中增加了豆类和薯类产量。

（四）"大粮食"概念

1. "大粮食"概念的提出

20 世纪 80 年代，我国有些学者在原有传统粮食概念基础上，提出了所谓的"大粮食"的概念。

我国最早提出"大粮食"概念的是中国科学院的生态学家、植物学家侯学煜教授。他发表在 1981 年 3 月 6 日《人民日报》的文章《如何看待粮食增产问题》，认为以往单纯抓种植业、抓谷物类粮食生产，不仅解决不了粮食问题，而且导致了生态破坏，因此主张在经营好现有土地的同时，必须充分利用山区、水面和草场的丰富资源，广辟食物来源，提出了"大粮食"的概念。1984 年，侯学煜又出版了专著《生态学与大农业发展》，全面阐述了他的"大农业"、"大粮食"概念。

"大粮食"的观点主要包括：凡是能吃的东西，都应该看作是"粮食"；粮食生产不仅仅包括谷物生产，而且应包括种植业、林业、牧业、渔业等整个大农业的生产和发展；可以因地制宜，充分发挥地区经济优势，合理利用整个农业自然资源。

后来，学者们将此观点加以引申，又提出了"营养素就是粮食"的观点，认为应该从营养素角度理解粮食，粮食就是营养素，发展粮食，就是增加营养素产量，改善营养素结构；凡是能维持人类正常生命活动和增强体质的食物，都属于粮食。

2. "大粮食"概念的解释

所谓"大粮食"，就是把除粮食外的肉、禽、鱼、蛋、奶、果、木本粮油等，都列入粮食之列。与此相反，把粮食只看作是禾本科作物、薯类和某些豆类，则是"小粮食"概念。

或者说，所谓"大粮食"，就是除淀粉类禾本科作物如大米、小麦、玉米等外，凡是能为维持人体健康需要提供营养的东西如肉、蛋、奶、鱼以及蔬菜、水果等都应叫作粮食。如果认为油菜、花生、甘蔗、鱼、蟹、虾、野鸭以及莲子、菱角、核桃、板栗等不算粮食，那就是"小粮食"概念。

基于以上所述，"大粮食"概念就是要广义的理解粮食，把凡是能吃并能为人体提供所需要营养的物质都看作是粮食。因此，"大粮食"概念的外延不仅包括谷物、豆类和薯类，而且还包括其他一切能维持人体生命、保证肌体发育、补充营养消耗的各种动植物产品、养料和滋补品。

3. 学术界的争议

上述的"大粮食"概念，也得到了学术界的热议和争议。

秦其明、魏道南、王贵宸（1982）认为，如果按照"大粮食"概念，把所有的食物都归之于粮食一类，那就没有粮食与其他食物的区分了。撇开理论研究不谈，这样至少在人们的日常生活中就会发生困难。主张使用"大粮食"概念的同志的本意，是要纠正"以粮（禾本科作物、薯类和某些豆类）唯一"的观点，然而把其他许多食物均列为"粮食"，其结果却适得其反，粮食倒真正成了包罗万象的"唯一"。这将更加不利于正确处理粮食生产与肉、禽、鱼、蛋、奶、果及木本粮油等食物生产之间的关系，不利于促进粮食生产和其他食物生产的全面发展。

孙启佑（1982）认为，"大粮食""小粮食"的提法令人不可理解。某些同志不过是把人们通常说的食物这个概念换成了"大粮食"的提法，并没有增添什么新内容。他认为，食物就是食物，粮食就是粮食，二者不能混淆。食物包括粮食和肉、奶、蛋等，但不能把肉、奶、蛋等也叫作"粮食"或"大粮食"，正如人和猿、猴、猩猩都是动物，而不能把猿、猴、猩猩叫作"人"或"大人"一样。为维持人体健康需要的营养物质，只能叫作食物，如果硬要叫成"粮食"或"大粮食"，就只能引起混乱。例如，现在人们很爱议论我国人民的食物构成，如果把它改为"大粮食构成"，人们能够理解吗？又如，假若有人唱出"清早船儿去撒网，晚上回来粮满舱"，不是会使人发笑吗？

事实上，从本质上看，侯学煜等人提出的"大粮食"概念，与国际上通用的食物（Food，我国至今还翻译为"粮食"）的概念大体一致，并非真正意义上的粮食概念。

二、粮食的特征

粮食的主要特征，包括战略性、风险性、商品性、外部公益性等。

（一）粮食的战略性

粮食像空气和水一样，是人类生存的必需品，具有明显的不可完全替代性。在人们的消费活动中，粮食消费始终处于优先地位和基础地位。人不可一日无食，市不可一时断粮。

粮食生产是人类一切物质和精神生产的基础。在一个国家的发展战略中，粮食安全战略显得尤其首当其冲。因此，党和国家领导人历来都高度关注粮食问题。

毛泽东同志指出："不能多打粮食，是没有出路的，于国于民都不利""要注意，不抓粮食很危险。不抓粮食总有一天要天下大乱""手中有粮，心里不慌，脚踏实地，喜气洋洋"。

邓小平同志指出："农业要有全面规划，首先要增产粮食。2000年要生产多少粮食，人均粮食达到多少斤才算基本过关，这要好好计算。2000年总要做到粮食基本过关，这是一项重要的战略部署""重视发展农业。不管天下发生什么事，只要人民吃饱肚子，一切就好办了"。

江泽民同志指出："我国这么多人口的吃饭问题只能靠自己来解决，在这个问题上不能有任何不切实际的幻想""国以民为本，民以食为天，没有什么事情比老百姓吃饭问题重要""对农业尤其是粮食生产要始终抓得很紧"。

胡锦涛同志先后强调："粮食问题是关系经济安全和国计民生的重大战略问题，任何时候都不能有任何的懈怠""粮食安全的警钟要始终长鸣，巩固农业基础地位的弦要始终绷紧""粮食安全问题，关系到经济全局，关系到人民群众切身利益，大意不得！疏忽不得！放松不得！"

习近平同志明确要求："粮食安全要靠自己""我们自己的饭碗主要要装自己生产的粮食""保障粮食安全对中国来说是永恒的课题，任何时候都不能放松。历史经验告诉我们，一旦发生大饥荒，有钱也没用。解决13亿人吃饭问题，要坚持立足国内。"

党和国家领导人对粮食经济问题的重要论述，从全局和战略的高度，揭示和强调了粮食是关系国计民生、政治稳定、社会安定的战略性物质，具有当之无愧的极端重要性。

（二）粮食的风险性

粮食生产属于自然再生产，无可回避地会遇到自然风险。自然风险是指因自然力的不规则变化产生的现象所导致危害粮食生产活动的风险，如地震、水灾、火灾、风灾、雹灾、冻灾、旱灾等。近些年来，水灾、旱灾等自然灾害不仅日益频繁，而且所造成的损失也日益严重。

粮食经营属于市场行为，无可回避地会遇到市场风险。市场风险是指由于市场交易中风险因素的变化和波动可能导致粮食价值未预料到的潜在损失的风险。

粮食的风险性还体现在会遭遇技术风险、政治风险等风险。技术风险是指由于技术掌握不全面、使用不当或失误以及使用了假冒伪劣的技术及其载体（如假技术、假化肥、假农药等）而导致的粮食减产、土壤污染、人身伤害、环境破坏等风险。政治风险是指由于一国发生的政治事件或一国与其他国家的政治关系发生变化对粮食生产及流通造成不利影响的可能性。

而且，从近些年的实际情况来看，粮食的上述诸多风险常常是不再孤立地存在，而是并存且交织在一起的，共同发生负面影响。所造成的危害，也常常达到"1+1＞2"的后果。

从国内来看，粮食的风险性突出地体现在耕地总体呈现逐年减少趋势，水资源日益匮乏，生态环境有恶化趋势，农业投入力度不足，抗灾减灾等基础设施薄弱等多个方面。

从国外来看，粮食的风险性突出地体现在粮食储备率下降；不少地区出现粮食短缺；世界耕地增长日趋缓慢，耕地资源退化和水资源短缺；气候变化无常，自然灾害频繁；农业生产者健康恶化和生产能力下降；粮食需求发生变化；发展中国家和发达国家粮食宏观政策差异，造成粮食生产空间分布很不均匀；国际金融危机对粮食安全构成新的威胁等多个方面。

（三）粮食的商品性

在马克思主义政治经济学中，商品是用于交换的劳动产品。粮食是商品，具有商品二重性：一方面，作为农业生产者劳动的产品，粮食凝结着劳动，具有价值；另一方面，粮食可以满足人们健康发展的基本生存需要，具有使用价值。尤其是在市场经济条件下，粮食更是具有特殊重要性的商品，既具有生产和消费的私人物品性，又具有市场竞争性。

（四）粮食的外部公益性

粮食的外部公益性主要体现在两个方面：一方面，粮食生产者对粮食消费者、粮食加工者的外部公益性。粮食生产者所生产的粮食，可以在粮食丰收年使粮食消费者饱食无忧，使粮食加工者获得充足的原材料；即使是在粮食歉收年，由于粮食库存调剂余缺，也基本上可以使粮食消费者安然度过灾荒，使粮食加工者不至于因缺乏原料而停工。另一方面，粮食供给地区对粮食需求地区的外部公益性。在种粮效益低下的背景下，粮食供给地区生产的粮食越多，其所付出的机会成本越大。粮食供给地区为了多生产粮食，牺牲了巨大的经济利益，却给粮食需求地区送去了福祉：粮食需求地区消费着粮食供给地区生产的廉价粮食，生产着比粮食价格高若干倍的工业产品，加之工农业产品价格剪刀差的客观存在，使粮食需求地区获得了巨大的差额利润。

这也是我国东部沿海地区耕地面积及粮食产量急剧下降而经济却迅猛发展，而中部地区、东北部地区耕地面积及粮食产量居高不下而经济却发展缓慢的重要根源。因此，有学者甚至认为，粮食其实是一种具有极大外部正效应的公共产品，是一种具有维持社会稳定功能——社会收益远大于私人收益的公共产品。而农民贫困的根源，也正是在于粮食的公共产品属性。

三、粮食经济的概念及特征

粮食经济一词，尽管学术研究或指导、规划实际工作时经常使用，且有使用频率越来越高的趋势，但至今为止，对其涵义还没有一个统一而权威的解释。

目前能够查到的比较正统而规范的定义，是《粮食大辞典》给出的解释：粮食经济是粮食生产、分配、交换、消费活动及其经济关系。既包括粮食各生产部门、各地区、各单位内部及其各自之间的经济关系和经济活动，也包括与农业其他产业及国民经济其他有关部门之间的经济活动和经济关系。

更通俗一些讲，粮食经济是指为获得充足的粮食需要或通过粮食贸易获取经济利益，在不断增长且有市场竞争条件下，对粮食资源和粮食产品进行科学配置，对粮食供需规律开展研究，对粮食产业社会位置及与国民经济协调发展问题进行统筹等一系列的经济活动和经济关系的总称。

我国粮食经济新阶段的特征，主要表现在粮食生产增长的约束性、粮食需求增加的刚性和不确定性、粮食进口的依赖性、粮食经济的新阶段性等方面。

（一）粮食生产的约束性

粮食生产的约束性主要表现在以下两个方面：一是耕地和水资源的日益稀缺以及劳动力成本的日益提高。目前，我国人均耕地不到世界平均水平的40%，我国人均水资源的占有量只有世界平均水平的25%，耕地面积还在不断减少，水资源日益缺乏并且分布不均，使粮食生产面临较大挑战。二是单产提高缓慢。比如：2001—2011年我国水稻、小麦和玉米的单产年均增速仅为0.90%、2.69%和2.64%，特别是水稻的单产提高一直缓慢，未来粮食单产的提高依然不是很乐观（钟甫宁，2011）。

（二）粮食需求的刚性和不确定性

粮食需求的刚性，主要体现在传统的口粮、饲料粮和传统工业加工用粮的刚性增加。城镇化和工业化的发展及大量农村劳动力转移到城镇，使"产销商品粮"的粮食生产者越来越少，使"吃商品粮"的粮食消费者越来越多。我国人口的增加及城乡消费水平的快速提高，大大增加了对口粮及非粮农产品的需求，尤其是肉、禽、蛋、奶等非粮农产品的大幅度增加。而非粮农产品的旺盛需求，又反过来拉动了用于畜牧、水产养殖的饲料用粮的旺盛需求。

粮食需求的不确定性，主要来自于两个方面：一是利用小麦、玉米等作为原料开展的生物质能源加工，可能会导致粮食需求的较大波动；二是一些不良的私人粮商钻相关部门监管不严的空子，利用游资对部分产量小、耐储存的小杂粮（如绿豆及"豆你玩"）进行炒作，在一定的时期内突兀影响到个别小杂粮的供求关系和价格走势。

（三）粮食进口的依赖性

这主要是由于粮食需求增长的刚性和粮食供给的约束性所致。从粮食需求增长的刚性来看，仍然呈现出越来越强的特点。一般来讲，农业发达国家的标志有二：一是畜牧业产值超过种植业产值，二是农副产品加工业产值是农业产值的三倍左右，我国无论是要跨越哪个门槛，都需要粮食消费的大幅度增加作为保障。

从粮食供给的约束性来看，也仍然呈现出越来越强的特点。除了国内粮食供给的约束性增强之外，国外粮食供给的约束性也在增强。一方面，多年来世界粮食产量增长缓慢，国际市场上的粮食交易量徘徊不前；另一方面，美国、欧盟、澳大利亚、加拿大等主要产粮国，由于思想意识和政治图谋等原因，常有以粮食武器要挟中国的企图。

(四) 粮食经济的新阶段性

推动我国粮食经济进入新阶段的动因主要包括三个力源：

1. 城镇化和工业化是我国粮食经济进入新阶段的根本动力

城镇化从供求两方面对粮食市场形成压力，工业化通过要素竞争所导致的土地、劳动力、资金的"离农化"、"非农化"对粮食生产形成挑战。

2. 全球化是我国粮食经济进入新阶段的重要外部影响力

全球化尤其是经济全球化，一方面在中国已经加入WTO的有利条件下，能为我国通过全球国际市场开展粮食的进出口贸易拓展空间；另一方面往往又由于政治意志的强力渗透导致人为干预国际市场粮食价格，使我国通过全球国际市场发展粮食经济、谋求粮食安全的行动遇到种种障碍。

3. 自然与气候的极端变化是我国粮食经济进入新阶段的不可控制力

近些年来，国内外几十年一遇的大暴雨、暴风雪、严重干旱、强寒流、强台风等频频出现，天气气候的异常持续上演。自然与气候的极端变化，强化了国内外粮食生产的不确定性，加速了我国粮食经济新阶段的到来。

四、粮食经济问题的涵义及特征

(一) 粮食经济问题的涵义

粮食经济问题是研究粮食、粮食资源及其政策体系、体制机制等在稀缺状态下选择关系的全部问题的总和。

粮食经济问题的涵义极其丰富，甚至丰富得难以概括，但要研究和解决粮食经济问题，至少可以从以下三个角度进行探讨：

1. 用最少的活劳动和物化劳动生产尽可能多的质量可靠的粮食

这既是讲求粮食数量质量兼顾发展的需要，也是保障国家粮食安全的需要。既然粮食产销是一项经济活动，就要按照市场经济规律办事，力争用最少的消耗获得最多的产品，且要求所生产的粮食产品数量上充足，质量上可靠。也只有如此，才能确保粮食的数量充盈，粮食及其加工品的质量能够满足人们身心健康的需要，满足保障国家粮食安全的充分必要条件。

2. 选择最节约的办法获得粮食生产到消费诸环节的经济效益

这既是谋求粮食产业经济效益不断提高的需要，也是保障粮食产销活力不断提高的需要。在市场经济条件下，即使是粮食生产经营者，也会高度关注粮食及其加工产业发展的经济效益。如果粮食生产经营中入不敷出，白辛苦而见不到收入的增长，算上人工成本后甚至赔本，其从事粮食产业的积极性势必会大打折扣。因此，无论是中央政府、地方政府层面，还是粮食生产、加工、经营者层面，都要考虑用最节约的办法，获得最理想的经济效益。比如说，我国目前"北粮南运"的格局虽然不科学、不合理，是不得已而为之，但从经济效益角度来看，也不失为一种勉为其难的现实选择。

3. 选择最小的政治代价获得保障国家粮食安全所必要的粮食进口

这既是追求粮食自保的需要，也是保障国家主权的需要。在新的历史阶段，呼唤新的粮食产业发展战略。但无论是哪种粮食产业发展战略，在考虑国际政治因素时，都必须选择以最小的政治代价为基点。尤其是在粮食进出口贸易中，粮食进口的主动权一定要把握在自己的手里。作为一个近十四亿人口的大国，如果过分依赖国际粮食市场、每年都大量地进口粮食，就不仅可能会陷入美国学者布朗的"谁来养活中国"的忧虑，而且在世界上也可能会逐渐失去经济上、政治上的话语权。因此，从 2013 年年底开始，我国开始实施以我为主、立足国内、确保产能、适度进口、科技支撑的国家粮食安全战略。

（二）粮食经济问题的特征

概括起来，粮食经济问题的主要特征应该有如下几个：

1. 粮食经济问题的不二主体是粮食

粮食经济问题研究必须以粮食的研究为出发点及落脚点。可具体考虑粮食的生产、加工、储运、交换、消费、综合利用，粮食的供给与需求，粮食的价格变动与市场周期，粮食的消费弹性与边际，粮食的消费与变异性加工，粮食的运输成本与储存的自动化管理，粮食的市场职能与宏观调控，粮食的商品属性和战略地位，粮食的主产区与主销区，粮食的生产者与消费者，粮食综合生产能力的提高，粮食生产方式的转变，国家粮食安全的保障，等等。

2. 粮食经济问题的核心内容是经济

粮食经济问题研究必须立足于经济的方法或经济的视野。即在符合市场经济规律和要求与条件下，分析改善粮食资源配置形式、促成粮食产业健康稳定发展、确保国家粮食安全等所需要的代价和可能的经济性。比如说，我国水资源的时空分布极不均衡，空间上看水资源主要分布在南方，时间上看水资源主要分布在七、八、九这 3 个月，这样的水资源分布状况，使我国南方比北方更有利于粮食生产，在历史上就形成了一个"南粮北运"的产需格局。但是，自改革开放以来，这样的格局逐步演变成了"北粮南运"格局。发生这一变化的基本原因，是由于东南沿海地区改革开放步伐迈得快，工业化、城镇化进展得快，耕地被大量占用，可用于粮食生产的耕地越来越少，或者改种了比较效益更好的经济作物，粮食生产能力越来越弱，最后导致水、土、光、热条件较好的南方粮食产量逐步下降，而要靠水、土、光、热条件较差的北方把粮食缺口补上。这种粮食产销格局，不科学不合理，可持续性不强，显然需要认真考虑。

3. 粮食经济问题要密切照应粮食安全问题

毋庸讳言，讲求粮食经济就要重视粮食的经济性，力争收益最大化。但粮食与经济结合后，仅仅考虑经济性是不够的，甚至是偏颇的。因为还必须首要考虑粮食的安全性。因为粮食质量的好坏直接关系人类的身心健康，而维持人类生命安全重于泰山。当粮食的经济性和粮食的安全性必须选择其一时，无疑必须优先选择粮食的安全性。换句话说，粮食的安全性是第一位的，只有在确保粮食的安全性的前提下，才能进而考虑粮食的经济性。而且，一定要充分认知粮食安全性的两层含义：从数量安全来看，粮食的安全性是指一个国家或地区的粮食的供给总量至少能够保证全体公民维持生命之必需；从质量安全来看，粮食的安全性是指人们消费或食用已生产出来并参与市场流通的粮食及粮食加工品后不会给人类的身体健康带来任何危害。

4. 粮食经济问题应服从和服务于生态规律

生态是超出了经济范畴的种概念，经济是包含于生态、脱胎于生态的属概念，二者的逻辑关系规定了必须在生态环境条件约束下讲求粮食经济。新中国成立以来不少学者倡导，后来政府也在引导发展生态农业。党的十七届三中全会上，我国提出了建立"资源节约型、环境友好型农业生产体系"。2014 年的中央 1 号文件，又提出了"促进生态友好型农业发展"的新思路。所有这些指示精神，旨在建立农业（粮食）可持续发展长效机制。因此，粮食经济研究中，无论是论点、论据或者论证上，都不能有违生态规律，都要遵守资源和环境的约束。

第二节　粮食经济问题的产生发展与高度关注

一、粮食经济问题的产生、发展及展望

粮食是事关国计民生的战略物资。粮食安全问题是一个永恒的问题。从个体的人来讲，粮食经过水的作用，转化为人体必需的蛋白质和热量，再借助微量元素，构成生命之源。即使是世界科技再发达，人类再进化，或即使是粮食生产总值在物质生产总值中的比重不断下降，人们直接消费的粮食数量在日常饮食中的比重不断减少的情况下，人的吃饭问题始终是第一位的。

（一）我国粮食经济问题的产生及运行轨迹

饥饿始终是半殖民地、半封建的旧中国的一大难题。新中国建立之前，由于人口众多、自然灾害严重、日寇入侵、战乱不断等多种原因，我国的粮食生产水平极为低下，有 80% 的人口长期处于饥饿半饥饿状态，遇有自然灾害，更是常常食不果腹、饿殍遍地。1949 年，我国粮食总产量为 1.13 亿吨，人均粮食占有量仅为 208.95 千克。在肉、禽、蛋、奶等畜禽产品极其缺乏的大背景下，人们填饱肚子的难度极大，不少人不得不靠吃糠咽菜度日，遇到灾年更是苦不堪言。不言自明，粮食经济问题早已严重存在。

新中国成立以来，我国政府废除了封建土地所有制，党和政府始终把发展粮食生产，解决吃饭问题作为头等大事，一直强调抓实抓好大力发展粮食生产，用占世界 7% 左右的耕地，养活了占世界 22% 的人口。纵观新中国建立以来粮食生产的发展，大致可分为四个阶段：

第一阶段为 1949—1978 年，从新中国成立开始到改革开放。这一时期，中国通过改革土地所有制关系，引导农民走互助合作道路，解放了生产力，同时在改善农业基础设施、提高农业物质装备水平、加快农业科技进步等方面取得了一些成效，为粮食生产的持续发展奠定了基础。到 1978 年，我国粮食总产量为 3.05 亿吨，人均粮食占有量为 316.61 千克。虽然解决了人口消费用粮问题，但若把饲料用粮、加工用粮及工业需求用粮考虑进来，我国的粮食基本上还是处于短缺状态。因此，自 1955 年开始，我国为了较好地解决粮食供求问题，从中央政府到地方政府，不得不

靠发行粮票（供城乡人口购买粮食或粮食制成品的一种票证，包括全国通用粮票和地方粮票）进行粮食供给调剂。这是实行统购统销政策后利用计划经济的手段保证粮食按计划供应所采取的一种措施。粮票这种特定经济时期发放的一种购粮凭证，一直到 20 世纪 90 年代初才被全部停止使用。

第二阶段为 1979—1984 年，从全面进行农村改革到粮食产能集中释放。以家庭联产承包责任制和统分结合的双层经营体制为代表的一系列农村改革开放措施，以及较大幅度提高粮食收购价格等重大政策，切实而充分地调动和激发了广大农民种粮的积极性，也使过去在农业基础设施、科技、投入等方面积累的能量得以集中迸发释放，我国的粮食产量增长很快。到 1984 年，我国粮食总产量为 4.07 亿吨，人均粮食占有量为 390.30千克。不仅使我国的粮食短缺问题从根本上得到了彻底解决，而且明显地呈现出了粮食总量供给充足、略有剩余的喜人局面。

第三阶段为 1985—2003 年，粮食产量从波峰到波谷。这一时期，我国政府在继续发展粮食生产的同时，积极主动地进行农业生产结构调整。粮食播种面积有所减少，加之自 1987 年起中央 1 号文件戛然而止，错误地给了人们农业和粮食"过关了"的假象，于是许多地方对于粮食生产开始采取"说起来重要，做起来次要，忙起来不要"的"对策"，致使不少地方的粮食生产"望天收"的成分越来越大。大体上，遇到风调雨顺的年份粮食总产量和人均占有量就比较高（如 1990 年、1996—1999 年），遇到小灾小难的年份粮食总产量和人均占有量就或多或少地有所增减（如 1991—1995 年），遇到大灾大难的年份粮食总产量和人均占有量就有较大幅度的减少（如 1985—1989 年、2000—2003 年）。到 2003 年，我国粮食总产量为 4.31 亿吨，人均粮食占有量仅为 333.27 千克，一下子降到了 20世纪 70 年代末、80 年代初的水平，达到了令人震惊、不得不重新审视和反思的程度。总的来看，这一时期粮食产量波动很大，尤其是这一时期的后几年，我国的粮食产量呈现出的是较为明显的下降趋势。不仅使我国的粮食供求从偏松转为了偏紧，而且粮食总量的基本平衡也已难以维持。

第四阶段为 2004 年至今，粮食产量逐年增加。自 2004 年起，党中央国务院又开始发布中央 1 号文件，不仅达到了"拨乱反正"、重振"三农"发展元气的效果，而且对农业、对粮食的重视程度达到了史无前例的地步。从中央到地方的各级党委和政府对粮食更加重视，全社会形成了关心农业、关注农村、关爱农民的良好氛围。我国已经开始实行"工业反哺农业、城市支持农村"的方针，自 2004 年起已连续出台的中央 1 号文件都是"高含金量"的。比如说：中央安排的财政支农资金，2004 年为约 1 500 亿元，2013 年达到了 14 341 亿元，逐年大增。从 2008 年至 2013 年，中央财政用于"三农"的支出累计达到了 5.85 万亿元，重新激活了我国粮食生产活力，也使我国的粮食产量动力十足地逐年增长。到 2013 年，我国粮食总产量为 6.02 亿吨，人均粮食占有量达到了 442.37 千克，实现了历史性的突破。2004—2013 年的十年间，实现了国人自豪、世人瞩目的"十连增"。可以毫不夸张地说，国人的吃饭问题无忧。但由于饲料用粮、加工用粮及工业用粮急剧增长，以及国际政治经济局势的日趋复杂，我国粮食供求偏紧的形势依然没有得到根本改观。

（二）我国粮食经济问题的发展及严峻挑战

随着人口刚性增长、耕地刚性减少、工业化和城镇化等的发展刚性占地，我国粮食经济将面临如下新情况和新问题：粮食生产逐步恢复，但继续稳定增产的难度加大；粮食供求将长期处于紧平衡状态；主要农产品进出口贸易出现逆差，大豆、玉米乃至稻米、小麦的进口量逐年扩大。从中长期发展趋势看，受人口、耕地、水资源、气候、能源、国际市场等因素变化影响，上述新情况和新问题难以逆转，给我国粮食经济问题的有效解决带来了诸多严峻挑战。

1. 粮食消费需求呈刚性增长

据预测，到 2020 年我国人均粮食消费量为 395 千克，需求总量 5.725 亿吨。粮食消费结构不断升级，口粮消费明显减少，饲料用粮需求明显增加。

2. 耕地数量逐年减少

受农业结构调整、生态退耕、自然灾害损毁和非农建设占用等影响，耕地资源逐年减少。随着工业化和城镇化进程的加快，耕地仍将继续减少。多种不利因素综合排挤，我国今后扩大粮食播种面积的空间虽有，但将极为有限。

3. 水资源短缺矛盾凸现

我国人均占有水资源量约为 2 200 立方米，不到世界平均水平的 28%，每年农业生产缺水 200 多亿立方米，且水资源分布极不均衡，水土资源很不匹配。此外，近些年来我国自然灾害严重，不利气象因素较多，北方地区降水持续偏少，干旱化趋势严重。今后受全球气候变暖影响，我国旱涝灾害特别是干旱缺水状况呈加重趋势，可能会给农业生产带来诸多不利影响，将对我国中长期粮食安全构成极大威胁。

4. 供需区域性矛盾突出

我国粮食生产重心早已北移。在全国 13 个粮食主产省中，北方省份有河北、河南、黑龙江、吉林、辽宁、内蒙古、山东等 7 个，南方省份只有湖北、湖南、江苏、江西、安徽等 5 个，另外 1 个是西南部的四川省。2013年，属于北方省份的黑龙江、河南、山东、吉林 4 省，其粮食产量占据了全国前四的位置；北方 7 省粮食产量合计占到了全国总产量的 46.73%；南方 5 省合计只占到了全国总产量的 23.67%。在全国六大粮食调出省中，北方包括黑龙江、吉林、河南、内蒙古、山东等 5 个，南方只有安徽 1 个。南方粮食生产总量下降明显，主销区粮食产需缺口呈逐年扩大之势。

5. 品种结构性矛盾加剧

小麦供需总量基本平衡，但品种优质率有待进一步提高。大米在居民口粮消费中约占 60%，且比重还在逐步提高，但南方地区水田不断减少，水稻种植面积大幅下降，稻谷供需总量将长期偏紧。玉米供需关系趋紧。大豆生产徘徊不前，进口依存度逐年提高。2013 年，我国谷物（包括稻米、玉米、小麦等）进口达到 1 316.9 万吨，大豆进口达到 6 338 万吨，合计达到 7 654.9 万吨，无论是粮食进口总量，还是单品种粮食年进口量，均创历史新高。2013 年我国大豆的进口量，更是已经相当于我国大豆当年产量 1 222 万吨的 5 倍以上。

6. 种粮比较效益偏低

近些年来，由于化肥、农药、农用柴油等农业生产资料价格上涨和人工成本上升，农民种粮成本大幅增加，农业比较效益持续下降。与进城务工和种植经济作物相比，种粮效益明显偏低。在广大农村，普遍流行着"一亩①菜十亩粮"的说法。据河南省统计局的调查，2008—2012 年，在不计人工成本的情况下，河南省种粮（两季）亩均净收益均在 500 元左右徘徊，尚不及一个城镇农民工半个月的工资。尤其是，随着我国工业化、城镇化的快速发展及农村青壮年劳动力外出务工逐年增多，粮食主产区的农业劳动力呈现出了结构性紧缺，一些地区的粮食生产乃至出现了"副业化"的趋势。

7. 全球粮食供求偏紧

全球粮食产量增长难以满足消费需求增长的需要。据测算，近十九年

---

① 1 亩≈667 平方米，下同。

来全球谷物消费需求年均增长 1.1%，而全球粮食产量年均仅增长 0.5%。目前，世界谷物库存消费比已接近 30 多年来的最低水平。今后，受全球人口增长、耕地和水资源约束以及气候异常等因素影响，全球粮食供求将长期趋紧。我国利用国际市场弥补国内个别粮油品种供给不足的难度，也势必将增大。

（三）我国解决粮食经济问题的艰巨性

我国能否成功解决粮食经济问题的显著标志之一，就是能否保持粮食供需的基本平衡。对此，党和政府、全国人民的信心是坚定的，但也清醒地认识到了实现这个目标的艰巨性。

1. 自然资源相当匮乏

由于人口基数庞大，我国农业资源人均占有量在世界上属于低水平，耕地和水资源不足是粮食发展的最大制约因素。在这样的资源条件下，要创造出远高于世界平均水平的粮食生产力，必须花大力气。以耕地资源为例，我国人均耕地不到世界平均水平的 1/2、发达国家平均水平的 1/4，约相当于美国的 1/6、阿根廷的 1/9、加拿大的 1/14。

2. 产业基础相当薄弱

中国农业基础设施薄弱，生产手段落后，抗灾能力差，需要坚持不懈地改善生产条件，提高抗灾能力。以大中型水库为例，我国是世界上水库数量最多的国家。据有关部门统计，目前全国有约 8.7 万座水库，年供水能力达 2 400 亿立方米，占全国年供水能力的 37%。水库在防洪、灌溉、供水、发电、航运等方面发挥了巨大效益。但是，在这些水库中，约有 1/3 是"带病"运行，不少地方病险水库的数量基本上与其水库数量成正比，列入国家专项规划的病险水库数量已达到 6 240 座。

3. 规模经营难以开展

中国农户生产规模小，而且分布在若干个不同形状的地块。这种插花式的经营形式，以传统的一家一户分散经营为主体，客观上造成购买生产资料等浪费，增加了生产成本，不利于大型农用机械的推广应用，给先进农业科技的推广造成极大麻烦，使扩大农业投入受到限制，规模化、集约化农业受到阻碍，制约了农业产业化、现代化的发展，容易造成粮食生产的后劲不足。

4. 要素配置常受挤兑

中国正处在工业化、城镇化迅速发展的阶段，在耕地、水资源分配及生态环境保护上还存在不利于粮食生产的倾向。比如：工业化、城镇化占用耕地严重削弱区域粮食生产基础条件，工业垃圾、城镇废弃物会对粮食生产必需的耕地、水等构成的生态环境造成破坏，工业化、城镇化进程中的区域产业比较效益差距会诱使农村资金流向工业和城镇而使粮食产业发展成为资本洼地等。

（四）我国能够依靠自己的力量基本解决粮食经济问题的潜力分析

我国解决粮食经济问题的基本方针，是立足国内资源，实现粮食基本自给。近些年来，我国已经实现了粮食基本自给。未来，我国要依靠自己的力量实现粮食基本自给，虽然客观上有诸多不利因素，但从农业自然资源、生产条件、技术水平和其他发展条件等方面进行分析，我国粮食的增产潜力还是很大的。

1. 提高现有耕地单产有潜力

当前，我国耕地既存在数量问题，也存在质量问题。除了数量不足之外，质量上存在的最明显不足，就是中低产田占70％以上，耕地负载逐年加大，区域性退化问题日趋严重。造成我国耕地质量下降的主要原因，是人们对耕地的利用和管理不当。中国农业科学院的研究表明，粮食产量的70％~80％应靠基础地力，20％~30％靠水肥投入，而我国耕地基础地力对粮食产量的贡献率仅为50％。目前，中国的粮食单产水平与世界粮食高产国家相比也是比较低的，中国要在短时间内达到粮食高产国家的水平难度较大，但经过努力是完全可以缩小差距的。通过改造中低产田、兴修水利、扩大灌溉面积、推广先进适用技术等工程和生物措施，可使每公顷产量提高1 500千克以上。

2. 开发后备耕地资源有潜力

我国首次完成的全国耕地后备资源状况调查显示，目前主要分布在我国北方的集中连片的耕地后备资源为734.39万公顷（1.1亿亩）。只要在对现有耕地实施最严格的耕地保护制度、最严格的节约集约利用土地制度这"两个最严格制度"的同时，加快宜农荒地的开发和工矿废弃地的复垦，每年开发复垦30万公顷以上，就基本上可以做到耕地占补平衡，保持耕地面积的基本稳定。

3. 依靠科技进步实现粮食增产有潜力

科技进步对我国农业增长贡献率，2000年约为35％，"十五"末约为48％，2012年约为53％，到"十二五"末将达到55％左右。即使是顺利达到了 55%，仍与世界上农业发达国家的平均水平（60%以上）有着不小的差距。我国政府已确定并正在努力实施科教兴农战略，力争逐步缩小中国与世界发达国家在农业科技领域的差距，到 2030 年接近世界发达国家水平。这是中国粮食生产再上新台阶的巨大动力。

4. 利用非粮食食物资源有潜力

在食品消费中，食物之间有一定的相互替代性。比如说，多吃了肉，就可以少吃一些粮食。因此，我国可以通过增加肉、禽、蛋、奶、果、蔬等非粮食食物的产量及消费，来弥补我国粮食产能的部分不足。而且，我国水域、草原、山地资源丰富，开发潜力巨大。我国可供养殖的水面目前利用率仅为 69%，可供养鱼的稻田利用率仅为 15%，海水可养殖水面利用率仅为 28%，只要努力提高现有水域的生产能力，就能保持水产品继续快速增长。我国现有草地面积 3.9 亿公顷，其中可利用面积 3.2 亿公顷，居世界第三位，只要将其中的大部分建设成人工草场，提高草原畜牧业集约化水平，就能增加大量的畜产品。我国山区面积占国土总面积的70%，具有发展木本食物的良好条件，从北到南有 300 多种人工栽培和野生分布的可直接食用或通过简单的加工或贮藏处理就可食用的木本粮食树种，而且是营养成分丰富、品质优良、基本上为我国原产的乡土树种，如板栗、锥栗、榛、枣、柿等，只要引导得体而得力，增加木本食物产量的前景十分广阔。

5. 重视粮食产后安全降低粮食损耗有潜力

我国粮食产后损失浪费惊人。据国家粮食局统计，我国每年粮食产后损失浪费超过 51 000 万吨，占粮食总产量的 9%以上，相当于 1 000 万公顷良田的产量，已经到了"节粮减损等不得"的程度。我国粮食之所以产后损失浪费严重，主要问题发生在粮食储运、加工等环节。自 2013 年，我国开始实施"粮安工程"，加强了粮食仓储、物流等基础设施建设，有效提高了节粮减损能力。今后，只要坚持不懈地强化现代化的粮食仓容建设，推广采用粮食产后减损技术，就能大大减少粮食主产区储存环节的损失浪费。

6. 倡导消费节俭节约粮食有潜力

餐饮浪费是我国造成粮食消费损失的重要原因。我国每年餐饮浪费达2 000 亿元，被倒掉的食物相当于 2 亿多人一年的口粮。减少餐桌上的浪费，是粮食节约减损的重要手段。为此，国家粮食局每年都开展"节约一粒粮"公益宣传活动，每年都组织"世界粮食日""全国爱粮节粮宣传周"等宣传活动。节粮就是增粮，全社会只要深入开展"爱粮节粮"进学校、进家庭、进社区等活动，唤起每一个人的爱粮节粮意识，形成节粮减费以及节约光荣、浪费可耻的社会风气，让节粮成为习惯，就能通过杜绝"舌尖上的浪费"、倡导"光盘行动"等，增强粮食消费潜力。

二、粮食经济问题的高度关注

对粮食经济问题的高度关注，可以从国内外理论界、学术界对我国能否解决粮食经济问题的激烈争论、我国对粮食经济政策的不断完善两大方面体现出来。

（一）对我国能否解决粮食经济问题的激烈争论

国内外理论界、学术界对我国能否解决粮食经济问题的激烈争论，最集中、最突出地体现在关于"谁来养活中国？"的大辩论、大争论上。

1."谁来养活中国？"的观点提出

引起"谁来养活中国？"这场"口水大战"的导火索，是 1994 年美国世界观察研究所所长莱斯特·布朗（Lester Brown）发表了一篇文章题目为《谁来养活中国？》（who will feed China）的文章。布朗认为：随着人口增长和生活水平提高，对粮食需求将大幅度增加，而耕地减少、灌溉用水大量移向非农产业，且化肥使用量已达报酬递减点，到 2030 年中国人口将达到 16 亿高峰值，粮食需求猛增；而随着中国工业化、城市化进程，耕地面积减少、水资源短缺、生态环境破坏等，将使粮食总产量不断下降；中国粮食供求缺口很大，届时将进口 3.69 亿吨粮食，这将超过世界粮食贸易总量，以至于所有粮食出口都不能养活中国，中国的粮食问题将导致世界粮食危机。从而，提出了"谁来养活中国？"的命题。

要按照布朗的逻辑思维得出结论，答案不言自明：中国要靠全世界来养活；即使如此，也未必能够解决问题。

2. 国内外接踵而至的鲜明反响

布朗的文章一出笼，就使布朗本人、其观点及中国的粮食经济问题成为了举世瞩目的焦点和热点，并由此引发了国际国内的热烈讨论和尖锐评说。国内外专家们以极大的热情关注着中国乃至世界的粮食前景，就粮食问题展开了一场世界性的大辩论。

国外一些学者由于动机不纯，趁机起哄，煽风点火，造谣生事，一再放大"中国粮食危机论"和"中国粮食威胁论"，对中国一再地挖苦和贬低。

国内相当多的学者更是口诛笔伐,对布朗本人、其观点进行了猛烈批判和抨击。有人讲,布朗作为一个美国人,不怀好意地来管中国的粮食问题,真是瞎操心;更多的学者坚信中国能够很好地解决本国的粮食经济问题,用"我们可以用只占全世界7%的耕地,养活22%的人口"的客观事实据理力争。

1996年,经济科学出版社出版了梁鹰主编的《中国能养活自己吗》一书,书中收录了当时中外一些粮食问题专家的研究文章,如杜鹰的《中国不会把吃饭问题抛给世界》,胡鞍钢的《中国能够实现粮食自给的目标》,丁声俊的《中国粮食自力能更生》,马晓河的《1996—2010年我国经济发展中的农业问题》,斯柯特·罗泽尔的《中国不会饥饿世界》,D.盖尔·约翰逊的《中国未来粮食供应》,罗伯特·L.帕伯格的《面临粮食危机的是非洲而不是中国》,中国农业科学院农业经济研究所的《论我国的粮食增产潜力及对策》等。专家们纷纷通过各种论证,从不同角度对布朗先生的观点提出异议,并得出一致的结论:中国人能够养活自己。

1996年,布朗也再次发表文章《再论谁来养活中国》,部分修正了自己的观点。他提出:"中国在转向世界市场寻求食物时期,恰好遇上世界对食物日益增长的需求与可持续生产发生冲突的时期""世界粮食市场即将从卖方市场变为买方市场,世界各国进口粮食的竞争也将大大加剧",其结论是"中国将不可能沿着迄今所走的任何发展道路长久走下去,众多的人口、匮乏的资源以及21世纪技术和政治哲学的冲突,都将迫使中国走一条新的道路。这个发明了造纸和火药的国家,可能在建立可持续发展的经济方面再次领先于西方,如果成功,中国可能成为世界其他国家羡慕和仿效的榜样"。

3. 我国的实际及反思

我国粮食经济问题的实际情况是,布朗的预言并没有言中。1994年,我国粮食总产4.451亿吨,人均371.4千克;2013年,我国粮食总产6.02亿吨,人均442.3千克。中国在近二十年的时间内,粮食生产取得了长足发展,用铁的事实再一次雄辩地证明了:中国完全有能力自己解决粮食问题。

但是我们也要清醒地看到,布朗及一些专家学者们在文章中所提到的制约我国粮食生产的关键因素,也同时在实践中得到了一定的确证,不能不引起重视和特别关注。布朗的"多管闲事",无意中对中国解决粮食经济问题起到了醍醐灌顶、振聋发聩的作用,在引起理论界、学术界热议的同时，在政界也同时敲响了警钟，警醒着中国的粮食安全意识，警示着中国的粮食安全行为。

（二）我国对粮食经济政策的不断完善

我国对粮食经济政策的不断完善，除了前已述及的党和国家主要领导人的重要指示之外，党中央国务院也在持续出台完善我国粮食经济政策的新政。其最突出的体现，是在作为党中央国务院高度重视"三农"问题的中央1号文件的连续发布上。

1. 第一轮中央1号文件的指示和要求

我国的中央1号文件共发布了"两轮"。"第一轮"是1982—1996年，每年在上年年底或当年年初发布一个中央1号文件，陆续发布了五个，而每一个都对解决我国的粮食经济问题提出了新的指示和要求。

1982年的中央1号文件，要求"各地在调整生产结构中，必须执行中共中央、国务院转发国家农委《关于积极发展农村多种经营的报告》的通知中提出的'决不放松粮食生产，积极开展多种经营'的方针。""城乡居民的粮食供应绝不可掉以轻心，必须保证粮食生产持续稳步地增长。"

1983年的中央1号文件，指出"我国人口多耕地少，吃饭始终是第一位的大事。粮食是我国人民的主食，又是食品工业、饲料工业的重要原料，从全局着眼，解决粮食问题必须建立在自力更生的基础上。因此粮食生产一定要抓得很紧很紧，适宜种粮的耕地要保证种粮，实现粮食总产的稳定增长。""为使绝不放松粮食生产、积极发展多种经营的方针落到实处，农、林、牧、副、渔等各业都应根据因地制宜、发挥优势、适当集中的原则，建立一批商品生产基地。"

1984年的中央1号文件，要求"有条件的地方，对粮食专业户和从事开发性生产的专业户，还可以通过合作经济内部平衡各业收入等办法，给以必要的经济鼓励。""目前特别要抓紧解决粮食运销问题。"

1985年的中央1号文件，要求"粮食、棉花取消统购，改为合同定购。由商业部门在播种季节前与农民协商，签订定购合同。定购的粮食，国家确定按'倒三七'比例计价（即三成按原统购价，七成按原超购价）。定购以外的粮食可以自由上市。如果市场粮价低于原统购价，国家仍按原统购价敞开收购，保护农民的利益""要继续贯彻决不放松粮食生产、积极发展多种经营的方针。"

1986年的中央1号文件，指出"'七五'计划要求粮食总产达到九千亿斤①，保持人均八百斤左右，这是生产水平的一个新阶梯，只有依靠科学，增加投入，提高单产，并适当稳定面积，才能保证实现。""为了合理调节粮食调出省与调入省之间的经济利益，促进粮食流通，发挥各自的优势，从1986粮食年度起，对各省、自治区、直辖市实行粮食调拨包干，并对调拨价格和财政补贴办法作适当调整。""在调整产业结构中，要正确处理粮食生产和多种经营的关系，粮食是关系国计民生的不可代替的重要产品，粮食生产必须得到切实保证。粮食又是低赢利的商品，农民要靠多种经营来补充收入，因此，粮食生产与多种经营必须统筹兼顾，密切结合，相互促进。"

2. 第二轮中央 1 号文件的指示和要求

"第二轮"是 2004 年至今，每年在上年年底或当年年初发布一个中央1 号文件，到 2014 年已经陆续发布了 11 个，都对解决粮食经济问题提出了更高的指示和要求。

2004 年的中央 1 号文件，要求"集中力量支持粮食主产区发展粮食产业，促进种粮农民增加收入""深化粮食流通体制改革""全党同志特别是各级领导干部要始终重视农业的基础地位，始终重视严格保护耕地和保护、提高粮食综合生产能力，始终重视维护粮食主产区和种粮农民的利益，始终重视增加农民特别是种粮农民的收入。"

2005 年的中央 1 号文件，要求"切实加强对粮食主产区的支持""进一步抓好粮食生产""重点支持粮食主产区发展农产品加工业。"

2006 年的中央 1 号文件，要求"稳定发展粮食生产""稳定、完善、强化对农业和农民的直接补贴政策""农业综合开发要重点支持粮食主产区改造中低产田和中型灌区节水改造""完善粮食流通体制，深化国有粮食企业改革，建立产销区稳定的购销关系，加强国家对粮食市场的宏观调控。"

2007 年的中央 1 号文件，要求"健全农业支持补贴制度""加快粮食生产机械化进程""促进粮食稳定发展""国有粮食企业要加快改革步伐，发挥衔接产销、稳定市场的作用。"

2008 年的中央 1 号文件，要求"全党必须深刻认识'三农'工作面临的新形势新任务，全面把握新机遇新挑战，增强做好'三农'工作的紧迫感，粮食安全的警钟要始终长鸣，巩固农业基础的弦要始终绷紧，解决好'三农'问题作为全党工作重中之重的要求要始终坚持。""巩固、完

---

① 1 斤＝500 克，下同。

善、强化强农惠农政策""高度重视发展粮食生产""加强粮食等重要农产品储备体系建设，完善吞吐调节机制，引导企业建立商业性储备。""加快推进粮食作物生产全程机械化""加强粮食现代物流体系建设"。

2009 年的中央 1 号文件，要求"千方百计保证国家粮食安全和主要农产品有效供给，千方百计促进农民收入持续增长""按照目标清晰、简便高效、有利于鼓励粮食生产的要求，完善农业补贴办法""2009 年继续提高粮食最低收购价""加大力度扶持粮食生产""推进大型粮食物流节点、农产品冷链系统和生鲜农产品配送中心建设""推进省直接管理县（市）财政体制改革，将粮食、油料、棉花和生猪生产大县全部纳入改革范围。"

2010 年的中央 1 号文件，要求"全党务必居安思危，切实防止忽视和放松'三农'工作的倾向，努力确保粮食生产不滑坡、农民收入不徘徊、农村发展好势头不逆转。""稳定发展粮食等大宗农产品生产""把粮食生产、农民增收、耕地保护、环境治理、和谐稳定等纳入地方党政领导班子绩效考核。"

2011 年的中央 1 号文件，要求"加快扭转农业主要'靠天吃饭'局面"；"结合全国新增千亿斤粮食生产能力规划实施，在水土资源条件具备的地区，新建一批灌区，增加农田有效灌溉面积。"

2012 年的中央 1 号文件，要求"毫不放松抓好粮食生产""明确农业科技创新方向""继续推进粮棉油糖等大宗农产品仓储物流设施建设，支持拥有全国性经营网络的供销合作社和邮政物流、粮食流通、大型商贸企业等参与农产品批发市场、仓储物流体系的建设经营。"

2013 年的中央 1 号文件，指出"确保国家粮食安全，保障重要农产品有效供给，始终是发展现代农业的首要任务。必须毫不放松粮食生产，加快构建现代农业产业体系，着力强化农业物质技术支撑。""稳定发展农业生产""优化粮食等大宗农产品储备品种结构和区域布局，完善粮棉油糖进口转储制度""加大农业补贴力度"。

2014 的中央 1 号文件，要求"完善国家粮食安全保障体系""完善农业补贴政策""加快建立利益补偿机制""实施粮食收储、供应安全保障工程""加大农业保险支持力度"。

上述中央 1 号文件精神，连同 2008 年 11 月我国政府编制出台的第一个中长期粮食安全规划《国家粮食安全中长期规划纲要》（2008—2020年），既表明了党和政府对粮食生产及粮食安全的高度重视，又强调了党和国家对粮食产业发展的战略谋划和政策支持，对保障我国近十四亿人口吃饭和经济社会健康发展，均具有重要保证作用和重大战略意义。

第三节　粮食经济问题的研究对象和研究内容

一、粮食经济问题的研究对象

粮食经济问题的研究对象，是粮食经济学科建设中的根本性问题，它决定着粮食经济学科的性质、特点和研究范围，甚至还影响粮食经济学科的体系结构。

在前期成果中，关于粮食经济问题的研究对象，主要有以下几种观点：第一种观点认为，粮食经济问题是以粮食商品在流通领域里的经济关系为研究对象；第二种观点认为，粮食经济问题是以粮食市场为中心基础上的粮食商品交换关系及其发展变化的一般规律为研究对象；第三种观点认为，粮食经济问题是以粮食流通领域的经济关系及其经济规律为研究对象；第四种观点认为，粮食经济问题是以粮食再生产的生产、分配、交换、消费等四个环节之间的经济关系为研究对象；第五种观点认为，粮食经济问题是以社会粮食再生产过程中的经济关系及其经济规律作为研究对象；第六种观点认为，粮食经济问题是以粮食供求矛盾运动中的经济活动、经济关系及其发展规律为研究对象。

将以上观点略加归纳，如果前三种观点暂称为"窄派"，那么后三种观点则可称为"宽派"。"窄派"显然是忽视了粮食经济的特殊性，缩小了粮食经济的研究范围；"宽派"显然是兼顾了粮食经济的特殊性，扩大了粮食经济的研究范围。

本书认为，无论是"窄派"还是"宽派"，都没有揭示出粮食经济问题研究对象的本质涵义。粮食经济问题的研究对象，应该是与粮食及粮食经济直接相关或间接相关的一切问题，具体包括经济问题、社会问题、政治问题、技术问题等。当然，要以经济问题为主，以其他问题为辅。

二、粮食经济问题的研究内容

粮食经济问题的研究内容多而杂，且有多种归类和表述方法，可谓是仁者见仁、智者见智。比如，中国粮食经济学会前会长白美清认为：在粮食经济研究方面，要着重研究新形势下的粮食总量平衡、粮食宏观调控、粮食流通体制改革、粮食行业战略性改组等几个带有全局性、关键性的问题；在粮食经济理论研究方面，就要突出研究中国基本粮情论、粮食市场经济论、粮食供求综合平衡论、粮食市场价格论、企业主体论、政府调控论等问题；要总结过去，服务当前，面向世界，探索规律，就要认真总结历史的经验教训，加强对当前深化改革、调整结构和粮食事业发展的研究，加强对粮食经济规律的学习和探讨，加强对国际粮食经济的研究，并为我所用。

本书认为，粮食经济问题的研究要立足于研究中国粮食经济问题，辅之以研究国际或世界粮食经济问题。基于此，本书将粮食经济问题的研究内容归纳为相对独立的六篇，共计十七章，各篇的研究内容如下：

（一）粮食生产与粮食消费

主要研究影响粮食生产与粮食消费的主要因素，中国粮食作物地理，粮食生产，粮食消费等。

其中，影响粮食生产与粮食消费的主要因素部分，主要研究人口状况、土地和耕地情况、水资源状况、农业环境状况、技术进步情况等。

中国粮食作物地理部分，主要研究中国粮食作物的地区分布及其特点、中国主要粮食作物、中国商品粮基地、中国粮食核心区等。

粮食生产部分，主要研究粮食生产基础知识、中国的粮食生产等。

粮食消费部分，主要研究粮食消费的基本构成及消费变化、中国粮食消费构成分析、中国粮食供求形势及其变化等。

（二）粮食市场与粮食贸易

主要研究粮食市场、粮食价格、粮食进出口贸易等。

其中，粮食市场主要研究粮食市场基础知识、中国粮食市场的主体、中国粮食市场的类型、中国粮食市场体系建设等。

粮食价格主要研究中国粮食价格体系及发展变化、中国粮食成本和价格比较分析、中国粮食价格波动及影响等。

粮食进出口贸易主要研究中国粮食进口贸易、中国粮食出口贸易等。

（三）粮食流通与粮食期货

主要研究粮食流通、中国粮食期货市场发展等。

其中，粮食流通主要研究粮食流通的内涵、中国粮食流通体制改革及演变等。

中国粮食期货市场发展主要研究粮食期货市场的产生、粮食期货市场的功能、中国粮食期货市场发展历程、中国粮食期货市场发展特点、主要粮食期货合约简介等。

（四）粮食安全与粮食储备

主要研究粮食安全、粮食储备等。

其中，粮食安全主要研究粮食安全基础知识、粮食安全的考量等。

粮食储备主要研究粮食储备基础知识、中国粮食储备制度等。

（五）粮食调控与粮食政策

主要研究粮食宏观调控、粮食政策等。

其中，粮食宏观调控主要研究中国粮食宏观调控的内涵、目标及作用，中国粮食宏观调控手段、中国粮食宏观调控面临的挑战及应对等。

粮食政策主要研究中国粮食政策目标及挑战、改革开放以来中国粮食政策调整、中国主要粮食政策的历史沿革与发展等。

（六）世界粮食经济问题概览

主要研究世界粮食组织、世界粮食生产与商贸流通、世界粮食安全与粮食储备等。

其中，世界粮食组织联合国粮食组织、世界"四大粮商"、世界种业巨头等。

世界粮食生产与商贸流通主要研究世界粮食生产、世界粮食进口贸易、世界粮食出口贸易、典型国家粮食流通经验及启示等。

世界粮食安全与粮食储备主要研究世界粮食安全与供求变化、发达国家粮食储备简介等。

第四节　粮食经济问题的研究方法和学科性质

一、粮食经济问题的研究方法

粮食经济问题比较常用的研究方法，包括实证分析法、规范分析法、定性分析法、定量分析法、比较分析法等。其他一些研究方法，还包括实地调研法、归纳总结法、博弈分析法、多学科研究结合法等。

相对而言，实证分析法用得最多，也最重要。但在实际运用中，各种研究方法（即使是最重要的实证分析法）并不是完全独立、孤立运用的，而是相互配合使用的。或者说，在对具体的粮食经济问题研究中，往往是以某一种研究方法为主，另一种（些）研究方法为辅，几种研究方法配合使用或交叉使用。我们经常见到的实证分析与规范分析相结合，定性分析与定量分析相结合，即是如此。

（一）实证分析法

一般来说，实证分析法是指从实践中的客观事实出发，在一定假定及考虑有关变量之间因果关系的前提下，描述、解释或说明已观察到的事实或现象，并对有关事实或现象将会出现的情况做出预测的分析方法。

在经济问题研究中，实证分析法是通过对经济现象的分析和归纳，概括出逻辑分析的起点，进而进行逻辑演绎，推出更加接近具体事实的结论，并提出一些改善措施，使相关事实发展演化，更加合理化、科学化和理想化。

在粮食经济问题研究中，实证分析法主要用于透视各种粮食经济问题"目前是什么或怎么样"，找出"目前是什么或怎么样"的主要因素或背景有哪些，并对是否科学、是否合理做出判断。

（二）规范分析法

一般来说，规范分析方法是指以一定的价值判断作为出发点和基础，提出行为标准，并以此作为处理经济问题和制定经济政策的依据，探讨如何才能符合这些标准的分析和研究方法。

在粮食经济问题研究中，规范分析法主要用于昭示"应该是什么或怎么样"，如果目前"不是什么或不是怎么样"，要找出其成因所在，并提出比较切实可行、具有可操作性的政策、对策或建议。

（三）定性分析法

一般来说，定性分析法是指主要依靠预测人员的丰富实践经验以及主观的判断和分析能力，推断出事物的性质和发展趋势的分析方法，是对研究对象进行"质"的方面的分析。

在粮食经济问题研究中，定性分析法主要用于各种粮食经济问题的系列分析及其相关机制、政策体系的逻辑推演，并从理性上对问题的性质做出评估。

（四）定量分析法

一般来说，定量分析法是对经济社会问题或现象的数量特征、数量关系与数量变化进行分析的方法，是对研究对象进行"量"的方面的分析。

在粮食经济问题研究中，定量分析法主要用于各种粮食经济问题的变化趋势及动因分析，具体体现在一些图、表、计量模型、博弈分析等，并从数量上对问题的影响、发展态势等做出结论。

（五）比较分析法

一般来说，比较分析法是指根据一定的标准，对两个或者两个以上的研究对象加以对比分析，寻找其不同和相同之处，探求其普遍规律与特殊规律，或借以了解成绩和问题的一种分析方法。

在粮食经济问题研究中，比较分析法主要用于新旧问题、不同问题之间的比较分析。尤其是，主要用于粮食经济问题不同阶段、不同地域、不同水平、不同模式的比较研究。

二、粮食经济问题的学科性质

一门学科的研究对象决定该学科的性质。从粮食经济研究对象的分析和认识中不难看出，粮食经济问题的学科性质是一门应用经济学。更确切地说，粮食经济问题是在市场经济原理的理论基础上，对现实粮食经济问题进行跨学科、跨部门的综合应用研究学科。

一般而言，粮食经济问题是经济问题的一个分支，也是农业经济问题的一个分支，是应用性很强的经济问题，属于应用经济问题。但随着时间的推移和研究的深入，大家发现粮食经济问题已经不仅仅是一个经济问题和技术问题，还是社会问题和政治问题。从经济问题来讲，在市场经济条件下，如果粮食生产经营者无法盈利，经济上就不划算，粮食产业就会失去发展活力和动力。从技术问题来讲，在耕地面积逐年减少的不利情况下，我国要想解决人口逐年增加所面临的日益严重的粮食安全问题，就必须切实依靠科技创新和技术进步，卓有成效地提高单位面积的粮食产量。从社会问题来讲，在我国人多地少水缺的基本国情难以得到改善的大背景下，如果粮食产量较低和粮食供给不足，就可能导致食不果腹等影响社会稳定的严峻问题，整个社会和国家就可能会动荡不安。从政治问题来讲，美国前国务卿基辛格曾经说过，"谁控制了粮食，谁就控制了人类"，在世界格局动荡不安的态势下，西方一些国家多年来试图利用"粮食武器"制服中国，如果中国人的饭碗不端在自己手里，过多地依靠他国供粮度日，中国就会面临着主权丧失的危险。

由此可见，全社会的粮食经济活动不是一个部门所能容纳的，粮食经济问题研究也不只是粮食部门的任务，而是国民经济各相关部门的共同任务，必须进行跨部门的综合研究。因此，粮食经济问题不是一个部门经济学，而是一门新兴的跨部门的交叉科学。再具体一些讲，粮食经济问题既与自然科学有交叉，又与社会科学有交叉，还与政治经济学有交叉。

（一）粮食经济问题与经济问题的关系

经济学是研究价值的生产、流通、分配、消费的规律的理论，是研究人类社会在各个发展阶段的各种经济活动和相应的经济关系及其运行、发展的规律的学科。经济学为其他部门经济学的发展及问题研究，提供了相关的基本原理和科学方法。

粮食经济问题作为经济问题的一个分支，其研究也必须以经济学的基本原理为基础，通过现实的粮食及其经济问题研究，解释我国粮食经济诸多问题的本质，归纳总结其规律性，进而进行前瞻、指导和引导，使其走上健康发展的轨道。

比如：粮食经济问题中粮食供给、粮食需求、粮食价格等问题的研究，相关概念解释可以直接运用经济学所阐述的供给、需求、价格等概念，相关原理可以直接运用经济学所阐述的供给需求理论、生产者行为理论、消费者行为理论、市场组织理论等基本原理，相关分析方法也可以直接运用经济学所阐述的实证分析法、规范分析法等基本方法。

（二）粮食经济问题与农业经济问题的关系

严格地讲，粮食经济问题只是农业经济问题的一个重要组成部分，即粮食经济问题包括在农业经济问题之内，农业经济问题涵盖粮食经济问题。

但准确地讲，虽然农业经济问题研究中会涉猎到一些粮食经济问题，但由于研究对象及关键词的限制，农业经济问题不太可能专门对粮食经济问题进行深入、全面和综合的分析，而专门开展的粮食经济问题研究，会借助于农业经济问题研究的有关理论成果（如农业经济学），更全面、更深入地开展研究，使研究更丰富、更完善。

（三）粮食经济问题与商业经济问题、消费经济问题等的关系

严格地讲，粮食经济问题与商业经济问题、消费经济问题等有一定的交叉关系。粮食经济问题研究中会运用到商业经济问题、消费经济问题等研究中的部分理论和部分方法，而商业经济问题、消费经济问题等的研究中都会涉猎到粮食经济问题，如商业经济问题研究中会涉及粮食流通问题、粮商发展问题，消费经济问题研究中会涉及粮食消费问题。因此，商业经济问题、消费经济问题等研究中的一些理论成果（如商业经济学、消费经济学等），也都可以作为研究粮食经济问题的指导性理论。

同理，粮食经济问题还与财政问题、价格问题、统计问题、人口问题、营养问题等密切相关，在不同程度上有一定的交叉。财政学、价格学、统计学、人口学、营养学等学科理论，也可用于粮食经济问题的研究中。

（四）粮食经济问题与政治经济问题的关系

从表面上看，粮食经济问题只是一个经济问题。其实，如果发生严重的粮食危机，也确实会引发各国政府的高度重视，也就会转变为政治经济问题。因此，粮食经济问题与政治经济问题不仅有不少交叉点，而且这些交叉点往往重要而敏感。涉及国与国之间的政治经济问题的研究，市场离不开粮食经济问题。比如说，美国每年都给农场主发放大量的农业补贴，鼓励农场主以很低的价格将粮食出口到别的国家。有的国家一看本国生产的粮食的价格比进口的美国粮食的价格还要贵，就产生了边进口美国粮食、边转产其他农产品的想法和做法。美国当初好像熟视无睹，但一旦这些国家对某种粮食种植越来越少，从美国进口越来越多，越过了美国早已拟定的底线之后，美国便会露出其早已设计好的图谋，开始垄断这些国家某种粮食的销售市场，同时提高粮食的出口价格，导致该种粮食针对某国的销售价格不断提高，从经济上看美国的"高价所得"很快就会远远超过之前的"低价付出"，从政治上看美国甚至以不再向该国出口粮食相要挟，骑在他国头上发号施令，不断地干预他国的政治生态，俨然成了"太上皇"，使受害国悔恨上当而又不得不屈服和屈从。

同样，与政治经济问题相关联的已经比较成熟的政治经济学理论，也可用于粮食经济问题的研究中。

(五) 粮食经济问题与粮食经济学的关系

粮食经济问题与粮食经济学，前者是问题研究，后者是理论总结。二者在本质上是完全一致的，只是在侧重于理论经济或应用经济上略有不同。

粮食经济问题侧重于应用经济，旨在发展导引和前瞻运筹。可适时地研究粮食经济方面的前沿性、前瞻性问题（如粮食金融化、粮食能源化等），问题研究的动态性、与时俱进性更迫切、更明显。

粮食经济学侧重于理论经济，旨在理论归纳和实践总结。可全面地系统分析和归纳总结粮食经济的发展轨迹和运行规律，问题研究的动态性、与时俱进性不太迫切、不太明显。

思 考 题

1. 什么是粮食？粮食有哪些特征？
2. 什么是粮食经济？粮食经济有哪些特征？
3. 什么是粮食经济问题？粮食经济问题有哪些特征？
4. 粮食经济问题是如何产生的？
5. 粮食经济问题的研究对象是什么？
6. 粮食经济问题的研究内容有哪些？
7. 粮食经济问题的研究方法有哪些？
8. 粮食经济问题的学科性质是什么？

参 考 文 献

白美清. 加强粮食经济理论研究 为新世纪粮食的改革与发展实践服务 [J]. 中国粮食经济，2002 (7).

白美清. 加强粮食经济研究 迎接粮食工作的新世纪 [J]. 中国粮食经济，1999 (12).

白美清. 加强粮食经济研究，更好地为新世纪国家粮食安全服务 [J]. 中国粮食经济，2002 (1).

陈锡文. 中国粮食产销格局的变化：从南粮北运到北粮南运 [J]. 党政干部文摘，

2008（5）.

胡锦全．关于"粮食经济"学科建设的几个问题［J］．中国粮食经济，1995（1）.

胡社论．我国粮食经济研究及其政策分析［D］．长沙：国防科学技术大学，2004.

黄季焜．斯·罗泽尔（Scott Rozelle）．迈向21世纪的中国粮食经济［M］．北京：中国农业出版社，1998.

吉蕾蕾．中国中低产田占70％以上 耕地质量下降不容忽视［N］．经济日报，2013-05-21.

李吉锋．中国粮食经济［M］．长春：吉林大学出版社，1986.

李文学．创建粮食经济学［J］．农村工作通讯，2011（8）.

李长风．粮食经济四百题［M］．北京：中国商业出版社，1991.

梁鹰．中国能养活自己吗［M］．北京：经济科学出版社，1996.

粮食大辞典编辑委员会．粮食大辞典［M］．北京：中国物资出版社，2009.

秦其明，魏道南，王贵宸．"大农业"、"大粮食"辨［J］．农业经济问题，1982（4）.

孙启佑．科学研究应有科学概念——"大农业"、"大粮食"等提法不宜再用了［J］．农业技术经济，1982（5）.

谭晓风，马履一，李芳．我国木本粮油产业发展战略研究［J］．经济林研究，2012（1）.

田建民．粮食安全长效机制的构建与实证研究［D］．武汉：华中农业大学，2010.

万国鼎．中国历史小丛书·五谷史话［M］．北京：人民出版社，1962.

吴硕，李思恒．粮食经济学概论［M］．北京：中国商业出版社，1990.

武拉平．中国粮食经济进入新的阶段：特征原因和对策［J］．农业经济与管理，2014（1）.

新华网．科技进步对我国农业增长贡献率提高至53％［OL］.2012-04-23.

于猛．我国耕地后备资源摸清［N］．人民日报，2011-07-05.

俞俭，黎昌政．我国每年粮食产后损失超过1 000亿斤 占粮食总产量9％以上［N］．经济日报，2014-08-20.

袁元．水库安全不容懈怠［J］．瞭望，2009（14）.

张楠，张超．谈农民贫困问题与粮食的公共产品属性［J］．商业时代，2008（30）.

张培刚．二十世纪中国粮食经济［M］．武汉：华中科技大学出版社，2002.

中华人民共和国国务院新闻办公室．中国的粮食问题（白皮书），1996.

周慧秋，李忠旭．粮食经济学［M］．北京：科学出版社，2010.

第一篇　粮食生产与粮食消费

第二章　影响粮食生产与消费的主要因素

本章学习目标：

1. 掌握影响粮食生产的主要因素；
2. 掌握影响粮食消费的主要因素。

2014 年，我国粮食总产量实现了"十一连增"。粮食连年丰收，不仅确保了我国人民把饭碗牢牢端在自己手上，有利于新常态下我国经济的平稳运行，也为世界粮食安全做出了贡献。但同时，我国还是世界上人口最多的发展中国家，每年的粮食消费量占世界粮食消费总量的五分之一[①]。由于世界粮食市场的供给能力有限，今后 13 亿中国人的吃饭问题绝对不能依赖进口。目前我国小麦、水稻、玉米的单产水平虽然已经高出世界平均水平的 56.7％、56.6％和 2.6％[②]，但与世界单产前 10 位国家的平均水平相比还有不小的差距，未来我国粮食增产潜力还十分可观。因此，分析影响我国粮食生产与消费的主要因素，对今后制定粮食发展对策以及确保国家粮食安全，都具有重要的意义。

第一节　影响粮食生产的主要因素

综合国内文献资料，影响我国粮食生产的主要因素包括以下几类：

一、自生因素

粮食生产首先受到其自生因素的影响。自生因素指影响粮食生产的自然环境条件，主要包括气候条件、土地资源和水资源等。

---

① 确保国家粮食安全：农化一体 [N]. 中国化工报，2014 - 03 - 10.
② 确保国家粮食安全：农化一体 [N]. 中国化工报，2014 - 03 - 10.

(一)气候条件

气候条件会直接影响到粮食生产,对粮食生产具有举足轻重的作用。风调雨顺的年份,粮食产量自然会增加;自然灾害多发的年份,粮食产量会大大减少。自然灾害是使我国粮食生产波动的重要原因。李茂松等(2005)利用我国近50年的粮食生产统计资料,分析了各个年代主要粮食作物产量与影响粮食生产的因素之间的关系,认为自然灾害对我国粮食产量的影响极大[①]。黄正军(2009)指出,1961—1990年,自然灾害造成我国粮食减产的幅度平均为5%,减产量250亿千克[②]。祁毓等(2011)指出,改革开放以来我国粮食总产量与自然灾害(成灾面积占受灾面积的比重)之间呈现出明显的负相关[③]。

(二)土地资源

土地是粮食生产的一种基本自然资源。联合国粮食及农业组织2011年发表报告指出,全球已有25%的土地处于"高度退化"状态,这不但对世界粮食生产造成严重影响,还将威胁到2050年时能否有效解决全球大约90亿人口的吃饭问题。我国国土资源部《2013中国国土资源公报》数据显示,截至2012年年底,全国耕地面积为13515.8万公顷(20.27亿亩),年内净减少耕地面积8.02万公顷。由于人口的增长,工业化、城市化进程的加速,"人增地减"对粮食生产造成巨大的压力,成为影响粮食生产的重大限制性因素。同时,近年来,我国部分耕地质量降低,在农业科技没有重大突破的情况下,粮食单产持续提高难度加大。为确保国家粮食安全,必须保有相当数量和质量的耕地。

(三)水资源

水是粮食生产的命脉,粮食生产在相当程度上受到水资源的制约。我国水资源总量居世界第6位,但水资源人均占有量仅为世界人均占有量的25%,名列世界第88位,是世界13个严重缺水国家之一[④]。我国目前有16个省

---

① 杨重玉,龙方. 农业自然灾害对粮食生产影响的研究综述 [J]. 新农村:黑龙江, 2012 (20).
② 黄正军. 论农业自然灾害风险的规避 [J]. 经济研究导刊, 2009 (15).
③ 祁毓,秦小莉,姜文婷. 是什么缓解了自然风险对粮食生产的冲击?[J]. 财贸研究, 2011 (6).
④ 刘素梅,卢静,张丙双,李巧菊. 加强农业生态环境建设和资源保护 确保粮食安全 [J]. 辽宁农业科学, 2007 (2).

（区、市）人均水资源量（不包括过境水）低于严重缺水线，有 6 个省、区人均水资源量低于 500 立方米，为极度缺水地区。全国年平均缺水量 500 多亿立方米，人均水资源量为 2 059.7 立方米/人，仅为世界人均水平的 28％，比人均耕地占比要低 12 个百分点[①]。而且，随着人口的增多，对水资源需求的增加，以及水污染、水浪费等问题的存在，未来水资源形势会更加严峻。我国粮食生产主要依赖于农业灌溉，灌溉水源若得不到保障，自然会影响到粮食产量。蔡继明（2012）指出，我国每年农业生产缺水 300 亿立方米，因干旱缺水每年粮食损失约 400 亿斤[②]。也有人指出，"大旱之年，我国粮食减产的一半以上来自旱灾"[③]。可见，水资源短缺已经成为 21 世纪制约我国粮食生产的重要限制因素之一。树立全民水危机意识，节约用水已是当务之急。

二、再生因素

再生因素指通过人为的力量可以改变的因素。影响粮食生产的再生因素主要包括粮食播种面积、劳动力投入、农药化肥投入、农业机械化水平、农田水利设施和农业科技水平。

（一）粮食播种面积

耕地面积的相对稳定是保证粮食生产能力的前提。在粮食单产一定的条件下，粮食产量提高的关键就在于粮食播种面积的稳定或提高。2013 年我国粮食播种面积是 16.79 亿亩，比十年前增加了 1.88 亿亩[④]。2014 年，我国粮食播种面积 16.91 亿亩，比 2013 年增长了 0.7％[⑤]；粮食总产量 12 142 亿斤，比 2013 年增加 103.2 亿斤，增长 0.9％。在其他如自然条件、政策、技术等因素不变条件下，要确保粮食生产的稳定或提高，就必须先确保粮食播种面积的稳定或提高。

粮食播种面积在很大程度上取决于耕地资源的数量和质量。一般来说，耕地资源越丰富的地区，能用于粮食生产的土地就越多。而随着经济的发展、城镇化水平的提高，耕地占用是不可避免的，由此引起的耕地资源的减少，

---

① 中国水资源短缺形势严峻 粮食安全面临挑战 [OL]. 华夏经纬网，2012 - 03 - 22.
② 中国水资源短缺形势严峻 粮食安全面临挑战 [OL]. 华夏经纬网，2012 - 03 - 22.
③ 中国水资源短缺形势严峻 粮食安全面临挑战 [OL]. 华夏经纬网，2012 - 03 - 22.
④ 2013 年全国粮食播种面积 16.79 亿亩 较十年前增 1.88 亿亩 [OL]. 中华粮网，2013 - 12 - 31.
⑤ 2014 年全国粮食播种面积和粮食总产量数据分析 [R]. 中国报告大厅，2014 - 12 - 10.

势必对粮食生产产生一定的冲击。要消除或降低耕地面积减少对粮食生产的负面影响，除了通过增加投入、提高科技水平、改善农业生产环境外，关键还在于保证一定的耕地面积，坚守 18 亿亩耕地的"红线"。由于各种自然和人为因素使耕地质量降低和数量隐性减少，即耕地退化现象，也会影响到耕地面积。比如，大量使用无机肥料、有机农药及不合理的灌溉等使得土壤板结、有机质含量减少、盐渍化等；由于粗放耕作和掠夺性开发及环境污染等，耕地资源退化严重，使耕地的可利用程度降低，在近期内难以恢复耕作或永久丧失耕作能力，实质上等同于耕地资源数量的隐性减少，最终使粮食播种面积减少，粮食减产和绝收。因此，提高耕地质量与保持耕地数量同等重要，两者不可偏废。

（二）劳动力投入

劳动力投入是影响粮食生产的重要因素之一。我国是世界上人口最多的国家，人口多、劳动力资源丰富，尤其是农业劳动力资料更为丰富。按照西方经济学中的边际报酬递减规律，在种植面积和技术水平不变的条件下，随着劳动力投入的增加，总产量先是递增增加，而后递减增加，当边际产量为负时，总产量便下降。也就是说，农业劳动力投入并不是越多越好。范东君，朱有志（2012）利用统计数据构建模型进行分析后指出，我国农业人力资本对粮食产量影响显著，即从事粮食生产的有效劳动力增加，粮食产量也会增加。反之，有效农业劳动力流出越多，粮食产量下降也就越多。该结论说明，在目前情况下，有效农业劳动力流出越多，对粮食生产的负面影响就越大[①]。随着经济发展战略和经济增长方式的转变，户籍制度和城市就业制度的改革，农村经济发展和农业技术进步，农业劳动生产率的不断提高，农业经济中需要的劳动力数量逐渐减少，农业所占用的劳动力通过梯度或跨梯度转移模式，把大批农业从业人员转移到第二、三产业，变成非农业劳动力。尽管加快农业劳动力的转移，能扩大农民收入来源，挖掘农业增长的潜力，但由于我国长期家庭式小规模农业生产，形成了以劳动力投入为主的生产方式，随着农业劳动力转移，可能会出现土地抛荒、农业生产率下降的现象，在一定程度上影响到粮食生产的稳定性。为了顺应农业的发展趋势，必须普及文化教育，加强对农业劳动力的技术培训，减少农业劳动力波动对粮食生产的影响。

---

① 范东君，朱有志. 产业报酬差异、农业劳动力流动与粮食生产 [J]. 贵州财经学院学报，2012 (1).

（三）农药化肥使用量

农药化肥使用量对粮食产量有显著的影响。国内外的经验表明，化肥的有效投入是粮食稳产增产最有效、最迅速的措施和途径。在我国，化肥对粮食产量的增长产生过巨大的作用，能够大大提高粮食的产量，其投入与粮食产量的关联度呈上升趋势[①]。资料显示，合理使用农药每年可以挽回农业损失数百亿元，而如果不用或是用错农药，粮食产量将减少30％[②]。但由于受到边际报酬递减规律的影响，化肥在促进粮食产量增加方面的能力会逐渐下降。特别是我国，耕地面积不足全世界7％，却使用了全世界40％的化肥，化肥的单位面积投入量已赶上世界平均水平，单位面积农药使用量是世界平均水平的2.5倍[③]。目前化肥的单位边际报酬贡献率出现较大幅度递减的情况下，再加大化肥的投入量，其带来的增产效果将会越来越差。因此，化肥的使用量不宜再继续大幅度增加。此外，如果过量施用农药化肥会造成耕地的肥力下降，加剧环境污染，而且还会造成土壤板结，降低土壤生产力，造成农田生态环境的破坏。随着对环境保护要求的提高，依靠农药化肥的使用而提高粮食产出也不是一条有效的路径。为此，应大力推广有机生态肥的施用，逐步建立农田生态系统的良性循环。

（四）农业机械化水平

在粮食生产中，农业机械的使用不仅能够直接为提高粮食生产效率提供动力，保证粮食生产的稳产、高产，而且还能够在抗旱排涝中发挥重要的作用，在一定程度上削弱自然环境的影响。因此，加快提高农业机械化水平，对于提高粮食产量具有重要意义。2012年，我国农业机械总动力为102 559万千瓦，是1978年的8.73倍[④]。2014年，全国农业机械总动力达10.76亿千瓦，同比增长3.57％；农机化水平达到61％以上。可以说，我国农业机械化水平取得了长足进步。在发达国家，农业机械化的大幅度发展一般会推动粮食产量的增收。但在我国情况却相反。范东君、朱

---

①　曹秀清，许浒．江淮丘陵区粮食生产主要影响因素灰色关联分析［J］．安徽农业科学，2010（33）．

②　确保国家粮食安全：农化一体［N］．中国化工报，2014-03-10．

③　确保国家粮食安全：农化一体［N］．中国化工报，2014-03-10．

④　曲胜杰．我国粮食产量影响因素的实证分析——以1980—2011年粮食生产情况为样本［J］．中共青岛市委党校青岛行政学院学报，2014（2）．

有志（2012）利用统计数据构建模型进行分析后指出，农业固定资本投入对粮食生产影响不显著[1]。程明、李明亮等（2013）也通过实证分析得出，在过去22年中，我国机械化的提高对粮食产量的提高长期促进作用不明显[2]。这可能的原因有：一是在现有的家庭承包经营制度下，耕地小块分割，无法充分发挥农业机械的规模化作业效率；二是由于我国生产性农田地势及种类多元化，既有肥沃平坦的，也有农林性质的，更有"阶梯型"山地性农田，这就导致了我国农业机械化标准繁多，农业机械化很难对粮食产量的长期提高存在明显的促进作用。因此，在我国，农业机械化总动力对粮食生产促进作用有限。

（五）农田水利设施

灌溉、防洪、排涝等农田水利设施是降低粮食生产自然波动的重要手段，对稳定粮食生产具有重要作用。目前，我国水利对粮食贡献率达到40％以上[3]。祁毓、秦小莉、姜文婷（2011）指出，灌溉设施能够在干旱和洪涝灾害中起到平抑洪涝灾害的作用，在面临同样的自然灾害冲击时，有效灌溉面积占比每提高1％，小麦、稻谷和玉米的产量可以分别挽回33.8％、23.6％和16.4％的损失[4]。

农田水利设施还会通过影响有效灌溉面积影响到粮食生产。有效灌溉面积是影响粮食单产的重要因素。郭淑敏等（2007）认为，有效灌溉面积和粮食总产量之间存在一定程度的正相关关系，即随着有效灌溉面积的增加，粮食总产量也在稳定增加[5]。李光泗等（2010）通过研究认为，有效灌溉率对粮食生产产生显著正向影响，有效灌溉率每增长1单位，粮食产量将增长1％以上[6]。李琳凤（2012）提出，有效灌溉面积比重的持续增长也是致使粮食单位面积产量长期快速增长的重要原因之一，其对粮食单

---

① 范东君，朱有志. 产业报酬差异、农业劳动力流动与粮食生产［J］. 贵州财经学院学报，2012（1）.

② 程明，李明亮，陈振环，鲍洪杰. 农业机械化对我国粮食产量影响的实证研究［J］. 广东农业科学，2013（18）.

③ 高云才. 新常态下粮食发展方式转向哪［N］. 人民日报，2015-01-04.

④ 祁毓，秦小莉. 姜文婷是什么缓解了自然风险对粮食生产的冲击？［J］. 财贸研究，2011（6）.

⑤ 郭淑敏，马帅，陈印军. 我国粮食主产区粮食生产影响因素研究［J］. 农业现代化研究，2007（1）.

⑥ 李光泗，李全根，曹宝明. 我国粮食生产波动影响因素分析——基于供给反应模型［J］. 南京财经大学学报，2010（5）.

产的贡献仅次于化肥的使用率，主要是因为有效灌溉率的提升大大增强了我国粮食的抗灾能力[①]。2011—2014 年，全国通过实施大中型灌区改造、小农水项目，新增和恢复灌溉面积近 6 000 万亩，发展高效节水灌溉面积超过 9 000 万亩，新增粮食产能 300 多亿千克[②]。

据水利部数据显示，目前全国有一半以上耕地缺少基本灌排条件，农田水利设施不足的问题越来越严重，状况堪忧。农田水利建设滞后已经成为我国农业稳定发展和国家粮食安全的最大硬伤。因此，近年来，我国对水利建设的重视尤其显著。

（六）农业科学技术

农业科学技术对促进粮食产量的增加有重要的作用。农业科技主要包括农作物品种、栽培耕作技术、病虫害防治技术和土壤改良等方面。科技的不断进步，大大提高了粮食生产的劳动生产率；在农药化肥施用达到极限的情况下，是提高粮食产量的新的途径；在一定程度上可以缓解恶劣气候条件、水资源短缺和耕地面积有限对粮食生产的制约。近些年来，我国通过借鉴国外优秀经验和自主研发在农业科技开发和应用方面取得了丰硕的成果，每年都有上百种农作物新品种培育成功，各类农业高产技术、防灾技术等已广泛用于农业生产中。1997 年以来，我国全力推广小麦优质品种，种植面积连续大幅度增长。10 多年来，在小麦总面积从 3 000 万公顷下降到 2 200 万公顷的情况下，我国依靠提高单产就满足了国内消费总量需求[③]。

三、引导性因素

粮食生产的引导性因素主要是指影响粮食生产比较效益的各种因素。种粮的比较效益高了，农民种粮的积极性自然提高，有利于粮食生产；反之，种粮的比较效益低，则容易挫伤农民种粮的积极性，不利于粮食生产。在单产一定的条件下，粮食生产的比较效益与粮食价格、粮食生产成本、其他经济作物效益及外出务工收入相关。

---

① 李琳凤. 当前影响我国粮食生产的主要因素分析 [J]. 中国流通经济，2012 (4).
② 高云才. 新常态下粮食发展方式转向哪 [N]. 人民日报，2015-01-04.
③ 以创新推动粮食生产方式的根本转变——首席科学家建言粮食增产增效 [J]. 求是，2010 (19).

（一）粮食价格

价格是影响粮食生产变动的关键因素。一般来说，粮食价格上涨会促进粮食生产；反之，粮食价格下降，则会抑制粮食生产。李光泗等（2010）认为，粮食价格是我国粮食生产的重要影响因素，而且粮食价格对粮食生产具有显著的正向作用，说明粮食价格杠杆对调节农户的粮食生产行为具有至关重要的作用。近10年来，粮价基本上是大涨小回，持续走高。以稻谷为例，2013年11月底，三级早籼稻均价为2 529元/吨，三级晚籼稻均价为2 724元/吨，二级粳稻均价为2 929元/吨，分别较2004年年初的1 259元/吨、1 347元/吨、1 300元/吨上涨1 270元/吨、1 377元/吨和1 629元/吨，涨幅分别达100.9％、102.2％、125.3％[①]。粮价的不断上涨，给农户带来了较好的、相对稳定的收益。同时，由于水稻、玉米价格上涨幅度较大，单产又高，种植效益更好。而大豆、春小麦等价格上涨相对较慢，同时单产也较低，种植效益相对较低，在经济利益的驱使下，农民主动调整种植结构，也是粮食生产连续增产的一大诱因。但是，粮食价格对生产者的拉动作用不可能持续扩大。王明华（2006）提出，粮食商品的公共性和基础性决定其价格不可能大幅上涨[②]。此外，我国农业规模普遍都很小，即使粮价再高也没有多少收入。2008年我国农民种粮食的收入大概只有10％～20％，而且还是价格比较好的情况下，而在2009年种粮收入占的比例却非常低[③]。所以规模小，即使有非常好的粮价，种粮的收益也显现不出来。因此，粮食价格在拉动粮食生产的增长方面作用不会持续扩大。

（二）粮食生产成本

农业生产资料价格和人工成本是影响粮食生产成本的重要组成部分，对粮食生产者的种粮收益产生直接影响。在粮食价格基本稳定，农业生产资料价格和人工成本上涨时，农民基于自身收益最大化角度考虑，就可能减少农业生产资料的使用，减少劳动投入，这样粮食产量势必有所下降；

---

① 最低收购价政策将向何方 ［OL］. http：//www.xiaomai.cn/html/news/20140102/332550.html. http：//www.xiaomai.cn.

② 王明华. 十一五时期我国粮食需求总量预测 ［J］. 调研世界，2006（4）.

③ 专家：种粮肯定收益不高 农民增收要靠非农收入 ［OL］. 中国经济网，http：//finance.people.com.cn/nc/GB/8776825.html，2009 - 02 - 10.

相反，如果农业生产资料价格和人工成本下降，农民就可能增加生产资料的使用，增加劳动投入，可能导致粮食供给增加。对于改革开放以来我国粮食生产成本的变化趋势，王双进（2013）指出，1978 年以来我国主要粮食品种亩均生产成本不断攀升，2011 年三种主要粮食品种平均亩成本是 641.41 元，是 1978 年的 14.6 倍，平均逐年递增率为 8.46%[①]；2011年主要粮食品种每百千克平均生产成本是 142.10 元，是 1978 年的 6.72倍，平均逐年递增率为 5.94%[②]。因此，可以说从长期看，粮食生产成本上涨是带有趋势性的。据财政部农业司组织的一项调查表明，2012 年，我国粮食主产区的小麦生产亩均成本达到 781 元，比上年增加 12%，亩均收益 409 元，同比下降了 13%[③]。我国现阶段粮食生产成本的大幅度上升把农民通过涨价带来的好处、政府给的补贴基本上给抵消掉了，在一定程度上影响了农民的收入水平，进而影响农民种粮的积极性。所以，从这个角度来看，怎样控制农资价格的上涨，削弱生产资料成本抵消农民收入的影响，也是我国现阶段在确保粮食生产方面一个很重要的调控任务。

（三）其他经济作物经济效益

在耕地面积一定时，粮食与其他经济作物存在一定的替代关系。当其他经济作物经济效益相对增加时，农民就会放弃种粮转而种植其他经济作物，从而使粮食的播种面积减少，在一定程度上影响粮食的生产；反之，当其他经济作物经济效益相对减少时，农民就会减少其他经济作物的种植而增加粮食播种面积。与种植其他经济作物相比，种粮的效益还是太低。例如，在广西田阳县，由于种粮经济效益低，不少农民都把水田改种了收入较高的甘蔗、芒果、香蕉、西红柿等经济作物[④]。但近年来，由于经济作物市场价格波动大，加之一般品种都投入大，农民的种植收益不稳定，较粮食作物比较效益低，农民的种植积极性降低。据中华粮网对黑龙江省主要农作物测算，2011 年大豆的收益约为 100～150 元/亩，玉米约为250～400元/亩，水稻约为 350～500 元/亩，甜菜约为 150～250 元/亩（仅限中南部），蔬菜和瓜果类价格波动大，容易出现大亏损或盈利。经济

---

① 王双进．改革开放以来我国粮食生产成本变动态势分析［J］．商业时代，2013（14）.
② 王双进．改革开放以来我国粮食生产成本变动态势分析［J］．商业时代，2013（14）.
③ 种粮成本上升 惠农政策加码［N］．中国财经报，2013－02－05.
④ 广西田阳县春耕调查：经济作物和粮食争地［OL］．http：//finance.sina.com.cn/china/20130428/062515306387.shtml，2013－04－28.

作物比较效益低造成农民种植积极性下降，导致粮食播种面积得以增加。

（四）外出务工收入

近年来农民外出务工收入的增加在一定程度上影响了农民的种粮积极性。当农民外出打工所得的收入远远大于种粮收入时，比较利益得失，他们肯定会选择外出务工。外出务工的农民一般是青壮年劳动力，留在农村继续种粮的农民则年龄一般偏大，且文化水平不高，粮食生产效率必然降低。随着外出务工农民数量的增加，农村劳动力严重短缺，一些地方甚至出现大量农田抛荒现象，严重威胁到我国粮食生产安全。

四、规范性因素

影响粮食生产的规范性因素主要包括粮食生产经营制度、有关粮食生产的政策和农用地流转等。

（一）粮食生产经营制度

1978 年对农村实行改革，实行家庭联产承包责任制，把土地分到各家各户，实现土地所有权与土地使用权的分离，赋予了农民生产的自主权以及剩余产品的支配权力，同时提高粮食的收购价格，这样一来极大地提高了劳动生产积极性。1978 年中国粮食产量首次突破 30 000 万吨，达到 30 477 万吨，增长了 7.8%。1982—1984 年，粮食总产量年均增长率为 7.83%。1983 年的农业生产责任制改革极大调动了农民的生产积极性，我国粮食产量得到大幅度提高。1978—1982 年，我国粮食单产为 2.8 吨/公顷，1983—1987 年为 3.53 吨/公顷，提高了 26%[①]。根据研究，家庭联产承包责任制对中国农业产出产生了一次巨大的突发冲击。1978—1984 年中国农产品产值以不变价格计算增加了 42.23%，这其中高达 46.89% 的功劳要归功于家庭联产承包责任制取代集体耕作制度的农业经营体制改革[②]。

---

① 曲胜杰. 我国粮食产量影响因素的实证分析——以 1980—2011 粮食生产情况为样本 [J]. 中共青岛市委党校青岛行政学院学报，2014 (2).

② 曲胜杰. 我国粮食产量影响因素的实证分析——以 1980—2011 粮食生产情况为样本 [J]. 中共青岛市委党校青岛行政学院学报，2014 (2).

（二）粮食生产发展政策

新中国成立以来，党和政府一直极为关注和支持粮食生产的发展，为了调动农民种粮积极性，提高粮食生产者收入，制定了许多有利于粮食生产发展的政策。

第一，粮食收购保护价政策。粮食收购保护价是我国粮食政策的一个重要组成部分，是我国粮食长期处于短缺的特定历史环境下的产物。多年来，粮食保护价政策对促进我国粮食生产的发展发挥了积极作用。政府制定的保护价一般高于市场粮食价格，并具有相对的稳定性，因此，政府能够掌握必要的粮源，保证粮食供给的基本安全。在 2004 年之前，保护价收购是补贴农业的主要方式，但其中存在着一些问题：一是政策成本太高，国有粮食企业收购了大量粮食，却不能顺利销售出去，积压在粮库里，储存和运输成本不断累积。而且，农户也因此而遭遇"卖粮难"的问题；二是可能导致垄断行为，国有粮食企业在财政补贴的支持下，具有其他粮食企业不能比拟的优势。因为这些问题，在粮食产量于 1998 年达到历史顶峰 5.12 亿吨之后，保护价被逐步取消。

第二，粮食生产直接补贴政策。2004 年粮食流通体制改革之后，粮食生产直接补贴政策全面推行，很多地区将原来通过保护价方式发放的补贴折算为粮食直接补贴，直接发放给农民。粮食生产直接补贴主要涉及粮食生产条件建设、粮食生产资料及工具购买、粮食生产服务及农民收益性综合补贴。近年来，对种粮农民直接补贴资金逐年增加，一定程度激发了农民的种粮积极性[①]。但也应看到粮食直接补贴难以调动农民种粮积极性的一面，其核心原因是因为补贴数额较小，补贴不能根本改变主粮与其他粮种和经济作物间以及农业产业与非农产业间的比较收益，部分农户不会因为粮食直接补贴而改变其生产经营行为，粮食直接补贴没有起到预期的引导效果[②]。粮食补贴政策的实施，对保护和调动农民种粮的积极性有一定作用，但这一效应也在逐年递减[③]。

第三，粮食最低收购价政策。粮食流通市场化改革后，国家取消了保护价政策。为避免粮食市场大幅波动，保护农民种粮利益，从 2004 年开

---

① 沈淑霞，佟大新.吉林省粮食直接补贴政策的效应分析 [J].农业经济问题，2008（8）.

② 张锦鹏.我国农业直补政策的目标和政策效应分析 [J].农村经济，2009（11）.

③ 劳动力转移是否影响我国粮食生产 [OL].http://news.10jqka.com.cn/20100728/c62970027.shtml.

始，国家实行重点粮食品种最低收购价。当国内粮价低于最低收购价时，就可启动托市预案敞开收购，并在粮价较低时对玉米、大豆等实行临时存储收购。此后，随着市场粮价的不断上涨，最低收购价也不断调整并启动，有效稳定了粮食市场价格[①]。我国粮食生产连续丰收、粮价持续走高以及粮食进口快速增加，归根到底都与粮食最低收购价持续大幅上调有着密切的联系。托市收购政策不但避免了谷贱伤农，保护了粮农的收益，也有效保障了粮食的安全。因此，后期粮食最低收购价的走向仍将对粮食生产、粮食价格以及粮食进出口产生重大影响。但从目前整个粮食形势来看，根据十八届三中全会提出的"使市场在资源配置中起决定性作用"的方针，粮食最低收购价后期上调的空间已越来越小[②]。也有学者指出，粮食最低收购价政策是一项增产后发挥作用而期望稳产的政策，对刺激增产和粮食生产发展作用不大，或者根本不起作用[③]。

第四，取消农业税。农业税是国家向从事农业生产的单位和个人就其取得的农业收入征收的一种税。我国农业税条例是 1958 年开始施行的，粮食作物收入包括在农业税征收范围内。农业税条例实施近 50 年，发挥了重要作用。2006 年，全国彻底取消了农业税，全国农民每年减轻负担1 335亿元[④]。取消农业税对农民经济行为产生了一系列影响，有利于提高农民种粮积极性和刺激农村土地逐步向部分农户流转从而实现规模化种植，推动粮食生产的发展。

（三）农用地流转

大力开展农用地流转是当前促进农业发展、稳定粮食生产的一个主要政策。十七届三中全会后，农用地流转成为当今农村改革中的重点和热点。2010 年中央 1 号文件指出，要积极发展多种形式的土地流转，促进农用地规模经营。2011 年中央 1 号文件再次指出，要规范土地流转程序，增加农民收入，保障我国粮食安全等。2013 年中央农村工作会议指出，

① 最低收购价政策将向何方［OL］. http：//www. xiaomai. cn/html/news/20140102/332550. html. http：//www. xiaomai. cn.

② 最低收购价政策将向何方［OL］. http：//www. xiaomai. cn/html/news/20140102/332550. html. http：//www. xiaomai. cn.

③ 劳动力转移是否影响我国粮食生产［OL］. http：//news. 10jqka. com. cn/20100728/c62970027. shtml.

④ 农业税取消致全国农民每年减轻负担 1335 亿元［N］. 人民日报，2012 - 08 - 17.

依法保障农民承包地流转权，激励农户家庭经营的合作与联合，让农业经营有利可图。2014 年中央 1 号文件提出，严禁农用地非农化。对农用地流转和粮食生产的研究，专家们提出了不同的看法。张忠明等（2010）认为，土地经营规模与粮食生产效率之间并不呈显著正向、负向线性关系，而是随着时间的变化呈现出"U"型规律。在目前的生产条件下，小规模经营农户的粮食规模经济效应明显，有必要通过农用地流转等扩大土地经营规模，挖掘粮食生产潜力[①]。但是，杨应辉（2012）通过调查云南省文山州地区农用地流转后粮食生产的现状，认为农用地流转后"非粮性"现象加重、种粮农民的素质降低、基层政府对保障粮食安全的动摇情绪等严重地影响了粮食生产，这种盲目地推行的农用地流转反而降低了粮食产量[②]。杨竟慧等（2013）也提出，不规范的农用地流转对单位面积粮食产量具有显著负效应，在目前租赁或者流转期限短期化的前提下，势必产生少投入或低投入的现象，从而影响到粮食产量[③]。综上，从中国粮食安全的视角来看，不能一味地为追求农用地流转规模而流转，关键是要规范土地流转，保证流转后的土地用于粮食生产而且粮食产出水平不降低甚至更高。

第二节　影响粮食消费的主要因素

粮食消费是人类生存和发展的必要前提，是粮食生产的最终目的和内在动力。一般认为，粮食消费主要包括居民口粮、饲料粮、工业用粮、种子用粮消费和损耗五部分。其中，居民口粮消费包括农村居民口粮消费和城镇居民口粮消费，也称为直接粮食消费，饲料粮、工业用粮以及种子用粮消费称为间接粮食消费。改革开放 30 多年来，我国粮食消费结构发生了较大变化，居民口粮消费不断下降，饲料粮消费逐步上升，工业用粮快速增长，粮食消费需求呈现新的变化特征。未来一段时期是我国经济、社会快速转型阶段，分析影响我国粮食消费的因素，对科学把握粮食消费发

---

① 杨竟慧，赵凯，谢昕昕，张永良．陕西关中地区农用地流转对粮食产量的影响［J］．湖北农业科学，2013（13）．

② 杨竟慧，赵凯，谢昕昕，张永良．陕西关中地区农用地流转对粮食产量的影响［J］．湖北农业科学，2013（13）．

③ 杨竟慧，赵凯，谢昕昕，张永良．陕西关中地区农用地流转对粮食产量的影响［J］．湖北农业科学，2013（13）．

展趋势、加强粮食宏观战略调控、确保粮食安全等，都具有十分重要的意义。

综合国内文献资料，影响粮食消费的主要因素包括以下几类：

一、社会文化因素

社会文化因素包括人口数量和结构、饮食习惯以及居民的粮食消费偏好和节粮意识。

（一）人口数量和结构

人口数量和人口结构是影响粮食消费总量尤其是口粮消费和饲料粮消费的两个主要因素。

1. 人口数量

人口是粮食消费的基本单元。粮食消费需求总量取决于人口数量及人均粮食消费水平，在人均粮食消费不变的条件下，人口数量的增减直接影响粮食的消费数量，两者成正比关系。因此，人口数量变动是影响粮食消费需求的最为重要的因素。

我国是世界上人口最多的国家，也是粮食消费最多的国家。从《中国统计年鉴》上的数据来看，1980—2011 年，我国人口自然增长率一直趋于下降，从 1980 年的 11.87‰下降到 2011 年的 4.79‰，但是在 2012—2014 年，这一比率则超过了 4.9‰。2014 年甚至提高到了 5.21‰，比 2013 年年末增加了 710 万人[1]。尽管近年来我国人口增速放缓，但由于我国目前已着手对最为严格的人口控制政策进行逐步的探索改革，人口继续增长的趋势短时间内不会停止；而且，由于人口基数较大，我国将出现人口低增长率和高增长量长期并存的局面，人口刚性增长必然带来粮食需求的刚性增长[2]。

2. 人口结构

第一，城乡人口结构。受城镇化的影响，我国总人口中城镇人口所占的比重逐年上升，而乡村人口所占比重逐年下降。2014 年末，城镇人口

---

① 2014 年中国大陆总人口自然增长率为 5.21‰ [N]. 中商情报网，2015 - 01 - 20.
② 国家粮食局副局长曾丽瑛：粮食消费结构升级 品种结构矛盾加剧 [OL]. 新华网，2012 - 01 -09.

占比为 54.77％[①]，比上年提高了 1.04 个百分点。世界城市化发展的规律表明，当一个国家或地区的城市化水平达到 30％以后，城市化进程将进入快速发展阶段。我国已经进入了城镇化加速发展阶段。随着我国城镇化的加速推进，农村人口还会大量地向城镇转移，会使城镇人口数量持续增加。城镇化的推进在改变城市人口和农村人口比例的同时，也影响着粮食消费的结构和水平。城乡居民的粮食消费表现为不同的变化特点，农村居民比城市居民消费的粮食多，但肉蛋奶类食品却明显少于城市居民。进入城市后居民的生活方式和饮食结构也会发生相应的改变。由于城市居民人均口粮消费大约只有农村居民人均口粮消费的 33％左右[②]，因此，人口结构变化可能会导致口粮消费总量所占比重下降。但同时，城镇化将会使得部分新进入城市的农村居民选择与城市居民趋同的消费结构，即肉、蛋、奶等畜产品和其他副食消费比重扩大，而这一变化将会带来饲料粮和工业用粮消费的增加。可以推测，城镇化的快速推进将会引起我国粮食消费的增加[③]。

第二，人口年龄和职业结构。人口结构（如年龄结构）和职业（劳动强度）通过人体的生理需求差异影响热量摄入量的需求，而粮食是人体的主要热量来源。因此，对于一个国家（或地区）而言，即使人口总数保持不变，随着时间的推进，人口年龄结构、职业结构发生变化，人均热量摄入或粮食消费需求水平仍然会改变，进而影响粮食消费量。根据各年龄段人口对粮食的消费需求，0～24 岁，处于生长发育阶段，其粮食消费属于成长型，随着年龄而增加；24～44 岁，属于生理稳定阶段，其粮食消费属于稳定型；45 岁以上，其粮食消费属于减少型，将随着年龄而减少[④]。人口结构变化具有长期趋势，如果不同年龄和性别组人口数量发生巨大变化，未来的人均粮食消费需求也将相应变化。根据 2000 年全国人口普查数据，我国总人口中，0～14 岁占 22.89％，15～64 岁占 70.15％，65 岁以上占 6.96％；而在 2010 年人口普查中，0～14 岁占比下降为 16.6％，15～64 岁占比提高到 74.5％，65 岁以上占比提高为 8.9％。新增人口与

---

① 2014 年中国大陆总人口自然增长率为 5.21‰［OL］. 中商情报网，2015 - 01 - 20.

② 曾靖，汪晓银，王雅鹏. 我国城镇居民粮食消费状况分析与安全对策研究［J］. 农业现代化研究，2009（5）.

③ 闫琰，王志丹，刘卓. 我国粮食消费现状、影响因素及趋势预测［J］. 安徽农业科学，2013（35）.

④ 肖俊彦. 我国粮食消费水平及中长期需求与政策建议［J］. 理论学刊，2010（12）.

老年人口增长基本持平，年龄结构对人均粮食消费水平的影响将基本抵消[1]。不同行业的劳动强度存在差异。随着经济发展水平和收入水平的提高，产业结构和产业内部工作岗位可能发生相当迅速的变化（城市化带来的就业改变也可以包括在这一过程中）。职业的变化、同一岗位对体力消耗要求的改变，都可能影响人们热量摄入量的生理需求，因而在收入、价格不变的情况下改变人们对粮食的消费总量。钟甫宁、向晶（2012）指出，职业结构调整能够改变人均的热量消耗量，但是同人口结构调整相比，职业结构的变化对人均热量需求的影响较小，且从时间上来看其变化幅度也小[2]。因此，在未来的粮食消费需求分析预测中应将人口结构变化考虑进去。

（二）饮食习惯

不同国家（或地区）之间由于地域、文化、物产、历史传统等的差异形成了不同的饮食习惯，进而使各国（或地区）的粮食消费结构也存在很大的差异。从饮食习惯来看，目前主要有两类食物消费模式：一类是以欧美发达国家为代表的肉蛋奶等动物蛋白食品为主、粮食等植物性食品为辅的食物消费模式。这种食物消费模式的特点是高能量、高脂肪、高蛋白，对肉、蛋、奶的消费比重较高，而直接粮食消费比重较低。所以，在这种模式下的粮食消费结构中，饲料粮消费所占比重要大于直接粮食消费所占比重。另一类是以多数发展中国家为代表的以粮食等植物性食品为主、动物蛋白食品为辅的食物消费模式。这种食物消费模式下，直接粮食消费在食品消费中占比重较大，而肉蛋奶消费所占比重较低。所以，在这种模式下的粮食消费结构中，直接粮食消费所占比重要大于饲料粮消费所占比重。饮食习惯受到地域、文化、物产、历史的长期影响，一般不会在短期内发生迅速改变，但也会因经济发展和生活水平的提高而逐步转变。传统上，亚洲国家的食品消费以谷物和蔬菜等植物性食品为主，虽然收入水平的上升会带来蛋白质消费的增加，但是短期内不会转变为西方发达国家的以蛋白质为主的消费模式[3]。

---

① 肖俊彦. 我国粮食消费水平及中长期需求与政策建议 [J]. 理论学刊，2010 (12).
② 钟甫宁，向晶. 人口结构、职业结构与粮食消费 [J]. 农业经济问题，2012 (9).
③ 李志强，吴建寨，王东杰. 我国粮食消费变化特征及未来需求预测 [J]. 中国食物与营养. 2012 (3).

（三）居民的粮食消费偏好和节粮意识

粮食消费中的损耗和浪费与居民的粮食消费偏好和节粮意识存在密切关系。当前我国居民食物消费正处于由小康向更加富裕的转型时期，"食不厌精"的不良消费偏好以及"色香味"这些最普通的感官指标，长期以来影响着我国消费者选择，导致存在众多消费误区。由于消费习惯误区，成品粮过度追求亮、白、精，而加工程度越深、产业链条越长，原料损失及能源消耗量越多。国家粮食局发布数据显示，全国加工环节每年造成口粮损失逾 130 亿斤[①]。另外，请客吃饭讲排场、比阔气等不良消费方式，造成餐桌浪费也是比较严重的。仅 2008 年一年在规模以上餐馆的餐饮消费，就最少倒掉了约 2 亿人一年的口粮[②]。有关方面估算每年餐桌浪费食物价值达 2 000 亿元[③]。因此，节约用粮，减少浪费，是人们现实生活中一件刻不容缓的事情，必须抓紧抓好。加强对居民粮食营养知识的普及和教育，培养他们形成良好的粮食消费习惯，同时提倡计划用粮，节约用粮，要在全社会形成"节约粮食光荣，浪费粮食可耻"的风气，增强人民群众珍惜粮食的意识。

二、经济因素

粮食价格和居民收入水平是影响粮食消费的两个最主要的经济因素。粮食价格和人均纯收入对粮食消费都有比较显著的影响，特别是收入对粮食消费的影响更为明显。此外，与粮食相关行业的发展水平也会影响到粮食消费。

（一）粮食价格

从经济学的角度来看，粮食价格是影响居民粮食消费量的主要因素。一般来说，粮食价格上涨，粮食消费量会减少；反之，粮食价格下跌，粮食消费量会增加。国内一些学者利用统计数据对粮食价格变化和粮食消费量之间的关系进行了研究，曾靖、汪晓银、王雅鹏（2009）以 1992—

---

①　"食不厌精"导致浪费严重疾病大增 [N]. 新华每日电讯，2014 - 09 - 02.
②　赵殿奎. 节约粮食势在必行 [N]. 天津日报，2011 - 08 - 11.
③　我国每年餐桌浪费食物价值达 2 000 亿元 [OL]. 山西新闻网，2013 - 02 - 19.

2006 年的统计数据为依据，对城镇粮食零售价格指数、人均可支配收入对城镇居民人均粮食消费的影响进行计量分析，回归结果显示，价格弹性系数是-0.141，说明城镇居民粮食消费量对价格变动的反应比较小，是缺乏价格弹性的。即粮食价格上涨对城镇居民粮食消费量的影响非常小。刘灵芝、王雅鹏、潘瑶（2011）以 1993—2009 年的统计数据为依据，选择农村粮食消费价格指数、农村家庭平均每人纯收入对农村居民粮食消费的影响进行了计量分析，认为价格对粮食消费具有显著影响，并估计出人均直接粮食消费（即口粮）的价格弹性系数为-0.123，人均间接粮食消费（饲料用粮）的价格弹性系数是-0.176。这说明农村居民人均直接粮食消费量和间接粮食消费量随价格上升而减少，但对粮食价格变动的反应比较小，是缺乏价格弹性的。综合以上研究，我国居民粮食消费对粮食价格变动的反应是缺乏弹性的，即人均粮食消费量变化的比率小于粮食价格变化的比率。2014 年，我国粮食产量实现"十一连增"。但是，由于受国内经济增速放缓，饲料行业产能过剩、制粉行业不温不火，国内对粮食需求不旺，2014 年末，粮价整体保持在较低的水平运行。而且，随着粮食价格市场化改革不断深入，政策对粮价的支撑力度将会逐渐减弱，未来市场供需或将成为引导粮价走势的主要因素。2015 年我国粮价可能的走势是，小麦、稻谷价格以稳为主，玉米市场或将呈现回暖迹象。[①] 因此，在不考虑其他因素变化的条件下，由于粮食价格比较稳定，我国目前粮食消费总量相对比较稳定。

（二）居民收入水平

我国目前粮食消费中，城乡居民口粮消费的比重过大，而工业用粮、饲料用粮的比重小。2013 年，全国居民人均主要食品量中，粮食消费量占 40.4%，而肉蛋奶类消费量仅占 14.3%[②]，这和我国生产力发展水平和居民生活水平不高的状况有关。

根据国外经验，当人们物质生活水平提高后，生活消费的方式进而粮食消费结构也将随之变化。从收入水平与食物消费关系的演进阶段来看，第一阶段，收入处于相对低水平时，为解决温饱问题，消费以粮食为主；

---

① 2015 年我国粮食市场价格走势预测［OL］. 中国报告大厅（www. chinabgao. com），2015 - 02 - 25.

② 根据《中国统计年鉴 2014》整理计算得出。

第二阶段，即当收入跨越了第一阶段后，谷物、薯类所减少的份额由畜产品替代，畜产品消费上升；第三阶段，恩格尔系数在 30% 左右时，畜产品消费稳定、停滞或减少。随着经济的发展，我国城乡居民恩格尔系数逐年下降，2013 年我国城镇居民的恩格尔系数为 35%，农村居民为 37.7%[①]。我国目前居民的食物消费正处在第二阶段，即以畜产品为主的食物消费随收入的增加而增加的时期。1990 年，我国农村居民人均粮食（原粮）消费量为 262.08 千克/人，2012 年下降到 164.27 千克/人[②]；同期，肉禽、蛋、奶及制品消费量则由 16.1 千克/人上升到 34.61 千克/人，增长了 2.15 倍[③]。1990 年，我国城镇居民人均粮食（原粮）消费量为 130.72 千克/人，2012 年下降到 78.76 千克/人[④]；同期，肉禽、蛋、奶购买量则由 36.96 千克/人上升到 60.15 千克/人，增长了 1.63 倍[⑤]。随着城乡居民收入和消费水平的提高，加之高收入阶层及国外消费模式示范影响的增强，城乡居民的总体消费结构日益走向多元化，对改善膳食营养消费结构的要求更加迫切。这主要表现在居民对肉、蛋、奶等动物性食物消费比重逐步提高，替代了部分直接粮食消费，从而使直接粮食消费比重进一步下降。但肉蛋奶等动物性食品需求的增加必将带动饲料用粮的激增，从而拉高粮食消费总量[⑥]。此外，随着收入水平的提高，人们生活消费将不仅限于家庭自制食品、一日三餐，还要求以粮食作为主要原料制成的快餐、糖果、调味品等方便食物和佐料得到相应发展，而这些都是主要以粮食为原料制成的，从而会导致工业用粮消费的增长。因此，虽然收入水平提高之后，粮食消费中的口粮消费会下降，但饲料用粮和工业用粮消费会大幅度增长。

（三）粮食加工业的发展水平

粮食在加工业上用途广泛，目前的粮食加工产品多达 2 000 多种[⑦]。我国的工业用粮消费量增速也很快。工业用粮是我国粮食消费中仅次于口

---

① 国家统计局网站。

② 中国统计年鉴 2014. 国家统计局网站。

③ 根据《中国统计年鉴 2014》数据计算得出。

④ 中国统计年鉴 2014. 国家统计局网站。

⑤ 根据《中国统计年鉴 2014》数据计算得出。

⑥ 李志强，吴建寨，王东杰. 我国粮食消费变化特征及未来需求预测 [J]. 中国食物与营养. 2012（3）.

⑦ 潘月红. 当前我国粮食消费现状及发展趋势浅析 [J]. 粮食问题研究，2007（1）.

粮和饲料用粮的重要消费渠道。近年来，粮食深加工行业的发展带动了工业用粮消费的增长，使工业用粮消费量在粮食消费总量中的比重不断提高，并呈现出加速增长的趋势。特别是 20 世纪 90 年代以来我国工业用粮增速十分明显，1998 年工业用粮为 3 919 万吨，2002 年达到 4 487 万吨，年增速超过 3.4％[1]。"九五"时期我国工业用粮每年以 3％左右速度增长，"十五"时期每年以 2.5％速度增长[2]。近年来，为了抑制不断攀升的石油价格及有效解决温室气体排放所带来的环境问题，生物质能源作为一种清洁的能源引起了世界范围的广泛关注。以美国、巴西等为代表的国家纷纷开发新能源，特别是生物质能源。这样就出现了以非粮作物为主的生物质能源原料的种植"与粮争地"，以粮食为原料的生物质能源开发"与人争粮"的局面，粮食的消费需求大大增加。

三、技术因素

技术因素主要是指影响种子用粮消费和粮食损耗的相关技术因素。

（一）生物育种和作物栽培技术水平

目前，我国种子用粮占整个粮食消费的比例很小，且基本稳定[3]。种子用粮的消费量与生物育种、作物栽培技术水平密切相关。这些技术水平上的差异是使中美两国谷物的种子消费量差异很大的重要原因。美国农业生产机械化程度远高于中国，基本上采用精量播种技术，从而大量节约了用种量。1990—1998 年，平均种子消费量为 380 万吨，占粮食总需求量的 1.2％。中国的种子用粮在"九五"期间基本稳定在 1 300 万吨左右，比美国多近 1 000 万吨；种子用粮在粮食总消费量的比重为 2.6％，比美国高一倍左右[4]。随着作物改良和生物育种技术在我国的广泛应用，作物栽培技术不断进步，良种普及率日趋提高，以及农业生产条件的改善，精确农业耕作方式的推广等，种子用粮的消费量及其在粮食消费总量中的比重将会呈稳中稍减的趋势。

① 潘月红. 当前我国粮食消费现状及发展趋势浅析 [J]. 粮食问题研究，2007 (1).

② 十一五时期我国粮食需求总量预测 [OL]. 中国制粉网，2006 - 07 - 31.

③ 国家粮食局副局长曾丽瑛：粮食消费结构升级 品种结构矛盾加剧 [OL]. 新华网，2012 - 01 - 09.

④ 许世卫. 中美两国粮食消费差异比较与中国粮食问题 [J]. 中国食物与营养，2001 (2).

（二）减少粮食损耗的技术水平

在收获、运输、储存（条件）、加工、餐饮业等各个环节引起的粮食损耗均与生产技术水平有密切的关系。我国大部分粮食产区还是以家庭分散作业为主，粮食产后作业主要靠人力来进行，虽有一部分机械化、半机械化作业，但是比例不是很大。我国农户存粮约占全国粮食年总产量一半左右，由于储存设施简陋，缺乏技术指导服务，损失比例约 8% 左右，每年因虫、霉、鼠、雀造成损失 400 亿斤以上[①]；由于粮食物流方式落后，运输等环节损失损耗逾 150 亿斤[②]；成品粮过度追求亮、白、精，低水平粗放加工，加工环节每年造成口粮损失 130 亿斤以上[③]。此外，饲料粮和酿酒用粮的转换效率也与技术水平密切相关，转换效率低，粮食消费量就高，进而粮食损耗就多。

（三）减少饲料用粮消费的技术

我国目前每年直接饲喂和经青贮氨化处理后饲喂的秸秆有 2.1 亿吨，替代节约 5 000 万吨饲料粮[④]。全国规模以上酿酒企业年产白酒糟和啤酒糟 1 900 万吨和 4 100 万吨，相当于约 5 000 万吨豆粕[⑤]。但长期以来，这些资源虽得以利用，但利用效率不高。若能推动非粮饲料资源的饲用处理技术的创新和推广，则可以大大节约饲料粮消费量，降低粮食消费中饲料粮消费所占的比重。

蛋白饲料资源的匮乏，一直是我国饲料和养殖业面临的严峻挑战。国内外研究结果表明，在猪饲料中使用高氨基酸配方技术，在保证生产性能的前提下，饲料配方中蛋白含量可下调 3 个百分点。据估算，仅在生长育肥猪饲料中使用该项技术，每年可减少豆粕等蛋白饲料使用量约 700 万吨[⑥]。因此，该项技术的推广和使用可以降低蛋白饲料的原粮消耗量。

---

① 国家粮食局局长任正晓：我国每年损失浪费粮食上千亿斤 [OL]. 中国广播网，2013 - 02 - 18.
② 国家粮食局局长任正晓：我国每年损失浪费粮食上千亿斤 [OL]. 中国广播网，2013 - 02 - 18.
③ 国家粮食局局长任正晓：我国每年损失浪费粮食上千亿斤 [OL]. 中国广播网，2013 - 02 - 18.
④ 李大鹏，王晓红. 饲料粮问题浅析 [J]. 中国饲料，2010（21）.
⑤ 李大鹏，王晓红. 饲料粮问题浅析 [J]. 中国饲料，2010（21）.
⑥ 李大鹏，王晓红. 饲料粮问题浅析 [J]. 中国饲料，2010（21）.

四、规范性因素

规范性因素主要包括与粮食消费有关的政策、制度和教育宣传等。

(一)计划生育政策

据资料显示,1990—2000 年,我国人口净增长 1.3 亿,年均增长率是 1.07%;2000—2010 年,我国人口年均增长 0.57%,比之前的十年年平均增长率下降 0.5 个百分点[①]。二十多年来,我国人口增长处于低生育水平阶段。我国有效控制了人口的过快增长,使人口增长处于低生育水平阶段,正是得益于一直以来我国实行的计划生育政策。人口数量的增速放缓,在一定程度上减缓了我国口粮消费和饲料粮消费增长的速度。

(二)出口退税制度

我国于 1985 年开始确立出口退税制度,1998 年开始又分次、分批、分产品地提高了出口退税率。金融危机后,国家为支持玉米深加工行业发展,于 2009 年 6 月 1 日起对玉米淀粉、酒精的出口退税率提高到 5%,酒精出口免征 5% 的消费税。出口退税率的提高节约了企业成本,使企业经营效益提高,同时也增加了工业用粮的需求量。2010 年,政府为限制玉米深加工行业的过度扩张,取消了关于玉米淀粉以及酒精的出口退税。理论上说,取消出口退税,将会增加企业生产成本,从而出口量将会减少,对粮食的需求量也会减少。但是,目前玉米淀粉出口量占总产量的比例只在 2% 左右,而且这部分出口基本是刚性需求,受出口退税取消的影响不大;影响较大的主要还是玉米酒精,但酒精出口比重也不超过 10%[②]。因此,从总体上看,在取消出口退税之后,将会使玉米深加工消费量下降。

(三)生物能源发展政策

发展生物能源是缓解能源供求矛盾和生态环境恶化的有效途径之一。目前,生物能源的主要原料均来自粮食。燃料乙醇的生产与使用已是大势

---

① 专家称从双独二胎到单独二胎,到放开二胎的方向没有问题 [OL]. 中国工业信息网,2011 - 04 - 29.

② 出口退税取消对玉米期货影响有限. 三农在线网,2010 - 07 - 06.

所趋，欧盟要求成员国在 2020 年之前实现生物燃料在交通能源消耗中的比重占到 10%；日本环境省宣布到 2030 年所有车用汽油都将更换成 E10 燃料。此外，阿根廷、南非、英国、印度、泰国等国家均制定了相应的计划，积极推广燃料乙醇的生产和使用。

我国在 20 世纪末，利用粮食相对过剩的条件开始发展生物燃料乙醇，并在"十五"期间批准建设了 4 个燃料乙醇生产试点项目。在市场价格和产业政策的诱导下，国内企业以玉米、小麦等粮食为加工原料的燃料乙醇项目纷纷上马，对粮食原料的需求量与日俱增。此后，由于国际、国内玉米等粮食价格大幅上涨，基于粮食安全的考虑，政府对将玉米用于燃料乙醇的态度也发生了明显转变，于 2006 年年底紧急出台政策，要求各地坚持以非粮为主，积极稳妥推动生物燃料乙醇产业发展。2015 年 1 月 1 日起，国家对以粮食为原料生产用于调配车用乙醇汽油的变性燃料乙醇，全部取消增值税先征后退政策，并全部恢复征收 5% 的消费税。这些政策的收紧体现了国家限制玉米深加工消费的意图，可以预期未来一段时间国内深加工玉米消费增幅将会出现下降①。但由于近几年我国玉米深加工业发展过猛，同时国内养殖业、饲料业也在扩张，国内玉米供需格局已由过去的相对均衡转变为供不应求，且供需缺口正在逐步扩大。国家的调控政策可以减缓国内玉米深加工业需求的增幅，但无法改变需求长期增长的趋势②。

(四) 节约粮食宣传教育和监督检查活动的广泛开展

从国家层面看，国家开展了节约粮食反对浪费的宣传以及监督检查活动。2014 年 3 月，中共中央办公厅、国务院办公厅印发《关于厉行节约反对食品浪费的意见》，并发出通知，要求各地区各部门结合实际认真贯彻执行。为贯彻落实《党政机关厉行节约反对浪费条例》，深入推进反对食品浪费工作，要求各级党政机关、国有企事业单位应杜绝公务活动用餐浪费、推进单位食堂节俭用餐、推行科学文明的餐饮消费模式、减少各环节粮食损失浪费并推进食品废弃物资源化利用等。同时，国家相关部门还会定期加强监督检查。

从民间层面看，社会公益组织也发起了一系列关于节约粮食的宣传教

---

① 产业政策：国家继续加强玉米深加工消费调控 [OL]. 中华粮网，2012 - 04 - 18.
② 产业政策：国家继续加强玉米深加工消费调控 [OL]. 中华粮网，2012 - 04 - 18.

育活动，如"光盘行动"。"光盘行动"是 2013 年 1 月初开始的，公众自主发起的一项主题为"从我做起，今天不剩饭"的公益活动，通过微博宣传、网上晒吃光后的餐具、发放宣传单、张贴海报等形式，倡议市民厉行节约，反对浪费，在饭店就餐后打包剩饭，"光盘"离开，形成人人节约粮食的好风气。

思　考　题

1. 影响我国粮食生产的主要因素有哪些？
2. 影响我国粮食消费的经济因素有哪些？
3. 你认为政府应该采取哪些措施来确保我国的粮食安全？

参　考　文　献

曹秀清，许浒．江淮丘陵区粮食生产主要影响因素灰色关联分析［J］．安徽农业科学，2010（33）．

产业政策：国家继续加强玉米深加工消费调控［OL］．中华粮网，2012 - 04 - 18．

程明，李明亮，陈振环，鲍洪杰．农业机械化对我国粮食产量影响的实证研究［J］．广东农业科学，2013（18）．

出口退税取消对玉米期货影响有限［OL］．三农在线网，2010 - 07 - 06．

丁声俊．粮食科学消费与保障粮食安全［J］．中国粮食经济，2011（11）．

范东君，朱有志．产业报酬差异、农业劳动力流动与粮食生产［J］．贵州财经学院学报，2012（1）．

高云才．新常态下粮食发展方式转向哪［N］．人民日报，2015 - 01 - 04．

广西田阳县春耕调查：经济作物和粮食争地［OL］．http：//finance. sina. com. cn/china/20130428/062515306387. shtml．

郭淑敏，马帅，陈印军．我国粮食主产区粮食生产影响因素研究［J］．农业现代化研究，2007（1）．

黄正军．论农业自然灾害风险的规避［J］．经济研究导刊，2009（15）．

劳动力转移是否影响我国粮食生产［OL］．http：//news. 10jqka. cn/20100728/c62970027. shtml．

李大鹏，王晓红．饲料粮问题浅析［J］．中国饲料，2010（21）．

李光泗，李全根，曹宝明．我国粮食生产波动影响因素分析——基于供给反应模型［J］．南京财经大学学报，2010（5）．

李琳凤．当前影响我国粮食生产的主要因素分析［J］．中国流通经济，2012（4）．

李志强，吴建寨，王东杰．我国粮食消费变化特征及未来需求预测［J］．中国食物与营养，2012（3）．

刘灵芝，王雅鹏，潘瑶．农村居民直接和间接粮食消费对比分析与预测［J］．江西财经大学学报，2011（5）．

刘素梅，卢静，张丙双，李巧菊．加强农业生态环境建设和资源保护确保粮食安全［J］．辽宁农业科学，2007（2）．

农业税取消致全国农民每年减轻负担1335亿元［N］．人民日报，2012-08-17．

祁毓，秦小莉，姜文婷．是什么缓解了自然风险对粮食生产的冲击？［J］．财贸研究，2011（6）．

曲胜杰．我国粮食产量影响因素的实证分析——以1980—2011粮食生产情况为样本［J］．中共青岛市委党校青岛行政学院学报，2014（2）．

确保国家粮食安全：农化一体［N］．中国化工报，2014-03-10．

任正晓．我国每年损失浪费粮食上千亿斤［OL］．中国广播网，2013-02-18．

沈淑霞，佟大新．吉林省粮食直接补贴政策的效应分析［J］．农业经济问题，2008（8）．

"食不厌精"导致浪费严重疾病大增［OL］．新华每日电讯，2014-09-02．

十一五时期我国粮食需求总量预测［OL］．中国制粉网，2006-07-31．

王明华．十一五时期我国粮食需求总量预测［J］．调研世界，2006（4）．

王双进．改革开放以来我国粮食生产成本变动态势分析［J］．商业时代，2013（14）．

我国每年餐桌浪费食物价值达2000亿元［OL］．山西新闻网，2013-02-19．

肖俊彦．我国粮食消费水平及中长期需求与政策建议［J］．理论学刊，2010（12）．

许世卫．中美两国粮食消费差异比较与中国粮食问题［J］．中国食物与营养，2001（2）．

闫琰，王志丹，刘卓．我国粮食消费现状、影响因素及趋势预测［J］．安徽农业科学，2013（35）．

杨竟慧，赵凯，谢昕昕，张永良．陕西关中地区农用地流转对粮食产量的影响［J］．湖北农业科学，2013（13）．

杨重玉，龙方．农业自然灾害对粮食生产影响的研究综述［J］．新农村：黑龙江，2012（20）．

以创新推动粮食生产方式的根本转变——首席科学家建言粮食增产增效［J］．求是，2010（19）．

曾丽瑛. 粮食消费结构升级 品种结构矛盾加剧 [OL]. 新华网，2012 - 01 - 09.

曾丽瑛. 粮食消费结构升级 品种结构矛盾加剧 [OL]. 新华网，2012 - 01 - 09.

曾靖，汪晓银，王雅鹏. 我国城镇居民粮食消费状况分析与安全对策研究 [J].
　　农业现代化研究，2009（6）.

张锦鹏. 我国农业直补政策的目标和政策效应分析 [J]. 农村经济，2009（11）.

钟甫宁，向晶. 人口结构、职业结构与粮食消费 [J]. 农业经济问题，2012（9）.

最 低 收 购 价 政 策 将 向 何 方 ［OL］ http：//www. xiaomai. cn/html/news/
　　20140102/332550. html.

赵殿奎. 节约粮食势在必行 [N]. 天津日报，2011 - 08 - 11.

中国水资源短缺形势严峻粮食安全面临挑战 [OL]. 华夏经纬网，2012 - 03 - 22.

种粮成本上升惠农政策加码 [N]. 中国财经报，2013 - 02 - 05.

专家称从双独二胎到单独二胎，到放开二胎的方向没有问题 [OL]. 中国工业信
　　息网，2011 - 04 - 29.

2013 年全国粮食播种面积 16.79 亿亩较十年前增 1.88 亿亩 [OL]. 中华粮网，
　　2013 - 12 - 31.

2014 年全国粮食播种面积和粮食总产量数据分析 [OL]. 中国报告大厅，2014 -
　　12 - 10.

2014 年中国大陆总人口自然增长率为 5.21‰ [OL]. 中商情报网，2015 - 01 - 20.

2014 年中国大陆总人口自然增长率为 5.21‰ [OL]. 中商情报网，2015 - 01 - 20.

2014 公报解读：粮食产量实现"十一连增" [N]. 中国信息报，2015 - 03 - 10.

第三章　中国粮食作物地理

本章学习目标：
1. 了解中国粮食作物的地区分布及特点；
2. 掌握中国主要粮食作物地理分布；
3. 了解依据粮食作物地理划定的粮食区域；
4. 理解我国建设粮食核心区的体制与机制。

粮食为万物之首，粮价乃万价之基。粮食作为重要的战略物资，粮食安全事关国民经济发展和社会稳定的大局，又是粮食经济的一个基础问题。分析中国粮食作物地理分布情况能够使国家农业政策针对区域顺利实施，并保障粮食供求均衡。本章首先介绍中国粮食作物的地区分布及其特点，其次是分析中国主要粮食作物的地理分布情况，然后对商品粮基地、粮食主产区和粮食核心区的粮食作物地理划定的粮食区域进行分析。

第一节　中国粮食作物的地区分布及其特点

中国粮食作物种类多、分布广、地域差异大，生产水平不平衡而发展潜力大。中国栽培较普遍的粮食作物共有 20 余种，其中有些还有春播、夏播、秋种和冬种之分，而每种作物又有不同的品种，世界各种主要粮食作物中国几乎都有分布。

我国地域辽阔，不同区域和地理位置种植的作物和季节有所不同。除少数纯牧区县外，中国各县均有粮食栽培，但地区分布很不平衡，粮食组合又各具特色。主要分为秦岭淮河以南及青藏高原以东地区、秦岭、淮河以北地区、东北三省地区和西部青藏高寒山区。

一、秦岭—淮河以南及青藏高原以东地区

秦岭—淮河以南是湿润地区，东临东海，南临南海。包括江苏大部、

安徽大部、浙江、上海、湖北、湖南、江西、福建、云南大部、贵州、四川东部、重庆、陕西南部、广西、广东、香港、澳门、海南、台湾、甘肃最南端、河南的信阳、南阳、邓州等地区；而青藏高原地区是专属的一个区域。

秦岭—淮河以南及青藏高原以东地区地形以低山、丘陵为主，地形区主要包括四川盆地、长江中下游平原、横断山区、云贵高原、东南丘陵。是亚热带湿润性气候和热带季风气候。冬季一般不非常寒冷。秦岭—淮河以南 1 月平均气温在 0 ℃以上，冬季基本上不结冰。无霜期有 8 至 12 个月，活动积温在 4 500 ℃至 8 000 ℃，属于湿润地区。秦岭—淮河以南雨季要长得多，降水量大于 800 毫米。秦岭—淮河以南以水田为主，主要以种植水稻、油菜、甘蔗为主，一年二至三熟。

秦岭—淮河以南，青藏高原以东的广大地区，以稻谷生产为主，水稻面积占全国的 95％左右，与越冬作物（小麦、油菜、蚕豆、豌豆）进行复种轮作，粮食耕地复种指数约 195％，实行一年两熟或三熟制。稻谷占粮食总产量 70％乃至 90％以上。在平原地区以双季稻种植为主，在丘陵山地区域，尤其是西南地区，玉米、甘薯比重也较大。

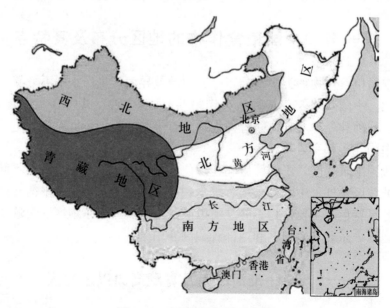

图 3-1　中国地理区域示意图

二、秦岭—淮河以北地区

秦岭—淮河以北地区包括南岭以北、秦岭—淮河以南的江苏、浙江、安徽、江西、湖北、湖南、重庆、四川、上海等省市和豫南、陕南等地区。该区以长江三角洲、里下河平原、皖中平原、鄱阳湖平原、赣中丘陵、洞庭湖平原、湘中丘陵、江汉平原以及成都平原等最为集中。

该区地处亚热带，热量比较丰富，土壤肥沃，降水丰沛，河网湖泊密布，灌溉方便，以平原、高原为主，河流含沙量大（除了黑龙江和松花江）。夏季高温，冬季寒冷（＜0 ℃），是北方地区。无霜期有 3～8 个月，活动积温在 1 600 ℃～4 500 ℃。秦岭—淮河以北是降水量小于 800 毫米，属于温带季风气候，属于半湿润地区，秦岭—淮河以北是半干旱地区和干旱地区。耕地主要是旱地，耕作制度为二年三熟、一年一熟。秦岭—淮河偏北以小麦生产为主，偏南的冬麦区主要和夏作（玉米、谷子、大豆、绿肥）轮作，实行两年三熟或一年两熟，粮食耕地复种指数约 150%，在其偏北的春麦区主要同糜子、谷子、马铃薯、玉米、豌豆等轮作，以一年一熟为主，粮食耕地复种指数约 115%。

秦岭—淮河以北地区历年来水稻种植面积和产量分别占全国 2/3 左右，具有大分散、小集中的特点，籼稻和粳稻均有分布，是我国最大的水稻产区。长江以南地区大多种植双季稻，长江以北的广大地区是属单季粳稻分散区，大多实行单季稻与其他农作物轮作，稻谷播种面积占全国稻谷总播种面积的 5% 左右。

三、东北三省地区

东北三省包括黑龙江省、吉林省和辽宁省，统称"东北地区"，包括三江平原、松嫩平原、辽河平原三大平原。东北三省地区土壤肥沃，地势平坦，土地资源丰富，气候温和湿润，雨热同期，农业生产条件较好，尤其是肥沃的黑土地，为东北地区的农业生产提供了得天独厚的优越条件；人少地多，粮食商品率高，土地连片，适宜大规模机械化耕作，是全国最大的商品粮基地和粮食主产区。

东北三省属于大陆性季风气候，四季分明、雨热同期。土壤肥沃，土层深厚，河流丰富。该地形以山地、平原、河流为主，分布的长白山、大小兴安岭是东北生态系统的重要天然屏障,具有巨大的经济价值和生态价值。东北三省属于温带季风气候,冬季漫长严寒,夏季短促温暖,降水集中在夏季,冬季降雪较多,气温低,蒸发量小,属于湿润半湿润地区。东北三省大部分地区以玉米、大豆、高粱、谷子为主和小麦轮作,基本上实行一年一熟,粮食耕地复种指数低于100%。

东北三省地域辽阔、土地肥沃,为农林牧渔业的发展提供了得天独厚的条件。东北三省作为国家的重要粮食生产基地,承担着粮食储备及特殊调剂任务,为支援国家建设和保持社会稳定做出了重要贡献。到2014年,东北三省粮食产量占全国粮食总产量的19%。同时,东北的生物资源丰富,具有发展大宗农畜产品加工业的优势。

四、西部青藏高寒山区

西部青藏高寒山区的特点:一是气候比较冷凉,作物生育期间有效积温低。在第五积温带≥10℃活动积温只有1 900～2 100℃,第六积温带则在1 900℃以下,不少地方甚至只有1 700～1 800℃。二是生育期短,霜来得早。一般气候好的地方无霜期仅110天左右,比较差的地方只有85～90天。三是小气候明显,就同一地块而言,南坡北坡气温亦有很大差别。四是低温早霜危害比较频繁,一般3～4年就有1次低温早霜。西部青藏高寒山区以青稞、豌豆、春麦为主,实行轮歇轮作,粮食耕地复种指数约95%。

另外,云贵高原水稻区。本区地形复杂,气候垂直变化显著,水稻品种也有垂直分布的特点,海拔2 000米左右地区多种植粳稻,1 500米左右地区是粳、籼稻交错区,1 200米以下种植籼稻,本区以单季为主。

第二节　中国主要粮食作物地理分布

中国国土广阔,地形、气候、土壤等条件复杂,社会经济技术条件在各地区很不相同,为多种粮食作物的生产提供了条件,加上农业历史悠久,耕作制度多样,经过长期的自然和人工选择形成了丰富多样的作物种质,使中国成为世界上作物重要的起源中心。就全国而言,我国粮食作物以小麦、水稻、玉米、薯类等作物为主,青藏高原(西藏)地区主要种植其他作物(主要为青稞)。下面我们来具体分析粮食作物的地理分布特点与生产特点。

表 3 - 1　2014 年全国及各省（区、市）粮食产量

地　区	播种面积 （千公顷）	单位面积产量 （千克／公顷）	总产量 （万吨）
全国总计	112 738.3	5 385.0	60 709.9
北　京	120.2	5 320.4	63.9
天　津	345.8	5 087.9	176.0
河　北	6 332.0	5 306.6	3 360.2
山　西	3 286.4	4 049.4	1 330.8
内蒙古	5 651.0	4 871.7	2 753.0
辽　宁	3 235.1	5 421.5	1 753.9
吉　林	5 000.7	7 064.7	3 532.8
黑龙江	11 696.4	5 336.8	6 242.2
上　海	164.9	6 847.6	112.9
江　苏	5 376.1	6 492.9	3 490.6
浙　江	1 266.8	5 978.8	757.4
安　徽	6 628.9	5 152.9	3 415.8
福　建	1 197.7	5 569.0	667.0
江　西	3 697.3	5 797.3	2 143.5
山　东	7 440.0	6 178.2	4 596.6
河　南	10 209.8	5 653.7	5 772.3
湖　北	4 370.3	5 913.0	2 584.2
湖　南	4 975.1	6 032.5	3 001.3
广　东	2 507.0	5 414.2	1 357.3
广　西	3 067.7	5 001.9	1 534.4
海　南	417.0	4 747.3	198.0
重　庆	2 242.5	5 103.8	1 144.5
四　川	6 467.4	5 218.3	3 374.9
贵　州	3 138.3	3 627.7	1 138.5
云　南	4 508.2	4 127.4	1 860.7
西　藏	169.3	5 531.9	93.7
陕　西	3 076.5	3 893.3	1 197.8
甘　肃	2 842.5	4 076.2	1 158.7
青　海	280.1	3 741.9	104.8
宁　夏	771.3	4 899.3	377.9
新　疆	2 255.9	6 270.2	1 414.5

注：由于小数位计算机自动进位问题，分省数合计与全国数略有差异。

一、稻　谷

　　中国是世界种稻最早、产稻最多的国家。全国 90％以上的稻谷集中于秦岭—淮河以南的南方地区和东北地区，稻谷是中国粮食作物的主要品种。2014 年，全国稻谷播种面积为 30 309.2 千公顷，占全国粮食播种面积的 26.9％；全国水稻的产量为 6 810.7 万吨，占全国粮食总产量的34％，其中稻谷在各种粮食作物中单位面积产量中最高，为 6 810.7 千克/公顷（数据来源：国家统计局）。

　　稻谷在全国的分布主要集中在我国东南省区和四川盆地（成都平原为主），在秦岭—淮河一线以南的长江流域和华南各省。2013 年稻谷的播种面积占全国的 27.1％，作为首位作物种植主要分布在四川、上海、江苏、浙江、湖南、湖北、广东、广西、海南、福建、江西 11 个省（市、区），江西的稻谷播种面积占全国的 3.0％。其次，在其他省份也有分布，包括东北三省、天津、安徽、河南、重庆、贵州、云南，以上地区均是将稻谷作为二三位作物种植的。北方主要分布在东北地区，占全国稻谷播种面积的 4.1％，如图 3-2。

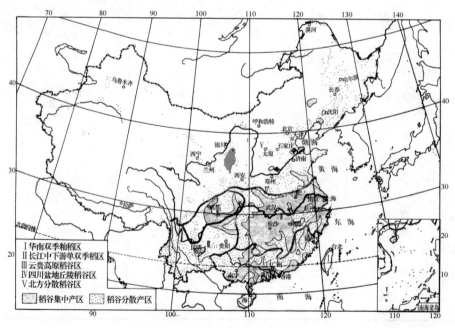

图 3-2　中国稻谷分布示意图

稻谷的种植区域的主要特点是：地形以平原、盆地和河谷为主，地势平坦；气候温热、雨热同期、降水充沛；河流发育、灌溉便利；土壤肥沃；人口稠密。

稻谷分为籼稻和粳稻两大亚种，生物属性和适种范围差别较大，较难相互替代。籼稻主要分布在南方地区，优势在于杂交优势明显，传统意义上的杂交水稻基本都是籼稻，其杂交比例在75%左右，产量高，但米质一般；粳稻主要分布在北方地区以及南方部分高海拔地区，优势在于米质好、口感佳，但杂交优势不明显，比例仅占5%。

（一）按稻谷种植分布区域及品种分类

1. 种植区域主要分为南方和北方

南方稻谷集中产区包括秦岭—淮河以南青藏高原以东的广大地区，水稻面积占全国的95%左右。按地区差异，又可分为三个区。

（1）华南双季籼稻区。包括南岭以南的广东、广西、福建、海南和台湾等五省区。该区属于热带和亚热带湿润区，水、热资源丰富，生长期长，复种指数大，是我国以籼稻为主的双季稻产区。海南等低纬度地区有三季稻的栽培。

（2）长江中下游单、双季稻区。包括南岭以北、秦岭—淮河以南的江苏、浙江、安徽、江西、湖北、湖南、重庆、四川、上海等省市和豫南、陕南等地区。该区地处亚热带，热量比较丰富，土壤肥沃，降水丰沛，河网湖泊密布，灌溉方便，历年来水稻种植面积和产量分别占全国2/3左右，是我国最大的水稻产区。该区以长江三角洲、里下河平原、皖中平原、鄱阳湖平原、赣中丘陵、洞庭湖平原、湘中丘陵、江汉平原以及成都平原等最为集中。长江以南地区大多种植双季稻，长江以北地区大多实行单季稻与其他农作物轮作。

（3）云贵高原稻谷区。稻谷分布垂直变化明显，由海拔1 200米的河谷两季稻到2 000多米的一季粳稻均有，为中国重要的糯稻产区。

北方稻谷分散区秦岭—淮河以北的广大地区是属单季粳稻分散区。稻谷播种面积占全国稻谷总播种面积的5%左右。具有大分散、小集中的特点。主要分布在以下三个水源较充足的地区：东北地区水稻主要集中在吉林的延吉、松花江和辽河沿岸；华北主要集中于河北、山东、河南三省及安徽北部的河流两岸及低洼地区；西北主要分布在汾渭平原、河套平原、银川平原和河西走廊、新疆的一些绿洲地区。北方分散产区的水稻以一季粳稻为主,稻米质量较好。

四川盆地丘陵稻谷区。以单季中稻为主,面积和产量均占稻谷的70%;分布上限可达 2 400~2 500 米,为全国水稻分布的海拔高度较大地区之一。双季稻面积不大。稻谷在北方地区种植少,且零星分散,近几年有所发展,以东北三省稍多,面积约占北方稻区的40%。

2. 按品种种植分类

籼稻和粳稻均有分布。根据中国水稻种植区划,长江中下游平原双单季稻亚区、江南丘陵平原双季稻和黔东湘西高原山地单双季稻区为种植区。该区域属于亚热带季风气候区,年平均气温 19.0 ℃,最冷月平均气温5.5 ℃,最热月平均气温 28.0 ℃,无霜期 210~270 天,年日照时数 700~1 500 小时,年降水量 1 000~1 400 毫米,降水主要集中于春、夏两季。稻区内早稻播种面积占全国早稻播种面积的比率超过 53%,是中国最大的稻谷集中产区,也是该区域内最主要的春播作物之一。籼稻和粳稻的种植区域有所不同,其特性也有很大的区别,并且具有各自不同的优势,如表 3-2所示。

表 3-2 籼稻与粳稻特性对比

种类	区 域	特 性	优 势
籼稻	比较适宜生长在高温、强光和多湿的热带及亚热带地区,在我国主要分布于华南热带和淮河以南的亚热带低地	籽粒强度小,耐压性能差,加工时容易产生碎米,出米率较低,米粒淀粉黏性较弱,胀性较大,谷粒狭长,颖毛短稀,叶绿、色较淡,叶面多茸毛,耐肥性较弱,叶片弯长,株型较松散,并有耐湿、耐热、耐强光、易落粒和对稻瘟病抵抗性较强等特征特性	杂交优势明显,增产潜力大,杂交化率75%左右
粳稻	比较适宜生长在气候暖和的温带热带高地,在我国主要分布于南部热带、亚热带的高地、华东太湖流域以及华北、西北、东北等温度较低的地区	籽粒强度大,耐压性能好,加工时不易产生碎米,出米率较高,米粒淀粉黏性较强,胀性较小,谷粒短圆,颖毛长密,叶绿、色较浓,叶面较光滑,耐肥性较强,叶片短直,株型紧凑,并有耐寒、耐弱光、不易落粒和对稻瘟病抵抗性较弱等特征特性	米质好,口感佳,杂交化率5%

数据来源:博思数据整理。

（二）按稻谷优势区域地区分

根据博思发布的数据《2013—2018 年中国种子市场现状分析及投资前景研究报告》研究表明：我国水稻种植主要集中在东北平原、长江流域和东南沿海三大区域，分别占全国水稻种植面积的 12%、64% 和 22%。

1. 东北平原优势区

东北地区水稻主要集中在吉林的延吉、松花江和辽河沿岸：包括黑龙江、吉林、辽宁三省及黑龙江农垦。种植制度以一年一熟为主。生产集中区：三江平原、松嫩平原、辽河平原。东北平原水稻种植区域一般全年只种一季水稻，生长周期长，水肥条件好，气候特征明显（如表 3-3），单产水平高出全国 10%，而且主要是高品质的粳稻品种。

表 3-3　中国三大水稻主产区概况

区　域	范　围	面积（万亩）	平均单产（千克/亩）	气候特征
东北平原区	黑龙江、吉林、辽宁三省及黑龙江农垦	5 625	484	全年≥10 ℃的有效积温 2 000～3 600 ℃，日照时数 2 400～3 100 小时，降水量 320～1 000 毫米。热量条件可满足一季作物生长。土壤肥沃，7、8 月份降雨集中，温度较高，昼夜温差大，雨热同季，是我国优质粳稻的主要产区
长江流域区	云南、贵州、四川、重庆、湖南、湖北、江西、安徽、江苏和河南南部	29 301	458	内气候四季分明，全年≥10 ℃的有效积温 4 500～5 800 ℃，日照时数 1 100～2 500 小时，降水量 1 000～2 000 毫米；区内单季、双季稻共存，籼、粳、糯稻品种均有种植
东南沿海区	上海、浙江、福建、广东、广西、海南	9 883	402	光、温、水资源丰富，年日照时数 1 300～2 600 小时，全年≥10 ℃的积温 5 000～9 300 ℃，降水量 1 100～3 000 毫米，气候条件满足单季、双季或三季稻作种植

数据来源：博思数据整理。

2. 长江流域优势区

包括云南、贵州、四川、重庆、湖南、湖北、江西、安徽、江苏和河南南部10省（市、区）。区内单、双季稻共存，籼、粳、糯稻品种均有种植。生产集中区：四川盆地、云贵高原丘陵平坝地区、洞庭湖平原、江汉平原、河南南部地区、鄱阳湖平原、沿淮和沿江平原与丘陵地区。长江流域种植面积最大，以籼稻为主，可以种植单季稻（中稻）或者双季稻（早晚稻），北部区域有少量粳稻，平均单产比全国高出4%。

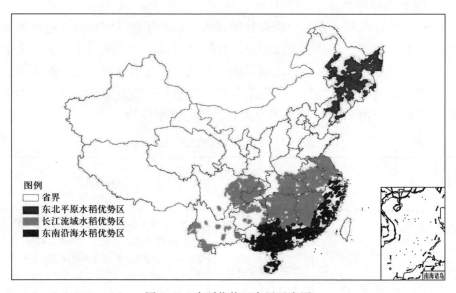

图3-3　水稻优势区布局示意图

3. 东南沿海优势区

东南沿海优势区包括上海、浙江、福建、广东、广西、海南6省（市、区）。东南沿海种植的基本都是籼稻，可种植一到三季，由于生长周期较短，平均单产低于全国水平9%。中国水稻平均单产在440千克/亩左右，处于世界领先水平，但近几年增长缓慢，主要是要在产品与品质中做出取舍，未来对高产优质兼顾的品种需求量极大。

二、小　麦

我国是世界上小麦总产最高、消费量最大的国家。小麦种植广布全国，以黄淮海平原及长江流域最多，种植冬小麦和春小麦，均以冬小麦为主，其面积和产量均占小麦80%以上。全国有14省、市、区种植春小麦，主要分布在长城以北，岷山、大雪山以西地区，占全国春小麦面积的

85％以上。冬小麦可分为北方和南方两大区：长城以南、六盘山以东，秦岭—淮河以北为北方冬麦区，面积和产量均占全国冬小麦的 70％左右，大都和玉米、甘薯、高粱、谷子、大豆等轮作，多实行二年三熟，部分一年一熟或一年二熟。横断山以东，淮河—秦岭以南属南方冬麦区，大部地区实行麦稻两熟制或麦稻、麦豆稻、稻麦肥等三熟制。但长江以南、湖南以东各省区小麦种植很少，如江西、广东和广西。

我国小麦栽培遍及全国，仅 2013 年全国小麦的播种面积为 24 117 千公顷，占全国总播种面积的 21.5％，总产量为 12 192.6 万吨，占全国的 20.3％。主要种植区分布在中国西北地区，其中新疆、青海、甘肃、宁夏、河南、山东、安徽作为首位作物种植。河南的小麦播种面积占到全国的 22.3％，河南、山东、安徽一带集中了全国 55.6％的小麦，分布相对西北地区较为密集。除此之外，其他省区也有分布，包括河北、江苏、湖北、四川、陕西、山西等地。

我国小麦种植主要分布在黄河下游、淮河流域和西北地区，河南、山东、安徽、甘肃、宁夏、新疆、青海等地均以小麦作为首要粮食作物。其他地区如陕、晋、冀、苏、川、鄂及西藏的雅鲁藏布江谷地等也有大面积小麦种植。小麦适宜生长在温带，中温带以春小麦为主，暖温带以冬小麦为主。这些地区的主要自然环境特征是：地势平坦、灌溉便利、土壤肥沃，小麦的生长期内日均气温高于 0℃。

（一）按小麦种植品种分布分类

1. 春小麦分布

我国春小麦占全国小麦总产量的 10％以上，主要分布于长城以北，岷山、大雪山以西气候寒冷、无霜期短的地区，小麦只能在春天播种，当年收割，是一年一熟制作物。其中黑龙江、内蒙古、甘肃和新疆为主要产区。

2. 北方冬小麦的分布

分布在长城以南，六盘山以东，秦岭—淮河以北的各省区，包括山东、河南、河北、山西、陕西等省。是我国最大的小麦生产区和消费区，该区小麦的播种面积和产量均占全国的 2/3 以上，有我国的"麦仓"之称。

3. 南方冬小麦的分布

分布在秦岭—淮河以南、横断山以东地区。安徽、江苏、四川和湖北等省为集中产区，大部分为棉麦和稻麦两熟制。本区居民以稻米为主食，故小麦商品率较高。

（二）按小麦种植优势区域分

我国主要小麦产区划分为黄淮海、长江中下游、西南、西北和东北5个优势区（图3-4）。

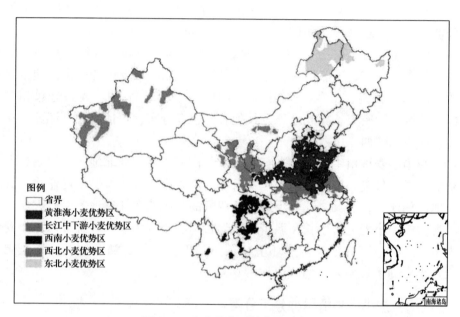

图3-4　小麦优势区域布局示意图

1. 黄淮海小麦优势区

黄淮海小麦优势区包括河北、山东、北京、天津全部，河南中北部、江苏和安徽北部、山西中南部以及陕西关中地区，是我国最大的冬小麦产区。种植制度以小麦、玉米一年二熟为主，小麦10月上中旬播种，5月底至6月上中旬收获。该区是我国优质强筋、中强筋和中筋小麦的优势产区。

2. 长江中下游小麦优势区

包括江苏和安徽两省淮河以南、湖北北部以及河南南部，是我国冬小麦的主要产区之一。种植制度以水稻、小麦一年二熟为主，小麦10月下旬至11月中旬播种，5月下旬收获。该区是我国优质弱筋、中筋小麦的优势产区。

3. 西南小麦优势区

包括重庆、四川、贵州、云南4省市，以冬小麦为主。小麦10月下旬至11月上旬播种，5月中下旬收获。该区是我国优质中筋小麦的优势产区之一。

4. 西北小麦优势区

西北小麦优势区包括甘肃、宁夏、青海、新疆全部及陕西北部、内蒙古河套土默川地区，冬春麦皆有种植。种植制度以一年一熟为主。冬小麦9月中下旬播种，6月底至7月初收获；春小麦2月下旬至4月上旬播种，7月上旬至8月下旬收获。该区是我国优质强筋、中筋小麦的优势产区之一。

5. 东北小麦优势区

东北小麦优势区包括黑龙江、吉林、辽宁全部及内蒙古东部，是我国重要的优质硬红春小麦产区。种植制度以一年一熟为主。春小麦4月中下旬播种，7月下旬至8月下旬收获。该区是我国优质强筋、中筋小麦的优势产区之一。

三、玉　　米

玉米是我国北方旱作地区及南方丘陵山区的主要粮食作物之一。随着我国对饲料粮需求的增长，玉米中播种面积和产量也提升了。玉米分布广泛，主要集中于东北、华北、西南地区，以玉米作为首位作物种植的地区包括内蒙古、吉林、辽宁、河北、北京、天津、山西、陕西、云南9个省（市、区），其中2013年辽宁、吉林、黑龙江比较集中，播种面积分别为2 245.6千公顷、3 499.1千公顷、5 447.5千公顷，分别占全国粮食播种面积的6.2%、9.6%、15%，显然黑龙江玉米已居于首位，其播种面积相对较大。从播种面积的密度分布来看，我国玉米产地大致集中分布在从黑龙江省大部分，冀北—晋东南—陕南、鄂北，豫西—四川盆地四周—黔贵西部—滇西南一带，呈东北西南走向的斜弧形分布。作为二三位作物，以山东、河南、黑龙江播种面积较集中。

按玉米种植优势区域分为三个区域，分别是北方春玉米区、黄淮海夏玉米区、西南玉米区（图3-5）。

1. 北方春玉米区

主要包括黑龙江、吉林、辽宁、内蒙古、宁夏、甘肃、新疆7省玉米

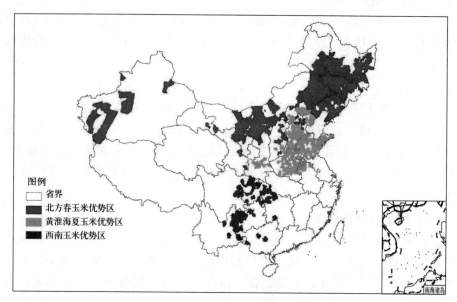

图 3-5　玉米优势区域布局示意图

种植区，河北、北京北部，陕西北部与山西中北部，及太行山沿线玉米种植区。

2. 黄淮海夏玉米区

主要包括河南、山东、天津，河北、北京大部，山西、陕西中南部和江苏、安徽淮河以北区域。玉米种植面积 9 667 千公顷，占全国的36.8%，总产量5 033.3 万吨，占全国的 36.1%，单产 346 千克/亩，相当于全国平均水平的 98.3%。种植制度多为小麦—玉米两熟制。

3. 西南玉米区

主要由重庆、四川、云南、贵州、广西及湖北、湖南西部的玉米种植区构成，是我国南方最为集中的玉米产区。玉米面积 4 135 千公顷，占全国的 15.7%，总产量1 819.5 万吨，占全国的 13.1%，单产 293 千克/亩，相当于全国平均水平的 83.2%。种植制度从一年一熟至一年多熟兼而有之，间作、套种、单种兼而有之。

玉米在粮食作物构成中仅次于稻、麦，而居杂粮之首，面积占全国玉米面积的 80% 左右，其中东北多于西南。东北和西北地区以一熟春播玉米为主。黄淮海平原和西南山地为春播、夏播玉米混合区。华北地区二年三熟制多采用春播玉米晚熟种，一年二熟制则用夏播玉米早熟种。云贵川三省从海拔 300～2 500 米均有分布，在 1 000 米以上多为一熟春播晚熟种。长江中下游及华南各省区为春播、夏播、秋播玉米混合区。

四、豆　类

豆类的主要产区在东北地区和西北地区，属中温带区。豆类作物在粮食中所占比重也是相对较大的，黑龙江的首位作物即为豆类，以内蒙古、安徽、黑龙江较为密集，其余省市也有分布，包括山西、辽宁、吉林、上海、浙江、安徽、福建等，豆类是作为这些省市的二三类位作物来种植的（图 3-6）。

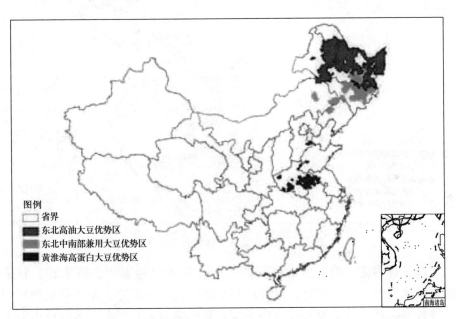

图 3-6　大豆种植区域布局示意图

中国大豆生产高度集中于东北和黄淮海地区，包括了大兴安岭区、东北平原区、长白山山地、辽宁平原丘陵、华北平原、山东丘陵、淮北平原等 7 个二级区，共计 556 个县。其中，黑龙江是我国第一大大豆主产省，其大豆产量可达到 600 多万吨，约占全国大豆产量的 35%～40%。从近年的情况来看，我国大豆种植面积在 9 000 千公顷左右，大豆单产维持在 1 700 千克/公顷左右的水平，大豆产量维持在 1 500 万吨上下。

五、薯 类

我国以甘薯为主，其次是马铃薯。甘薯主要分布在北纬 42°以南地区，以黄河中下游地区、长江中下游地区、四川盆地和珠江流域为主要产区，其中以四川和山东产量最大。中国薯类的主产区是西南地区、西北地区和东北地区（图3-7）。

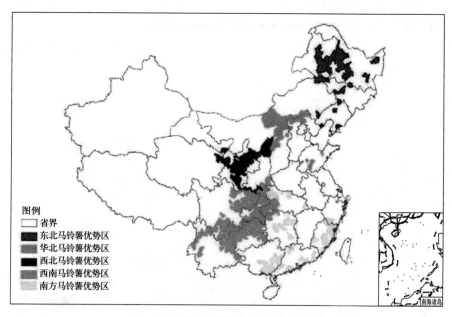

图 3-7　马铃薯优势区域布局示意图

以甘薯为主，约占薯类面积的 80%，次为马铃薯和少量木薯。甘薯除青藏高原外，各地均有，以黄淮海平原，长江中下游、珠江流域和四川盆地最多。黄淮海平原和长江中下游以夏秋薯为主，华南沿海以秋冬薯为主，内蒙古东部及东北三省以春薯为主。马铃薯主要集中在东北、华北、西北、西南、南方气候较凉地区（如图3-7），以东北、内蒙古产量最多。木薯集中分布在南岭以南的两广、滇南。在我国，其分布的最南界是云南、贵州、江西、福建。

其中，播种面积最大的省区依次是四川、贵州、重庆、甘肃、内蒙古，总产量最大的省区依次是四川、重庆、甘肃、贵州、山东。对于薯类而言，四川省无论是播种面积还是总产量都是全国最大的种植省份。薯类高产，早熟，分布广，是一种分布广泛、适应性强、产量高、营养丰富的宜粮宜菜宜饲宜作工业原料，具有多种用途的经济作物，是非谷类作物中重要的粮食作物之一。

六、其他作物

高粱、谷子主要分布于中国北方和东北地区。辽、吉、黑3省和华北各省区高粱面积和产量约分别占全国的78%和86%，是洼涝盐碱地区的主要作物。谷子耐旱性强，全国95%的谷子面积集中分布于黄土高原、黄淮海平原、松辽平原和内蒙古西部和东南部。东北和西北以春谷为主，华北夏谷居多。谷子是我国传统粮食作物。主要产区在华北地区和东北地区，但其播种面积较小，最大播种面积在山西，其次河北、内蒙古、辽宁、陕西，其他省区播种面积较少，另外重庆、浙江、西藏、四川、上海、青海、湖南、海南等地区没有谷子种植。谷子的播种面积较小，因而谷子的总产量也较低，其中河北、山西、辽宁、内蒙古、山西、河南。

高粱具有抗旱、耐涝、耐盐碱、适应性强的特性，所以在我国北方干旱地区、涝洼及盐碱地区多有种植。高粱在我国分布很广，以东北平原最为集中，其次为黄河中下游和淮北平原一带。

第三节　依据粮食作物地理划定的粮食区域

为了反映不同区域粮食综合生产能力的状况，从粮食生产力区域布局角度划分为商品粮基地、粮食主产区和粮食核心区。

一、商品粮基地

（一）商品粮基地的含义及特征

1. 商品粮基地的含义

商品粮基地即"粮食生产基地"。历来以产粮为主，粮食商品率较高，能稳定地提供大量余粮的农业生产地区。一般具有较好的粮食生产条件和基础，有较高的人均粮食占有量和较大的粮食增产潜力。

最具有代表性的是肖海峰（2007）按照经济学规范定义了商品粮基地。商品粮基地是农业区域分工体系的一种基本形式，是以粮食生产为主，以社会经济发展提供商品粮及其他相关农产品为基本功能的农业专业化区域。

农业大词典（1998）对商品粮基地的定义是：稳定地供给国家大量商品粮的产地。国家按照经济发展的要求，选定一些适应种植粮食作物并能获得高产稳产的地区，给予一定投资，以加速农业现代化建设，使之成为稳固的商品粮生产基地，这是提高粮食产量和商品量的有效方法。

周慧秋（2010）把握商品粮基地的本质，必须从三个方面着眼：①商品粮基地是一种农业专业化区域，是社会化生产条件下，农业产业在空间上分化和集中的结果；②这种农业专业化区域以粮食生产及其相关产业为农业区域专业方向；③从发展方向看，这种农业专业化区域既不是传统的和自给自足的自然经济体系，也不是单纯追求粮食及其相关产品产量增长的产品经济体系，而是一种符合市场经济规律的商品经济体系。

"商品粮基地"是在农业区域分工过程中形成的，是以粮食作物生产为主，以提供商品粮为基本功能的农业专业化区域。"优势商品粮基地"则指条件好、面积大、商品率高，其专业化及产业化生产水平高、增产潜力大、综合效益好，能长期稳定提供优质食用安全商品粮的大型商品粮基地。优势商品粮基地选建的标准一般条件包括以下 5 条：①资源禀赋好，②生产规模大，③商品率较高，④基础设施强，⑤发展后劲足。商品粮基地的优势度是衡量其稳定提供商品粮能力大小的综合指标，主要涉及商品粮基地的生产与调出规模、商品率及主导品种产量等因素。

2. 商品粮基地的特征

（1）区域界限的完整性。作为农业专业化区域，商品粮基地一般具有明显的区域边界和一定的区域经济规模。在既定的经济技术条件下，如果超越其区域界限，或者由于受生态、气象、资源等自然因素的制约，不宜于集中发展粮食生产；或者由于受经济因素的制约，集中发展粮食生产将不经济。即在既定的自然、经济、社会环境中，上述因素的综合作用，规定了商品粮基地的区域位置、区域界限和区域规模。

（2）产业结构的相似性。在同一商品粮基地内部，由于在农业生态条件、农业资源结构、区域位置及布局、粮食生产基础设施、产业技术装备等方面存在的差异较小，其产业结构的"均质化"程度比较高，产业结构具有相似性特征。具体表现为：

一是在粮食作物结构中，代表区域专业化方向的主导粮食作物品种在粮食作物中的份额、生产水平、商品化程度等都比较相似。

二是在种植业结构中，粮食作物栽培业所占份额较大，而且不同地区间差异很小。

三是在农业产业结构中，粮食生产和以粮食及其副产品为饲料的农区畜牧业都比较发达，在农业产业结构中的份额比较接近。

四是在农村产业结构中，以粮食及其转化产品加工为主的农产品加工、包装、贮藏、运销、贸易、中介服务等相关产业比较发达，而且大都属于或已经被规划为商品粮基地的主导产业。

（3）系统的开放性。商品粮基地的本质属性及基本功能决定了其必然是一种开放型的经济系统，与其他经济区域之间存在广泛的经济、技术、贸易等协作关系。通过开展经济、技术、贸易等协作，商品粮基地要向其他经济区域输出粮食及粮食转化与加工产品；商品粮基地要从其他经济区域输入资本、技术等生产要素和本基地生产缺乏优势的农产品及其加工产品等生活资料，从而通过国内外大市场，在社会分工体系中实现自我发展。

（4）功能的整体性。商品粮基地的粮食生产及商品粮供给能力，是指其总体功能而言的，而不是指基地范围内的农户等微观产业组织的个体功能而言的。对某一具体的商品粮基地来说，粮食生产及商品粮供给能力，是由基地区域规模、农业资源结构、基础设施配置、区域位置及布局、粮食的相关产业发展的水平、内外部市场环境等多种因素综合作用的结果。从这个意义上讲，商品粮基地不同于农户等微观产业组织的生产与经营活动，其布局调整、建设规划与运行过程具有系统性、综合性和区域整体性。

（二）商品粮基地地理方位和分类

1. 商品粮基地地理方位

我国主要有九大商品粮基地，分别为三江平原、松嫩平原、江淮地区、太湖平原、鄱阳湖平原、江汉平原、洞庭湖平原、成都平原、珠江三角洲。我国建立商品粮基地的具备的条件是：一是粮食生产条件较好，高产稳产农田比重较大，余粮较多；二是人均占有粮食数量多，商品率高，增产潜力大，且投资少而见效快的地区；三是粮食生产集中连片，自然条件和生产条件基本类似，便于统一规划、建设和布局生产；四是以粮食生产为中心，粮食生产用地与经济作物和其他作物生产用地矛盾不大，交运运输方便（图3-8）。

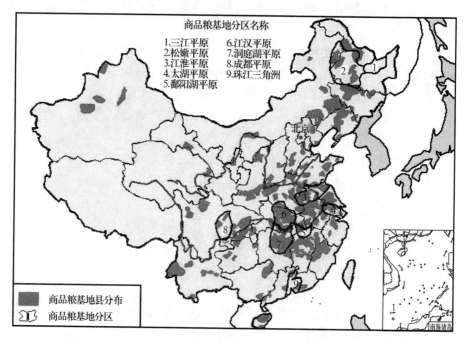

图 3-8 中国商品粮基地分布示意图

　　大型商品粮基地是提高中国粮食综合生产能力，保障国家粮食安全的有效措施，是促进粮食结构调整，提升粮食竞争力，增加农民种粮收入的有效途径，是落实国家支农惠农政策措施的具体体现。1979 年，中央明确提出要建设一批商品粮基地，从 1983 年开始，陆续在全国建设布局了831 个商品粮基地县。在首批建设的 60 个商品粮基地县中，以吉林省为例，该省有 6 个商品粮基地，占 10％。在以后的"七五"到"十五"的 4个计划期内，陆续又建设了 27 个商品粮基地县。从 20 世纪 90 年代中期开始，国家集中财力以地市为单位建设国家大型商品粮基地，扶持粮食主产区改善农业生产基础设施条件，提高粮食生产水平。2005 年《中共中央关于制定国民经济和社会发展第十一个五年规划的建议》再次指出，要加强国家大型商品粮基地建设。为此，今后一段时间，要贯彻落实党中央的指示精神，继续加大大型商品粮基地的投入力度，坚持以地市为单位建设管理方式，全力抓好大型商品粮基地建设。

　　2. 我国商品粮基地建设的分类

　　（1）南方原有高产商品粮基地，包括长江三角洲、江汉平原、鄱阳湖平原、洞庭湖平原、珠江三角洲等 5 片。这类基地人多田少，地处亚热带，自然条件优越，农作物生长季节长，可一年多熟；又有悠久耕作历史，劳动力充裕，有精耕细作传统，农田基本建设有一定基础，水利、肥料等生产条件较好，粮食单产一般每公顷可达 6 000～8 250 千克，比全国粮食平均单产约高一倍；粮食商品率为 29%，每年提供的商品粮占全国 13 片基地商品粮的 60%以上，因此是我国最重要的商品粮基地，素有中国"米仓"之称。今后要进一步加强建设，逐步提高农业的现代化水平，做到以粮为主，多种经营，互相促进，增产商品粮仍有较大潜力。

（2）新发展的淮河平原商品粮基地，包括苏北和皖北两片，它们处于黄淮海平原南部，地势平坦，土层深厚，地下水条件较好，又处在暖温带向北亚热带的过渡地区，降水量、热量和无霜期低于长江以南而高于黄河以北，是我国重要的水旱轮作粮食产区。新中国成立以来，由于水土条件改善，扩大了基本农田，粮食单产每公顷已达 4 065 千克，粮食商品率19.6%。今后应进一步加强以治水为中心的农田基本建设，继续改善土、肥条件，提高精耕细作水平，仍将有相当可观的粮食增产潜力。

（3）水平尚低、发展潜力最大的东北商品粮基地，包括三江平原和松嫩平原、吉林中部平原及辽宁中部平原三片。东北地区人少地多，纬度较高，热量条件不如南方，只能一年一熟，生产条件和原有基础均不如前二类地区，农业经营粗放，粮食单产水平尚低，一般每公顷仅为 1 875～1 950千克，但国有农场多，粮食总产量高，粮食商品率为 35.2%，其中国有农场商品率高达 40%～60%。每年向国家提供的商品粮，数量占 13片商品粮基地的 1/5 以上。这里还有大量宜农荒地，开垦扩耕有较大余地。今后应大力加强农田基本建设，改善水利、肥料等状况，提高农业机械化水平，改进耕作技术，把提高粮食单产和开荒扩耕结合起来，逐步实现粮食的稳产高产。这里增产商品粮的潜力，在各类商品粮基地中将是首屈一指的。

（4）西北干旱区商品粮基地，包括河西走廊、内蒙古和宁夏河套地区三片。这里深处内陆，年降水量不足 250 毫米，气候干旱，作物生长季也短，一年仅可一熟。宁夏河套地区粮食单产水平较高，每公顷可产粮3 750千克左右，粮食商品率为 20%；内蒙古河套地区土地虽较多，但劳力不足，耕作粗放，土壤盐渍化和风沙危害较重，粮食生产水平较低，商品率约 22%。今后，这些地区应兴修水利，改造盐碱地，扩大灌溉面积，粮食增产潜力很大。

（三）商品粮基地的作用

1. 深化农业资源开发

我国是农业用地、灌溉用水等农业资源相对稀缺的国家，且稀缺资源的利用程度还比较低，开发潜力较大。商品粮基地建设是合理利用农业自然资源、促进生态环境良性循环和实现农业及其相关产业可持续发展的一种方式。而扶持建立商品粮基地，对一些重要农业区域的资源进行深度和密集化开发，是提高稀缺农业资源利用率的重要途径。

2. 强化农业发展后劲

改革开放以来，我国粮食生产一直在波动中发展、在发展中波动。农业基础设施建设滞后等导致粮食生产发展后劲不足。要改变这种状况，只能强化基础设施建设、对现有农业生产力系统加以改造。我国商品粮基地布局主要集中在粮食主产区，生产的粮食和提供的商品粮在全国占相当的比重，因此，其生产力状况如何，对全国的粮食生产及供给状况具有决定作用。

3. 促进规模经济化投资

近年国家对农业的投资力度不断加大，由于基础薄弱，农业投资不足将是我国长期面临的困难和深层矛盾。在这种情况下，就存在一个合理集中、分配和使用包括财政投资在内的资本问题。以商品粮基地形式进行大规模的农业区域开发、集中投资，是合理使用资金、提高投资效果的比较有效的途径。

4. 加快农业区域专业化发展

农业区域专业化效应是指商品粮基地在提高粮食等重要农产品生产的区域集中程度，促进农业产业在空间上分化与集中，推进农业的相关产业发育与成长过程中的功能和作用。从商品粮基地发展的特点看，在建立商品粮基地过程中，基础设施建设、投入要素配置等，都是围绕区域专业化产业部门——粮食生产及其相关产业进行的。

（四）我国建设商品粮基地所面临的新形势

在我国这样一个人口大国，如何生产足够的食物，特别是如何解决粮食基本自给的问题，始终是政府决策的头等大事。解决粮食安全问题，必须加强粮食生产的基地建设。目前，商品粮基地建设面临新的机遇。2008中央1号文件提出，"实施粮食战略工程，集中力量建设一批基础条件好、生产水平高和调出量大的粮食核心产区；在保护生态前提下，着手开发一批资源有优势、增产有潜力的粮食后备产区。"2008 年 7 月 2 日召开的国务院常务会议，讨论并原则通过《国家粮食安全中长期规划纲要》，该《纲要》的目标是使粮食自给率稳定在 95％以上，2010 年粮食综合生产能力稳定在 10 000 亿斤以上，2020 年达到 10 800 亿斤以上。目前《全国新增 1 000 亿斤粮食生产能力规划（2009—2020 年）》正在编制中，国家有关部门将总结粮食增产的基本经验，分析未来增产潜力，明确主要目标和任务，并将粮食增产目标分解到省（区、市）。

粮食增产的基地保障作用又一次被国家明确提出并以规划和政策的形式确定并实施，我国商品粮基地建设面临新的发展形势。包括：①商品粮基地如何形成稳定和可持续的商品粮供应能力；②商品粮基地如何调整建设布局、优化种植结构，适应市场需求，增加农民收入；③商品粮基地如何进行体制和政策创新，强化对商品粮基地建设与管理的创新；④商品粮基地如何加强其协调机制建设，规避具有明显比较优势的农产品进口带来的挑战等问题。

（五）我国商品粮基地建设的基本思路

新中国成立以来，我国粮食生产取得很大成就，但是因为人口众多，人口增长又快，粮食供应至今只能维持在一个较低水平上，商品粮的供需矛盾还没有彻底解决。为了充分发挥地区优势，重点使用国家投资，大力改善粮食作物生产条件，尽快增产粮食，满足人民生活和各项经济建设对粮食的需要，保证经济作物生产和林牧副渔各业的全面发展，必须加强商品粮基地的建设，这也是农业生产社会化、专业化和商品化的重要途径。商品粮基地建设是我国为保证粮食有效供给而实施的一项重要农业政策，根据各地区的具体情况，要统筹商品粮基地与全国的关系，发展农业与牧业和加工业的关系，东部地区与西部地区的关系，城乡关系和人与自然协调发展的关系。

1. 指导思想

以市场为导向，以效益为中心，以培育农业生产力为重点，着力实行科教兴农，推行名牌战略，推进农业产业化，增加农民收入，加快农业现代化进程。

2. 建设目标和内容

将商品粮基地建设成为能稳定提供商品粮的骨干县、先进农业技术的示范县、现代化农业的带头县。坚持良种繁育、农业技术推广、小型农田水利、农业机械四项内容的建设，且要在建设质量上下工夫。同时增加人力资源培训、农产品质量检测、市场信息、可持续发展等内容。

3. 建设的布局及发展

实现普通粮食品种向优质、专用型品种转化，实现基地建设由东中部向中西部转移，实现基地粮食生产的结构调整。以巩固和完善老基地为主，发展与农业直接相关的基础设施建设，对已建基地进行完善配套，走技术改造的路子。完善和制定商品粮基地建设管理方法，从项目的申报审批、组织管理、实施与监督、效益考核、竣工验收等方面明确有关单位的责任、权利与义务。

4. 明确商品粮基地的地位及作用

一个有十几亿人口的发展我国家，如何确保"任何人在任何时候都能够购买或生产他们所需的粮食"是一个事关国计民生、国家安全与稳定的大事。加入 WTO 后，我国主要农产品市场逐步放开，有利于我国利用国际和国内两个市场确保国家粮食安全。但我们也要清醒地认识到十几亿人的吃饭问题必须立足于国内，确保粮食的基本自给是首要，忽略与轻视的后果会很严重。因此，必须明确商品粮基地在我国粮食生产中的地位及作用。

5. 坚持"以粮为纲"优化农业结构

强调"以粮为纲"，并非是固守粮食生产这一棵救命稻草，在适当时候以适当方式调整农业结构仍是必需。农业经济结构战略性调整的核心内容是对现有农业内部产业和农产品重新进行市场定位，确立新的发展思路和方向，进行农业战略性结构调整。弱化经济结构调整的震动，遵循经济规律，粮食补贴政策应该有所侧重。

6. 建设城乡一体化的现代化大农业

在建设现代农业的新形势下，根据各个商品粮基地的不同情况，因地制宜地建设现代农业。商品粮基地必须走效益型持续农业之路，在保障农产品总量，特别是粮食安全的基础上，发展以市场为导向，以品质优良和结构优化为核心，以农业技术和管理创新为推动力的开放式现代农业。以提高农民收入，增强农业和农村可持续发展能力为主要目标，依托地区比较优势，推进生产经营的企业化、基地化、标准化、规模化和专业化，实现传统农业向现代农业转变（程叶青、张平宇，2006）。

7. 实现国家重大商品粮基地体制和政策创新

在全国 454 个商品粮大县中，由于种种原因，商品粮生产大县的经济发展普遍欠佳，国家扶持力度不足，还往往随着整个国家的粮食形势变化而变动（石玉林，2007）。从 1998 年我国粮食产量连续 5 年下跌，虽然从 2004 年开始国家采取了一系列的惠农政策，粮食产量连年增长，但尚未达到历史最高。国家惠农政策究竟能起到多大持续作用，还有待观察。很多粮食大县，同时也是经济落后及农民收入增长缓慢的县，如何巩固商品粮基地作为国家粮食生产战略基地的根本性作用，尚需建立长期起作用的相应机制，需要在体制和政策等方面进行创新。

8. 建设可持续发展的商品粮基地

随着我国粮食区域布局的不断变化，商品粮基地的地位与作用越来越重要，为了促进商品粮基地的可持续发展，发挥商品粮基地在国家粮食安全中不可替代的作用，应在商品粮基地建设上着力培育商品粮基地的供给潜力，在实现商品粮基地可持续发展上下功夫。一是增强粮农再生产的能力。其实质就是要增加农民的收入水平和调动农民对粮食生产投入的积极性。二是扩大农户经营规模，提高规模效益。三是强化商品粮基地的整体功能。只有商品粮基地的整体功能提高了，才会为商品粮生产提供条件。四是做好商品粮基地的科技储备，使东北地区商品粮基地能够可持续发展，保障国家粮食安全。

二、粮食主产区

（一）粮食主产区的含义

粮食主产区相对于非主产区而言，是指地理、土壤、气候、技术等条件适合种植粮食作物、粮食产量高、种植比例大、除区内自身消费外还可以大量调出商品粮的经济区域。粮食主产区的选择不仅取决于粮食生产量，而且取决于能否提供较多的商品粮食。

新中国成立以来，中国粮食主产区空间格局发生了较大变化，这种变化体现在生产格局和流通格局两个方面。从粮食生产格局变迁看，全国粮食生产区域由南方持续向北方转移，由东部、西部逐渐向中部推进，其中东南沿海区粮食生产急剧萎缩，东北区和黄淮海区成为了全国粮食增长中心，粮食主产区的边界呈现明显缩小趋势。从粮食流通格局变迁看，伴随着粮食调动由计划调拨到市场调节的变化，粮食流向发生了由南粮北调向北粮南运的转变。

（二）粮食主产区的地理区位

目前，我国粮食主产区包括河北、内蒙古、山东、江西、江苏、安徽、河南、湖北、湖南、吉林、辽宁、黑龙江、四川等13个省份。这13个省份的粮食种植面积占全国粮食种植面积的65.9%，产量占全国的70.4%，成为中国的粮食主产区。按照粮食生产区域可分为东北地、华北地区、华中地区、华东地区和西南地区（图3-9）。

图3-9　粮食主产区生产区域分布图

1. 东北地区：辽宁省、吉林省和黑龙江省

辽宁省是东北玉米、水稻两大高产粮食作物种植区。2013年，全省粮食产量达到2 195.6万吨，位居全国第14位，其中玉米产量1 563.2万吨、水稻产量506.9万吨。辽宁省粮食生产已连续10年获得丰收。粮食产量创历史新高，为辽宁省粮食丰收奠定了坚实的基础。

吉林省是国家重要的粮食主产区和商品粮基地，2013年吉林省粮食总产达到3 551万吨，比上年增产208.0万吨，增长6.22%，高出全国增幅4.12个百分点；全省粮食单产达494.3千克，调出全国单产135.8千克。作为国家重要商品粮基地，位于中国东北地区的吉林是全国唯一人均产粮过吨的省份，人均占有粮食量、粮食商品率、粮食调拨量和人均肉类占有量连续 12 年居全国首位，也是全国 6 个粮食调出省之一。

黑龙江省作为粮食主产区和商品粮基地，2013 年黑龙江省实现粮食总产量 6 004.1 万吨，与 2007 年相比，黑龙江省粮食产量增长 73.4%，年均增长 9.6%，在中国各省（市、区）中增速最高。从 2008 年起，黑龙江省粮食总产量连续跨越 700 亿斤、800 亿斤、900 亿斤、1 000 亿斤、1 100 亿斤、1 200 亿斤六个大的台阶，平均一年跨上一个新台阶，实现了 6 连增。黑龙江在中国各省（市、区）中增速最高，同期中国粮食产量只增长了 20%，年均只增长 3.1%，为保障国家粮食安全做出了突出贡献。

2. 华北地区：河北和内蒙古

河北省是农业大省，粮食生产在全国占有举足轻重的地位。2013 年粮食播种面积 631.6 万公顷，比上年增加 1.4 万公顷，增长 0.2%；总产量 3 365.0 万吨，增长 3.6%。其中，夏粮产量 1 402.4 万吨，增长 3.6%；秋粮产量 1 962.6 万吨，增长 3.6%，创历史最高水平。2013 年内蒙古粮食总产量首次突破 2 750 万吨，达到历史新高 2 773 万吨，粮食生产实现历史性的"十连丰"。据统计，2013 年内蒙古粮食产量比上年增加 244.5 万吨，增幅达 9.7%，增量和增幅均居全国第一。其中，玉米种植面积大幅度增加 230.7 千公顷，增产超 250 万吨，是对增产贡献最大的作物。据介绍，落实惠农政策到位，充分调动广大农民群众生产积极性，稳定粮食播种面积，为内蒙古"十连丰"打下了基础。在生产过程中，"一增一减"成为十连丰的关键，即一方面在关键农时采取抗春涝、防病虫、促早熟等措施，减少粮食损失 300 多万吨；另一方面依托科技支撑，通过高产创建深挖粮食增产潜力，共计带动增产粮食 89.5 万吨。内蒙古素有"塞外米粮仓"之称，是我国十三个粮食主产区和六大商品粮净调出区之一，粮食持续增产对确保我国粮食安全意义重大。

3. 华中地区：河南省、湖北省、湖南省

河南是人口大省、粮食生产大省，连续 10 年实现增产，连续 8 年超过 1 000 亿斤。粮食生产的长足发展和巨大进步，不仅有效解决了河南省 1 亿人的吃饭问题，还每年调出 400 亿斤以上的食用原粮和制成品，为国家粮食安全做出了重要贡献，为宏观经济又好又快运行奠定了坚实基础，为中原经济区建设实现良好开局提供了保障，为河南省农民增收、稳定物价、促进社会和谐发展提供了有力支持。"湖广熟，天下足"，从明朝开

始，湖北就一直是粮食主产区之一，在中国粮食生产格局中占有重要地位。湖北粮食总产实现新中国成立以来首次"十年丰"，亩产突破386.3千克，再创历史新高，保持了稳定发展的良好势头。湖南自古就是鱼米之乡，有责任、有能力在新的历史时期，继续为国家粮食安全作贡献。湖南省全年粮食总产保持在600亿斤以上，为全国粮食总产"十连增"做出了新的贡献。

4. 华东地区：山东、江西、江苏、安徽

山东省是全国重要的粮食生产基地。2013年，全省粮食总产量4528.2万吨，比上年增加16.8万吨，增长0.4%，连续十一年增产。其中，夏粮产量2219.4万吨，增长1.8%；秋粮产量2308.8万吨，下降1.0%。在全国率先实现粮食总产"十一连增"，农民人均纯收入有望首次突破万元大关，为国家粮食安全和经济社会平稳健康发展提供了有力支撑。江苏省2013年粮食总产3423万吨，列全国第5位，比上年增加50.5万吨，增长1.5%。其中夏粮总产1195.5万吨，增长4.6%，秋粮总产2227.5万吨，略减0.1%。粮食生产在高起点上再次增收，实现了粮食总产"十连增"。在工业化、城市化加快推进新的发展阶段，粮食的持续增产成为江苏经济社会发展突出的亮点之一。

安徽是全国粮食主产省，粮食总产量居全国前列。多年来，安徽省牢固树立国家粮食主产区的责任意识，狠抓粮食生产不放松。2013年粮食作物种植面积6625.3千公顷，比上年扩大3.3千公顷，其中优质专用小麦面积2106.8千公顷，扩大27.1千公顷。粮食产量3279.6万吨，比上年减少9.5万吨，减产0.3%。其中，夏粮1338.5万吨，增加37万吨，增产2.8%；秋粮1810.3万吨，减少45.3万吨，减产2.4%。2014年，安徽全年粮食总产增幅4.2%，居全国第二；全国13个粮食主产省中，安徽全年粮食总产增幅稳居榜首。

江西是全国产粮大省和粮源净调出省，江西是全国13个粮食主产区之一，是从未间断向国家提供商品粮源的省份之一，以约占全国2.3%的耕地，生产了约占全国3.6%的粮食。近几年每年口粮外调量500万吨左右，为保障国家粮食安全提供了有力支撑。江西2013年粮食种植面积3690.8千公顷，比上年增加14.92千公顷，增长0.41%。粮食亩产382.23千克，比上年增加4.13，增长1.09%；粮食总产2116.1万吨，比上年增加31.3万吨，增长1.5%，超额完成全年目标任务，实现历史性跨越，夺取了"十连丰"。

5. 西南地区：四川

作为全国 13 个粮食主产省之一和西部唯一主产省，保持四川粮食生产稳定发展，对于保障国家粮食安全意义重大。四川是粮食生产大省和消费大省，常年粮食消费及转化量约 3 900 万吨，确保粮食自求平衡既是中央对四川的基本要求，也是四川对全国粮食安全肩负的重大责任。2013 年四川省粮食产量达到 3 387.1 万吨，比 2012 年增产 72.1 万吨，增长 2.2%，粮食产量实现七年连续增产。近七年四川省增产粮食 527.4 万吨，年均增产 75.3 万吨，年均增长 2.4%。但由于退耕还林等因素影响，四川粮食总产量尚未达到历史最高水平（1999 年产量 3 551.5 万吨）。2013 年全年粮食播种面积 646.99 万公顷，比上年扩大 0.17 万公顷，略增 0.03%。

（三）粮食主产区的特征

1. 产粮区域快速北移

长江中下游是传统的粮食生产区域，素有"湖广熟、天下足"的美誉。如今，长江中下游五省份（江西、江苏、湖南、湖北、安徽）虽然仍位列我国 13 个粮食主产区内，但由于其水稻种植面积明显减少，对全国粮食产量的贡献率已明显下降。相反，以往历史上的关外"不毛之地"东北地区，如今已成为粮食最主要的产区。目前东北四省（区）（黑龙江、吉林、辽宁、内蒙古）秋粮产量几乎占全国的三分之一。"北大仓"黑龙江，自 2011 年起连续四年成为我国产粮"状元"，年粮食总产量占全国十分之一强。这也导致几千年来"南粮北运"格局转变为"北粮南运"。史书记载，明朝京杭大运河从南向北运粮的漕船达 9 000 多艘，清朝每年从南方征收北运的漕粮多达 400 万石。如今，在黑龙江、吉林、内蒙古、安徽、江西等全国 5 个粮食调出省（区）中，东北地区就占了 3 个。

2. 产粮区域高度集中

数据显示，目前我国共有 13 个粮食主产省区，产量占全国总产量的 75%，东北成为产量最集中地区之一，十年来全国粮食增产了 1.75 亿吨，东北四省（区）贡献了 40%。全国超 10 亿斤的产粮大县有 400 多个，产量占全国一半以上。超 100 亿斤的产粮大市（地）有 33 个、产量占全国的 43%。粮食产区集中度明显提高。

3. 机械化耕种水平大幅提升

传统农业"牛耕马犁""扬鞭和号"，以及农民"面朝黄土背朝天"的景象，如今已发生根本性变化，我国粮食生产已从人力、畜力为主转到以机械化为主的历史新阶段。

数据显示，我国农作物耕种收综合机械化水平超过 60％、比 10 年前提高近 30 个百分点，其中，水稻、小麦、玉米三大粮食作物耕种收综合机械化率均超过 75％。我国小麦生产基本实现全过程机械化，水稻机械种植、收获水平分别从十年前的 6％、27％，提高到现在的 38％、81％，玉米机收水平从 2％提高到 55％。

4. 粮食单产能力不断提升

在历年粮食播种面积下行的同时，我国粮食产量依然保持连年丰收，其原因在于粮食单产能力不断提升。以占我国三大粮食作物产量的比例超过三分之一的稻谷为例，1949 年以来，我国水稻亩产经历两次飞跃，一是 20 世纪 50 年代后期水稻矮秆化，二是 70 年代中期以后杂交水稻的推广应用，两次飞跃均使全国水稻亩产提高了近百斤。我国在 1996 年立项超级稻计划，目前，水稻亩产正在向 1 000 千克突破。

（四）粮食主产区建设存在的问题

1. 粮食主产区粮食生产能力接近极限，面临较大的增产压力

2013 年，我国粮食总产量达到 60 193.5 万吨，同比增长 2.1％，成功实现"十连增"，其中，75％以上的粮食产量、80％以上的商品粮，均来自 13 个粮食主产区。除此以外，我国粮食总需求呈现刚性增长，每年需要增加粮食 30 亿千克以上，85％以上也来自于粮食主产区。然而，在现有的农业资源条件下（包括：单产水平、播种面积以及劳动人口结构等），全国多处粮食主产区已经接近产量的极限，如何实现进一步增产，面临严峻考验。

2. 粮食主产区与主销区利益分配失衡，区域经济差距不断扩大

粮食主销区和主产区的划分源于 2001 年粮食流通体制改革，全国被划分为 13 个粮食主产区、7 个主销区和 11 个基本平衡区。粮食主销区以工业化、城市化为主导，不再承担粮食生产的具体任务。然而，随着土地、劳动力、农资等价格的不断上涨，粮食主产区则陷入"粮食大省、经济弱省、财政穷省"的怪圈，粮食生产越多，经济越落后。近 10 年以来，13 个粮食主产区人均财政支出 6 136 元，仅相当于全国平均水平的 80％。如果"粮食生产与利益分配"倒挂的状况长期得不到改善，势必会影响粮食主产区"政府抓粮"与"农民种粮"的积极性，进而影响国家粮食安全。

3. 粮食主产区基础设施仍然薄弱，制约了现代农业的发展

水利等基础设施薄弱，已成为制约粮食主产区现代农业发展的主要"瓶颈"。例如，产粮大省河南，其水利骨干工程完好率不到50%，近40%的耕地为靠天田，每年旱涝灾害造成的粮食损失都在200万吨以上；黑龙江省普遍缺乏江河大型控制性工程，有效灌溉农田面积不到全国平均水平的一半。受现行条块分割体制的影响，农业基础设施建设资金分属于不同的部门分配和管理，导致了资金投入分散，重复建设的现象比比皆是，难以发挥政策的综合集成效应。

4. 粮食主产区农业金融保险供给不足，不能满足新型经营主体的需要

家庭农场、种粮专业大户、农民合作社、产业化龙头企业是当前粮食主产区最重要的农业生产载体。相比普通的农户，新型经营主体面临更大的生产投入和市场风险，对于资金和保险需求也更加强烈。粮食主产区的农村信用社，支农服务能力严重不足，即使通过"联保贷款"，一次性贷款也不足10万元，无法解决新型经营者的根本问题。另外，粮食主产区的农业保险保额太低，范围有限，远远不能满足新型经营主体需要。如：小麦、玉米、水稻保额一般为300元/亩，大棚保险、农作物制种等需要保额较大的保险项目，常常成为空白地带。

5. 粮食主产区仓储与物流方式落后，造成粮食损失程度严重

我国实行三级粮食储备制度（中央储备、地方储备和农户自储），其中，政府（中央与地方）仓储设施只有10%左右适合粮食散装散卸，由于库房部分老化且储粮条件较差，造成在储存环节粮食损失率达到约5%；农户的粮食储存量超过储存总量的50%，粮食损失量约为0.2亿吨/年。此外，随着粮食产销格局的变化，粮食运输格局也正在发生根本性逆转，由"南粮北运"逐渐向"北粮南运""中粮西运"转变，增大的省际粮食流通量，每年可达到2亿多吨。但是，粮食主产区85%的粮食采用传统的包粮运输方式，运输装卸方式落后，导致每年损失粮食达800万吨左右，从产区到销区的物流成本占粮食销售价格的20%~30%。

（五）粮食主产区建设的政策建议

1. 瞄准三大政策目标，实现增产、增收、区域发展共赢

粮食安全是我国经济社会长期稳定发展的前提基础。但如果在维持粮食安全的同时牺牲了广大粮农和粮食主产区政府的应得利益，这样的粮安全是不可持续发展的安全。因此，我国未来粮食安全绝对不能建立在以牺牲种粮农民和粮食主产区的利益为代价的基础上，粮食补贴政策应该瞄准粮食增产、粮农增收及粮食主产区区域发展三大目标，实现三者的共赢发展和均衡发展，构建粮食安全的内生长效机制。应从促进整个主产区发展的角度考虑，根据粮食主产区为保障国家粮食安全的贡献和付出的成本，增加对粮食主产区的转移支付和各项支持，促进主产区经济社会加快发展，确保主产区政府和种粮农民得到合理利益补偿。

应重点向粮食核心产区倾斜，要在国家主体功能区划的基础上，进一步界定核心产区的范围，以便各类资源真正向核心区集中，通过支持核心产区发展，以点带面，从而带动其他区域发展，最终实现共赢。

2. 制定以利益调节为核心的政策，激发粮食主产区的种粮积极性

新一轮政策制定，要通过"加、减、建"，调节粮食主产区与主销区之间的利益分配，调动粮食主产区的种粮积极性，即：加大对产粮大县的财政转移支付力度，将新增补贴向种粮大户、粮食生产专业合作社和家庭农场倾斜；减轻粮食主产区财政负担，取消粮食风险基金地方配套；建立粮食主销区与主产区的利益补偿机制，通过平衡粮食主产区与主销区之间的利益关系，调动政府与农民的种粮积极性。

3. 划定粮食生产核心功能区，切实加强农业基础设施建设

在粮食主产区划定生产核心功能区，以此为平台，加强部门协调和资源整合，明确规划土地整治、高标准农田建设等各类项目，切实加强农业基础设施建设。把种粮大户等新型经营主体作为重点受益对象，着力加强灌溉排水、土壤改良、道路整治、机耕道、电力配套等工程建设，同时尽快出台解决规模经营主体晒粮场等建设用地的办法，创造规模生产条件，提高粮食综合生产能力。

4. 通过挖掘技术、土地及防减灾工作潜力，保障主产区粮食的继续增产

首先，挖掘技术潜力。优良品种是产量的重要保证之一。2013 年，全国粮食亩产是 358.5 千克，比 2004 年提高 69.6 千克，从良种来看，部分区域试种的优良品种产量水平还有 $50\%\sim80\%$ 的提升空间。其次，挖掘土地潜力。耕地质量是提高单产的重点。高产田更新提质后单产可提高 5%，中低产田改造后单产可以提高 20%，两者将新增产粮约合 5 000 多万吨。第三，挖掘防减灾工作潜力。我国农作物每年发生气象灾害面积约 5 亿～6 亿亩，发生病虫害 70 多亿亩次。减损就是增产，随着主产区防灾减灾水平提升，这方面增产还有潜力。

5. 鼓励政府参与成立担保公司，创新农业金融保险发展模式

在金融扶持方面，鼓励由地方政府出资或参股来成立担保公司，为新型经营主体提供担保的方式，中央政府同时也应该给予适当的政策和资金扶持；创新农业产业链金融模式，大力发展大型农机具质押、农业订单质押以及仓储质押等多种金融工具。在农业保险方面，推动农业保险保障水平提升至可以弥补直接物化成本；针对当地农业主导产业，开展设施农业、农作物制种、渔业、农机等保险；同时，尽快建立财政支持的农业大灾风险分散机制，帮助保险机构有效规避大灾风险。

6. 逐步实现粮食储备由粮食主产区向粮食主销区转移，加强两区之间对口协作

应改变粮食主产区落后的传统仓储方式，在继续推进"小型铁皮粮仓"科学储粮专项工作的基础上，加大科技投入，通过采纳先进的烘干设备、机械通风等方式改善粮食存储，减少粮食在仓储与运输过程中的损耗。与此同时，从粮食安全与平衡利益的角度出发考虑，应有意识地在粮食主销区建立粮食储备库，逐步实现粮食储备由粮食主产区向粮食主销区转移。

三、粮食核心区

（一）粮食核心区的含义及地理方位

1. 粮食核心区的含义

粮食是关系国计民生的特殊商品，保障粮食安全始终是治国安邦的头等大事。党和国家历来高度重视粮食安全，中共十七大和十七届三中全会都对粮食安全做出了重大战略部署，制定了《国家粮食安全中长期规划纲要（2008—2020 年)》（以下简称《纲要》）和《全国新增 1000 亿斤粮食生产能力规划（2009—2020 年)》（以下简称《规划》）。《纲要》和《规划》中回顾了我国粮食生产发展阶段，分析了粮食生产格局变化，指出我国在粮食供需、粮食加工、粮食流通和自然资源等方面面临的形势，粮食生产核心区是保障我国粮食安全的战略性区域。

粮食生产核心区是指保障中国粮食安全的战略性区域，稳定粮食生产核心区的有效供给是当前中国粮食安全的重要问题，也是保障国家粮食安全、满足粮食消费需求、保障粮食有效供给、提高粮食综合生产能力的重要区域。

目前，我国粮食生产发展处于城镇化、工业化进程加快，水土资源短缺，气候不断变化，传统农业向现代农业转变的重要时期，稳定粮食生产核心区的有效供给是当前我国粮食安全重要问题。按照《规划》，中国粮食生产核心区范围包括 13 个主产区和 11 个非主产区的产粮大县 800 个，占全国的 28%，耕地面积为 5 718.4 万公顷，占全国比重 46.9%，粮食播种面积为 5 916.8 万公顷，占全国比重 56.4%，粮食产量为 32 885 万吨，占全国比重 66.4%。因此，粮食主产区和非主产区的产粮大县的粮食发展及生产情况直接关系到我国人均粮食占有量和粮食总产量波动率的安全指标。

可以说，我国农业发展和粮食安全主要靠主产区支撑，更要靠核心区保证。集中资金才能办大事，因此要把重点聚焦到具有资源优势、比较优势的产粮大县上，实施改造中低产田和中型灌区节水改造，走以内涵开发为主的农业集约化、现代化发展道路，帮助核心区这些产粮大县卸掉"包袱"，建设成为粮食强县、农业强县，形成稳定可靠的粮食生产能力，促进种粮农民增收。

2. 粮食核心区的地理方位

着力打造粮食生产核心区，提高商品粮调出能力。综合考虑粮食播种面积、产量、商品量、集中连片和水资源等因素，从 13 个粮食主产省（区）选出 680 个县（市、区、场）作为粮食生产核心区，通过加强农田水利等基础设施建设，改进农业耕作方式，全面提升耕地质量，提高科技创新能力，加快优良品种选育及推广应用，完善粮食仓储运输设施，巩固并提升在国家商品粮源中的核心地位。

（1）粮食核心区基本情况。粮食核心区共计 680 个县（市、区、场），分布在东北、黄淮海和长江流域。

① 东北区。该区是我国最大的玉米、优质粳稻和大豆产区，包括黑龙江、吉林、辽宁、内蒙古四省区的 209 个县（市、区、场），占核心区县数的 31%。耕地面积约 2 267 万公顷，占全国的 18.5%；粮食播种面积约 1 733 万公顷，总产量约 8 700 万吨，分别占全国的 16.4% 和 17.6%。

② 黄淮海区。该区是我国小麦、玉米和稻谷优势产区，包括河北、山东、河南、安徽、江苏五省的 300 个县（市、区），占核心区县数的 44%。耕地面积约 2 133 万公顷，占全国的 17.7%。粮食播种面积约 2 467 万公顷，总产量约 14 325 万吨，分别占全国的 23.2% 和 28.9%。

③ 长江流域。该区是我国稻谷集中产区，包括江西、湖北、湖南、四川四省的 171 个县（市、区），占核心区县数的 25％。耕地面积约 800 万公顷，占全国的 6.6％。粮食播种面积约 1 200 万公顷，总产量约 7 145 万吨，占全国的 11.7％和 14.4％。

（2）粮食核心区的任务。根据各区生产特点、播种面积及增产潜力，从产能分配原则和分区增产任务及途径来看，重点向粮食主产区倾斜，向主产区中的核心区倾斜，同时，兼顾非主产区产粮大县，带动全国粮食生产水平提高。全国共新增粮食生产能力 5 000 万吨。其中，核心区新增粮食产能 3 710 万吨，占新增产能的 74.2％。

① 东北区。承担新增粮食产能任务 1 505 万吨，占全国新增产能的 30.1％。该区粮食生产的主要制约因素：一是东涝西旱，蓄引提工程明显不足，农田灌排设施建设严重滞后。局部地区开垦面积较大，水稻产区地下水灌溉比例高，湿地退化萎缩。二是大部分地区耕作方式粗放，玉米种植密度不足，水稻育秧方式落后。三是土壤板结，犁底层浅，耕地质量下降。

主要增产途径：一是适度新建水源工程，增加灌溉供水，扩大灌溉面积，加快防洪排涝体系建设，加大现有灌区续建配套及节水改造力度，完善灌溉设施，提高灌溉保证率和排涝标准。二是大面积推广耐密型玉米和水稻大棚育秧，合理密植。三是推广大型农业机械，促进粮食生产全程机械化，实施土壤深松深翻、秸秆还田，增强保水保墒能力等。

② 黄淮海区。承担新增粮食产能建设任务 1 645 万吨，占全国新增产能的 32.9％。该区粮食生产的主要制约因素：一是地表水开发潜力小，地下水超采严重，供水明显不足，农田水利设施老化失修，灌溉面积萎缩现象较为普遍，旱涝灾害在年度内频繁出现。二是作物套种面积大，品种熟期不配套，影响秋粮单产水平。

主要增产途径：一是大力发展节水型农业，加强灌区续建配套和节水改造，提高灌溉水利用率和效益。加快淮北平原、里下河地区等涝区的排涝建设，提高农田防洪除涝标准。二是推广耐密和适合套种、机收的品种，增加秋粮种植密度；在条件适宜地区，推广耐旱品种及玉米晚收、小麦晚播种植模式。

③ 长江流域。承担新增粮食产能任务 560 万吨，占全国新增产能的 11.2％。该区粮食生产的主要制约因素：一是部分地区排涝设施不足，排涝标准偏低，渍害病虫害较重，四川盆地、湘南地区工程性缺水严重。二

是水稻育秧环节薄弱，种植密度偏低，"双改单"趋势明显。三是农业机械化水平低。

主要增产途径：一是加大低洼涝区和环湖地区排涝体系建设，进行灌区续建配套，提高灌溉保证率。二是推广工厂化育秧及抛秧技术，扩大机插秧、机收等农机作业面积，提升秧苗质量，提高适用农业技术到位率。三是扩大双季稻种植面积，增加复种指数。

（二）粮食核心区的特征

1. 农业生产的集约化

作为农业专业化粮食生产核心区，一般具有明显的农业生产经济规模。在既定的经济技术条件下，由于受生态、气象、资源等自然因素的制约，不宜于集中发展粮食生产；或者由于受经济因素的制约，集中发展粮食生产将不经济。即在既定的自然、经济、社会环境中，不同的粮食品种主产区不一样。如玉米主产区在吉林、河北、山东，小麦主产区在河南、河北，大豆主产区在黑龙江。

2. 农业生产的规模化

农业生产效益最终还是体现在规模上，要加快推进"百企千社万户"现代农业发展工程，大力扶持种粮大户和家庭农场，积极发展多种形式的适度规模经营，使农业生产在已有良好基础上进一步得到提升。农机服务做好做活了，市场会很大，各地要根据不同的自然条件，因地制宜推进农业机械化生产，探索多种农机服务方式和运营模式，不断提升农业生产的规模化、产业化、集约化和专业化水平。要充分尊重基层和农民的首创精神，认真总结各地成功经验，确保制定的支持政策更有针对性和可操作性，实现精准服务、精准支持。要积极开展便民服务，大力发展农业合作社，引导农民将土地托管给合作社或种植大户，推进土地规模化经营。要加强工作调度，加快土地确权登记颁证进度，确保按期完成任务目标。要做好粮食高产示范方创建，加强配套基础设施建设，不断提高农业生产机械化、规模化和标准化程度。

3. 产业结构的专业化

实施现代农业产业化集群培育工程，加快发展农民专业合作组织，做大做强优势特色产业，构建现代农业产业体系，建设一批现代农业示范区。推动耕地向种粮大户、农机大户、家庭农场和农民专业合作社集中，促进农业适度规模经营。加强农技推广队伍建设，深入实施重大科技专项，推进农业科技创新和成果转化，提高农业公共服务能力。完善农产品流通体系，建设一批大型农产品批发交易市场。加强农产品质量安全体系建设，建立健全农产品质量安全标准体系和质检体系。加强农业信息和气象服务，推进农村信息化建设。

4. 农业生产的现代化

推进以粮食优质高产为前提，以绿色生态安全、集约化标准化组织化产业化程度高为主要标志，基础设施、机械装备、服务体系、科学技术和农民素质支撑有力的新型农业现代化，构建现代农业产业体系，夯实"三化"协调发展的基础。进一步加大一般性转移支付力度，国家、省对粮食和农业生产的支持向粮食大县及种粮大户倾斜；在投资项目安排上，农业综合开发、优质粮食产业工程、大中型灌区节水改造、小农水补助等建设项目的安排重点向粮食生产核心区倾斜；在科技措施上，主要粮食作物现代农业产业技术体系构建、高产创建等增产增收措施集中向粮食生产核心区倾斜。

（三）粮食核心区建设的作用

1. 保障国家粮食安全

区域粮食安全是国家粮食安全的组成部分，是建设粮食生产核心区，履行维护国家粮食安全责任。从保证经济发展和国家粮食安全大局来看，建设粮食生产核心区是促进当地经济发展和保证全国粮食供给的问题，是以满足生产的不断发展和能够抵御重大自然灾害等突发事件为目标的任务。

粮食主产区的年粮食产量占到我国粮食总产量的 65％以上。同时，粮食总产量在年度之间出现波动，主产区的粮食丰歉决定全国格局，因此保证我国粮食供求总量基本平衡是粮食主产区的重要任务，具有不可替代的作用。

2. 满足粮食消费需求

粮食消费将进入新一轮的快速增长期，一方面，以粮食为原料的深加工业迅速扩张，饲料、工业用粮迅猛增加，中长期内工业用粮的需求规模将会进一步扩大，占粮食消费需求总量的比重也会进一步提高；另一方面，随着人民生活水平的不断提高和城镇化进程推进，商品性口粮需求不断增加，粮食产需缺口还将扩大。

随着我国城镇化、城市化、工业化进程加快，城镇口粮消费总量增加，农业结构调整和农业专业化的发展，农村人口的口粮消费中来自购买的比重也将不断提高，商品性口粮的规模将会进一步扩大，其比重更会有明显提高。我国粮食主产区农业发展必须立足于"粮食生产基本自给＋适度进口"的粮食安全战略的基础上，满足我国粮食生产核心区需求，来实现农业现代化。根据《规划》对全国各省粮食主产区、平衡区、主销区的划分以及陆文聪、李元龙、祁慧博（2011）对粮食各省供求状况和粮食各个品种自给率情况模拟分析，可知我国粮食生产核心区供求情况，判断出我国粮食生产核心区粮食安全水平。

3. 保障粮食有效供给

改革开放 30 年经济的高速发展，改变了中国千年来的粮食生产格局，传统粮食产区已不能为中国提供足够的商品粮。自 2011 年开始的全球粮价上涨，为中国又一次敲响了粮食安全的警钟，据中国《2006—2020 年土地利用总体规划》，到 2020 年，中国耕地保有量仅为 18.05 亿亩。怎样在耕地不断减少、人口不断增加、经济不断发展的今天，保证国家粮食安全，关系到国家的可持续发展。一方面要保护传统产区的稳产，另一方面要根据全国土地利用总体规划，建设国家粮食核心产区，以保证全国粮食的供给。

4. 提高粮食综合生产能力

从粮食综合生产能力来看，粮食生产核心区的粮食生产能力不断提高，生产规模不断扩大，经济效益不断提升。但由于各省的农业自然生产条件、经济发展、社会等方面存在着明显差异，粮食生产区域发展也存在差异，不同区域粮食生产存在演变的内在规律。总体来说，中国粮食生产核心区涵盖 24 个省（区），2008 年 24 个省的粮食总产量 51 170.06 万吨，占全国的 96.8%，粮食单产 4 936.85 千克/公顷，人均粮食 418.6 千克，超过全国平均水平。其中，黄淮海区粮食总产量最大，为 18 730.58 万吨，占全国的 43.2%；东北区为 11 056.60 万吨，长江流域为 10 130.33 万吨；从人均粮食占有量指标来看，东北地区为 832.09 千克，是全国平均水平的 2 倍，黄淮海区 472.43 千克，长江流域 411.32 千克，均超过全国平均水平，东北地区供给能力比黄淮海区、长江流域强。

因此，为了增强粮食主产区产粮大县商品粮调出能力，提升非主产区产粮大县的区域自给能力，充分发挥主产区和非主产区比较优势，要不断完善粮食生产区域布局，挖掘粮食单产潜力，巩固和提升产粮大县在国家商品粮源中的核心地位，保障粮食安全。

（四）粮食核心区的建设

1. 粮食生产核心区建设的指导思想

全面落实科学发展观，因地制宜、发挥优势，以提高单产水平为主攻方向，以农田基础设施建设为重点，以推进技术进步为支撑，以建立和完善社会化服务体系为保障，统筹规划，协调联动，整合资源，集中投入，建立稳产高产的长效机制，进一步提高核心区粮食综合生产能力，促进全省粮食生产稳定发展。通过稳定面积、提高单产，开展粮食生产高产创建活动，进一步改善生产条件、创新机制、完善政策，整体提升粮食生产的规模化、集约化、产业化、标准化水平，建立巩固粮食生产稳定增长的长效机制，确保粮食生产科技水平不断提升、粮食生产能力不断提高。

2. 粮食生产核心区建设的原则

（1）成方连片，集约发展。充分发挥粮食生产核心区生产条件较好和生产水平较高的优势，调整和优化生产布局和品种品质结构，适度集中，规模发展，培育有较高竞争力的优势粮食产业带。

（2）因地制宜，分类指导。根据粮食生产核心区不同区域的基础条件、资源状况和产业特点，确定相应的扶持重点，采取不同的建设模式，分类推进实施。

（3）依靠科技，增产增效。适应现代农业发展的要求，加快推进核心区农业机械化进程，健全农业科技推广体系和质量安全体系，推广先进适用技术和优良品种，提高核心区粮食生产水平，促进粮食生产增产增效。

（4）整合资源，形成合力。明确部门分工，创新工作机制，以项目为载体，整合支农资金，优化投资结构，提高投资效益。

（5）夯实基础，持续发展。加强核心区农业基础设施建设，改善粮食生产条件，增强后续生产能力。强化耕地、水资源和生态环境保护，提高资源利用率，切实转变农业发展方式，走资源节约型、环境保护型的粮食发展新路子，实现粮食生产可持续发展。

3. 我国建设粮食核心区的基本思路

建设国家战略工程粮食核心区，既要强调粮食生产能力和产量的提高，建立促进粮食生产稳定增长的长效机制，以解决农业基础薄弱导致的问题，更要强调工业化、城镇化与粮食安全之间的关联关系，探讨强化粮食生产基础上的新型工业化道路，在加快工业化、城镇化进程中促进粮食增长，实现区域经济协调发展。

（1）加快建设粮食核心区促进粮食生产稳定增长。

① 建设粮食核心区促进区域经济协调发展。要建立促进粮食生产稳定增长的长效机制。促进粮食增产，一靠投入，二靠技术，二者缺一不可。在传统农业生产阶段，由于产出高度依赖于投入，所以特别强调对土地开垦、化肥、农药的使用，但这些并不足以改变农业停滞落后的局面，必须引进现代生产要素。

② 要实施农产品加工战略，推进强化粮食生产基础上的新型工业化道路。建设国家粮食战略工程核心区的根本任务是促进粮食产量和生产力的提高，但其战略目标绝不仅仅是增加粮食，而是在今后发展中要走强化粮食生产的新型工业化道路。根据十六大报告的精神，新型工业化道路的内涵在于"科技含量高、经济效益好、资源消耗低、环境污染少、人力资源优势得到充分发挥"，这对工业化提出了新的要求和目标，必须有新的物质技术基础，处理好工业化进程中各方面的关系。

③ 要加快制度创新，形成城乡经济社会发展一体化新格局。党的十七大提出"建立以工促农、以城带乡长效机制，形成城乡经济社会发展一体化新格局"。这是对统筹城乡发展、构建新型城乡关系提出的明确要求，也是打破城乡二元结构、加快农业和农村发展、促进农民富裕的根本途径，而这也正是建设河南粮食核心区的重要内容。

（2）建设粮食生产核心区构建现代农业支撑体系。推进以粮食优质高产为前提，以绿色生态安全、集约化标准化组织化产业化程度高为主要标志，基础设施、机械装备、服务体系、科学技术和农民素质支撑有力的新型农业现代化，构建具有现代农业产业体系，夯实"三化"协调发展的基础。

① 建设粮食生产核心区示范区。依托纳入全国新增千亿斤粮食生产能力规划，建设粮食生产核心区。实施粮食丰产科技工程，建设一批粮食科技示范区。加快超高产新品种选育推广，建设全国小麦、玉米、水稻育种创新基地。推进农业机械化，提高粮食耕种收综合机械化水平。推进整建制粮食高产创建，实施提高粮食综合生产能力重大工程，建设区域化、规模化、集中连片的国家商品粮生产基地。

② 实施现代农业产业化集群培育工程，加快发展农民专业合作组织，做大做强优势特色产业，构建现代农业产业体系，建设一批现代农业示范区。推动耕地向种粮大户、农机大户、家庭农场和农民专业合作社集中，促进农业适度规模经营。加强农技推广队伍建设，深入实施重大科技专

项，推进农业科技创新和成果转化，提高农业公共服务能力。完善农产品流通体系，建设一批大型农产品批发交易市场。加强农产品质量安全体系建设，建立健全农产品质量安全标准体系和质检体系。加强农业信息和气象服务，推进农村信息化建设。

③ 培育职业农民队伍，调动农民种粮积极性。培养一批种粮大户，鼓励规模种植，提高种粮效益。在补贴政策和设施农业项目实施上向新型经营主体和区域倾斜，引导农民多种粮种好粮，促进增产又增收。

④ 完善农业服务体系，推进农业现代化建设。加强基层农技推广体系建设，让科技成果和关键技术进村入户。努力抓好农业产业化集群培育工程，支持在粮食和其他经济作物的生产加工领域，发展"公司＋基地＋农户"的产业化模式。推进无公害产品、绿色食品申报认证工作，提升粮食质量。提升农业机械化水平，继续实行严格保护耕地政策，确保耕地保有量、基本农田不减少。健全农业服务体系，保障现代农业建设持续推进。健全农业服务体系，是发展现代农业的基础性工作，是由传统农业生产向现代化规模农业转变的关键环节。

（3）加快农业结构战略性调整。加快现代畜牧业发展，重点提高生猪产业竞争力，扩大奶牛、肉牛、肉羊等优势产品的规模，大力发展禽类产品，提高畜禽产品质量，建设全国优质安全畜禽产品生产基地。推进畜禽标准化规模养殖场（小区）建设，完善动物疫病防控和良种繁育体系，发展壮大优势畜牧养殖带（区）。优化生产布局，加大养殖品种改良力度，发展高效生态型水产养殖业。加快优势特色产业带建设，大力发展油料、棉花产业，推进蔬菜、林果、中药材、花卉、茶叶、食用菌、柞桑蚕、木本粮油等特色高效农业发展，建设全国重要的油料、棉花、果蔬、花卉生产基地和一批优质特色农林产品生产基地。

（五）我国建设粮食核心区的体制与机制

着眼于解决粮食生产发展活力不够、动力不足、实力不强的问题，下大气力调动农民种粮的积极性、科技人员创新的积极性和地方政府抓粮的积极性，进一步解放思想、实事求是、积极探索、大胆创新，加快构建粮食生产稳定增长的长效机制，释放粮食生产活力，增强粮食生产动力，壮大粮食生产实力。

1. 建立健全粮食生产稳定增长的投入机制

各级财政要进一步加大对粮食主产区农业的投入，确保每年对农业总投入的增长幅度高于财政经常性收入的增长幅度。耕地占用税税率提高后，新增收入全部用于农业；严格按照有关规定计提和使用用于农业土地开发的土地出让收入，严格执行新增建设用地土地有偿使用费全部用于耕地开发和土地整理的规定。增加对粮食主产区农村基础设施和公益性建设项目的投入，提高预算内固定资产投入用于农业农村改善生产条件的比重，取消粮食主产区病险水库除险加固、生态建设、农村饮水安全、大中型灌区配套改造等公益性建设项目县及县以下资金配套。按照市场取向、政府引导的原则，鼓励和引导多种经济成分和社会资金从事农业建设，进一步改善多元化投入机制。

2. 建立健全粮食生产稳定增长的奖励补贴机制

坚持对种粮农民直接补贴，完善良种补贴办法，健全农资综合补贴动态调整机制，调动农民种粮的积极性，保护农民利益。按照存量不动、增量倾斜的原则，新增农业补贴适当向种粮大户、农民专业合作社倾斜。加强对农业补贴对象、种类、资金结算的监督检查，确保补贴政策落到实处，严禁将补贴资金用于抵扣农民缴费。建立健全产粮大县利益补偿机制，增加一般性转移支付和奖励补助等资金，优先安排农业基础设施建设投资和农业综合开发项目，促进产粮大县经济社会发展，用好中央财政对种粮大县奖励政策，调动县级政府重农抓粮的积极性。落实小麦、稻谷等主要粮食品种最低收购价政策，切实做好粮食收购工作，逐步改变种粮比较效益偏低的局面。

3. 建立健全粮食生产稳定增长的科技创新机制

进一步加大粮食科技研究经费投入，依托重大工程和国家科技计划，开展粮食生产核心区建设重大科技攻关活动。加强粮食科技人才队伍建设，探索开展粮食科技创新团队建设专项行动，培育一批粮食创新型科技团队。完善农业科技创新平台，加快粮食领域省级重点实验室、工程技术研究中心等的建设。积极探索农业科技成果进村入户的有效机制和办法，加大粮食科技成果转化和示范推广力度。按照强化公益性、放活经营性服务的要求，建立职能明确、设置合理、布局优化、运转协调的多元化基层粮食技术推广服务体系。支持推进农科教结合，发挥农业院校、农业科研单位在粮食技术推广中的积极作用。

4. 建立健全现代农业经营机制

按照区域化布局、专业化生产、规模化经营、企业化管理的发展方向，积极探索扶持粮食主产区发展农产品加工业的政策措施，提高粮食主产区农业产业化水平。加大对农产品加工企业的财政扶持力度，扩大专项资金规模。积极落实中央对农产品加工企业的税收优惠政策。大力发展农民专业合作组织，认真落实和完善支持农民专业合作组织发展的财政、税收和金融政策，支持农民专业合作组织开展市场营销、信息服务、技术培训、农产品加工储藏和农资采购经营，提高农民的组织化程度和市场地位。

5. 建立健全农村土地流转机制

健全土地流转信息的采集、发布、评估制度，积极培育农村土地承包经营权流转市场和土地流转中介服务组织。积极研究农民把土地承包经营权以市场交易价格出资入股、租赁、置换、转让的政策，吸引资金和技术，积极支持家庭农场和种粮大户发展，推进土地适度规模经营，提高土地产出率和劳动生产率。加快推进农村社会保障制度改革，积极探索以土地换社保、以土地换稳定收益的有效办法，为农业规模经营奠定制度基础。严格执行《中华人民共和国农村土地承包经营纠纷调解仲裁法》，加快构建农村土地承包经营纠纷调解仲裁体系。

6. 建立健全农村人力资源开发机制

以职业教育为主加快发展高中阶段教育，加大农村劳动力培训力度，重点培养农村种养业能手、科技带头人、农村经纪人和专业合作组织领办人。建立健全农村实用人才认定制度，逐步开展面向农村人才的职业资格评价和职业技能鉴定工作，鼓励和支持农村实用人才参加国家专业技术职称评定，建立健全政府表彰和社会激励相结合的农村实用人才表彰奖励体系，对农村实用人才发展生产、创业兴业给予积极支持。

7. 建立健全适应市场经济要求的粮食流通机制

重点建设一批设施先进、特色突出、功能完善、交易规范的粮食批发市场。加大粮食仓储设施建设力度，支持大型涉农企业投资建设农产品物流设施。加快推进县乡农贸市场的升级改造。支持郑州商品交易所做大做强现有期货品种，加快新品种上市步伐。全面推进双百市场工程建设和农超对接。加快培育农村经纪人、农产品运销专业户和农村各类流通中介组织，积极发展多元化市场流通主体。落实玉米等主要粮食作物临时收储政策，支持企业参与收储，健全国家收储农产品的拍卖机制。继续大力促进产销衔接，发展农业会展经济。

8. 建立健全粮食生产稳定增长的金融支持机制

统筹协调粮食生产核心区建设的资金筹措，定期研究解决融资领域的问题，引导、鼓励、协调各类金融机构积极支持粮食生产核心区建设，着力支持水利骨干工程、基本农田建设、仓储物流、粮食科技、农业机械化等领域的项目，努力保障粮食生产、流通、加工各个环节和整个产业链的资金需求。进一步完善农村金融体系，继续深化农信社改革，加快设立村镇银行、贷款公司、农村资金互助社等新型农村金融机构，支持政策性银行、商业银行进一步深化改革，扩大涉农业务范围，稳定和发展农村金融服务网络，积极推进适应粮食生产核心区建设的金融创新。坚持直接融资和间接融资并重，优先支持粮食主产区农业产业化龙头企业通过上市、发行债券等方式直接融资。加快发展多种形式、多种渠道的农业保险，尽快组建地方政策性农业保险机构，逐步扩大政策性农业保险的种类和覆盖范围。

9. 建立健全以工补农、以城带乡长效机制

着眼于工业反哺农业、城市支持农村，加快工业化、城镇化进程。大力实施工业带动战略，支持粮食主产区培育战略型支撑产业，积极发展新型先导产业，大力发展现代服务业，适度超前发展基础产业。着力建设一批特色中心镇，重点搞好200个产业集聚区建设，增强聚集和辐射带动作用，推动企业向园区集中、园区向城镇集中、农村人口向城镇转移，实现城乡互动、协调发展，形成以工促农、以城带乡的长效机制。大力发展县域经济，加大对县域经济发展的支持力度，创新县域经济发展的激励机制，深化县域经济社会体制改革，继续扩大县（市）管理权限，推进省直管县（市）财政体制改革，优先将产粮大县纳入改革范围。

10. 建立健全农村社会事业发展保障机制

按照统筹城乡发展的要求，逐步使粮食主产区基本公共服务达到全国平均水平。大力推进农村教育事业，建立健全农村教育经费保障机制。大力推进农村卫生设施建设，建立健全覆盖全省农民的公共卫生服务体系、医疗服务体系、医疗保障体系、药品供应保障体系，为农民提供安全、有效、方便、价廉的医疗卫生服务，保证农民人人享有初级卫生保健。落实计划生育基本国策，稳定农村低生育水平。大力推进农村文化设施建设，丰富农村文化生活，推进文化信息资源共享工程建设，所有行政村建成共享工程基层网点。大力推进农村社会养老体系建设，探索建立适合农民特点和需求的农村社会养老保险制度，2020年全国农村社会养老保险覆盖率基本实现全覆盖。加快农村水、电、路、气、房等基础设施建设，开展村庄综合整治，绿化美化环境，全面改善农村生产生活条件。继续实行开

发式扶贫，加快整村推进步伐。

11. 建立健全保障粮食品质与环境安全的环境保护机制

完善有关土壤污染防治、畜禽养殖污染防治等农村环境保护方面的法规规章，制定村镇污水、垃圾处理及设施建设的政策、标准和规范，加快制定农村环境质量、人体健康危害和突发污染事故相关监测、评价的标准和方法。建立健全农村生态环境保护组织机构，形成省、市、县、乡四级农村环保监管体系。《规划》中的建设项目应严格执行环境影响评价制度，落实环境保护"三同时"（建设项目的环保设施与主体工程同时设计、同时施工、同时投产使用）制度；切实加强工程建设的施工管理，避免造成环境污染和生态破坏，尤其要控制、避免和减轻规划实施对重要环境敏感区的环境影响。

思　考　题

1. 简述中国粮食作物的地区分布及其特点。
2. 简述中国主要粮食作物的地理分布及特点。
3. 商品粮基地的含义、地理方位及建设情况。
4. 粮食主产区的含义、地理方位及建设情况。
5. 粮食核心区的含义、地理方位及建设情况。
6. 简述商品粮基地、粮食主产区和粮食核心区是怎么划分的。

参　考　文　献

程叶青，张平宇. 东北商品粮基地粮食生产的区域分异［J］. 自然资源学报，2005（6）：25-29.

程叶青，张平宇. 中国粮食生产的区域格局变化及东北商品粮基地的响应［J］. 地理科学，2005，25（5）.

方言，孙洪波. 国家大型商品粮基地建设成效与对策［J］. 中国科技投资，2009（11）：17-20.

郭庆海. 我国商品粮基地建设面临的问题与对策［J］. 当代经济研究，2005（10）：52-55.

郭庆海. 新时期商品粮基地的建设与发展——以吉林省为例［J］. 吉林农业大学学报，2005（6）：1-4.

郭造强，李霄汉，等．河北粮食生产核心区建设的总体思路［J］．中国农业资源
　　与区划，2009（1）：17-20．

国务院发展研究中心课题组．十二五发展十二题［M］．北京：中国发展出版社，
　　2010：61-81．

国务院新闻办公室．新闻办介绍建设中原经济区有关情况［EB/OL］．http：//
　　www.xinhuanet.com/zhibo，2011-11-11．

刘彦随，翟荣新．中国粮食生产时空格局动态及其优化策略探析［J］．地域研究
　　与开发，2009（2）：1-4．

李可．论河南粮食生产核心区的发展——基于资源效率提高［J］．河南科技大学
　　学报（社会科学版），2013（10）：20-22．

柳岩．中国粮食生产核心区现代农业发展的研究进展［J］．中国农学通报2013，
　　29（11）：65-69。

柳岩．中国粮食生产核心区战略地位分析［J］．科技与经济，2012（5）：35-39．

陆文聪，李元龙，祁慧博．全球化背景下中国粮食供求区域均衡：对国家粮食安
　　全的启示［J］．农业经济问题，2011（4）：16-26．

屈宝香，等．我国优势商品粮基地的布局原则和梯级发展战略［J］．农业现代化
　　研究，2007（5）：267-274．

屈宝香．中国粮食生产布局与结构区域演变分析［J］．中国农业资源与区划，
　　2011（2）：1-6．

申雷明，徐梅．基于因子分析法的黑龙江商品粮基地区域经济综合评价［J］．安
　　徽农业科学，2010，38（28）：36-38．

薛宇峰．中国粮食生产区域分化特征和成因的实证研究［J］．经济经纬，2005
　　（2）：105-109．

杨春．中国主要粮食作物生产布局变迁及区位优化研究［D］．杭州：浙江大学．
　　2009（4）．

杨邦杰，郧文聚，吴克宁，等．国家粮食核心产区的保护与建设——黑龙江调查
　　报告［J］．中国发展，2009（2）：1-5．

周慧秋，李忠旭．粮食经济学［M］．北京：科学出版社，2010，41-45．

张衍毓，王静，陈美景．河南省粮食生产核心区建设的战略思考［J］．中国土地
　　科学，2012（3）：18-25．

张海姣，张正河．中国粮食主产区粮食生产发展路径研究［J］．粮食科技与经济，
　　2013（6）：5-7．

张利国．我国区域粮食生产演变：1978—2007［J］．农村经济，2010
　　（1）：46-48．

第四章　粮食生产

本章学习目标：
1. 了解粮食生产的涵义、特征；
2. 掌握粮食生产方式的涵义及类型；
3. 理解粮食生产的基本条件；
4. 了解我国粮食生产的阶段；
5. 了解中国粮食生产现状、存在的问题及对策。

一个国家的粮食生产能力，事关其社会经济的发展、国力的强衰、民族的安危。新时期，提高粮食生产能力，是保证我国粮食供给，落实粮食新安全战略的重要举措。本章主要介绍粮食生产的基本知识、我国粮食生产的区域布局及存在问题和对策。

第一节　粮食生产基础知识

粮食生产是指粮食作物的投入、产出过程，粮食生产能力是指一定时期的一定地区，在一定的经济技术条件下，由各生产要素综合投入所形成的，可以稳定地达到一定产量的粮食产出能力。

一、粮食生产的涵义及特征

（一）粮食生产的涵义

生产是指人们创造财富的过程。广义的生产包括人类创造物质财富、精神财富以及人类自身的生产，狭义的生产仅指人类创造物质财富过程。粮食生产是指物质财富创造过程，是指人们在粮食作物上的投入产出过程，是把农业生产要素组合起来进行生产粮食的过程。这些生产要素主要是耕地、农用物资、生产工具等。

耕地是粮食生产的基础，粮食作物大多种植于平原或丘陵地区，高山峻岭则不适宜，耕地与粮食生产的关系简单而明显，无需论述。在农业科技没有重大突破的情况下，只有稳定一定数量和质量的耕地作为粮食生产的保障，才能稳定提高粮食生产能力，保证国家粮食安全。农用物资是指在农业生产过程中用以改变和影响劳动对象的物质资料和物质条件，如：农药、种子、化肥、农膜等。特别是粮食种子是粮食生产的源泉，只有优质的粮食种子，才能保证较高的粮食产量。目前我们国家在小麦、水稻、玉米、大豆等粮食作物实行农作物良种补贴，目的就是支持农民积极使用优良作物种子，提高良种覆盖率，增加农产品产量，改善农产品品质。农用物资只有通过先进的技术用于农业生产，才能发挥更大的作用。如：科学施肥、科学防治病虫害、科学耕作等。农业生产工具是生产力的三要素之一，主要是农业耕作机械，如：拖拉机、收割机、施肥机、喷洒农药机等，农业劳动者正是通过这些农业生产工具把农用物资和耕地结合起来，完成粮食生产过程。

（二）粮食生产的特点

1. 季节性

粮食生产具有很强的季节性特征。是季节性生产、常年消费的特殊物质。所谓季节性，指不同的粮食作物在不同的区域都有固定的播种与收获季节，这是一种自然规律，人为的力量是不能改变的，粮食生产必须遵循这种自然规律。二十四节气就是我国劳动人民在长期的农业生产实践中总结出来的。劳动人民在实践中还总结出了反映农业生产季节性的谚语，如：人误地一时，地误人一年；山东、河南一带种植冬小麦是"秋分早，霜降迟，寒露种麦正当时"，北京一带是"白露早，寒露迟，秋分种麦正当时"等都是粮食生产季节性的反映。

2. 弱质性

粮食生产的弱质性是指粮食生产在市场竞争中处于弱势地位，如果完全靠市场进行资源配置，则会极大地制约粮食生产。粮食生产的弱质性表现在粮食生产的自然依赖性强、抗御自然风险的能力弱、需求弹性小、比较利益低等方面。影响粮食生产的自然因素主要是土壤、雨量、阳光。土壤的类型、土壤的数量、土壤的肥沃程度都能影响粮食生产，例如：小麦、燕麦、玉米、蚕豆适宜于黏质土或腐殖质沃土，陆稻、大麦、黑麦、荞麦、马铃薯、甘薯、大豆、花生等则适宜于砂性土或较贫瘠的土壤等。除土壤外，雨量、阳光对粮食生产的重要性不言而喻，雨量过多，则涝，雨量过少，则旱。日照太少，作物生产缓慢等。粮食作物的自然灾害有旱灾、水灾和虫灾，改革开放以来，我国农业基础设施有了较大改观，但抗御自然灾害的能力依然较弱。同时，粮食投资也存在投资收益低，回收周期长，各种生产要素投入到农业往往得不到平均利润，甚至大多数时间要亏本。就是农业领域本身，比较收益最低的也是种植粮食。

3. 波动性

粮食生产的波动性，也是粮食生产发展变化的规律之一。由于粮食品种的特殊性，粮食生产呈现明显的周期性波动，一般来说，3～5年是一个周期。它是由粮食价格的变化导致粮食生产的变化形成的，每逢粮食丰收，就会造成粮价急剧回落，反之，则粮价上扬，这种粮食价格的变化直接影响下一年的粮食生产。粮食生产波动可以近似分为自然波动和经济波动，自然波动主要是由自然灾害的波动所引的粮食生产的波动，经济波动主要是由粮食价格变化、生产资料价格变化等引起的粮食播种面积、总量和结构变化等经济因素所引起的粮食生产波动。回顾改革开放三十多年，我国粮食生产也呈现明显的周期性波动特征。

二、粮食生产的方式

粮食生产能力的高低取决于不同的粮食生产方式，要发展粮食生产，挖潜粮食增产潜力，就必须解放和提高粮食生产力，改变落后的粮食生产方式，以促进粮食持续稳产高产，确保国家粮食安全。

（一）粮食生产方式的含义

1. 生产方式的含义

生产方式是指社会生活所必需的物质资料的谋取方式，以及在生产过程中形成的人与自然界之间和人与人之间的相互关系的体系。

生产方式的物质内容是生产力，其社会形式是生产关系，生产方式是二者在物质资料生产过程中的统一。在人类历史上，大致经历了原始社会的、奴隶制的、封建制的、资本主义的、社会主义的5种生产方式；以此为基础，人类历史社会也可以相应地划分为5种社会类型。人类社会的历史归根结底是生产方式依次更替的历史

生产力是指生产主体利用劳动工具对劳动对象进行加工的能力，表现为人与自然界之间的关系，或者人类征服和改造自然的物质力量。生产力

常以单位生产主体生产的产品数量和质量来衡量，故又称生产效率。生产力的本质是指生产主体与客体之间的关系。生产关系是指在生产劳动中形成的人与人之间相互关系，这些关系有着各种各样内容，可以包括政治关系、经济关系、文化关系等。

2. 粮食生产方式的含义

粮食生产方式是粮食生产方法和形式，也是人们通过劳动获得粮食的方法和形式。生产方法属于生产力的范畴，主要通过生产工具、动力、水利设施等体现出来，例如：铁犁牛耕。生产方式属于生产关系的范畴，例如生产如何组织起来，是简单协作还是一家一户、男耕女织。

（二）粮食生产方式的类型

粮食生产方式一般有传统的粮食生产方式和现代化的粮食生产方式两种。目前，传统的粮食生产方式已经不能适应现代社会的发展趋势，现在讲求的是快节奏，高效率，现代化粮食生产方式。

1. 传统粮食生产方式

传统粮食生产方主要是粗放式生产方式，其规模化程度低、技术落后、现代化、机械化水平较差。有4个方面特点：①资源利用方式，高消耗、高成本，农资浪费严重，粮食生产往往是短期行为甚至掠夺性地进行资源利用；②要素投入方式，主要是土地、劳力、农资、水资源等传统生产要素的投入，属于土地密集型和劳动密集型农业，且要素结构配置不合理；③经营管理方式，粮食生产经营管理粗糙、无组织化或组织化程度低；④产能保障方式，短期内单纯依靠传统生产要素中的一种或几种不断增加来提高产量；粮食产销经受的自然风险和市场风险大。粗放式的粮食生产方式，粮食增产空间有限、质量难以提高、种粮比较效益较低，农民种粮积极性不高。

在我国，尤其是西部地区，这种粮食生产方式尤为明显，即使在早已是经济强国和科技强国的日本，这种粗放的生产方式也没有完全消失。例如，日本的水稻种植依然有部分是传统生产方式，为保证国内粮食安全，政府不得不用巨额粮食补贴扶植本国的粮食生产。在亚洲的其他许多国家，传统粮食生产方式是粮食生产方式的主要特征，因此，这种粮食生产方式又被称为"亚细亚生产方式"。

2. 现代粮食生产方式

现代粮食生产方式是集约式粮食生产方式，是用现代先进的机械和技术去改造传统的粮食生产方式、提高粮食生产率的过程。它大体包括3方面的内容。①粮食生产现代化。也就是用现代化的耕作机械、水利灌溉设施等代替传统的手工农具、耕畜动力，尽量通过现代化的生产，提高劳动生产率，促进实现粮食规模化生产。②技术水平现代化。通过采用化学的技术、生物技术改善与增加农作物品种，提高单产水平。③管理方法现代化。把在工业部门中发展成熟的管理方法和经验引入到粮食生产管理中去，形成生产—加工—销售一体化的产业化经营管理模式。

现代粮食生产方式有4个特点：①资源利用方式，低成本，低消耗，资源利用效率高；②要素投入方式，主要是科技、农机、现代化粮农、高效灌溉、改造中低产田和整合粮食产业链等的投入，且实现了各要素的优化组合，属于技术密集型农业、知识化农业和可持续发展农业；③经营管理方式，集团规模经营，产业化管理；④产能保障方式，靠粮食生产要素质量和使用效率的提高，各要素优化组合及提高管理服务质量等来实现粮食总产量的增加，粮食产销经受自然和市场风险小。集约式的粮食生产，追求的是土地产出率、劳动生产率和资金收益率、农产品品质、市场价值和经济效益。以这种方式进行粮食生产，粮食质量能不断提高，粮食增产空间大，经济效益高。

粮食生产方式转变是指粮食生产方式由粗放式向集约式转变，由传统向现代转变。具体来说就是：实现资源利用方式由高消耗、高成本向低成本、低消耗，资源利用效率高转变；实现要素投入方式由土地密集型和劳动密集型向技术密集型、知识化和可持续方向发展；实现经营管理方式由粗糙、无组织化或组织化程度低向集团规模经营，产业化管理方向转变；实现产能保障方式由依靠传统的、落后的生产要素投入保障产量向依靠现代化、先进的生产要素投入保障产量的方向转变。

三、粮食生产的基本条件

粮食生产的基本条件主要包括：自然条件、资本条件、人力条件、科技条件和宏观政策条件等。

1. 自然条件

粮食生产自然条件是指与粮食生产有关的各种自然因素的总称。具体包括地质地貌、地理位置、气候、水文、土壤、生物及自然灾害等自然因素，以及由它们有机结合所构成的自然综合体。自然条件的优劣，对于粮食生产的发展能起到加速或延缓的作用。例如：降水量过少会造成干旱，过多则会造成洪涝灾害，不适宜的降水量将直接造成耕地受灾，粮食减产。气温的变化也会影响粮食作物的生长。近年来，全球气候变暖，严重影响了整个生态系统，引起诸如海平面升高、冰川退缩、冻土融化、动植物种类减少等一系列严重问题。进而造成一些极端天气，高温、干旱、洪涝、寒冬、地震、泥石流、厄尔尼诺等不正常自然现象频繁出现，这些现象会增加耕地的受灾面积和受灾程度，进而影响粮食的产量。自然条件是不受人类控制的。

2. 资本条件

资本条件主要是指粮食生产中投入的资本。最主要的包括两个方面：一是播种面积，二是化肥、种子、农药。粮食播种面积是解释粮食产量变化的一个关键变量，且对粮食产量是一种正面影响。统计分析表明，粮食播种面积每增加 1%，粮食产量可增长 0.88%，这里播种面积指的是耕地面积与成灾面积之差。所以，提高播种面积有两种途径，即扩大耕地面积和防灾、抗灾，减少受灾面积，从而提高粮食产量。化肥、种子、农药的投入对粮食生产也有很大影响。例如：化肥施用量就对粮食产量有很大影响。因此，需要稳步增加化肥投入，并且注意提高化肥的使用效率和开发新的高效肥料。

3. 人力条件

人力条件即指农业劳动力，是粮食生产的重要条件。农业劳动力的数量、价格和整体素质是影响粮食生产的重要因素，其中农业劳动力的价格影响尤为明显。研究表明，粮食生产成本和用工成本的变化，与农村劳动力的价格变化趋势基本一致。在我国农业机械化程度总体不高的情况下，农业劳动力价格的变化是导致粮食生产成本变化的一个重要原因。

4. 科技条件

科技条件一般认为包括农产品品种的科技含量、农业劳动力的技术素质、农业机械化的使用情况。科技条件对粮食生产有着重要的影响，通过高产优质粮食品种的培育、应用、大面积推广以及常规农业技术的创新和推广，可以提高粮食生产的单位产出效率；同时，通过农业教育和技术培训等手段，提高农业劳动力的技术素质和文化水平，可以加速农业由自然农业向高效农业的转化进程；而农业机械的使用可以直接减少农业劳动力的投入，降低粮食生产的成本，从而提高粮食生产率。农业机械化是未来农业生产的发展方向。

5. 宏观政策条件

农业宏观政策是影响我国粮食生产的决定性因素之一。宏观政策对粮食生产的作用主要表现在制度安排和短期的调控政策，对粮食生产的影响力主要通过粮食播种面积的增减表现的。1998 年以后，粮食生产出现相对暂时的过剩，在全国范围内出现了农业结构调整，大面积减少了粮食种植面积，使粮食产量持续下降，从而影响了粮食的供需平衡。而保障粮食安全始终是我国农业最重要的功能之一，因此，粮食生产的稳定增长是种植业的核心问题，为避免粮食生产出现大幅下滑，必须对农业结构进行宏观调控，以确保粮食生产稳定增长。

第二节　中国的粮食生产

粮食的稳定、协调、持续发展是我国社会经济发展的基础。改革开放以来，我国粮食生产能力明显提高，粮食安全投了进一步的保障。我国粮食生产总量连续迈上了 3.5 亿吨、4.0 亿吨、4.5 亿吨、5.0 亿吨四个台阶，并具备了年产 5.0 亿吨的粮食综合生产能力。

一、中国粮食生产的发展阶段

新中国成立以来，党和政府高度重视粮食生产。采取一系列措施，调动农民生产积极性，提高粮食综合生产能力。粮食产量从 1949 年的 1.132 亿吨，增加到 2013 年的 6.019 亿吨，实现了粮食供求的基本平衡，成功解决了我国十几亿人的吃饭问题。回顾历史，我国粮食生产经历了新中国成立后 28 年（1949—1977 年）低起点快速发展和改革开放以来（1978 年后）高起点波动发展两个阶段。

（一）新中国成立到 1977 年

这一时期，粮食播种面积从 16.5 亿亩扩大到 1977 年的 18.1 亿亩，总产量先后跃上 3 000 亿斤、4 000 亿斤和 5 000 亿斤 3 个台阶。粮食单产从 69 千克/亩增加到 157 千克/亩，增长 1.28 倍。有效灌溉面积从 1952 年到 1977 年，增长了 1.26 倍，由 2 000 万公顷增加到 4 500 万公顷，化肥施用量（折纯）由 7.8 万吨增加到 648 万吨。但这一时期，我国人口增长较快，人均粮食产量仅从 209 千克增加到 298 千克，仍处于较低水平，温饱问题未得到根本解决。

（二）改革开放以来

改革开放以来，我国粮食产量呈现出显著性的波动性增长，给粮食经济和整个国民经济带来了很大影响。概括来说，我国粮食生产大致经历了快速发展、周期波动、连续减产、调整增长 4 个阶段。

1. 快速发展阶段（1978—1984 年）

此 6 年期间，为粮食产量持续大幅增长阶段，我国全面落实了家庭联产承包责任制，同时大幅度提高了粮食收购价格，刺激了农民增加投入和发展生产的积极性，粮食产量以 1978 年的 3 亿吨为起点，1979—1984 年连续 6 年超过 1978 年的水平，1984 年，粮食产量上了一个新的台阶，超过 4 亿吨。这是改革开放以来我国粮食的第一个增长期。

2. 周期波动阶段（1985—1998 年）

1985—1998 年，粮食产量在周期性波动中逐步提高。从 1985 年开始，粮食产量基本呈现"一年减、两年增、三年一轮"的周期性波动，每经过一个波动周期，粮食产量就提高到一个新的水平。

1985 年全国粮食播种面积减少较多，加上自然灾害的影响，造成粮食减产 2 800 万吨，此后，连续 4 年的产量均低于 1984 年的水平，1989 年才恢复到 4 亿吨水平。此后，人们对我国粮食生产的基本情况有了更清醒的认识，中央提出了"绝不放松粮食生产"农业指导方针。1989 年粮食产量超过 1984 年的历史最高水平，1990 年，粮食产量继续增长，达到 4.45 亿吨，1993—1998 年，除 1994 年粮食产量未达到 4 亿吨外，其余年份均为高产，1998 年，全年粮食产量超过 4.9 亿吨。

3. 连续减产阶段（1999—2003 年）

由于前一阶段的粮食持续高产，粮食在一定程度上呈现了供大于求的现象，市场粮食价格持续下跌导致农民增收困难，影响了农民种粮积极性，加上粮食库存过大导致了巨额的浪费和财政负担。1998 年下半年中央做出了农业结构调整的决定，较大幅度调减了粮食播种面积，粮食产量因此逐步回落。加上受自然灾害和退耕还林、还草、还湖等因素的影响，粮食产量明显下降，基本稳定在 4.6 亿吨左右，2003 年，全国粮食产量为 4.306 5 亿吨。

4. 调整增长阶段（2004 年以来）

2004 年以来，全国粮食产量扭转了连续 5 年下滑的势头，出现了重要转机，为历史上少有的粮食连年增产阶段。在此期间，中央惠农政策密集出台且力度不断加大，有效地调动了农民和地方政府发展粮食生产、增加粮食投入和加强农业基础设施建设的积极性，气候条件总体上也较为良好。2007 年，全国粮食总产量上了 5 亿吨台阶，2011 年，全国粮食产量占了 5.5 亿吨的新台阶，2012 年全国粮食产量达到 5.895 5 亿吨。2013年，我国粮食产量首次突破 6 亿吨，达到 6.019 5 亿吨。2014 年粮食总产量继续增加，为 6.071 亿吨。

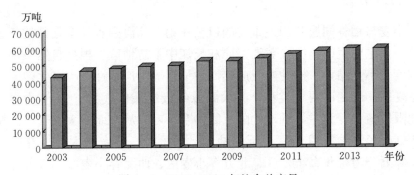

图 4-1　2003—2014 年粮食总产量

二、中国粮食生产的区域布局

粮食生产与农业自然资源条件密不可分，我国按照综合农业区划原则确定了九大农区：东北区、内蒙古及长城沿线区、黄淮海区、黄土高原区、长江中下游区、西南区、华南区、甘新区、青藏区。我国主要粮食作物包括稻谷、小麦、玉米、大豆等，不同的粮食作物呈现不同的区域化趋势。

（一）稻谷

我国稻谷生产主要集中在南方 14 个省（直辖市）。原因是：秦岭—淮河以南地区，温度高、雨量充沛、生产季节长，适于稻谷栽培。其中成都平原、长江中下游平原、珠江流域的河谷平原和三角地带都是我国稻谷的主要产区。秦岭—淮河以北，雨量逐渐减少，稻谷分布远不如南方集中，但仍很广泛。北方稻谷日照时间长、生长季节内昼夜温差大，有利于养分的制造和积累，台风、暴雨等自然灾害较轻，有利于稻谷高产。因此，只要解决好灌溉问题，在北方扩大种植面积，增产潜力很多。

近年来，南方稻谷优势区域继续稳固，东北稻谷重要性凸显，东部地区稻谷生产集中度呈下降趋势，其生产集中化指数从 1978 年的 43.52％下降至 2010 年的 30.67％，其中广东和浙江下降幅度最大；中部地区稻谷生产集中度自 1978 年以来一直呈上升趋势，2010 年其稻谷产量已达到全国的一半以上，东北地区如黑龙江省的稻谷生产集中度上升趋势尤为明显，目前产量约占到全国产量的 10％。

（二）小麦

小麦与稻谷同属我国最重要的口粮作物，除海南省外全国其他各省均有分布，主要生产集中在黄淮平原和长江中下游地区。根据自然条件、耕作制度、小麦品种、播种期及成熟期的早迟等生产特性，小麦生产区可分为冬麦区、春麦区两大类型，并大致以年极端最低气味－24 ℃为界，高于此限以冬小麦为主，低于此限只能种春小麦。从东北的大兴安岭到拉萨的 400 毫米等雨线以西属于干旱地区、雨量少、蒸发量大，以春小麦为主，并划分为东北春小麦区、北方春小麦区、西北春小麦区、青藏春麦区及新疆冬春麦区；长城以南，岷山以东地区以冬小麦为主，冬小麦主要集中在华北平原的河南、山东、河北邓生，以及苏北、皖北、关中平原，并划分为北方冬麦区、黄淮海平原冬麦区、长江中下游冬麦区、西南冬麦区和华南冬麦区。近年，河南、安徽等省的生产集中度一直呈上升态势；西部地区则呈现明显的下降趋势，其中四川、陕西、甘肃等省份的下降幅度较大。

（三）玉米

我国是世界玉米主要生产国之一，其种植面积和总产量仅次于美国，居世界第二位。玉米在我国分布很广，南自北纬 18°的海南岛，北至北纬 53°的黑龙江省的黑河以北，东起台湾和沿海省份，西到新疆及青藏高原，都有一定面积。玉米在我国主要集中在东北、华北和西南地区，大致形成一个从东北到西南的斜长形玉米栽培带。根据地理位置、自然条件、耕作制度，可将全国玉米生产分为 6 个产区，分别是北方春播区、黄淮海平原夏播区、西南山林区、南方丘陵区、西北灌溉区和青藏高原区。其中北方、黄淮海和西南三个区是玉米主产区，种植面积最大的省份是山东、吉林、河北、黑龙江、辽宁、河南、四川七省。

(四) 大豆

我国大豆的栽培面积大，分布广，主要集中在东北松辽平原和黄淮海平原。按照大豆生产的气候自然条件、耕作栽培制度、品种生态类型、发展历史、分布和范围的异同，可将大豆产区划分为5个，一是北方春大豆区，包括黑龙江、吉林、辽宁、内蒙古、宁夏、新疆等省（区）及河北、山西、陕西、甘肃等省北部。该区分三个亚区，分别是东北春大豆、黄土高原春大豆及西北春大豆，其中东北春大豆亚区为重要内、外销生产基地。北方大豆春种秋收，一年一熟。二是黄淮海流域夏大豆区，又称华北大豆生产区域。分为两个亚区，分别是冀晋中部春夏大豆亚区与黄淮海流域夏大豆亚区，前者包括河北长城以南，石家庄、天津一线以北，陕西省中部和东南部。后者包括石家庄、天津一线以南，山东省、河南省大部、江苏省洪泽湖和安徽省淮河以北、山西省西南部、陕西省关中地区、甘肃省天水地区。此区域一年两熟，6月播种，9—10月收获，以小麦—大豆轮作为主。三是长江流域春夏大豆区，包括黄淮海夏大豆区的沿长江各省份及西南云贵高原，该区分两个亚区，长江流域春夏大豆亚区，包括江苏、安徽两省长江沿岸部分，湖北全省，河南、陕西南部，浙江、江苏、湖南的北部，四川盆地及东部丘陵。云贵高原春夏大豆亚区，包括云南、贵州两省绝大部分，湖南和广西的西部，四川西南部。此区域以冬作物收货后接种夏大豆为主。四是东南春夏秋大豆区，包括浙江省南部，福建和江西两省，台湾省，湖南、广东、广西的大部。五是华南四季大豆区，包括广东、广西、云南的南部边缘和福建的南端。

三、中国粮食生产现状、存在的问题及对策

(一) 我国粮食生产现状

近年来，国家和地方政府采取了一系列政策措施，在商品粮基地建设、农业综合开发、种子工程、农田水利建设、农业科技创新体系建设的投入逐年增加，使产粮大省的粮食生产条件不断改善，粮食综合生产能力不断提升。

1. 粮食产量逐年提高

2014年全国粮食总产量为6.071亿吨，比2013年增加516万吨。其中，谷物总产量5.5727亿吨，比2013年增长了457.5万吨。2014年全

国粮食单位面积产量为 359 千克/亩，比 2013 年增加 0.6 千克/亩，提高 0.2%，其中，谷物单位面积产量 392.6 千克，每亩比 2013 年减少 0.3 千克，下降 0.1%。

根据国家统计局数据，2006 年以来，我国粮食无论是夏粮产量、秋粮产量还是总产量都在提高。如表 4-1：

表 4-1　我国粮食生产增长情况

单位：万吨

指标	2014 年	2013 年	2012 年	2011 年	2010 年	2009 年	2008 年	2007 年	2006 年
总产量	60 709.9	60 193.5	58 958	57 120.9	54 647.7	53 082.1	52 870.9	50 160.3	49 804.2
夏粮	13 659.6	13 189	12 995.0	12 638.7	12 315.0	12 348.5	12 074.9	11 737.1	11 656
秋粮			42 633.0	41 206.7	39 199	37 398.1	37 636.5	35 271.6	35 008.5

数据来源：历年国家统计局公报。

2. 粮食主产区粮食综合生产能力不断提高

近年来，国家和地方政府采取了一系列政策措施，对粮食主产区的商品粮基地建设、农业综合开发、种子工程、农田水利建设、农业科技创新体系建设的投入逐年增加，使产粮大省的粮食生产条件不断改善，粮食综合生产能力不断提升。粮食主产区包括河北、山东、吉林、黑龙江、湖南、湖北、四川、河南、辽宁、江苏、江西、安徽和内蒙古。

河北是农业大省，粮食生产在全国占有举足轻重的地位。常用耕地面积 590.1 万公顷。大部分地区适宜小麦、玉米生长。全省常年种植小麦 233 万公顷左右，玉米 267 万公顷左右。高产稳产区集中在太行山东麓平原和燕山山前平原区。2014 年，全省粮食播种面积 633.20 万公顷，全年粮食总产 336 亿千克。其中，夏粮总产达 144.5 亿千克，比上年增加 4.15 亿千克。

山东省地处中国东部、黄河下游，是全国重要的粮食生产基地。近年来，全省粮食生产条件不断改善，综合生产能力不断增强。山东粮食总产量从新中国成立初期的不足 1 000 万吨，到目前已连续跨越了七个大的台阶，涌现出了十多个整建制亩产过吨粮的县（市、区）。

吉林省地处东北地区中部，属温带大陆性季风气候，是国家重要的粮食主产区和商品粮基地。改革开放 30 多年来，吉林省粮食综合生产能力不断提高。2011 年吉林省粮食总产首次突破 3 000 万吨大关，达到 3 171 万吨。2013 年，再创历史新高，粮食总产量达 3 551 万吨，比上年增产 208 万吨。

2014 年黑龙江省继续深入实施千亿斤粮食产能巩固提升工程，大力开展粮食稳定增产行动，狠抓各项增产措施落实，粮食生产夺得特大丰收，全省粮食总产达到 6 242 万吨。自 2011 年成为全国粮食总产和商品量"双第一"的省份后，已连续 4 年蝉联全国产粮榜首，实现粮食生产"十一连增"。

河南是全国粮食大省，是全国粮食生产核心区，其粮食产量占全国的 1/10，夏粮产量占全国的 1/4，在保障国家粮食安全方面有着举足轻重的地位。近年来，在国家惠民惠农政策下，河南省粮食产量不断提高。2013 年，在克服高温干旱等不利影响的情况下，粮食产量又上新的台阶，粮食总产量达到 5 772 万吨，已经连续十一年增产，连续九年超千亿斤。

（二）我国粮食生产存在的问题

1. 耕地面积减少质量下降

近年来，随着城市化和工业化加速发展，加上国家大型能源、交通、水利建设项目以及各省本地许多项目的实施，使得基础设施建设保持了旺盛的用地需求。生态退耕、自然灾害损毁、人为因素影响等也造成了耕地数量的减少。1996 年年底，我国耕地总面积是 19.51 亿亩，到 2008 年年底，我国耕地面积仅剩 18.26 亿亩，12 年间，耕地面积减少了 1.25 亿亩。造成我国耕地总量减少有 4 方面原因，即生态退耕、建设占用、农业结构调整和灾害损毁。其中在 2001—2008 年，生态退耕占耕地减少总量的比例最大，为 66.13%，其次是建设占用耕地，为 17.75%，再次是农业结构调整，为 12.57%，灾毁占耕地减少总量的比例最小，为 3.55%。

耕地退化是指人类对耕地的不合理利用而导致耕地地力下降的过程，通常表现为耕地土壤利于农作物生长的物理、化学与生物等方面特性的下降。我国大部分耕地水土流失、土地沙化、农田污染现象严重。我国约有 30% 的耕地受水土流失的危害，有 9 100.05 万亩耕地坡度在 25° 左右，大部分耕地缺乏足够的水源保障。

2. 农业自然灾害频繁

我国幅员辽阔，地理条件复杂，气候条件多变，是世界上自然灾害最严重的少数几个国家之一。中国的农业自然灾害主要包括气象灾害、生态灾害、生物灾害和地质灾害。气象灾害主要有旱、涝、冰雹、地震、干热风、病虫害、滑坡，崩塌，水土流失等。在这些诸多灾种中，以旱、涝两种灾害危害最大。几乎每年都有较重的旱涝灾害发生，每年旱、涝灾害成灾面积占全部灾种成灾面积的百分比高达 82％左右。

生态灾害包括荒漠化、水土流失以及海洋带发生的赤潮和和海岸侵蚀。我国是世界上荒漠化最为严重的国家之一，根据全国第二次全国土地侵蚀遥感调查，目前，我国土地沙化面积为 174 万平方千米，水土流失面积为 356 万平方千米，水土流失流走的土壤总量每年达 50 亿吨，相当于从全国肥沃的耕地上每年要刮去 3 毫米的肥沃地表土壤。

农作物病虫灾害种类多，危害大，也是危害我国农作物生产的主要灾害之一。近年来，我国农作物病虫害呈多发、频发和重发态势，不仅造成农作物大面积减产，甚至绝收，还导致农产品大量变质，造成严重的经济损失。

3. 粮食生产产业化程度低

目前，我国农村人多地少，耕地分散，小农生产方式严重制约着粮食的增产。据第二次全国农业普查的数据，我国有 2 亿多的农业生产经营户，有 3.42 亿农业从业人员。就全国 18 亿多亩的耕地来说，户均耕地仅 9.13 亩，劳动力人均耕地仅 5.3 亩。所以，中国土地户均规模几乎是世界上最小的，而且，在大多数农村，一家几亩土地还要再分几块。极其分散的耕地，难以形成规模化经营，成为制约我国粮食生产的瓶颈。

4. 水资源缺乏且利用率低

我国是一个干旱缺水严重的国家。人均淡水资源仅为世界平均水平的 1/4、在世界上名列 110 位，是全球人均水资源最贫乏的国家之一。人均可利用水资源量仅为 900 立方米，并且分布极不均衡，全国 80％的水资源集中在南方，秦岭—淮河一线以北地区耕地面积占了全国总面积的 65％，而水资源比重仅为 20％，北方许多地区年降水量不足 400 毫米，尤其是西北地区干旱异常严重，严重制约粮食生产。一些严重缺水地区，主要依赖地下水灌溉，导致地下水水位连年下降，地下漏斗区不断扩大。我国不仅水资源缺乏，且利用率低。从长远看，水资源对粮食生产的制约作用完全有可能超过耕地资源。如果不在水资源开发利用上采取切实有效措施，将会威胁粮食安全。

5. 农业基础设施薄弱

尽管我国农业基础设施建设取得了举世公认的成就，但是，仍然与农业经济发展的客观要求不相适应。我国农村的水利设施大多还是实行家庭联产承包责任制以前修建的。实行家庭联产承包责任制以后，不少地方对集体"统"的功能发挥不够，投入少，规划不力，不仅农田水利设施建设没有发展，而且原有的设施也没有得到维修、保护，破坏严重，给整个水利建设带来不可估量的后果。近年来，农业机械化实现了快速发展，但农机产品结构性矛盾突出，不同作物、不同环节的高性能机具供给不足，技术含量低，部分地区仍主要靠手工和畜力劳动，某些环节的机械化还十分薄弱。从总体上看，我国的农业机械化仍处于初级阶段，与国外相差甚远。

（三）解决粮食生产存在问题的对策

发展农业生产，关键是全面提高农业综合生产能力，核心是提高粮食综合生产能力。为此，要建立多层次的土地产权流转机制，促进农民与土地的结合，提高农民种粮积极性；通过科学技术渗透，增加生产要素的投入，保护耕地，建设好基本农田，促进农民粮增产、增收。

1. 加大粮食生产的政策支持

政府加大对粮食生产基础设施建设和农村公共设施投入力度，帮助农民降低粮食生产成本，提高粮食生产的比较效益。特别是要加强水利灌溉工程建设的投入力度。投资发展旱作节水农业，发挥灌区改造的整体效益。加快实施大型及部分重点中型灌区骨干工程续建配套与节水改造，以增加和改善有效灌溉面积，提高灌溉保证率和水资源的利用率。加快建设一批高标准的粮食生产科技示范场、优质高产高效粮食生产示范区，推动粮食生产整体水平的提高。

2. 改善粮食生产条件

要通过大规模植树造林，封山育林，绿化荒山和退耕还林还草，兴修水利，防治水土流失，复垦撂荒地等措施，改善目前农业穷山恶水的面貌，改善粮食生产条件。要做好旱、洪、病虫灾害的预测预报和防治，减轻灾害损失，确保粮食安全增长。要彻底解决粮食生产中的缺水问题，建设好"绿色水库"，推行渗透、滴灌等节水农业。

3. 加强粮食主产区建设

长江流域、华北平原、东北平原是我国粮食主生产区。加强对粮食主产区的重点扶植，保护粮食主产区发展粮食生产的积极性，是国家粮食安全的重要保障。因此，应采取综合措施，如：扩大国家级和省级商品粮基地体系，安排充足粮食生产专项基金和农田水利建设基金，改造中、低产田（土），恢复水毁农田和撂荒地，提高土地复种指数等。改变粮食主产区为国家提供商品粮多、贡献大，地方经济发展缓慢的状况，实现粮食主产区农业和整个国民经济的良性循环。

4. 健全粮食生产金融支持政策

要引导、鼓励、协调各类金融机构的积极性，鼓励各类金融机构积极投资于农业，特别是对基本农田建设、水利骨干工程、粮食科技、农业机械化及粮食仓储物流等领域的项目要着力支持，加大贷款力度，以保障粮食生产、流通、加工各个环节和整个产业链的资金需求。深化农村信用社的改革，设立村镇银行、贷款公司、农村资金互助社等新型农村金融机构。深化政策性银行、商业银行改革，扩大其涉农业务范围。发展多种形式、多种渠道的农业保险，组建地方政策性农业保险机构，逐步扩大政策性农业保险的种类和覆盖范围。

5. 强化粮食科技研究投入

依托重大工程和国家科技计划，开展粮食生产重大科技攻关活动。组织不同行业、专业、学科领域的科技力量，开展多兵团联合作战，促成非粮食单位和粮食科研单位的紧密结合，促成大学、科研所与产业化龙头企业的产学研结合，使它们优势互补，发挥整体效应。省级科技行政管理部门应会同有关部门组织协调全省高校、科研院所的科技力量，组建农业高科技创新中心，切实提高粮食产业化经营各个环节的科技含量、科技贡献份额和粮食产业化经营的整体水平。

6. 培育新型粮食经营主体

土地流转后，家庭农场、种粮大户成为现代粮食市场的重要主体，成为稳定粮食生产、保证粮食安全的主力军。地方政府务必积极培育懂技术、会经营、会管理的新型农民。要为土地经营户聘请农业专家、教授，解决种植大户的耕作技术难题；要引进新品种，推广新技术，鼓励农民多种粮、种好粮。

思 考 题

1. 什么是粮食生产方式？粮食生产方式有什么特点？
2. 简述传统粮食生产方式与现代粮食生产方式的联系与区别。
3. 简述粮食生产的基本条件。
4. 试述我国粮食生产的区域布局及其变化趋势。
5. 试述我国粮食生产现状及存在的问题。
6. 解决我国粮食生产存在问题的对策有哪些？

参 考 文 献

陈原，张秋惠，张海峰．我国耕地资源形势分析及保护对策建议［J］．资源与产业，2008（5）．

邓宗兵，封永刚，张俊亮，王炬．中国粮食生产区域格局变动及成因的实证分析［J］．宏观经济研究，2014（3）．

刘凤芹，谢适汀．粮食生产的周期性分析［J］．财经问题研究，1998（1）．

娄源功．WTO 与河南粮食［M］．郑州：河南人民出版社，2003．

罗光强，邱溆．提高我国粮食主产区粮食生产能力的对策［J］．经济纵横，2013（3）．

全国新增 1 000 亿斤粮食生产能力规划（2009—2020）（引言）［OL］．道客巴巴，www.doc88.co．

任东国，唐冶诚．我国粮食生产的现状问题及对策［N］．中国改革论坛，黑龙江农业信息网，2008‐07‐22．

田国强．粮食生产经营主体变化对粮食安全的影响和应对［J］．农村工作通讯，2014（23）．

王海修，杨玉民．粮食弱质性与发展现代粮食流通产业的关系［J］．吉林工商学院学报，2010（4）．

我国玉米分布概况［OL］．http://www.feedtrade.com.cn/yumi/2012‐09‐05 09：53：07，玉米论坛．

吴新娣，王春枝，史润林．中国粮食生产波动的统计周期分析［J］．中国统计，2007（11）．

喻翠玲，冯中朝．我国粮食生产的波动性及其影响因素分析［J］．农业现代化研究，2006（1）．

张培刚，廖丹青．二十世纪中国粮食经济［M］．武汉：华中科技大学出版社，2002．

赵予新，等．产粮大省粮食产业链优化研究［M］．北京：中国农业出版社，2011．

赵予新，等．传统农区转变粮食生产方式的路径研究［J］．农村经济与科技，2011（7）．

郑旭媛，徐志刚，应瑞瑶．城市化与结构调整背景下的中国粮食生产变迁与区域异质性［J］．中国软科学，2014（11）．

中国统计年鉴 2014．

周慧秋，李忠旭．粮食经济学［M］．北京：科学出版社，2010．

第五章　粮食消费

本章学习目标：
1. 了解粮食消费的基本构成及消费变化；
2. 理解口粮需求与粮食消费、饲料粮发展与粮食消费以及工业用粮与粮食消费之间的关系；
3. 掌握我国粮食供求形势及变化。

第一节　粮食消费的基本构成及消费变化

一、粮食消费的基本构成

（一）粮食消费的概念及基本构成

粮食消费一般是指一个国家或地区的居民为维持生存和发展需求而对粮食的各种消耗，可以用粮食的消费数量或者消费金额来表示或计量，是粮食生产的最终目的和内在动力。粮食消费是人类生存和发展的必要前提，因而确定了粮食消费在各类消费中的第一位或最基础的地位。

粮食消费是一定时期内全社会粮食的生活性消耗（口粮）和生产性消耗（工业用粮、饲料用粮、种子用粮等）的总称。粮食消费主要分为直接消费和间接消费两个方面。粮食直接消费就是城市和农村居民直接消费的口粮，粮食供求稳定和粮食安全的根本就是保证直接粮食消费量。粮食间接消费主要包括饲料用粮消费、工业用粮消费、种子用粮消费、粮食损耗和进出口等。

（二）中国粮食消费的特点

粮食是人类生存最基本的生活消费品，随着经济发展和人们对生活水平要求的不断提高，以及人口的不断增长，城乡居民的粮食消费将会不断发生变化，出现一些新的特点和发展趋势。

首先，从消费总数量上看，我国直接粮食消费量呈不断下降的趋势，而粮食间接消费量则不断上升。伴随着我国粮食产量的不断上升，粮食消费总量也在不断上升，粮食消费总量增长速度超过粮食生产总量的增长速度。

我国人均粮食消费量和粮食消费总需求变化呈现一致趋势，从20世纪90年代开始大幅度上涨，到了1995年开始调整，需求增幅逐渐平缓，2000年达到顶峰，2003年后需求开始新一轮的稳定增加。但是粮食需求明显呈现上升趋势，尤其是在1999年后，粮食需求的波动致使需求量的增加上了一个台阶，这与中国经济发展和人口增长带来的对于粮食刚性需求密不可分。2003年后，中国的粮食产量逐年上升，年年丰收，粮食产量攀升速度较快。不过，从粮食生产和需求的关系来看，1990—2000年，粮食产量总体大于消费，粮食需求的增加幅度并不大，能够满足基本需要。但从2000年开始，粮食需求一直上升，且大于粮食生产，处于供不应求的状态，需要国家粮食库存补给才能满足需求。只在2008年出现了一个拐点，粮食生产迅速提高，首次超过粮食总需求。但2009年以后，粮食供求关系又开始紧张起来。

其次，从消费结构上看，我国粮食消费结构发生了重大变化。

主要表现为：口粮消费将继续保持稳定并略有下降，饲料粮和工业用粮已逐渐成为粮食消费主体，种子用粮和粮食损耗占粮食消费总量比例小且变化较为稳定。

口粮是粮食总需求的重中之重，一直在粮食总需求中占最重要的主导地位，但近年来数量呈逐年下降趋势。饲料需求得到了很快提升，上升趋势非常明显，和口粮呈现出明显的反向变动趋势。

饲料粮和工业用粮数量的增加，主要是因为：第一，城市化推进过程中，人们消费的肉、奶、蛋等畜禽产品量将持续增长，而消费的增长必将推动供给的进一步增加。第二，工业化的发展必然带动食品工业和生物能源工业的蓬勃发展，从而导致工业粮需求的快速增长，这已被发达国家经济发展过程所证实。同时，对畜产品的需求量增加，相应带动了饲料用粮的需求日益旺盛。

第三，从粮食消费品种来看，我国稻谷消费基本稳定，玉米消费激增，而小麦消费略有下降。

受长期饮食偏好的影响，稻谷一直在我国居民粮食消费中占据最大比重。2012年我国居民的大米消费在人均粮食消费中所占的比重超过60%，饲料粮和工业用粮的增长带动了玉米需求的明显增加，玉米消费自 20 世纪 90 年代中期超过小麦消费成为我国粮食消费的第二大品种后，一直保持了增长的趋势。同时，受到口粮消费减少的影响，小麦（面粉）消费略有下降。

第四，从消费区域差别看，我国城乡粮食和其他食品消费结构存在明显差异，但差距正在缩小。

在口粮消费方面，1990—2012 年，我国城镇居民的口粮消费量在波动中逐渐减少，而农村居民的口粮消费量则呈现出稳步下降的趋势。但是，目前来看，农村居民的口粮消费量 2012 年为 164.3 千克，仍远远高于城镇居民（78.7 千克）。在肉类消费方面，城镇居民和农村居民呈现出基本一致的波动上升趋势，但农村居民的变化相对滞后；在蛋类消费方面，城镇居民蛋类消费量从 20 世纪 90 年代后期开始基本稳定在 10 千克以上，波动幅度不大，而农村居民的蛋类消费则呈现出稳定的上升趋势；在奶类消费方面，城镇居民奶产品消费快速上升后基本稳定，农村居民则逐年上升。总体来看，随着收入水平的上升，城乡居民口粮消费量不断下降，肉、蛋、奶的消费增长迅速，城乡粮食和其他食品消费的差异在缩小，但仍存在较大差距。

二、粮食消费水平

我国是世界上人口最多的国家，也是粮食消费最多的国家。我国政府历来保持粮食基本自给为原则，粮食供给主要来源于国内生产，粮食消费量和粮食生产波动密不可分。新中国成立后，我国人民生活沿着贫困——温饱——总体小康的发展轨迹，粮食消费总的趋势逐步增长。

为了说明人均粮食消费增长的发展趋势，根据我国人民粮食消费水平的不同，可将我国的粮食消费划分为以下四个阶段：

（一）1950—1978 年的温饱不足阶段

1950—1978 年，我国粮食消费处在温饱不足阶段。新中国成立初期进行了土地改革，开展了互助合作，到后期开始实行人民公社的集中经营体制。在这一阶段，粮食和副食平均分配，限量供给。农村由生产队统一分配粮食等食物，城镇居民则凭票限量购买粮食和副食，这种粮食分配方法保障了居民生存的基本粮食需求，但在某种程度上抑制了劳动者的生产积极性。解放初期我国采取以粮为纲的方针，农业生产单一集中于粮食生产。虽然 20 世纪 60—70 年代的自然灾害和政治运动使农业生产一度出现波动，但粮食生产还是从新中国成立初期的 11 318 万吨增长至 1978 年的 30 477 万吨。这一时期，在超过 2.5％的年均人口增长和粮食配给制的共同作用下，粮食仍然十分短缺。人均粮食占有量从 209 千克增长到 317 千克，人均猪牛羊肉、家禽和鲜蛋消费量缓慢增长。这一阶段我国粮食消费以直接消费为主，人均口粮消费占人均粮食占有量的 60％以上，动物性食物消费比例非常低，粮食消费支出占消费支出的比例较高，温饱问题尚未有完全解决。

（二）1978—1987 年的基本解决温饱阶段

1978—1987 年，人民生活从不足到基本解决温饱的过渡阶段，粮食消费快速增长。

1978 年，我国从中央集权的计划经济体制开始向市场经济体制过渡，实行"有计划的商品经济"。改革从农村开始，废除了人民公社体制，确立了以家庭联产承包经营为基础，统分集合的双层经营体制。新时期的农村经营制度极大地提高了农民的生产积极性，促进了农业生产的快速增长，粮食产量从 1978 年的 30 477 万吨增长为 1987 年 40 473 万吨，增长了 32.8％。由于采取了较为严格的计划生育管理制度，14 年间人口仅增长了 13.5％，人均粮食占有量从 1978 年的 317 千克增长到 1987 年的 370 千克。人均粮食消费快速增长，1986 年达到最高的 253 千克，人均猪牛羊肉、家禽和鲜蛋等动物性食品消费量持续增长。城乡居民较为单一的食物消费结构有了较大的改善，粮食消费开始由直接消费向动物性食物的间接消费方向转变，但粮食口粮直接消费还保持增长，饲料用粮消费快速增长。

（三）1988—2003 年的总体小康阶段

1988—2003 年，人民生活由基本解决温饱向总体小康过渡，口粮消费下降，饲料粮消费快速上升。

这一阶段改革力度和对外开放程度不断加大，从 1993 年开始，社会主义市场经济体制在我国确立。中央加大了对农业的宏观调控力度，实施了一系列粮食生产扶持措施，增加了对农业的投入。1995 年我国开始实行"米袋子"省长负责制，对推动粮食生产发展，促进粮食总量增长，稳定粮食市场，起到了积极作用。从 1988 年开始，我国的粮食产量不断增长，从最初的 39 404 万吨达到 1998 年最高的 51 230 万吨，人均粮食占有量达到 411 千克。此后粮价不断下跌，农业生产资料价格上涨，粮食生产成本上升，种粮比较效益下降，影响了农民种粮积极性，造成了 1998 年以后粮食数年减产。人口自然增长率由 1988 年的 14.2‰ 持续下降到 2002 年的 6.45‰，15 年间仅增长 17 427 万人。城乡居民猪牛羊肉、家禽和鲜蛋消费有了大幅度的增长，动物性食品消费快速增长对粮食直接消费的替代作用开始显现，城乡人均口粮消费呈下降趋势，而饲料粮消费快速上升。

（四）2004 年以后的全面小康阶段

2004 年以后，人民生活由总体小康向全面小康迈进，处于多用途争粮阶段。

国家不断加大对农业发展的扶持力度，从 2004 年至今，中央连续出台多个"1 号文件"，形成了比较成熟的农业政策支持体系，取消了农业税、农业特产税、牧业税、屠宰税；实行了种粮农民直接补贴、良种、农机购置补贴和农资综合直补；实行稻谷、小麦等粮食品种最低收购价政策，不断加大投入规模。

从 2004 年开始，我国粮食生产实现了"十一连增"，而人口增长速度减缓，2009 年人口增长率仅为 5.05‰，当年粮食产量达到 53 082 万吨，人均粮食占有量近 400 千克。这一阶段城乡人均口粮消费数量以及口粮消费总量继续下降，但口粮消费占粮食消费的比例仍然在 50％ 左右，城乡居民动物性食品消费数量增加，工业用粮和饲料粮消费大幅度增长，粮食消费向安全、优质、营养的方向发展。粮食消费结构和数量的变化标志着我国居民的生活开始向全面小康迈进。

从这四段的发展进程看，消费量增长的速度明显在加快。粮食消费量的增加主要是由两方面因素决定的：其一，人口数量的增加，2000 年人口数为 126 743 万，2013 年达到 136 072 万人，由此，总消费量必然相应增加。其二，是人民生活水平提高后，改善生活的需要。如肉蛋奶消费量的增加（一般估计，生产 1 千克鸡肉需要 2 千克粮食，1 千克猪肉需要 4 千克粮食，1 千克牛肉需要 8 千克粮食），这是完全正常的和应该的。同时，近年粮食消费增长过快，可能还包含了一部分不合理的消费和浪费，这是应该节制或尽量减少的。

三、食物消费结构

随着生产发展和生活水平提高，人们的生活方式发生改变，这必然引发食品消费结构变化。改革开放以来，我国经济高速增长，城乡居民生活水平大幅提高。到今天，我国已经基本解决了人民的温饱问题，人民生活达到了总体小康水平，并向全面小康迈进。居民生活水平提高，最直接的体现就是食物消费水平的提高。一般来说，食物消费总的趋势是从低层次消费转向高层次消费。

中国居民消费的食物多种多样，但主要食物种类是有限的，其中对居民膳食营养状况起主要影响的有粮食、食用油、蔬菜、肉、蛋、奶和水产品等，习惯上可以分为植物性食物和动物性食物两大类。

植物性食物主要包括谷类、豆类、蔬菜、水果和菌藻类等。植物性食物是人类获取营养素的主要来源，主要提供能量、蛋白质、碳水化合物、脂类、大部分维生素和矿物质。动物性食物则包括畜禽类、蛋类及其制品、水产类和乳类及其制品等。

第二节　中国粮食消费构成分析

一般来讲，任何一个国家的粮食需求基本上都由城乡居民口粮需求、饲料用粮需求、种子用粮需求和工业用粮需求等部分构成。改革开放以来，在国内人口持续增长，居民收入水平不断增加以及工业化进程逐渐加快的情况下，虽然我国粮食的供求总量保持了基本平衡，但是国内粮食总需求的构成情况却发生了一些变化。

三十多年来，随着全国人民温饱问题的全面解决，粮食消费需求结构发生了较大变化，居民口粮消费不断下降，饲料粮消费逐步上升，加工用粮快速增长，粮食消费需求呈现新的变化特征。

从品种结构来看，我国粮食消费占比例最大的品种是稻谷、小麦和玉米，这三大主要品种的消费量占我国粮食消费总量的80%以上，其中稻谷占比35%左右，小麦占比20%左右，玉米占比30%左右。近年来，我国人民对大豆消费和杂粮消费的需求开始加大，尤其是随着人们对营养膳食的要求，杂粮越来越多地被搬到餐桌上。

一、口粮需求与粮食消费

口粮是人们直接消费的那一部分粮食，是人类赖以生存的最基本保证。尤其是对于我国而言，2013 年我国人口数量占世界人口数量的19.12％，口粮不能依赖进口，否则人民的生活就会受到威胁，而且，世界粮食市场也不可能生产出那么多的粮食供我国进口。因此，必须依靠自己解决口粮问题。

口粮消费又称为直接粮食消费，是我国最重要的粮食消费途径，保障口粮消费也是保障我国粮食安全的最重要任务，其他消费方式都要在优先满足口粮消费的前提下进行。粮食消费在粮食总需求中所占比例一直保持在50％以上，小麦和稻谷是我国粮食消费的主要对象，农村地区则是粮食消费的主力军。

口粮需求的绝对数量呈现出先升后降的趋势。2000 年前，人口增长率较高，虽然生活水平提高使人均口粮消费下降，可是人口数量增长带来的刚性需求的增长幅度超过了人均口粮消费下降的幅度，这使口粮需求的绝对数量仍在增加。2000 年以后，人口增长趋于平缓，而城乡居民生活水平不断改善，人们越来越多地选择动物性食物而不是口粮，所以口粮需求的下降趋势明显。口粮需求在粮食总需求中的比重一直在下降，并且这种稳定下降的趋势会持续下去。

近些年来，我国口粮消费逐渐下降，城镇居民人均口粮消费量和农村居民人均口粮消费量均不断下降。引起口粮消费不断减少的原因主要是生活水平提高引起的饮食习惯的改变。居民饮食结构中粮食直接消费逐渐减少，肉禽蛋奶转化消费增加，蔬菜水果等粮食替代消费逐渐增加。但由于人口数量的刚性特征，口粮消费量减少到一定程度就将稳定在一个水平。城乡居民口粮直接消费减少部分，足以解决新增人口的吃粮问题。随着城市化步伐加快，中国城市人口比重增加，再加上发达地带富裕起来的农民人数增多，替代粮食的食物消费比重增加，绝大多数人口的口粮直接消费减少，足以弥补新增人口的口粮消费。

虽然消费量的变动情况比较一致，城乡居民口粮消费量的变化却有不同的特点。从城乡居民食物结构的变化来看，在城市居民的消费结构中，口粮消费比重小于农村居民，几乎是农村的一半。城市和农村居民口粮消费之所以产生较大的差异是因为经济的发展和生活习惯的改变。具体来说，经济快速发展，人均收入水平提高，扩大了城市居民选择食物的范围，越来越多的人选择动物性食物，如肉蛋水产品，而减少口粮消费。其次，城市化水平的高低影响了人们的生活习惯，原本依靠土地种粮吃饭的方式转变为发展型消费方式，创造出了一些潜在需求。吃饭不仅是填饱肚子，更重要的是享受美食，城市居民更多地选择富含蛋白质的食物，使口粮消费在城乡之间的变化有所不同。

表 5-1 列出了稻谷、小麦、玉米这三大主要品种 2000—2013 年口粮消费量。

表 5-1　稻谷、小麦、玉米口粮消费量

单位：万吨

年份	稻谷	小麦	玉米	年份	稻谷	小麦	玉米
2000	16 974.16	9 500	920	2007	16 168.06	9 290	935
2001	17 088.71	9 417.1	930	2008	15 855.48	9 310	940
2002	16 846.76	9 300	935	2009	15 803.44	9 310	950
2003	16 557.59	9 269.8	935	2010	15 279	9 315	960
2004	16 631.52	9 450	920	2011	15 950	9 320	965
2005	16 638.46	9 300	930	2012	16 340	9 312	978
2006	16 328.5	9 280	925	2013	16 600	9 610	990

注：表中数据来自布瑞克农产品数据库。

二、饲料粮发展与粮食消费

饲料用粮又称为肉禽蛋奶转化用粮消费，来源于养殖业的需求，属于引致需求而不是直接食用，是通过转化被居民消费。

人们生活水平的提高必然带来膳食结构的改善，具体表现为口粮消费的减少和畜产品、海产品等动物性食品消费的增加，居民对动物性食品消费的增加也会使得对饲料用粮的需求越来越大。养殖业的快速发展，带动了饲料产业的迅猛增长，饲料用粮已成为居民食用消费以外的又一主要需求点。饲料用粮的持续增长将使其在我国未来粮食需求的构成中占有越来越重要的地位。

随着居民生活水平的提高，畜牧业和食品行业的发展，中国的饲料用粮需求以每年超过 2% 的速度增长，饲料用粮消费已经成为推动粮食消费的主要因素之一。目前我国饲料用粮消费占粮食消费总量的比重稳步攀升，总量迅速增加。饲料用粮消费的增长速度显著高于粮食总产量的增长速度，并且主要蛋白质饲料原料严重匮乏，产生豆粕的大豆约70%是进口的，这使得我国饲料用粮消费压力渐增。

饲料用粮数量变化分为三个阶段。第一阶段是20世纪80—90年代，这属于中国粮食需求结构的转型阶段，从口粮占绝对比重到饲料用粮迅速增加，成为粮食需求的第二大来源。第二阶段是20世纪90年代到2000年，饲料用粮年均增速为2%，逐渐趋于稳定增加的状态。第三阶段是2000年至今，虽然饲料用粮数量仍保持增长趋势，但其增长速度受到了饲料行业快速发展和居民消费偏好变化的带动作用影响。传统的农家饲料正在被工业饲料代替，传统的粗放型养殖方式正在被集约化、规模化的养殖模式取代，饲料消费结构变化和养殖模式转变都推动了饲料总需求进一步增加。

饲料用粮消费将保持增长态势，使部分粮食将从口粮消费转到饲料用粮消费上来。从饲料用粮的品种来看，一般认为玉米是最重要的部分，它在饲料用粮中的比例很高。不过近些年，玉米所占比例却在下降，小麦对玉米的替代优势越来越明显，尤其是玉米运费成本高的南方企业会选择价格较低的小麦作为饲料。

表5-2列出了稻谷、小麦、玉米这三大主要品种2000—2013年饲料粮消费量。

表5-2　稻谷、小麦、玉米饲料粮消费量

单位：万吨

年份	稻谷	小麦	玉米	年份	稻谷	小麦	玉米
2000	802.33	568	8 460.4	2007	874.55	582	9 600.03
2001	810	600	8 722	2008	938.21	680	9 480.05
2002	800	580	8 991.8	2009	956.6	650	10 350.01
2003	803.64	600	9 187.7	2010	962.74	500	10 580
2004	803.64	580	9 190	2011	981.13	586	10 900
2005	827.27	400	9 199.9	2012	1 000	625	11 200
2006	850.91	350	9 350	2013	1 022	1250	12 200

注：表中数据来自布瑞克农产品数据库。

三、工业用粮与粮食消费

工业用粮一般指将粮食作为主要原料或辅料的生产行业（例如食品、医药、化工、酒精、淀粉等行业）用粮的统称，不包括饲料用粮。工业用粮主要包括：大豆、玉米、谷物等，利用这些粮食原料生产豆粕、植物油、家畜饲料、乙醇燃料、酱油、醋等。战备用粮超过储存年限或者变质后，也称为陈化粮，不宜再作为口粮食用，可以转化为工业用粮，作为工业用粮的替代。由于粮食在酿酒，制作调味品、药品等加工业上的用途广泛，因此，工业用粮是我国粮食消费中仅次于口粮和饲料用粮的重要消费渠道，近年来的工业用粮消费量在粮食消费总量中的比重也在不断提高，并呈现出加速增长的趋势。

工业用粮需求指的是以粮食为工业原料的行业所需求的粮食，从 20 世纪 90 年代开始，我国食品工业迅速发展，工业用粮需求量猛增，从 1995 年到 2008 年增长近一倍，2006 年和 2007 年，我国兴建了多个燃料乙醇项目，大量消耗陈化粮，使得我国工业用粮总量年增速达到 11.3%。近几年，工业用粮的增长速度渐趋稳定。

近年来，中国加工业不断发展，使工业用粮的需求成为中国第三大用粮渠道，仅次于口粮和饲料。根据国际经验，当一个国家的经济发展到了一定阶段时，粮食的间接需求会超过直接需求，这体现在工业用粮和饲料用粮比例的增加、口粮比例的下降。虽然近些年工业用粮得到了较大发展，但是由于人口多、城市化水平加快，粮食的基本供给处于偏紧状态，在未来一段时间里工业用粮需求不会超过饲料和口粮需求。

中国工业用粮的主体是国外采购而不是国内采购，这使粮食需求越来越依赖于国际市场，如果处理不好就会受制于人，在国际粮食贸易中处于不利地位，甚至危及国内粮食加工业的发展和粮食安全。

按照工业用粮的用途来分，一般认为，大豆作为工业用粮的第一大来源主要是用来压榨加工，占总加工用粮的近 40%，成为第一加工消费大户。但实际上，国内学者在研究粮食消费结构时，尤其是在按品种分类时通常只包括稻谷、玉米、小麦，不再考虑大豆。因为在 2004 年大豆危机后，中国的大豆产业已经外资化，以大豆为原料的粮油加工业基本上被外资垄断。表 5 - 3 列出了稻谷、小麦、玉米这三大主要品种 2000—2013 年工业用粮消费量。

表 5 - 3　稻谷、小麦、玉米工业用粮消费量

单位：万吨

年份	稻谷	小麦	玉米	年份	稻谷	小麦	玉米
2000	381.11	212	1 080	2007	710.7	980	3 650
2001	410	283	1 160	2008	752.08	900	4 328.3
2002	427.78	396	1 260	2009	793.42	1 100	4 800
2003	433.9	465	1 350	2010	831.76	1 050	5 400
2004	492.58	625	1 400	2011	876.54	1 080	5 600
2005	562.84	730	1 800	2012	900	1 120	5 300
2006	623.97	820	2 500	2013	924	450	5 000

注：表中数据来自布瑞克农产品数据库。

四、种子用粮与粮食消费

　　种子用粮也是中国粮食需求的一个不可缺少的组成部分，其用粮需求主要由粮食播种面积和技术进步等因素决定。近年来中国种子用粮比例变化不大，基本在2%～3%之间波动。种子用粮消费数量占粮食消费总量的比重则呈明显下降趋势。

　　近年来，我国的粮食播种面积都在 686.67 万公顷上下波动，并且波动幅度不是很大，所以每年的种子用粮数量都在一个较小的范围内波动，约占每年我国粮食总需求量的2%～3%。随着粮食播种面积的日趋稳定，农业科技进步以及农业基础设施建设的进一步增强，我国每年对种子用粮的需求量将呈现一种稳定不变或者逐年缓慢递减的趋势。

　　表 5 - 4 列出了稻谷、小麦、玉米这三大主要品种 2000—2013 年种子用粮消费量。

五、粮食损耗与粮食消费

　　粮食在储藏、运输过程中都有一定的损耗。我国生产机械化水平低、粮食处理及粮食运输设备简陋、农户储粮分散、国家粮库设施相对落后，因此损耗率较高。随着粮食采后技术的不断进步，粮食的损耗率将会逐渐降低。事实上，随着我国粮食产量的增加，粮食损耗也随之增加。以小麦

表5-4 稻谷、小麦、玉米种子用粮消费量

单位：万吨

年份	稻谷	小麦	玉米	年份	稻谷	小麦	玉米
2000	1 407.77	619.68	108.8	2007	1 318.27	509.8	121.37
2001	1 348.29	573.44	96.84	2008	1 301.35	510	132.65
2002	1 296.56	546.61	105.63	2009	1 315.84	512	133.49
2003	1 269.06	519.17	107.16	2010	1 333.21	515	139.39
2004	1 192.86	539	104.7	2011	1 343	520	155.02
2005	1 277.06	490	110.69	2012	1 340	510	157.49
2006	1 298.13	504.7	118.61	2013	1 352	500	169.4

注：表中数据来自布瑞克农产品数据库。

为例，2000年小麦浪费量占总产量的0.73%，到2013年浪费量占总产量的2.05%。新世纪以来，玉米一直保持在2%左右的损耗率。

六、贸易用粮与粮食消费

近年来，世界粮食贸易活跃，贸易实物量趋于上升。北美和欧洲是世界粮食出口的主要来源，亚洲和非洲是世界粮食进口的主要区域。就贸易余量来看，亚洲是世界最大的粮食净进口地区。随着中国贸易规模的不断扩大，其在世界粮食市场上逐渐占有重要地位，中国目前已跻身全球粮食贸易大国。就具体品种来看，稻谷、小麦和玉米都是主要的粮油贸易商品，且贸易数量仍在持续增加。

由于稻谷增产潜力较大，口粮属性突出，工业消费及饲用消费规模较小，世界稻谷供需相对比较宽松。近些年，我国稻谷连年丰收，消费增长缓慢。而且，稻谷是中国的主要口粮品种，涉及国家粮食安全，政策倾斜相对较多，长期看国内稻米供需整体仍将保持平衡有余态势。玉米的全球贸易量已超过9 000万吨，占全球粗粮贸易量的四分之三左右。大部分玉米贸易用于饲料生产，工业用粮及食用消费占比较少。近年来，世界小麦供给波动明显，消费需求刚性增加。国内小麦生产区域性产量下降及质量降低，使得小麦总体供需形势转向偏紧格局，库存水平下降。随着国内外经济的复苏及我国城镇化进程的加快，小麦的净进口量可能还会继续增加。

表 5-5 列出了稻谷、小麦、玉米这三大主要品种 2000—2013 年的净出口情况。

表 5-5　稻谷、小麦、玉米净出口

单位：千吨

年份	稻谷	小麦	玉米	年份	稻谷	小麦	玉米
2000	6 459	−808	9 540	2007	183 238	1 063	4 317
2001	3 669	−316	7 189	2008	183 134	1 820	532
2002	186 228	−258.7	8 030	2009	181 755	−250	122
2003	184 258	608.4	14 828	2010	182 870	−1 361	−1 150
2004	187 672	413	8 898	2011	191 853.4	−795	−900
2005	185 883	−7 856	7 067	2012	193 518.3	−2 896.1	−5 090
2006	184 130	−831	4 200	2013	193 809	−2 599	−2 670

注：表中数据来自布瑞克农产品数据库。

第三节　中国粮食供求形势及其变化

英国经济学人智库发布的《全球食物安全指数报告》中指出，中国在全球 107 个参评国家中位居第 42 位，列入"良好表现"一档。相对于人均 GDP 第 52 位的排名，中国是为数不多的食物安全水平超越其社会富裕程度的国家之一。这部分应归功于中国自 2004 年以来的粮食"十一连增"。但事实上，产量递增的背后，是需求增加迅速的递增，中国已连续多年处于产不足需的状态。对于中国这样一个人口大国来说，粮食供求的变化直接影响着国家的经济和政治命脉。

一、中国粮食供求形势变化

从需求看，人口增长、收入水平提高和城市化引起我国粮食消费需求的变化。另外人民生活水平的提高，使得消费结构升级，加上农产品加工等各种因素，对粮食的总需求迅速增加。口粮需求在过去十多年里有所下降，但这种下降主要是农村居民消费的下降引起的。随着我国城市化进程的加快，在农村人口不断向城镇转移的情况下，今后一段时期内，城市口粮需求量必将不断增长，因此未来我国口粮需求在短期内出现大幅度下降

的可能性并不大。近年来，由于农产品加工业的发展，饲料用粮快速增长，且超过口粮需求成为粮食需求增长的主体。由工业用粮引领的其他粮食需求亦呈迅速增长态势，在粮食总需求量中的比重已经上升至14％左右。

从供给看，2004年以来，我国粮食生产取得了巨大的发展，粮食总产量基本保持着增长的趋势。尤其是自2004年以来，我国的粮食产量实现了十连增，年均增幅达1471.877万吨。但是，从数据上来看，尽管十年来我国的粮食总产量一直保持着上升的趋势，上升速度已经明显减慢，环比增长率从2005年的8.259％迅速下降到2013的2.053％，在2009年甚至只有0.398％的增长率。

二、中国粮食供求的区域及品种变化

（一）中国粮食供求的区域变化

1. 粮食生产重心北移

东南沿海省份播种面积大量减少，从粮食盈余或基本自给逐渐变为大量调入区；长江中下游地区虽是我国粮食主产区域，但调出量逐年减少；黄淮海地区成为商品小麦的主产区；东北地区已成为粳稻、玉米等商品粮产地；西部地区随着退耕还林还草等工程的实施，粮食生产能力有所下降。总体而言，南方粮食生产总量下降，北方粮食产量逐年上升。我国粮食生产地域重心发生了由南向北、由东向中的区域转移。

2. 粮食生产的比较优势未能发挥作用

在我国，粮食产销区之间稳定的分工协作关系尚未形成。受"米袋子省长负责制"政策的影响，各地区力求粮食供给自保，积极发展区域内的粮食生产。加上地区封锁和市场分割等，使得各地区的农业生产结构趋同，从而导致一些地区的粮食生产优势得不到发挥，而另一些地区则以牺牲区域经济利益或生态利益为代价来发展粮食生产。

从粮食总产量上看，我国的粮食安全应该是有保障的。但粮食产销区之间的矛盾一直比较大，尤其是粮食供给不足或过多时，主产区和主销区的矛盾特别明显。这主要是由利益分配机制不协调问题导致的，结果是对粮食供求产生了非常不利的影响。

3. 粮食供求缺口增加

从粮食消费区域来看，近年来我国城镇粮食需求增加，农村粮食需求减少。日益庞大的农民工群体由粮食生产者向粮食消费者转变,将改变我国粮食需求特征和城乡粮食消费比例。自我国率先在北京、天津等八个粮食主销区放开粮食购销政策后,这些地区粮食播种面积大幅度调减,粮食产量减少,导致粮食主销区自给率下降,产需缺口扩大。我国粮食主销区粮食需求继续呈缓慢增加的趋势,部分粮食主产省在粮食加工业的带动下,粮食需求也出现较大增长。

(二)中国粮食供求的品种变化

随着人民生活水平的提高,对不同粮食品种的需求也发生了变化。由于消费的偏好,我国居民稻谷需求总量比较稳定,稻谷产需基本平衡;小麦产略大于需,产需基本平衡,但对优质小麦的需求迅速增加;玉米的消费需求则快速增加。另外,随着人们消费水平和生活质量的日益提高,粳稻以其较高的品质在市场上越来越受欢迎,在居民口粮消费中的比重有提高的趋势。由于不同品种消费需求变动趋势不一,很容易使我国出现粮食结构性短缺。

表5-6列出了稻谷、小麦、玉米这三大主要品种2000—2013年的供求情况。

表5-6　稻谷、小麦、玉米供求量

单位:千吨

年份	稻谷		小麦		玉米	
	供给	需求	供给	需求	供给	需求
2000	198 487	193 720	113 880	109 406.82	128 086	110 870.8
2001	187 908	198 650	99 636	108 605.38	106 000	111 815.3
2002	177 580	4 066	93 870	107 126.08	114 090	115 762.1
2003	174 539	5 312	90 290	106 969.73	122 560	118 532
2004	160 656	3 287	86 488	108 961.62	116 160	118 892
2005	179 088	1 071	91 952	105 325.91	130 290	123 203
2006	180 588	1 268	97 445	104 775.84	139 370	131 808
2007	181 718	1 817	108 466	107 594.46	145 480	146 414
2008	186 030	1 869	109 298	109 500	152 300	152 309
2009	192 000	1 072	112 456	110 420	165 920	158 950
2010	195 000	1 000	113 000	110 350	163 970	174 050
2011	195 761	479.04	114 000	113 000	177 250	179 500
2012	201 000.91	436.61	117 800	123 100	192 783	179 749
2013	204 235.91	405.02	112 236	120 400	205 610	188 587

注:①表中列出的供给和需求是指国内本期供给和需求,不包括库存量;

②表中数据来自布瑞克农产品数据库,或由其计算得来。

三、中国粮食供求分析

随着我国经济科技等的进一步发展，在未来，中国的粮食供求将呈现出以下几种趋势：

（一）食物消费需求结构变化进入新阶段

一般而言，食物消费与饮食结构有四个阶段的变迁：第一阶段为主食中的杂粮和薯类等有色谷物的比例减少，大米和小麦增加；第二阶段为大米和小麦等主食减少，肉、蛋、水产和植物油等副食比例增加；第三阶段为副食中的动物性蛋白食品和酒精类的消费增加；第四阶段为能够缩短调理时间的冷冻食品、外食、家常配菜增加，进入简化饮食阶段，饮食流通大范围化，同时追求绿色食品、重视食品安全，此时也会出现将传统食品高级化的现象，饮食两极化是这个阶段的特征。

目前由于我国经济发展水平地区间、城乡间差异较大，虽然上述四种类型饮食并存，但饮食消费结构已进入第四阶段。当然，第二阶段和第三阶段出现的肉、蛋、乳品、水产和植物油消费增加的趋势依然存在。粳米、优质小麦等高品质食品以及精细加工食品消费需求增加，并伴随食品包装化、品牌化趋势。

（二）粮食供求结构发生变化

首先，不同粮食品种之间的替代性日益显著，影响粮食供求结构变化的不确定性增强。比如玉米转化成淀粉糖，替代食糖进入食品领域；或者小麦替代玉米，饲料原料结构变化明显。

其次，谷贱伤农和米贵伤民现象交替出现，平衡粮食生产者和消费者利益难度增大。一方面，虽然农产品价格逐步上升，但农产品成本也在上升，农民种粮收益增幅远远低于成本和价格上涨幅度，种粮比较收益不断下降，农民增收形势非常严峻。另一方面，粮价上升给城市居民生活，特别是低收入群体带来较大影响，对保持物价总水平的稳定也带来较大挑战。事实上，食品价格的上升是近年来直接推动CPI上升的主要因素。

第三，粮价波动的影响因素更加复杂，调控的复杂性越来越大。粮价除了受到农业成本上升、供求关系变化等传统因素的影响，还受到气候、能源化、金融化、投机炒作等非传统因素的影响。国际粮价的频繁波动非常不利于稳定我国粮食价格、保障我国的粮食安全，但影响因素的复杂性使得政府调控越来越困难。

（三）未来粮食产量增加主要依靠单产的潜力

随着工业化、城镇化的推进，依靠粮食面积扩大使得粮食增产的可能性越来越小，必须通过提高单产水平增加我国粮食产量。目前，我国粮食单产水平与单产排在世界前10位国家的平均水平仍然存在不少差距，水稻、小麦、玉米分别是世界前10位国家平均水平的71%、60%、67%，还有较大的增长潜力。

劳动力、化肥、机械投入等都是影响粮食单产的主要因素。农业劳动力减少是影响粮食生产的主要因素。随着我国城市化进程的逐步加快，农村劳动力从农业部门转移至非农部门的人数逐渐增加，未来我国的农业不仅存在农业科技和土地的供给不足，更为重要的是农业劳动力的缺失。化肥虽然会给环境带来污染，给粮食安全带来一系列的问题，但是加大化肥投入依然是目前影响粮食产量最为主要的因素。

（四）粮食进口成为国内供给的有效补充

2014年，中央1号文件已进一步明确新形势下我国粮食安全战略，新战略鼓励集中力量保重点、保口粮，而适度进口也是新战略的重要组成部分。未来的一段时间内，玉米进口量仍将继续增加。玉米进口量的增加不是因为国内供给不足，主要是国际价格比国内价格更具优势，从长期来看，玉米进口量的增长是大势所趋。在保证一定的粮食自给率情况下，适当增加粮食进口，是对国内粮食供给的有效补充。

思 考 题

1. 与世界其他国家相比，我国的粮食消费有什么特点，粮食消费水平如何？

2. 近年来，我国的粮食消费结构有什么变化？

3. 我国粮食供求形势怎样？未来20～50年我国的粮食供求形势可能会如何发展？

参 考 文 献

陈洁．我国粮食供求形势持续趋紧［J］．中国农垦，2011，8：54－55．

程国强．当前我国粮食供求形势与中长期趋势［J］．中国党政干部论坛，2012（3）：16－20．

高启杰．城乡居民粮食消费情况分析与预测［J］．中国农村经济，2004（10）：20－25．

贾伟，等．我国粮食供求形势分析［J］．中国国情国力，2014（7）：25－27．

李志强，等．我国粮食消费变化特征及未来需求预测［J］．中国食物与营养，2012，18（3）：38－42．

梁凡，等．我国城镇居民食品消费结构变化的动态分析［J］．消费经济，2013（6）：22—26．

骆建忠．基于营养目标的粮食消费需求研究［D］．北京：中国农业科学院，2008．

屈宝香，等．我国粮食产需平衡变化及对策［J］．中国食物与营养，2010（1）：14－17．

邵鲁，盛亚军．"十二五"时期我国粮食需求状况的分析与预测［J］．中国管理信息化，2011（10）：44－46．

史常亮．中国粮食供给与需求状况变迁：1978－2020［J］．经济研究参考，2013（56）：51－60．

王明华．当前我国粮食供需总体平衡粮食主销区和西部地区存在安全隐患［J］．中国粮食经济，2003（12）．

吴乐，邹文涛．我国粮食消费的现状和趋势及对策［J］．农业现代化研究，2011（3）：129－133．

吴青劼．我国粮食消费结构一般研究［D］．北京：北京工商大学，2013．

虞国平．我国粮食供需现状及发展对策［J］．现代农业科技，2009（4）：237－241．

张锦华，许庆．城市化进程中我国城乡居民的长期粮食需求［J］．华南农业大学学报（社会科学版），2012（1）：99－107．

主要粮油品种贸易趋势探讨［EB/OL］．中华粮网，2014－07－11．

第二篇　粮食市场与粮食贸易

第六章　粮食市场

本章学习目标:

1. 理解粮食市场的定义、功能与作用;
2. 了解粮食市场的分类及管理;
3. 了解各类粮食市场主体发展的现状及问题;
4. 掌握粮食市场的结构及完善粮食市场结构的举措。

第一节　粮食市场基础知识

一、粮食市场的定义、功能与作用

(一) 粮食市场的定义

粮食市场系指进行粮食交换、买卖的场所。广义的粮食市场是指粮食作为商品的交换关系的总和。它反映了粮食生产和粮食需求之间,粮食的可供量与有支付能力的需求之间,粮食的生产者和消费者、买方与卖方之间,粮食所涉及的各国民经济部门之间广泛的经济联系。粮食市场是社会分工和商品生产的产物。

(二) 粮食市场的功能

粮食市场的功能是粮食市场机体所具有的客观职能。主要包括:

(1) 交换功能。就是不同的粮食生产者之间、粮食生产者与粮食消费者之间通过粮食市场进行粮食交换。在商品经济条件下,粮食生产者由于社会分工而相互分离,各自生产自己的产品。但客观上又要求他们之间互相依赖,不同的粮食生产者之间通过粮食市场进行粮食交换。粮食市场又是粮食生产者与粮食消费者之间联系的纽带,粮食生产者生产出的粮食,要想从生产领域转移到消费领域,必须通过市场交换来实现。

（2）实现功能。商品是使用价值和价值的矛盾统一体，粮食生产者为了实现其产品的价值，必须在粮食市场上作为卖方让渡自己的产品，粮食消费者为了满足自己的需要，必须作为买方购买这些粮食。为此，必须通过多次购销活动，使商品所有权在交换当事人之间不断转手，才能使粮食商品的价值和使用价值得以实现。

（3）检验功能。粮食商品的价值和使用价值是通过粮食市场实现的，但其价值和使用价值能否得以真正实现，必须接受市场的检验。粮食商品进入粮食市场后，是否能真正地被粮食所有者售出，取决于多种因素，如粮食商品的品种、规格、质量、粮食商品的供求情况等，只有被售出，才能得到社会承认，粮食生产者消耗的具体劳动才能转化为抽象劳动，若没有被粮食所有者售出，就不能实现其价值和使用价值。可见，商品的价值和使用价值就是这样通过粮食市场来检验的。

（三）粮食市场的作用

随着我国粮食市场不断发展，粮食市场的功能决定了粮食市场对社会经济生活有着以下几个方面的重要作用：

（1）促进粮食生产的发展。在市场经济条件下，商品生产与商品流通是互相依赖，互为前提的。生产决定流通，但流通又反作用于生产，在一定条件下，会对生产起决定性的作用。粮食市场畅通，农民生产的粮食货畅其流、价值顺利实现，就能鼓励生产者增加投入，扩大生产；相反，当市场流通不畅，粮食商品销路堵塞或滞销，商品价值难以实现，生产者的投入得不到补偿，就会影响生产积极性，导致生产萎缩。

（2）满足粮食消费需求，保障人民生活。粮食消费需求的满足，取决于粮食生产的发展水平。而在商品经济条件下，粮食需求的满足程度又是通过粮食市场交换活动得以实现的。没有粮食市场，没有粮食商品交换，粮食消费者的需求就无法满足。

（3）促进市场繁荣，促进国民经济的发展。粮食是国民经济的基础，粮价是市场物价的基础，粮食市场容量大、消费范围广，粮食市场交换的品种结构、质量结构、渠道通畅程度以及价格变化等都对市场发生影响，粮食市场繁荣与否，影响整个国家市场的繁荣。

二、粮食市场的分类及管理

（一）粮食市场的分类

（1）按照粮食市场的调节方法划分，可分为计划粮食市场与非计划粮食市场。计划粮食市场是由国家计划进行控制和调节的市场；非计划粮食市场是计划粮食市场以外由价值规律和供求关系调节的粮食市场。

（2）按照使用价值的表现形式划分，可分为粮食商品市场和粮食服务市场。粮食商品市场是指直接进行粮食商品交换的场所。粮食商品市场又可根据社会需要的不同，分为粮食生产资料市场和粮食消费资料市场。粮食生产资料市场是用于交换生产用的粮食商品的场所，如种子和饲料的供应，食品、酿造、副食品等行业所需原料的粮食交换等。粮食消费资料市场是指交换生活需要的粮食商品的场所。粮食服务性市场，是指不交换粮食实物，而是以提供活劳动或劳动成果来满足人们的某种特殊需要的场所，如提供信息、咨询、技术转让和经营设施、场所、工具、器材等。

（3）根据流通环节不同，可划分为粮食采购市场、批发市场和零售市场。粮食采购市场是指在农村或市场上以采购粮食为内容的商品交换场所。粮食批发市场是设在城镇上从事大批量粮食购销活动的场所。粮食零售市场是指粮食零售商业从粮食批发商业或粮食生产单位购进粮食、直接供应给消费者的场所。

（4）按照地域划分，可分为国内粮食市场和国际粮食市场，国内粮食市场又可分为城市粮食市场和农村粮食市场。

（二）粮食市场的管理

国家有关部门为使粮食生产者、经营者、消费者的活动有秩序地进行，对粮食市场的交易活动实施的行政监督管理。其目的是，保证国家粮食购销计划的执行，保护生产者、经营者和消费者的合法权益，稳定粮食局势，消除市场调节的消极作用。我国粮食市场是在国家宏观控制和计划指导下，以国营商业为主导的市场，具有供求关系紧张、稳定性差、受自然条件影响大、计划购销与自由购销并存等特点，因而市场管理的内容和方式必须是综合性的。主要包括：

（1）制定法律法规。国务院发布的《城乡集市贸易管理办法》，商业部、国家工商行政管理局、国家物价局和中国人民银行联合下发的《关于加强粮食市场管理的通知》等，都对粮食市场管理作了明确规定，所有粮食经营单位和个人都应严格遵守。

（2）行政管理。如制定最高限价或最低保护价，市场开放与关闭的时间等。运用行政手段管理，要注意防止对企业的经营活动乱加干预。

（3）经济手段。包括价格、税收、信贷、利率等经济杠杆，以及国家通过国营商业在粮食市场上进行的吞吐活动。

第二节　粮食市场主体

随着粮食购销市场化改革的深入和中国加入 WTO，粮食市场经营主体将由单一的处于垄断地位的国有粮食系统向国有、集体、私营、外资等多种所有制经济主体转变，粮食市场经营主体多元化是大势所趋。

一、粮食生产者

粮食生产者是否进行粮食生产，生产多少粮食，与生产粮食的收益正相关，而与生产粮食所产生的机会成本负相关。也就是说，生产粮食获得的收益越多，粮食生产者投入生产的积极性越高；而生产粮食产生的机会成本越高，则放弃粮食生产的几率就越大。近年来，国家加大对粮食生产的投入和对粮食生产者的直接补贴，使得粮食生产者收益有所增加，但是，随着粮食生产者素质的提高、城市就业的机会增多等，粮食生产的机会成本也在不断提高，而且机会成本增加的速度远远大于粮食生产收益增加的速度，使得粮食生产者放弃粮食生产的现象也较为突出。只有先提高粮食生产的收益，才能最终提高粮食生产者的积极性。

（一）我国对于粮食生产者的利益补贴现状

为提高粮食生产者的积极性，稳定粮食生产，2004 年以来国家实施了一系列对粮食生产者进行利益补偿的政策。随着经济的发展，以及国家对粮食安全的重视，国家对粮食生产者补偿的力度不断加大。2004 年，全国实施粮食直接补贴的省有 29 个，直接补贴资金 116 亿元，有 6 亿农民直接得到了补贴的好处。2006 年，国家出台了农资综合直补政策，以解决我国化肥、柴油、农药等农业生产资料价格上涨对种粮农民的影响。2009 年平均每亩粮食中央补贴 47 元，中央财政安排专项资金，支持建设

2 600 个粮棉油高产创建示范片，覆盖全国 1700 个县。国家安排专项资金，在 770 个县进行基层农业技术推广体系改革与建设示范。2010 年国家加大对粮食的直接补贴，将补贴资金通过"一卡通"或者"一折通"直接发放到农民手中。进一步调高粮食的最低收购价格，2011 年生产的早籼稻（三等，下同）、中晚籼稻、粳稻最低收购价分别提高到每 50 千克 102 元、107 元、128 元。2011 年国家继续增加对农机具的购置补贴，扩大补贴机具的种类，目前补贴机具品种有 12 大类 38 小类的 128 个品目。补贴标准是全国总体上执行 30％的补贴比例，血疫防区"以机代牛"和汶川地震重灾区县补贴比例为 50％；单机补贴额最高不超过 5 万元，根据实际需要，100 马力①以上大型拖拉机等机具补贴限额为 12 万元。通过粮食补偿政策的实施，我国粮食总产稳定增长，2014 总产量达到 60 194 万吨。

（二）粮食生产者生产的目标

粮食生产者种粮行为不仅仅是经济行为，也是一种社会行为。从经济发展角度看，粮食生产者是最基本的生产经营单位，是国家粮食安全和商品粮供给主体；从社会发展角度看，粮食生产者是接受政治权利诉求和文化价值观念的基础主体。粮食生产者的生产行为决定了农村社会经济发展程度，也反映农村社会经济发展趋势，影响社会和谐发展和国家粮食安全。粮食生产者的生产行为是以增加收入和促进农业可持续发展为目标的。

二、粮食中间商

（一）粮食中间商的定义

粮食中间商指在粮食产品流通过程中为产品销售而担任各种不同商业职能的企业或个人的总称。粮食产品从生产领域向消费领域转移，一般地首先要进入流通领域，经流通领域内组织粮食产品销售的企业或个人的业务活动，最终将粮食产品送达消费领域，实现其价值和使用价值。各种类型的粮食中间商就是专门组织粮食产品交换，实现粮食产品流通，最终完成粮食产品销售的经济组织。没有粮食中间商的营销活动，粮食产品销售

---

①　1 马力＝735.499 瓦特，下同。

就会受阻或中断，将会直接影响粮食生产企业的发展和人民生活需要的满足。

（二）粮食中间商的分类

粮食中间商按其在流通过程中的地位和作用可以分为批发商和零售商。

1. 粮食批发商

是专门从事把粮食产品或替委托人把粮食产品卖给最终消费者以外的购买者的中间商。粮食批发商处于粮食生产者与零售商的中间环节，它一般有两种类型：①粮食经销批发商。这类批发商是指从粮食生产部门购进粮食产品，经过加工、整理、储存、分类等再转售给粮食零售商、粮食加工厂或其他部门的粮食产品经销组织。粮食经销批发商是我国粮食产品流通中的中坚力量，其主要职能是集散粮食产品，担负着稳定粮食市场、平抑粮食产品价格、合理储存粮食产品、满足消费、促进和引导生产等重要任务。②粮食代理批发商。是指那些不拥有粮食产品所有权，只接受粮食生产部门的委托，从事粮食产品批发业务的组织。它与粮食生产企业（个人）不是买卖关系，而是委托关系，只收取佣金或手续费。

2. 粮食零售商

是把粮食产品直接销售给最终消费者的中间商。粮食零售商是粮食产品从生产者到消费者流通过程中的最后一个环节，直接与消费者相联系。

三、粮食加工企业

（一）粮食加工企业存在的重要意义

粮食加工业是粮食再生产过程中的重要环节，是关系到粮食生产满足市场消费需求，提高原粮加工度和附加值的一项重要产业，是国民经济的基础性行业。粮食加工业的发展，一方面，对于满足全面建设小康社会对粮食食品多样化、优质化、营养化和方便化的需求，对于促进食品工业发展，改善人们的食物结构和营养结构，提高人民生活和健康水平具有重要作用。另一方面，能引导粮食生产结构调整，延伸粮食产业链，对促进粮食资源的综合利用和转化增值，提高农业综合效益和增加农民收入具有重要作用。此外发展粮食加工业对提高粮食企业经济效益，增强我国粮食的综合竞争力，保障国家粮食安全都具有十分重要的意义。

（二）粮食加工企业的现状

经过调查研究，我国粮食加工企业耗费的成本随着经济的发展出现了变化不定的趋势。由于劳动成本的增加，我国粮食加工企业成本的快速增多已经严重影响了种粮农民的利益，降低了中国在国际粮食市场中的竞争优势。粮食价格上涨与粮食的供应没有直接关系，主要原因应该是，我国粮食加工企业流通成本过高，比国外同行高 10％以上。其次，我国粮食加工企业规模比较小，技术手段相对落后。据中国粮食行业协会统计，全国大米加工企业 7 160 个，年生产能力 12 447 万吨，实际产量只有 2 914 万吨，平均开工率不足 30％；面粉加工企业 2 819 家，年生产能力 8 090 万吨，实际产量只有 3 480 万吨，平均开工率只有 42％。第三，我国粮食加工企业创新不够，生产技术相对陈旧。因此，降低粮食加工成本是粮食加工企业不可忽视的问题，只有降低成本，才能增加我国在国际市场上的话语权。

（三）粮食加工企业成本的组成

我国粮食加工企业在粮食加工过程中投入的成本是非常广泛的，这些成本主要是指企业在粮食加工各个过程中所投入的所有费用的总和。它主要是由以下几个部分构成的：企业在购买粮食的过程中耗费的资金，大概有运费、购买资金以及购买过程中的花销等。在生产加工时耗费的资金，大概有人工搬运费、电费、水费、设施维修以及更新所耗费的资金等。粮食在储存时耗费的资金，有房租费、材料费、看守费等。销售过程中的耗费的资金，如广告费、推销人员雇佣费、赠品费用、差旅费、运输费用等。

（四）粮食加工企业成本管理存在的主要问题

1. 成本管理理念落后

成本管理理念落后表现在成本管理的范围、目的以及管理手段等方面的认识存在偏差，他们仍然将成本管理的范围局限于企业内部，认为成本仅仅是生产过程中的成本，而忽视了企业外部因素，例如粮食供应、市场营销和售后服务等过程中发生的流通性费用的节约。这种对成本管理的理念是狭隘的、片面的，成本无处不在，分散在各个作业流程、各个运行方式中。应该看到，随着市场经济不断发展，粮食成本结构中生产性费用越来越趋小，而流通性费用越来越趋大。忽视流通性费用节约的成本管理方法，将无法有效地控制成本趋高。不注重成本管理方法的创新，粮食加工企业将很难高效发展。

2. 员工素质普遍偏低

企业管理者的个人素质直接关系到企业的发展。据初步调查，大部分粮食加工企业管理者学历都不高，从事管理工作的时间比较短，缺乏企业管理经验，有的粮食加工企业管理者还缺少财务会计专业知识，不懂或很少懂计算机的使用，缺乏企业管理研究。因此，在成本管理方面，他们无法适应现代企业对成本全方位管理的要求。在员工素质方面，存在只看重廉价劳动力的使用价值，不注重对员工专业知识的培训和工作能力的锻炼。正是这些原因，造成粮食加工企业管理落后，严重影响了企业生产经营成本的降低。

3. 缺乏创新意识

目前，我国粮食加工企业管理者普遍存在着缺乏创新意识和开拓精神，他们中多数人不能用长远的眼光、发展的思路谋划企业的发展规划，他们习惯沿用以前的、过时的、陈旧的管理方法，不注重新技术的引进和新产品的开发。这种落后的观念带来的是落后的管理，而落后的管理直接影响了企业的发展。粮食加工企业走出困境就必须更新观念，学习国外先进管理方法，勇于创新，敢于开拓，企业才会高效快速发展。

（五）粮食加工企业成本管理的应对措施

1. 提高企业员工的素质

强化成本管理意识，使员工认识到成本管理对企业发展的重要性，充分调动员工的创造性和积极性。员工是成本管理的执行者，他们执行的好坏直接影响到产品质量的高低，关系到企业在市场中的竞争力。关心员工的成长和个人素质的培养，是企业管理者必须从企业发展的战略高度来重视的问题，学习专业知识，熟悉工作程序，了解国内外市场，锻炼工作能力，建设一支有文化、高素质的爱岗敬业的管理团队。

2. 完善成本约束激励机制

为了保证成本管理的各项措施的有效性和有序的发展，粮食加工企业应当建立和完善成本管理约束激励机制，建立各种程序和规范，使粮食加工企业的各项活动遵循有利于成本管理的方式进行。只有加强完善成本管理约束激励机制，做到有奖有罚，才能促进员工不断学习进步，才能调动员工的创新意识，凝聚企业的竞争力，才能形成良好的企业文化，留住优秀人才。

3. 拓宽成本管理的范围

成本管理要实行全面有效管理，包括生产过程、信息源成本、技术成本、销售成本、售后服务成本等。另外，对成本管理还要实行全员成本管理，使粮食加工企业每一个员工都是成本的管理者。只有对粮食加工企业生产的全过程、全方位都以科学的方法进行管理，才能保证成本管理的真实性、可行性、高效性。

4. 加大创新成本的投入

首先，我国粮食加工企业应充分学习和借鉴国外一切先进的成本管理理念和方法。其次，粮食加工企业要充分认识到创新改变命运，创新创造财富。加强技术创新投入，促进成本管理，创造新技术、新产品。创新需要资金投入，甚至是高投入，但从企业发展的长远看，这种投资是合理的，它能提高经济效益、节能降耗、增加产品附加值，使企业在激烈竞争的国际市场立于不败之地。

四、国有粮食系统

（一）国有粮食系统的构架

国有粮食系统的组织构架是：各大行政区设立粮食管理局，为粮食部派出机构，各省设立粮食厅（局），地市（专区）设粮食局，县设粮食局（科），均为同级政府的组成部分，受本级政府和上级粮食行政机构双重领导。各级粮食行政机构根据业务需要下设企业单位，从事粮食购销调存、加工等业务。长期以来，所谓粮食部门，即包括粮食行政部分和粮食企业部分的合称。

（二）国有粮食系统的特点

总的看来，国有粮食系统的主要特点有三个：一是组织和机构的设置与行政管辖的科层体系相一致。中央级机构，省级机构，地市（专区）级机构，县级机构，乡级机构分别对应于中央政府，省政府，地市（专区）政府，乡政府，并纳入政府组成序列。二是各级粮食系统的粮食经营管理范围与同级政府形成管辖范围完全重合，如县级粮食系统经营管理范围为本县管辖范围，乡粮管所（粮站）的经营管理范围为本乡辖区范围。粮食收购范围完全就是同级政府的管辖范围，粮食销售如果超出管辖范围则需要上级的协调和批准。各级行政区域的粮食系统所属的组织机构，很少有设在辖区之外的，这种情况基本保持不变。三是各级粮食系统管理与经营活动均为完成政府任务，国有粮食系统的财务核算结果均由政府负责。从表象上看是国有粮食系统在经营粮食，实际上是政府在经营粮食。

第三节　粮食市场的结构

一、粮食市场结构的现状及问题

（一）粮食市场结构现状

经过几十年的发展，我国已初步形成涵盖粮食购销多个环节、多市场主体、多种交易方式、多层次市场结构的粮食市场体系，在搞活粮食流通，保证市场供应，提高流通效率，调节粮食供求，配置粮食资源，保护种粮农民利益等方面发挥了积极作用。

（二）我国粮食市场结构、模式的基本框架

从粮食购销市场化以来粮食流通格局的变化、粮食市场运行的实际情况和发展趋势看，我国粮食市场结构、模式总体上应表述为：能充分发挥国有粮食流通主渠道的作用，多元化粮食市场主体并存的、适应社会主义市场经济要求的、有国家宏观调控和必要行政干预的非完全竞争型粮食市场。形成以国家粮食交易中心为龙头、批发市场为骨干、期货市场为先导，传统交易与电子商务、商流与物流、现货与期货有机结合，国内外市场密切衔接的粮食市场新格局。应该说，上述所论及的粮食市场结构、模式是有利于促进粮食经济发展的目标模式，是对理论工作者和粮食市场主体富有吸引力、激励他们追求和探索的模式，也是标准较高、难度较大的模式。我们应认识到，粮食市场模式的形成过程是不断探索、改进、调整和充实的过程，需要我们付出长期艰苦的努力。

（三）我国粮食市场结构存在的问题

在看到其发展的同时，我们也同样看到了它的问题。目前，粮食市场的发展状况与其所担负的重要任务还不相适应，其主要表现为：

1. 粮食市场主体发育不够充分

粮食生产者种植规模小，合作组织化程度低，参与市场竞争和抵御市场风险能力较差，作为市场主体还比较弱；部分国有粮食企业产权制度改革比较滞后，有的企业改革改制不规范，还没有建立起现代企业制度；其他所有制市场主体多数经营量小，特别是缺少一批大型的、有国际竞争能力的粮食企业集团；粮食市场行业中介组织发展尚不完善，服务功能和自律作用有待加强。

2. 各类粮食市场发展不够完善

粮食收购市场有序、公平竞争的机制还不健全。粮食批发市场在地区间发展不平衡，有的商流市场交易不活跃，成品粮市场在有的城镇发展缓慢。粮食零售供应网络不健全，质量安全保障体系不够完善，市场管理有待加强。粮食期货市场交易品种偏少，现货和期货市场联动性不够。市场服务功能不全，在引导粮食生产、形成市场价格、调节粮食供求等方面作用有待进一步发挥。

3. 市场发展环境不够理想

粮食市场建设缺乏科学规划和政策指导，市场重复建设和功能缺失并存。缺少粮食市场管理的专门法规规章，市场监管比较薄弱。一些市场基础设施条件差，政府资金投入不足，扶持市场发展的政策措施不到位。

4. 市场信息对粮食生产、流通的引导作用发挥不够充分

目前，我国还没有权威的粮食市场信息发布体系，信息收集、监测和处理系统建设比较滞后，面对不断变化的国际国内粮食市场，建设面向全社会的公益型粮食市场信息服务系统迫在眉睫。

二、完善粮食市场结构的举措

（一）优化完善市场结构，构建符合国情的粮食市场模式

从粮食市场运行的现实和发展看，促进中国粮食市场模式的建立，应以科学发展观为指导，认真贯彻实施《国家粮食安全中长期规划纲要》，坚持为粮食生产者服务，促进粮食稳产和农民增收；切实保障粮油市场供应和价格基本稳定，维护粮食安全；加强粮食市场管理，规范粮食流通秩序，提高粮食市场运行效率。具体应从以下几个方面做好工作：

1. 矫正和完善市场经济条件下的粮食流通运作机制

我国是粮食生产、流通和消费第一大国，粮食流通体制是经济体制的

重要组成部分，同整个经济体制改革相比，我国粮食流通体制改革相对滞后。按照建立社会主义市场经济体制的要求，我国粮食流通体制改革应坚持市场化取向，充分发挥市场在粮食资源配置中的基础性作用，建立国家有效调控下的市场经济型粮食流通体制。要确保国家粮食安全，必须把市场机制和宏观调控有机结合起来，既要加快建立全国统一开放、竞争有序的粮食市场体系，充分发挥市场配置粮食资源的基础性作用，促进粮食快捷顺畅有序流通，又要坚定不移地增强政府调控粮食市场的能力，完善粮食储备体系和应急机制，加强粮食流通监管，规范粮食经营行为，维护粮食正常流通秩序，保障粮食市场供应和价格基本稳定。

2. 建立功能完善、运转灵活的现代粮食市场体系

建立和健全粮食市场体系，充分发挥市场机制的调节作用，由政府调控市场，市场引导粮食生产和流通，要根据各自的地域特点、条件和产销情况，规划建设不同层次、不同功能的各类批发市场，构建布局合理、功能适宜、流向合理的区域性、专业性粮食市场体系，以促进粮食的流通。正确处理三层次市场关系，加快粮食市场体系建设。在以城乡集贸市场、批发市场和期货市场"三位一体"的粮食市场体系中，各层次市场的定位和功能是：集贸市场（包括超市）是面向消费者的市场，农民余粮出售和城镇居民口粮采购的主要渠道，在沟通产销，满足当地群众生活需要方面发挥着重要作用。它的主要缺陷是交易层次低，数量小，批次多，透明度差，辐射力和影响范围有限，不能形成反映粮食供求关系的权威价格。批发市场是粮食的集散中心，主要在沟通大宗粮食交易，调节粮食供求，发现价格方面发挥作用，并承担国家和地方储备粮食轮换和陈化粮处理等任务，是国家对粮食进行宏观调控的主要载体。但现货市场本身也有很大的局限性，如只能反映即期需求，缺少分散风险机制。期货市场是粮食远期价格形成中心，具有发现远期价格、回避交易风险等作用，可以弥补现货市场的缺陷。在市场体系中，这三个层次市场的关系是：集贸市场是基础，是低层次的初级市场；批发市场是市场体系的骨干，是中层次的市场；期货市场是补充，是高层次的市场。三级市场相辅相成，相互联系，互为补充，构成了完整的粮食市场体系，使各类粮食交易得以顺利进行。

3. 强化系统观，实现粮食市场结构完整化

我国粮食市场体系由多层次的粮食现货市场和期货市场共同组成。关于粮食现货市场，截至目前，我国已拥有多家国家级粮食交易中心，逐步形成了以国家级粮食交易中心为龙头，区域性批发市场和大中城市成品粮市场为骨干，城镇集贸市场为基础的多层次的粮食现货市场体系。作为市场中介，交易中心除了具备发现价格、公平交易、发布信息、资金结算、技术服务、处理纠纷等保障市场运行的基本功能外，还具备如下宏观功能：一是配合国家有关部门进行粮食宏观调控。每天的交易结束后，各种数据均要上报国家有关部门，国家根据即时信息迅速做出宏观调控决策。交易中心则通过以一家市场带动多家市场的功能对国家决策有效执行并做出及时反馈，通过交易规则调整、会员信息监控等手段杜绝中间商的投机行为。

（二）建立有利于产销的政府调控下的市场粮食价格机制

在正常情况，应主要依靠市场机制来形成价格，价格随供求变化而波动，企业按市场价格经营粮食但在市场粮食价格跌近生产成本，导致谷贱伤农时，政府应该制定保护价格。粮食价格全面放开后，为搞好宏观调控，国家还要利用现代化的信息手段，加强对粮食市场运行的跟踪监测，建立粮食市场监测及预警系统，及时收集分析市场信息，认真研究国内外粮食生产、消费、价格、品质、贸易、政策等动态，发现粮食市场价格异常波动和粮食供求关系将要发生变化时，及时发出预警，以便事先预防，减轻市场波动，降低调控成本。

（三）努力创造一个粮食市场多元化主体之间能平等竞争的市场环境

在粮食流通中，竞争的实质表现为它同供求、价值及市场诸内容之间的有机联系。市场经济条件下，粮食流通竞争关系主要表现在粮食市场经营主体之间为了获得有利的市场条件和取得更多的销售利润而展开的竞争。粮食市场竞争的展开，离不开平等竞争的市场环境，具体包括：市场地位平等、竞争机会平等、竞争权力平等和竞争尺度平等。除此之外，还要求自主竞争、利益机制和保护竞争。为能满足粮食市场平等竞争的要求，需要采取如下的相应措施：

1. 构造均态的粮食市场格局

构成市场的两大基本要素是供给与需求，粮食市场也不例外。供求双方在粮食市场上始终处于矛盾的运动之中，或供大于求，或供小于求，或供求相对平衡，我们统称这三种状态叫粮食市场格局，把供求的相对平衡统称为均态市场。从我国的粮情看，还不能说已进入买方市场，但可以讲在一定的时期、一定的范围存在买方市场现象。在卖方市场条件下，粮食供应紧张，往往由于部分需求得不到满足而导致市场信号失真。而买方市场的存在，又使相当部分的粮食在市场上得不到实现，造成一定的浪费。从理论上讲，供大于求，粮价可以降低，反过来能刺激消费，但粮食是需求弹性相对较小的商品，价格刺激对消费影响不大。因此，无论是供大于求还是供小于求的市场格局都难以形成平等的粮食市场竞争。然而，在均态粮食市场格局下情况则截然不同。如果需求对供给略占优势，消费者间的竞相购买将推动粮价的上升；如果供给对需求略占优势，那么卖者间的竞争将推动粮价的降低。这两种竞争会使粮价接近于中位的价值，结果不仅有利于市场信号的形成，更有利于平等竞争的展开。

2. 加快粮食市场规则建设

粮食市场规则是指由市场调节主体按市场运行机制的客观要求制定的，供参与粮食市场交易活动的各方所共同遵守的市场制度或章程。统一的粮食市场规则是平等竞争的保证条件。粮食市场规则的主要内容包括：粮食市场进出规则；粮食市场法律规则和粮食市场行政管理规则。加强粮食市场规则建设是引导粮食市场主体走向市场的重要前提；是调整粮食市场上各方面的经济关系，处理市场上的各种经济矛盾，解决市场上各种经济纠纷，保证平等竞争顺利进行的条件；是政府有效地调控粮食市场的基本手段，并能够提高政府调控粮食市场的科学性。

3. 密切国内外市场的衔接，调节国内粮食供求，保障国家粮食安全

我国人多地少、水资源短缺的矛盾将长期存在。对于我们这样一个大国，保障粮食安全必须始终坚持立足国内实现粮食基本自给方针不动摇，加大强农惠农政策力度，充分调动农民种粮积极性，着力提高粮食生产经营能力。这应是我国长期坚持的一项基本国策。同时，处理好国内与国际两个市场的关系。要有国际视野和战略眼光，积极利用两个市场、两种资源，调剂国内粮食品种余缺，实现粮食供求紧平衡的调控目标；进一步完善以市场配置粮食资源为主要手段，以政府粮食储备和调控为后盾的粮食流通新体制，促进粮食生产增长和流通顺畅，立足国内市场为主，利用国际市场为补充，解决缺口粮源；不断增强政府粮食宏观调控能力，适时采取有效措施稳定粮食市场，确保突发情况下的粮食应急供应，保持粮食供需基本平衡和价格总体稳定。建立健全粮食市场监测预警体系，密切跟踪国内外市场形势和变化趋势，完善粮食供求和价格信息发布制度，增强调控的科学性和预见性。建立充分利用国际市场和资源的进出口战略机制，着手构建满足我国需要的全球粮食资源供应链体系，灵活运用进出口手段，完善进出口调节机制，促进国内粮食供求的基本平衡，保障国家粮食安全。

(四) 加强粮食市场的组织与管理，切实维护粮食市场秩序

认真贯彻《粮食流通管理条例》和《中央储备粮管理条例》，加快粮食市场管理规章制度建设，完善《粮食批发市场管理办法》《粮食竞价交易管理办法》有关规章制度，加强粮食市场监管，确保市场管理纳入法制化轨道。完善粮食收购市场准入和退出制度，加强对已经取得粮食收购资格的经营者指导、服务和监管，并定期进行审核。建立健全粮食质量标准和检验检测体系，加强粮食质量安全监督抽查，严把粮食质量安全关，严禁不符合质量和卫生标准的粮食流入口粮市场。各级粮食行政管理部门要与有关部门密切配合，形成管理合力，重视发挥各类粮食行业协会的自律作用，切实维护粮食流通市场秩序。要充分挖掘粮食市场的潜力，要解决对粮食市场越干预问题越多，以及由此带来的市场滞胀，粮价走低，粮食生产积极性不高等方面的问题。同时，要创新粮食交易方式，打通物流渠道，实施市场流通与网上流通相结合，局域内购销与跨地区购销相匹配，内贸与外贸兼顾的粮食经营策略。还要制定相应的市场管理办法，规范粮食市场营运。银行、工商、税务等职能部门，对严格按照国家在某一阶段内限定的粮食最高价和最低价以及市场规则合法经营的商户，应该予以大力支持；对有意哄抬物价，或者囤积居奇，有意扰乱市场的粮食经营者，则要加以限制，对于情节特别严重的，有关部门还应实施强硬的打击手段，予以严厉制裁。只有真正地做到对粮食经营的放开，才能培育出按市场规律运行的粮食市场；只有拿出新的粮食经营策略，才能充分地发挥市场的潜在能力；只有给经营者提供一个公平竞争的环境，才能有效维护粮食市场的秩序。

(五) 加强和完善粮食市场的宏观调控，促进粮食市场稳定发展

粮食宏观调控是指一个国家的中央政府遵循自然规律和经济规律，用经济、法律和必要的行政手段，对粮食生产、流通状况和发展趋势进行总体指导和调节，以保持粮食供求总量平衡，实现国家粮食安全。宏观调控是社会主义市场经济健康发展的保障。粮食作为特殊重要的商品，在充分发挥市场机制配置粮食资源作用的同时，还必须加强宏观调控。必须一手

抓市场机制的完善，一手抓政府粮食宏观调控能力的增强，把"放开"和"调控"有机结合，做到放而不乱、放而有序，为人民群众提供粮食消费的定心丸。同时，绝不能放松粮食生产，稳定耕地面积，加大粮食主产区建设的力度。作为粮食消费大国，在产业结构调整、转变经济发展方式的同时，担负起保障国家粮食安全、实现粮食供求基本平衡的责任。健全政府粮食宏观调控机制，就是政府在实施粮食宏观调控时，主要采用经济手段，辅之以必要的法律手段，尽量减少对粮食市场和价格的行政干预。"完善四大体系"，即完善粮食宏观调控体系、粮食市场体系、粮食产业化体系和粮食流通监督保障体系。完善粮食宏观调控体系，要严格保护耕地和粮食综合生产能力，完善种粮直接补贴机制和粮食最低收购价政策。在完善政府粮食储备体系的基础上，探索建立全社会粮食储备体系。加强粮食安全监测预警，增强粮食应急能力。推进粮食流通基础设施建设，提升粮食物流功能。完善粮食市场体系，要进一步培育多元化的粮食市场主体，搞活粮食流通，形成竞争有序的粮食市场体系。完善粮食产业化体系，要进一步培育粮食产业化龙头企业，扶持粮食购销、存储、加工一体化企业发展，促进形成粮食产业园区和产业带，提高粮食科技和信息化水平。完善粮食流通监督保障体系，要继续加强粮食法制建设，促进粮食依法行政和守法经营；加强粮食流通监督检查，维护粮食市场公平竞争的良好环境。

思　考　题

1. 进一步深化国有粮食企业改革，重点要做好哪些工作？
2. 国际粮价波动对我国粮食市场结构的影响有哪些？

参　考　文　献

卜蓓. 国家粮食安全与粮食生产者利益的相关性分析 [J]. 粮食科技与经济，2014 (5).

陈超. 浅谈国有粮食企业改革与发展应具备的意识 [J]. 粮食问题研究，2012 (5).

郭小婷. 我国粮食产业市场结构对粮食定价权的影响研究 [J]. 安徽农业科学，2011 (35).

国家统计局．2013 年中国统计年鉴［M］．北京：中国统计出版社．

侯立军．我国粮食市场结构与模式探究［J］．粮食储藏，2010（4）．

黄树卿．论我国建立开放式粮食市场体系的实践策略［J］．经济研究参考，2014（35）．

李林蓉．发达国家粮食生产者价格政策的比较分析［J］．安徽农业科学，2015（1）．

刘栋．我国粮食企业融资问题探究［J］．中国粮食经济，2008（10）．

谭砚文．中国粮食市场调控政策的实施绩效与评价［J］．农业经济问题，2014（5）．

第七章　粮食价格

本章学习目标：
　　1. 了解中国粮食价格体系及发展变化；
　　2. 理解中国粮食成本和价格比较；
　　3. 了解不同理论对粮食价格波动的解释。

　　价格是市场经济中资源配置的一个重要机制，它能引导资源的合理流动和有效配置。粮食价格是粮食经济的一个重要问题。完善的价格形成机制、健全的价格体系能够引导粮食生产的顺利进行，从而保障粮食市场的供求平衡。本章首先介绍中国粮食价格体系及其发展变化，然后对中国粮食成本和价格进行比较分析，最后讨论中国粮食价格波动及其影响。

第一节　中国粮食价格体系及发展变化

　　对中国粮食价格体系及发展变化问题的分析，首先必须了解中国粮食价格的形成及其影响因素，然后弄清楚中国的粮食价格体系构成，最后要了解中国粮食价格的历史演变过程。

一、粮食价格形成

　　价格是商品价值的货币表现，并受市场供求关系的影响围绕商品价值上下波动。同样，粮食价格是粮食这种商品价值的货币表现形式，并且，受粮食市场供求关系的影响围绕粮食价值上下波动。

　　粮食价格是各种农副产品和工业品比价的基础。粮食价格的形成，从形成机制上看，就是粮食价格与社会再生产运动各环节、各要素之间有机联系、相互作用、相互制约的过程与方式。即，影响和约束粮食价格的各种力量的总称。粮食价格的形成主要有两种方式：一是市场定价机制。即由市场决定粮食价格的过程与方式。二是政府调控机制。即政府通过经济手段、法律手段和行政手段对粮食价格进行调控的过程与方式。根据市场和政府这两种力量在粮食价格机制中的作用强度和方式的不同，可以分为市场主导型粮食价格机制和政府主导型粮食价格机制。市场主导型粮食价格机制是指市场在粮食价格的形成中发挥基础作用，而政府调控则只在粮食供求关系发生重大变化时在市场经济内部对市场进行干预以弥补市场的缺陷。对于长期以来具有行政管制偏好的中国粮食经济来说，今后重要的任务就是减少行政干预，运用市场机制保证粮食供给和粮价稳定，构建市场主导型的粮食价格机制。

从粮食价格形成的影响因素分析，中国粮食价格的形成主要是受粮食供求关系和政府干预两个方面因素影响。其中，粮食供求关系是决定中国粮价的基础因素，政府干预是成为中国短期粮价走势的主导因素。

从供给角度来看，改革开放以来，中国粮食生产总量连续增长，但也存在不少隐忧。首先，城市化造成耕地面积减少。中国原本就是一个"人多地少"的国家，人均耕地面积不足世界平均水平的40%。改革开放后，工业化与城市化的快速发展导致大量耕地转为工业和商业用地。据中国土资源部2003年对中国耕地面积的摸底调查，当年耕地面积仅有18.5亿亩，随后政府提出了保证18亿亩耕地的政策红线。根据《国家粮食安全中长期规划纲要（2008—2020）》，中国耕地面积的长期目标为18亿亩，粮食播种面积为15.8亿亩。面对中国仍将进行的工业化与城市化进程，保住18亿亩耕地政策红线的任务非常艰巨。其次，种粮收益比偏低，农民种粮积极性受损严重。随着城市化进程，大量农村劳动力向非农部门转移，农村地区的劳动力结构性短缺，不但粮食作物之间的种植结构出现变化，而且与经济作物、外出务工相比，种粮收益明显偏低，粮食种植面积比重也在降低，如何保护农民种粮积极性，稳定粮食产出的确是一个很大的难题。

从需求方面来说，随着居民消费结构升级，粮食实际需求不断上升。随着经济发展，消费结构升级，居民摄入动物蛋白比重增加，粮食间接消费导致国内粮食总需求呈现刚性增长。官方预测2020年国内口粮消费占粮食消费总需求的比重为43%，饲料用粮需求占粮食消费总需求为41%。《饲料工业"十五"计划和2015年远景目标规划》曾提到未来中国蛋禽肉奶的料重比目标，猪肉大约为3∶1，禽肉、蛋类及水产品大约为2∶1，这表明居民每增加1千克肉类需求相当于消耗了2~3千克粮食。事实上，规划中提到的料重比目标仅仅是根据发达国家的饲养水平提出的中长期目标，当前国内猪肉的料重比大约为 3.9～4.2：1，消费结构提升带来的粮食需求可能远远大于我们的预测。

另外，在中国粮食价格的形成中，政府为了稳定粮食价格，保护和刺激种粮的积极性，通常还采取最低收购价、粮食拍卖机制和限制性粮食贸易政策等措施对粮食市场进行干预。

二、粮食价格体系

价格体系是指国民经济中各个不同领域所存在的相互联系、相互制约的价格形成的有机整体。价格作为一个商品经济范畴，价格体系就要反映一定的社会经济关系，其组成以及差异程度就由国家的生产力发展水平、社会经济结构等具体因素决定。不同国家、不同的经济体制，其价格体系有着不同的性质和特点。即使同一个国家，不同历史阶段的价格体系也不完全相同。

在社会主义市场经济体制逐步完善的当前时期，中国的价格体系包括市场价格、保护价格、最高限价和粮食平准价格四种形式。其中市场价格为市场定价，而保护价、最高限价和粮食平准价格一般认为是国家定价。

(一) 市场价格

市场价格是基本上由粮食市场的供给和需求状况决定的价格，具体包括两种形式：一是由市场形成的真正意义上的市场价格；二是政府通过充分模拟市场的方式制定的收购价格，包括基准价格和合理的浮动幅度。在放开粮食市场初期，国家定购价即为企业的收购价；取消定购制度后，除国家政策性粮食购销由国家定价外，多是参与市场竞争的主体——粮食经营企业，根据"购得进、销得出、有利润"的原则，自主决定粮食的购销价格，即按市场价格运作。

(二) 保护价

粮食的最低保护价是一种针对生产者的保护价格。国家制定保护价的基本原则，是既要保护粮食生产者的利益，又要对粮食生产者和经营者、消费者之间的利益关系进行协调。具体说来，保护价格应该具有以下特征：①粮食保护价格的制定要以补偿生产成本并有适当利润，有利于优化品种结构，并充分考虑国家财政承受能力为原则。随着国家财政能力的增强，应逐步提高保护价格水平，在条件具备时向支持性价格过渡。②保护价格的实施范围限于国家定购和专项储备粮食。③粮食收购的保护价格应该由各省、自治区、直辖市政府根据中央政府确定的基本原则，结合本地的实际情况自行制定。④保护价适用于收购和专储的主要粮食品种。

（三）最高限价

这是保护消费者利益的价格。当粮食的销售价格涨幅过大，损害消费者利益并对市场稳定构成威胁时，就有必要实施最高限价政策。粮食销售最高限价的制定和实施应该在中央指导下由各省、直辖市、自治区具体执行。

（四）粮食平准价格

主要是当粮食市场严重供不应求，市场价格涨幅过大时，中央或地方政府动用国家专项储备和地方储备粮食以平抑物价而采用的价格。价格水平由中央或地方的财政和粮食储备主管部门核定，其构成包括买入价和储备费用。此外，动用储备粮解决水库移民口粮、救灾粮和济贫粮等问题时，也可能采用这一价格形式。采用这一价格所产生的亏损由中央或地方的粮食风险基金支付。

由上述四种价格构成的粮食价格体系，相互配合，相辅相成，共同支持着中国社会主义市场经济下粮食体制的运行。在上述四种价格中，用得最多的是国家收购粮食时所采用的市场价格，而当粮食市场和粮食供求出现不正常走势时，其余三种价格中的某一种就有可能灵活、及时地发挥作用。

三、中国粮食价格的历史演变

粮食价格是由市场形成还是由政府制定，与经济体制密切相关，并随着经济体制的变化而变化。新中国成立以来中国粮食价格历经计划和市场两种形态，其形成机制大致经历了自由市场价格、政府统一定价、定购价格与市场价格并存、收购保护价与销售市场价并存、最低收购价与市场形成价格并存五个阶段。

（一）自由市场价格时期(1949—1952 年)

新中国成立初期，中国面临严重的通货膨胀，百业待兴，国民经济处于恢复阶段。当时粮食市场上多种经济成分并存，私营粮商占很大优势，政府对粮食实行自由购销，其价格由市场形成。1949 年 4 月到 1950 年 2 月，全国发生了以粮食价格上涨为主的四次价格大波动。为了掌握足够的粮食，打击投机势力，控制粮食价格上涨，各地根据中共中央和政务院的统一部署，在加强粮食征购工作的同时，组织国有粮食公司在市场上积极收购粮食。1950 年，贸易部制定各种粮食在计划收购总数中的比例为：小麦占 15.8％，大米占 55.15％，粗粮（包括玉米、豆类）占 28.99％；不同地区收购量占计划收购总量的比重为：华北区占 24.62％，华东区占 35.11％，中南地区占 32.06％，西南地区占 6.74％，西北地区占 1.69％。随着政府掌握粮食数量的增加，其价格稳中有降。据统计，1950 年 3 月上旬至 4 月中旬 40 天内，北京几种主要粮食价格下降 12％～34％，天津下降 11％～39％。1951 年农业战胜严重的自然灾害并获得丰收，粮食产量增长 9.2％。但随着国民经济恢复，粮食供求矛盾日益突出，特别是城市粮食供应短缺，导致粮食价格再度剧烈波动。据统计，1952 年全国粮食收购价格比 1950 年上升 12.4％。面对严峻的形势，政府通过加强市场管理、努力掌控粮源、培育国有商业、适时吞吐调节，基本保证了粮食市场和价格的稳定。尽管这一时期政府完善了粮食管理机构，加强对粮食市场的管理，但粮食市场购销活动是自由进行的，市场在粮食价格形成方面发挥着基础性作用，粮食价格形成机制呈现市场主导型特征。

（二）政府统一定价时期(1953—1984 年)

从 1953 年起，中国实施第一个五年计划，开始大规模的经济建设，城市和工矿区的人口迅速增加，对商品粮的需求日益增长。与此同时，农村一些农户惜售粮食，加剧市场粮食供应紧张。加上私营粮商操纵市场、抬价抢购粮食，引起市场价格大幅度上涨。1953 年与 1950 年相比，国有商业粮食收购价格上涨 37.1％、零售价格上涨 20.9％。为打击私营粮商操纵市场，保持粮食价格稳定，维护粮食安全和保障城市居民生活，中共中央和政务院决定从 1953 年 12 月起，在全国范围内对粮食实行计划收购和计划销售即统购统销。到 1985 年取消统购之前，统购统销制度在中国实施了 32 年之久。在此期间，政府多次调整粮食价格。1980—1984 年，粮食收购价格一直呈上升趋势，期间粮食收购价格指数累计上升 51.8%。在调整粮食价格的同时，从 1963 年开始对粮食实行超购加价政策。1953—1984 年，无论是调整粮食价格，还是实行超购加价，都只是粮食价格量的变化和比价关系的调整，始终没有突破政府统一定价，政府统一定价在粮食价格形成中占据主导地位，使粮食价格形成呈现政府主导型特征。

（三）定购价格和议购价格并存时期（1985—1992 年）

1985 年 1 月，中共中央《关于进一步活跃农村经济的十项政策》宣布取消粮食统购，实行合同定购。实行合同定购的品种是小麦、稻谷、玉米和辽宁、吉林、黑龙江、内蒙古、安徽、河南的大豆。合同定购内粮食按"倒三七"比例价收购，定购以外的粮食实行议购，价格随行就市。如果议购价格低于原统购价，政府按原统购价敞开收购，由此粮食收购价格呈现定购价格和议购价格"双轨"并存格局，在粮食商品总量中的一部分，其收购数量、方式和价格均由政府确定，而粮食商品总量中的另一部分，其收购数量、渠道和价格均由市场供求决定。1986 年和 1987 年两次大幅度调减粮食合同定购任务，扩大议购比重。1989 年政府大幅度提高粮食收购价格，当年粮食收购价格指数比上年上升 26.9%，对粮食生产起到明显的刺激作用。1990 年，国务院决定在完成国家粮食定购任务、敞开收购议价粮的基础上，对粮食收购实行最低保护价制度。由于没有取消统销，从而出现定购价格高于统销价格的"倒挂"现象，造成巨额财政补贴。在这种情况下，1991 年提高了长期未动的粮食统销价格，当年城市统销粮食价格提高 50%。与此同时，部分地区进行了"一步到位，全面放开粮价"的改革试点。

（四）收购保护价与销售市场价并存时期（1993—2003 年）

1993 年 2 月，国务院《关于加快粮食流通体制改革的通知》强调在国家宏观调控下放开粮食价格。当年放开了粮食收购价格和经营，建立了粮食收购保护价格制度。同时，各地陆续展开放开粮食销售价格和经营的试点。至 1993 年年底，全国 95% 以上的县市放开了粮食销售价格。粮食价格形成进入了收购保护价和销售市场价并存的时期。1997 年，对粮食流通体制实行政企分开、储备与经营分开、中央与地方责任分开、新老财务账目分开，完善粮食价格机制"四分开一完善"改革。1998年推进按保护价敞开收购农民余粮、粮食收储企业实行顺价销售、粮食收购资金封闭运行、加快国有粮食企业自身改革的"三项政策，一项改革"。1999年，国务院在继续贯彻"三项政策、一项改革"的基础上，对粮食保护价政策进行了调整。2001年7月31日，国务院《关于进一步深化粮食流通体制改革的意见》明确提出"放开销区、保护产区、省长负责、加强调控"的改革方针，加快粮食市场化改革的步伐。粮食主产区在坚持按保护价敞开收购农民余粮政策的同时，按照粮食省长负责制的要求，进行了粮食购销市场化改革的尝试和探索。到2003年6月，全国31个省、自治区、直辖市放开粮食价格和市场的达16个。这一阶段粮食价格形成机制改革是在建立社会主义市场经济体制的大背景下进行的，市场在粮食收购价格形成中的作用日渐增强。

（五）最低收购价与市场形成价格时期(2004年开始至今)

2004年1月，中共中央、国务院《关于促进农民增加收入若干政策的意见》明确提出"从2004年开始，国家将全面放开粮食收购和销售市场，实行购销多渠道经营"。3月，国家发改委、财政部、国家粮食局、中国农业发展银行等先后发出通知，宣布2004年早籼稻、中籼稻、粳稻和晚籼稻的最低收购价分别为每千克1.40元、1.44元、1.5元和1.44元，这是中国首次实施粮食收购的最低收购价政策。5月，国务院《关于进一步深化粮食流通体制改革的意见》和《粮食流通管理条例》提出了"放开收购市场，直接补贴粮农，转换企业机制，维护市场秩序，加强宏观调控"的改革思路。由此中国全面放开粮食收购和销售市场，实行粮食购销市场化，开始了最低收购价与市场形成价格并存的粮食价格形成新阶段。2006年，国务院下发了《关于完善粮食流通体制改革政策措施的意见》，进一步完善政策措施，健全体制机制，保证粮食流通体制改革的顺利推进。5月16日，国家发展和改革委员会、财政部、农业部、国家粮食局、中国农业发展银行、中国储备粮管理总公司，联合制定并下发《2006年小麦最低收购价执行预案》，首次启动小麦最低收购价执行预案。这个时期全面放开粮食购销市场和价格，标志着粮食价格形成机制迈上了以市场为主的轨道。

第二节　中国粮食成本和价格比较分析

粮食成本是制定粮食价格的重要依据，也是衡量粮食生产经济效益的一个重要指标。通过对粮食成本的分析，可以判断粮食生产的经济效益，反映粮食价格波动对粮食生产者的影响，最终为国家调控粮食价格提供科学依据。

一、粮食成本的概念

成本是生产产品所需的各项开支。成本有会计成本和经济成本之分。其中，会计成本生产者在生产中按照相应的市场价格直接支付的并在会计账面上体现出来的一切费用，也即经济学上讲的显性成本；经济成本是既包括显性成本，也包括隐性成本在内的总成本。粮食成本包括生产成本和总成本。其中，生产成本，相当于会计成本，是指粮食生产过程中发生的各项物质费用和人工支出的总和。反映粮食生产成本的指标有单位产品生产成本和单位面积生产成本。粮食总成本，相当于会计成本，是粮食生产的全部要素成本。

中国农产品成本调查核算工作始于1953年，1979年9月第一次建立了较为规范、完整的农产品成本核算体系。后来，为适应农业生产、农村经济改革和国家经济体制改革的需要，国家有关部门先后在1984年、1987年、1989年、1992年、1998年和2004年先后6次对其进行调整、修订，形成了目前版本的农产品成本核算体系。中国的新农产品成本核算体系，不仅合算了资金、土地和劳动力的全部要素成本，而且也反映了种粮农民的实际支出和实际收益。

二、粮食成本的构成

根据中国现行的农产品成本核算体系，衡量粮食成本的指标主要包括现金成本、生产成本和总成本。

（一）现金成本

现金成本是指粮食生产过程中发生的全部现金和实物支出，包括种子费、化肥费、农药费、机械作业费、排灌费、修理费、折旧费、税金、雇工费用和流转地租金等，反映了种粮农民的实际支出。

（二）生产成本

生产成本是生产粮食所耗费的物化劳动和活劳动的货币表现，它反映了粮食生产中发生的除土地以外的各种资源耗费。在计算的时候，通常是用物质和服务费用与人工费用之和来表示的。其计算公式是：

生产成本＝物质和服务费用＋人工费用

其中，物质和服务费用是指在粮食的直接生产过程中消耗的各种生产资料费用、购买各项服务的支出以及与粮食生产相关的其他实物或现金支出，具体包括直接费用和间接费用两部分。人工成本是指粮食生产过程中直接使用的劳动力成本，具体包括家庭用工折价和雇工费用两个部分。

（三）总成本

总成本是指全部要素成本，等于现金成本与劳动力成本、土地机会成本之和。在新的成本核算体系中，总成本等于生产成本与土地成本之和。其计算公式为：

总成本＝生产成本＋土地成本

＝生产成本＋物质和服务费用＋人工费用＋土地成本

其中，土地成本，即地租，是指土地作为一种生产要素投入到粮食生产中的成本，包括流转地租金和自营地折租。

三、中国粮食价格和成本的比较

依据国家发改委农产品成本收益体系核算，结合北京东方艾格农业咨询有限公司（BOABC）的截至目前的市场监测来看，中国三种主要粮食作物种植收益成本利润率 2013 年好于 2012 年水平。2014 年国家继续提高小麦最低价，根据粮食价格的发展趋势，2014 年的预期收益率会保持基本稳定，较低的种植收益率，使农民的收益总水平偏低，会影响粮食的生产。

从发改委公布的 2012 年度的三种种植的成本收益状况来看，2012 年国内三种种植的成本利润率仅为 17.98%，为 2004 年以来的最低水平。

(一) 2012 年中国粮食收益状况

2012 年主产区单产为 6 770 千克/公顷，较 2011 年增长 2.13%，较 2004 年相比，单产水平增长 11.50%，复合年均增长率仅为 1.37%，稻谷单产水平增长相对较为缓慢影响单产的整体增幅。价格方面 2012 年的农户的平均售价为 2 397 元/吨，同 2004 相比增长 69.5%，复合年均增长率 6.92%，总产值为 16 572 元/公顷，较 2004 年增长 86.64%，复合年均增长率为 10.34%，较上年增长 6.04%。成本上涨幅度明显较快，2004—2012 总成本复合年均增长率达到 11.38%；其中，人工成本复合年均增长率 12.86%，土地成本复合年均增长率为 15.07%，物质与服务成本上涨幅度较低，复合年均增长率为 8.98%，也高于价格的复合增长率。各项成本的较快上涨幅度均超过价格上涨的幅度及总产值的增长幅度，导致三种主要粮食的种植的成本利润率大幅度下降。

(二) 2013 年的种植收益状况分析

收益方面，2013 年尽管一些地区受到不利天气的影响，但是全国总体的农产物生长期间的气象条件优于历史平均水平，而且国家对粮食生产的支持力度不断加大，全国总体粮食单产水平出现略有增长，较上年增长 1.41%，预计主产区单产为 6 887 千克/公顷。价格方面，5—11 月三种主要粮食全国平均价格上涨 2.24%，农户价格为 2 451 元/吨，单位面积总产值 3.92%，为 17 221 元/公顷。

总成本方面，2012 年 9 月—2013 年的 8 月，全国农资成本出现下降。其中，化肥平均价格下降 2.45%，碳铵下降 2.85%、尿素下降 4.16%、氯化钾下降 3.89%、三元复合肥下降 2.48%、过磷酸钙保持基本持平，单位面积化肥费用下降 5.53%，为 2 032 元/公顷；柴油价格上涨 0.37%基本平稳。种子市场尽管供应严重过剩，但是价格仍出现 10%左右的上涨，达到 843 元/公顷；综合考虑单位面积的物质与服务成本达到 6 008 元/公顷，较上年增长 0.56%。土地与人工费用增长明显，土地费用较上年增长 12.39%，人工成本较上年增长 5.05%；分别达到 2 802 元/公顷和 5 861 元/公顷。单位面积的净利润为 1 673 元/公顷，成本利润率为 17.39%，较上年基本持平，为 2004 年以后的最低年度成本利润率水平。如果没有国家的政策支持粮食生产会受到较为不利的影响。

从总体的粮食生产来看，2012年全国粮食作物播种面积11 1205千公顷，较2004年增长9.45%，复合年均增长率为1.13%，较上年增长0.57%；全部粮食种植业产值18 429亿元，较2004年增长1.05倍，复合年均增长率为9.34%，较上年增长6.64%；种植总投入为15 620亿元，较2004年增长1.59倍，复合年均增长率为12.64%，较2004年增长12.70%；农民种植利润仅为2 526亿元，较2004年下降6.20%，复合年均增长率为-0.8%。全国农民的种植总体利润水平的下降严重影响中国总体的粮食安全状况。

2013年全国粮食播种面积111 952千公顷，较上年增长0.67%；按照新粮上市以来平均价格水平核算，2013年粮食种植业的总产值为19 280亿元，种植投入成本16 424亿元，农民种粮总利润仅为2 856亿元，较上年分别增长4.61%、5.14%和1.67%。

从粮食种植中物质与服务的投入情况来看，2012年全国粮食生产种植化肥（折纯量，下同）、农膜的总量5 051万吨，较2004年的增长27.41%，复合年均增长率3.07%，较2011年增长1.54%；其中，种子的总消费量为1 144万吨，化肥3873万吨，农膜消费总量为33.36万吨，较2004年增长12.56%、32.78%和9.45%，复合年均增长率分别为1.49%、3.61%和1.13%，较上年分别增长1.91%、1.40%和5.86%。2013年主要农资消费量5193万吨，较上年增长2.80%；其中，种子、化肥、农膜消费量分别为1 154万吨、4 004万吨和34.75万吨，较上年分别增长0.81%、3.38%和4.17%。

从市场价值来看，2012年种子、化肥、农药、农膜及农业服务（包括租赁作业、技术服务、保险服务和销售，下同）的价值分别为868亿元、2 392亿元、437亿元、47亿元和3 002亿元，较2004年分别增长1.71倍、1.20倍、1.48倍、0.87倍和1.79倍，复合年均增长率分别为13.25%、10.34%、12.04%、8.16%和13.69%；总体来看农资和农业服务市场是一类较快增长的市场，较上年分别增长13.25%、10.34%、12.04%、8.16%和13.16%。2013年种子、化肥、农药、农膜及农业服务的价值初步测算分别为944亿元、2 275亿元、453亿元、48亿元和3128亿元，较上年分别增长12.70%、12.43%、12.70%、7.10%和13.51%。

第三节　中国粮食价格波动及影响

市场经济条件下价格波动已成为经济发展的常态，粮食价格同样如此。为稳定农民收入、发展粮食生产、防止谷贱伤农，必须弄清楚中国粮食价格波动的表现和特征、粮食价格波动的原因和有可能带来的风险，采取切实可行的措施防止粮价大起大落。

一、粮食价格波动的表现和特征

中国粮食价格的波动可以从国家最低收购价和市场交易价两方面进行分析。

从粮食收购价来看，1960—2010 年中国粮价呈现出五个阶段的周期性变化（如表 7 - 1 所示），现今正处于第五个周期的上升期。在 1960—1977 年 18 年中，反映粮价波动幅度的变异系数（方差/均值）仅为 0.06，最高最低价格的比值仅为 1.2。自 1978 年以来，中国开始提高粮食收购价以刺激粮食生产，1978—1986 年收购价直线上升。自 1986 年开始实施粮食市场改革以来，尤其是 1992 年正式确立社会主义市场经济体制之后，中国粮食市场进一步放开，粮食政府价快速上升，价格波动性显著增强。总体而言，尽管在不同阶段收购价的波动趋势和波幅之间呈现出显著差异，但整体上呈现出明显上涨趋势。在价格波幅上，国际粮价指数在 2005 年之前都相对平稳，而中国政府粮价自 1978 年以后便呈现出直线走高的趋势。

表 7 - 1　1960—2010 年中国粮食政府价波动周期及波幅

起始时间	周期年限	基本特征	变异系数	实际价格波动 （最高/最低，元/吨）
1960—1977	18	基本稳定	0.0589	256.60/213.00＝1.20
1978—1986	9	直线上升	0.233 9	572.16/263.40＝2.17
1987—1992	6	小幅调整	0.129 7	899.35/618.42＝1.45
1993—1999	7	显著波动	0.200 7	1 933.12/966.16＝2.06
2000—2010	11	快速走高	0.200 5	2 280.73/132 4.70＝1.72

与粮食收购价相比，粮食市场价的波动周期更短，自 1997 年以来，中国粮食市场价波动呈现出五个明显的阶段（如表 7 - 2 所示）。在 1997

年 1 月至 1999 年 12 月的阶段中，市场价呈现出平稳的下滑趋势，波动的变异系数约为 0.07；在 2000 年 1 月至 2002 年 6 月，市场价呈现出平稳中略有波动特征，最高最低粮价比值仅为 1.15，是 2000 年以来粮食市场价波动最平缓的时期；自 2002 年 7 月至 2005 年底，市场价呈现出平稳走高的趋势，最高最低粮价比值高达 1.58；自 2006 年初至 2008 年底的阶段中，市场价呈现出显著的波动趋势，变异系数高达 0.11，这是中国粮食市场开放以来经历的最大波动。2009 年以来，粮食价格呈现出新一轮的直线上升的趋势，截至 2010 年底市场价涨幅已经超过 25%。

表 7 - 2　1997 年 1 月—2010 年 12 月中国粮食市场价波动周期及波幅

起始时间	周期年限	基本特征	变异系数	实际价格波动 （最高/最低，2000 年＝100）
1997.01—1999.12	36 个月	平稳下滑	0.0731	142.61/103.74＝1.37
2 000.01—2002.06	30 个月	微幅调整	0.0402	112.09/97.86＝1.15
2002.07—2005.12	42 个月	小幅走高	0.1589	155.70/98.69＝1.58
2006.01—2008.12	36 个月	显著波动	0.1091	197.11/144.19＝1.37
2009.01—2010.12	24 个月	直线上升	0.0708	226.76/181.22＝1.25

综上所述，粮食收购价与市场价的波动呈现出以下特征：其一，价格波动呈现明显的周期性，且进入 2 000 年以后价格波幅明显放大。粮食收购的波动周期约为 6～8 年，而粮食市场价的波动周期约为 2～3 年，大幅波动常态化已经成为 2000 年后中国粮食价格波动的基本特征。其二，与粮食价格周期性波动相伴随的是粮价整体的持续走高。2004—2012 年中国粮食零售价格年均上涨了 8.4%，2013 年上涨幅度为 4.6%。无论是收购价还是市场价，其周期低点不断走高，在波动中走高是中国实行粮食市场化改革以来粮价波动的重要表征。其三，中国粮食价格与国际粮价波动之间呈现出趋同性和高度相关性，其中粮食市场价与国际粮价波动的一致性和相关性程度更高。尽管收购价与市场价呈现出上述基本特征，但两者在周期的长短、波动的幅度以及与国际粮价的关联机制上均存在差异。

二、粮食价格波动的理论解释

中国粮食价格的波动并不是一个孤立的经济现象，而是众多因素共同作用的结果。

（一）粮食供给状况

根据经济学基本理论可知，粮食供给状况的变化会导致其供给曲线左右移动，从而进一步导致粮食市场均衡价格的波动。

第一，市场经济条件下，粮食的市场供给量对于粮食价格具有十分重要的影响。粮食供给量的变动主要取决于粮食产量、粮食储备量、净进口量等因素。一般来说，粮食价格会随着粮食产量的增减而出现反向变化。而粮食产量越大，农户可出售的粮食也就越多，市场粮食供给量就越大；对于预期价格，农户总是希望以尽可能高的价格来出售粮食商品，如果预期价格超过了实际的粮食价格，便会产生惜售的行为，若此时粮食价格已经处于上涨阶段，则会导致粮食价格继续大幅上涨。

第二，粮食产量对于价格的影响存在明显的时滞性，即当年的粮食产量主要影响着下一年的粮食价格。有学者经过实证分析指出，当年的粮食产量不仅影响着当年粮食价格，更重要的是对下一年价格的影响。这与中国的实际情况基本吻合。当年的粮食出售之后，大部分商品粮在第二年才能经过农户到市场或者农户到国家的粮食部分再到市场等渠道分批进入市场，直到下一年的夏粮收获和上市。当粮食市场需求量持续增大，粮食商业库存减少到一定程度时，粮食价格才开始攀升。粮食价格的大幅攀升既刺激农民增加粮食生产，也刺激粮商增加粮食进口，在粮食市场供给有效增加以前，粮食市场价格仍会继续攀升。

第三，在粮食生产过程中，风调雨顺时产量增加，遭受自然灾害时产量减少甚至绝收，因而自然灾害是导致粮食价格波动的重要因素。自然资源、社会资源、自然灾害、农田土壤及粮食作物是组成粮食单产系统的五大要素，其中最积极的要素是社会资源。据联合国人口机构预计，全球人口将从现在的 65 亿增加到 2020 年的 76 亿。但随着森林面积以每年被砍伐 1300 万公顷的速度继续缩小，荒漠化面积不断扩大，耕地越来越少。在 2007 年"世界防治荒漠化和干旱日"前夕，专家们指出，在全球 65 亿人口中已有近 1/5 的人受到荒漠化的直接或间接威胁。联合国防治荒漠化有关机构预计，与 1990 年相比，到 2025 年，非洲、亚洲和南美洲可能分别失去 2/3、1/3 和 1/5 的可耕地。近百年来，地球气候正经历一次以变暖为主要特征的显著变化，全球温度升高了 0.74 ℃（IPCC）。2007 年气候变化国家评估报告指出，过去 100 年间，中国平均气温升高 0.5～0.8 ℃，近 40 年来中国年平均气温以 0.22 ℃/10 年的速度上升。

（二）粮食需求状况

根据经济学基本理论可知，粮食需求状况的变化会导致其需求曲线左右移动，从而进一步导致粮食市场均衡价格的波动。

第一，粮食主要有口粮、饲料粮、种子用粮、工业用粮四种用途。当粮食需求数量持续扩张或者产量减少时，粮食价格会逐步上涨；由于世界粮食供给弹性较高，且存在较大生产潜能，粮食价格上涨会刺激产量迅速增加；由于粮食需求弹性较低，粮食增产最终促使粮食价格回落。由于人口稳步增长、生活水平提高、经济持续发展、城市化进程加快等各种因素综合作用，粮食需求呈刚性增长。在人均粮食消费数量恒定情况下，人口和粮食需求量成正比。也就是说人口越多，粮食需求量越大；人口增长越快，粮食需求的增长也越大。

第二，粮食作为人们的生活必需品，具有较强的不可替代性，其需求弹性较小。人们对于粮食的需求有了更多、更高的追求，不单单在数量上得到满足，在质量上则尤其要得到保证。膳食结构的改善使得对于饲料用粮的需求膨胀，研究表明，生产1千克牛肉大约需要8千克谷物饲料，即比例为1∶8，猪肉与饲料比例约为1∶3，鸡肉约为1∶2。随着城镇居民可支配收入的提高，粮食的绝对需求量随之减少，肉、禽类的需求量则稳中有升，特别是对家禽类的需求，从1991年的4.4千克升到了2000年的7.4千克，再到2010年的10.2千克，需求的上升幅度是十分巨大的。

第三，人口数量对于粮食需求量的影响是显而易见的。随着中国人口数量的增长，对粮食的需求也在增长；如果供给无法跟上需求增加的步伐，粮食本身的需求弹性又比较小，粮食价格上涨的幅度必然很大。尽管中国实行多年的计划生育政策，人口增长得到了有效控制，人口自然增长率比原先预计的要低一些，但由于人口基数大，未来人口总量仍然巨大。由于全球经济加速发展，特别是中国、印度、巴西等新兴经济体的迅速崛起，各国国民收入水平得到很大提高，膳食结构发展呈多样化，正在减少人们对淀粉类食品的需求，而增加对肉蛋类和奶制品的需求，这使得对饲用谷物的需求上升，2000年以来全球饲料粮需求年均增长2.5%左右。

第四，人类自身的基本粮食需求是渐进的，但这并非近年粮价的普遍、持续、大幅上涨的主要原因。能源短缺引起的生物能源热潮，使一些粮食被赋予了新能源的属性，其需求量也在持续大幅增加。生物能源的异军突起也是推动全球粮食价格上涨的重要因素之一。发达国家对生物原料的需求量增长迅猛，特别是欧盟地区，由于新能源指令（RED）的实施，生物燃料的需求将大幅上升。

（三）生产成本的变动

第一，在当前中国市场经济条件下，粮食的生产成本往往构成粮价最主要的成分之一。粮食生产成本的上升或下降，将会直接推动粮食价格发生变化，出现相应上升或下降，进而导致粮价周期性波动。粮食生产成本是粮食价格形成的基础，而且粮食价格通常会随着生产成本的升降出现同向变化。从统计数据来看，1983—1996 年间粮食生产成本持续上升，1997—2001 年受三种粮食平均生产成本下降 9.5％的影响，粮食生产价格随之下跌 20.9％。2002 年后，受农药、化肥等农业生产资料价格上涨及国际油价的高企影响，粮食生产成本再度上升，导致粮食市场价格震荡上涨。

第二，粮食生产一般需要消费大量石油、化肥等生产物资，以石油为原料的农药、化肥、柴油等农资价格也对应出现较大幅度上升，相关生产资料的物价水平跟着上扬，劳动力工资、水资源成本也会迅速提高，造成粮食生产的成本居高不下，必然要传导到其下游产品的价格之中，导致了粮食价格的上涨。

第三，成本推进使粮食生产至消费各个环节的生产经营成本提高而拉动粮食价格上涨现象。影响粮食生产经营成本提高的因素是众多的，一是煤、电、油等能源价格的上涨，拉动了粮食生产成本增加，表现在农业生产资料化肥、种子和农业生产工具价格上涨方面最为突出。正如有的农民算账之后说，国家对粮食直接补贴几乎被农业生产资料价格连年大幅度上涨吃掉了。其次也拉动了粮食购销和加工企业的生产经营成本增加，表现在粮食烘干、运输和加工费用上增加比较突出。二是劳务工资水平的上涨。三是贷款利率连续上调，增加了企业财务费用支出。四是交通运输瓶颈作用增加了企业费用支出。

（四）国际市场因素的影响

第一，随着经济全球化和中国对外开放的深化，国内市场与国际市场的联系与互动日益加强，国际市场粮食供求关系变化与价格走势不但影响到中国粮食的进出口，而且对国内粮食价格波动产生重要的影响，国内粮食价格日益受到国际市场粮食价格的影响，两者的联动效应逐步增强。从国际市场看,国际粮食市场对于国内粮食市场价格波动的影响主要是通过价格传导机制来实现的。国际市场的粮食生产波动通过影响国际上的粮食供需,进而影响到国际市场上的粮食价格,再通过价格机制传导到国内粮食市场,从而出现了国际粮食市场价格与国内粮食市场价格同步波动的现象。当国内粮食价格高于国际粮食价格时,对国际市场的需求增加,则粮食进口量增加,使得国内市场的粮食供给量增加,粮食价格下降。反过来,当国内粮食价格低于国际市场粮食价格时,会导致粮食出口量增加,对国内的粮食需求量增大,致使粮食价格上升。

第二,从国际市场来看,加入 WTO 后国际粮食市场对国内粮食生产波动的短期影响主要通过价格机制传导。国内粮食价格高于国际市场价格时,则对国际市场需求增加,粮食进口增加;国内市场供给增加,则国内市场粮食总供给增加,粮食价格下降。国内粮食价格低于国际市场价格时,投机者使用各种经济的、非经济的、合法的、非法的手段、工具等炒作农产品,造成农产品供不应求的假象,影响消费者的价格心理预期,以便其从中获得高额利润。投机因素及心理预期虽然也会对粮食需求产生影响,但其更重要的是直接影响农产品价格,通过他们的炒作,会进一步扩大农产品的价格波动幅度,农产品的价格将会产生巨大波动,他们则从中获利。国际市场粮食生产的波动通过影响国际市场粮食供需,从而影响国际市场粮食价格,通过价格机制传导到国内粮食市场,从而出现国内粮食市场与国际市场粮食价格同步波动的现象。

第三,国际上的粮食市场是一个寡头市场,粮食价格上涨与粮食生产、贸易垄断密切相关。在粮食产量上,美国、巴西和澳大利亚等国居垄断地位,美国的粮食年出口量常年稳定在全球份额的 35% 左右,其中小麦甚至高达 60%。美国以及南美的巴西、阿根廷、巴拉圭等国的大豆总产量超过世界大豆总产量的 80%。目前,世界四大跨国粮商(邦吉、ADM、嘉吉与路易)价格上升幅度会大于国内粮食价格上升幅度。这是因为国际粮食市场影响因素更多,波动更加剧烈,国内粮食市场影响因素略少于国际市场,政府的宏观调控也比较得力,在一定程度上减轻了价格波动幅度。

(五)政治环境及政策因素

第一,影响粮食产量的因素主要包括粮食政策、粮食收购价格、农业科技进步、农业自然灾害及其他因素。中国粮食政策的变化会影响农民种粮收益预期，农民的决策与行为会影响产量，产量变化则会影响粮食价格。粮食政策的变化在不同的农民身上会产生不同的影响，家庭预期收益中粮食收入比重大的家庭更关注粮食政策，对此类家庭影响应较大。中国粮食收购价格的变化会影响农民种粮收益预期，农民的种粮收益预期会影响他们的决策与行为，农民的决策与行为会影响产量，产量变化则会影响粮食价格。

第二，农产品价格变动还倚仗于国内农业政策的变化。如 1998 年粮改政策，对主要农产品稻米、玉米、小麦等实行价格保护政策，大豆不在保护之列，大豆价格随市场供需的变化而变动。中国政府 2001 年 6 月 6 日颁布了《农业转基因生物安全管理条例》，并从当日开始实施。交易者认为，《农业转基因生物安全管理条例》对国内农业、农产品进口政策和市场供求具有十分深远的影响，开拓了较充分的农产品贸易管制的理由和空间，将对国内大豆等农产品价格产生更强劲的支撑。2001 年 6 月 7 日，大连商品交易所的大豆期货开盘即告涨停。

三、粮食价格波动的风险

粮食价格的波动可以引导资源进行有效配置，从而调节粮食生产。但是，如果粮食价格频繁大幅度波动会带来一系列风险。

第一，粮食价格过度涨跌会危及国家粮食安全。一方面，粮食价格过度下跌，会产生"谷贱伤农"问题，挫伤粮食生产者的生产积极性，从而减少粮食生产和粮食供给；另一方面，粮食价格过度上涨，会产生"米贵伤民"问题，从而使居民的生存陷入困境。

第二，粮食价格的大幅度波动，会使粮食的供求严重失衡，从而使粮食处于不安全状态。

第三，粮食价格的大幅度波动，会引发通货膨胀或通货紧缩。粮食价格是其他商品价格的基础，粮食价格的大幅度波动，通过一系列连锁反应最终会导致整个社会物价水平的不稳定。

四、防止粮食价格过度波动的对策

如上所述，粮食价格的过度波动，给经济、社会带来一系列风险。因此，必须采取切实可行的措施防止粮食价格的过度波动。

（一）提高粮食综合生产能力，减少对国际市场的依赖

第一，切实加强耕地资源保护，稳定粮食播种面积，充分调动地方政府重农抓粮和农民种粮的积极性。坚持最严格的耕地保护制度与节约集约用地制度，坚持集约利用与有效开发相结合，实现耕地总量的动态平衡。正确处理建设用地和保护耕地的关系，加强对基本粮田的保护和建设，努力提高耕地质量；处理好经济结构调整和保护耕地之间的关系，合理引导农业结构调整向有利于保护和增加耕地面积的方向发展。

第二，加快农业科技进步，提高粮食生产的科技含量。加快科技育种步伐，培育高产、优质、高效和抗灾、抗病能力强的优良品种；改革耕作栽培技术，为规避粮食生产自然灾害创造条件；大力发展节水灌溉技术，增强粮食生产的抗旱能力；加强农田水利建设，改进排涝技术和措施；加快粮食品种的升级换代，大力推广优质品种，不断提高粮食品质；培育与推广抗灾、抗病、优质、高产品种，建立健全农业灾害监测预报网络，及时科学防灾减灾；从改善耕地质量上求效益，建设高产稳产农田，加大物资投入；从防灾减灾上想办法，把自然灾害对农业生产的损失降到最低程度；从改善农业生产种植结构上找出路，因地制宜调整种植结构发展农业生产。积极推进农业生产机械化、工业化、现代化，降低农业人口，提高生产效率。经过科学测算，确定分品种播种面积基数，在此基础上，按照库存、进出口、预计当年产量和消费量以及粮食价格情况，适当调整当年的计划播种面积。

第三，完善和落实各项财政支农强农政策，完善农村金融体系。优化财政支农结构，增加农业科技推广投入、农村和农业保险投入、农业基础设施投入，提高财政支农资源的配置效率。实施农业银行和农村信用社改革改制，提高农村金融供给和服务能力，不断扩大金融业务的服务范围。要增加粮食生产投入，夯实粮食生产基础。各级政府应严格按《农业法》规定，增加对粮食生产基础设施建设的投入，改善粮食生产条件，全面提高粮田的抗灾能力和生产能力。把促进粮食生产的政策上升到法律的层面，粮食安全首先是生产安全，就是要生产出能够满足消费需求的足够数量、合适品种、优良品质的粮食。近年来国家先后出台了多项惠农政策，有力地促进了"粮食增产、农民增收"，保证了粮食供应。

（二）完善粮食最低收购价格政策和粮食直补政策的联动机制

第一，继续落实稻谷、小麦最低收购价政策和玉米临时收储政策。将目前最低收购价格政策在流通环节中的"暗补"改为在生产环节对农民的"明补"，提高财政补贴效率。逐步使粮食最低收购价成为"影子价格"，而非执行价格，充分发挥其导向作用。从长远看，中国的粮食供求将处于紧平衡状态。从粮食安全、保障供应、刺激生产的角度应该激发农民种粮积极性；粮食生产周期长、受自然条件影响大、利润率低和市场风险大，是典型的弱势产业，政府应予扶持。因此，保护农民利益是中国经济政策的重要出发点，应该把对农民的直接补贴制度，从法律上长期固定下来。

第二，建立最低收购价格粮食的分流机制。分品种建立国家粮食批发市场，必要时可通过连续竞价集中销售，同时根据粮食市价制定合理底价，以避免底价以下的粮食销售。结合储备粮新陈轮换，对部分粮食分品种进行储备，充分发挥粮食批发市场与期货市场对储备粮吞吐轮换的作用。保护价和最低收购价格政策，是通过流通环节加价收购的办法，这种办法有其优点，但其扭曲市场价格、暗补带来的补贴流失等弊端也比较明显。如能改变在流通环节的暗补为直接在生产环节对农民的直补，既能有效地增加农民收入，促进农业生产，又能克服暗补的弊端，降低调控的成本，提高效率。近年来一些地方进行了农民直补试点，取得了很好的效果，但需要改进。具体可改为，按照政府确定的支持价格（可以理解为当前的最低收购价，但支持价格需要严密测算）为基线，当市场价高于支持价格时，不予补贴；当市场价低于支持价时，则按两者之间的价差由政府通过财政途径直接给予农民补贴。农民获得补贴后，仍然按市场价格出售粮食，收储企业也按市场价格收购粮食。

第三，改目前最低收购价格政策在流通环节的"暗补"，为在生产环节对农民的"明补"，可提高补贴的效率，避免最低收购价对农民的"暗补"效应，也避免了补贴的流失问题。对农民"明补"后，政府不需托市收购，可避免走入最低收购价收购—抛售—打压价格—继续最低收购价收购的怪圈，目前库容不足的问题也可以迎刃而解。使粮食直补政策具有弹性，即当市场价格使农民种粮可以获得合理收益的时候，粮食直补可自动缩减，有利于减轻财政负担，形成市场风险共担机制，促进农民面向市场安排生产，增强生产的主动性。

（三）健全粮食价格调控体系，完善粮食宏观调控机制

第一，要明确粮食价格调控目标。粮食价格调控目标是调控的基本出发点和归宿，从中国粮食生产和消费的国情出发，粮食价格调控的目标是维持合理稳定的粮食价格水平，减少粮食价格的过度波动，促进国内粮食供求平衡，确保国家粮食安全。借鉴国外粮食价格调控的经验，结合中国未来长期供求形势的实际，需要建立一种通过价格调控保持粮食供求平衡的长效机制，这种机制就是确立中国粮食目标价格、支持价格和区间价格制度，并把它们作为实施价格调控的依据。目标价格、支持价格是政府实施价格调控的上限价格和下限价格。当市场粮价高于目标价格，政府采取抛售储备粮或其他措施平抑粮价，使之回归到正常的价格区间；当市场粮价低于支持价格，政府应对农民进行价差补贴或储备入市收购。处于目标价格、支持价格之间的价格就是区间价格，是正常运行的价格区间，由市场自由调节。在正常运行区间，粮食价格不受外力影响，反映真实的供求关系。可见，粮食价格调控所要实现的维持粮食价格合理稳定的目标，实际是一个被政府和社会所认可的粮食价格区间。

第二，遵循粮食价格调控原则。政府在调控粮食价格时，要充分发挥市场机制的基础性作用，以市场价格变动的趋势为基础，自觉地运用价值规律引导生产，调节供求，控制粮食价格大涨大落，保护粮食生产者的积极性。在正常情况下，让粮食价格由市场供求关系和市场竞争形成，提高粮食价格的市场化程度，发挥粮食价格对粮食需求总量的预示、对粮食需求变化的导向以及对调整粮食资源配置的积极作用。

第三，完善粮食价格调控手段。根据国内粮情，灵活利用国际市场调节国内余缺，加强对国际市场粮食价格走势的分析与预测，减轻国际粮价波动对国内市场的冲击。逐步建立粮食价格调节基金，充分发挥其对平抑粮价和减轻财政负担的积极作用，减少其对资源配置的负面影响。完善以期货市场为先导的粮食市场体系与现期货市场相结合的宏观调控机制。充分利用期货市场的价格发现功能，引导粮食企业进入国际国内期货市场，引领粮食价格走向，稳定国内粮食价格预期。利用进出口来调节国内粮食余缺，引导国内市场粮食价格走势，并努力减轻国际市场粮食价格波动对国内市场的影响。为了有利于在非常时期直接有效地调控粮食市场，应建立粮食价格调控基金，对按政府规定低于市场价格抛售粮食的经营业主给予必要的补贴。政府可以利用期货市场的功能，委托相关企业进入国际国

内期货市场，有计划地购入或抛售一定时期一定量的粮食期货，以左右国际国内粮食市场粮价走向，保持国内粮食价格基本稳定的预期。

（四）完善粮食价格预警机制，确保粮食市场稳定

第一，建立粮食价格监测体系。构建粮食价格监测网络，选择一定数量且有代表性的粮食市场作为监测点，建立粮食价格信息报告制度或调查制度，随时监控粮食价格和市场供求的变化，提高信息的真实性和及时性。详细研究粮食安全的实质、标准和评估办法；及时监测粮食产量、市场价格、流通渠道等国内粮食价格的决定因素；监控国际粮食价格、品类产量、进出口情况等国际因素；通过分析、对比找到保障国家粮食安全的策略并对实际工作进行指导。在粮食价格可能存在着轮番上涨的背景下，粮食价格走势方面的信息对市场价格预期形成具有决定性影响。进一步加强粮食统计和市场监测，及时掌握粮食生产和市场粮价总体状况，各级粮食管理部门要监测属地粮食生产、流通、消费和贸易环节以及产业链延伸的情况，政府相关部门应定期、及时地发布粮食的市场供求信息。

第二，为了确保中国粮食市场免受国际粮价大幅波动的强烈冲击，同时防止国内粮食市场受国际国内游资哄抬价格、恶意炒作、牟取暴利，应尽快建立和健全粮食安全监测预警机制和应急体系。特别是要加强对粮食期货这类金融衍生工具的研究和关注，加强对国际国内粮食期货市场的监测，及时预警、提早准备，积极应对、谨慎参与，避免在未来金融战争中处于被动挨打地位。同时加强权威性农产品供求和价格信息的发布，严厉打击擅自发布虚假信息的不法分子，维护市场稳定。通过价格监测体系构建市场粮食价格预警预报的信息载体，为政府粮食宏观调控及时提供可靠依据。在建立粮食价格预警机制过程中，应建立粮食价格安全带制度，以此作为粮食价格预警的依据。

第三，加强粮食供求关系宏观发展趋势预测，灵活机动地搞好宏观调控。加强粮食供求关系宏观发展趋势的预测，这是有效进行粮食宏观调控的前提。预测粮食供求关系宏观发展趋势，既要搞好国内的，也要关注国际的；既要搞好总量的，也要注重品种的；既要搞好人们食用的，也要重视非食用的发展经济用粮。

第四，建立粮食价格调控的预警机制。是否要采取粮食价格调控措施，取决于对相关指标的监测。当前中国常用的指标过于单一，警戒线仍是计划经济的产物。应设计一套符合中国国情、粮情的科学的指标体系，

按照不同粮食品种，确定一个阶段的目标价格、支持价格，并把它们作为实施价格调控的依据。粮食价格预警机制是依据各种监测信息，对未来粮食价格形势进行的分析和判断。建立专门的粮食价格预警机构，灵敏、准确的价格预警体系，预警级别制度及相应预案，统筹粮食生产、消费、库存及进出口各环节，建立早期判断风险识别技术，加强各项调控措施的衔接和配合，增强调控的科学性和预见性。

思 考 题

1. 目前中国粮食价格体系包括哪几种具体形式？
2. 你认为中国的粮食价格应该如何形成？
3. 什么是粮食成本？粮食生产成本与总成本有何区别？
4. 如何解释中国粮食价格的波动？
5. 如何防止中国粮食价格的大幅度波动？

参 考 文 献

陈祥新，李光泗. 中国粮食价格波动的成因及经济效应分析 [J]. 粮食科技与信息，2014 (6)：12-16.

董智勇，王双进. 粮食价格波动态势及调控对策 [J]. 宏观经济管理，2013 (7)：53-55.

龚芳，高帆. 中国粮食价格波动趋势及内在机理：基于双重价格的比较分析[J]. 经济学家，2012 (2)：51-60.

李剑，宋长鸣，项朝阳. 中国粮食价格波动特征研究——基于 X-12-ARIMA 模型和 ARCH 类模型 [J]. 统计与信息论坛，2013 (6)：16-21.

李芝芬，姬便便. 我国粮食价格形成机制研究 [J]. 陕西农业科学，2013 (6)：166-168.

梁永强. 我国粮食价格的影响因素分析 [J]. 中国物价，2010 (2)：20-23.

罗锋，牛宝俊. 我国粮食价格波动的主要影响因素与影响程度 [J]. 华南农业大学学报（社会科学版），2010 (2)：51-58.

孙超，孟军. 中国粮食价格的影响因素分析与预测比较——基于支持向量机的实证研究 [J]. 农业经济，2011 (1)：29-31.

萧晓.我国粮食价格波动因素与调控对策研究 [J].市场经济与价格，2014（5）：9-16.

星焱，李雪.粮食生产价格的决定因素：市场粮价还是种粮成本利润 [J].当代经济科学，2013（4）：112-128.

周慧秋，李忠旭.粮食经济学 [M].北京：科学出版社，2010：115-131.

第八章 粮食进出口贸易

本章学习目标：

1. 掌握我国粮食进口贸易发展及粮食进口贸易政策的变化过程；
2. 理解我国粮食进口的规模及安全问题；
3. 了解我国粮食出口贸易的发展；
4. 掌握我国粮食产品的比较优势与国际竞争力。

随着经济发展，城市扩张、人口增长和融入世界经济一体化，中国的粮食供求关系面临着越来越复杂的国内外背景。其中，国际粮食市场已经成为保障中国粮食安全必须要考虑的重要因素。实际上，在中国加入WTO后和经济全球化的背景下，国际粮食市场已经成为中国粮食供给的重要来源之一。中国的粮食安全问题尤其是中国的粮食进出口贸易问题，一直是国际社会强烈关注的焦点之一。中国加入WTO已经十年有余，对国际市场的适应能力提高，粮食贸易的开放程度也在不断提高。因此，必须将粮食安全问题与粮食贸易结合起来。

第一节 中国粮食进口贸易

从总量上来看，除个别年份和阶段的贸易量有所下降之外，总体上我国粮食贸易规模不断扩大，近十年以来总体以进口贸易为主，进口总量呈现快速增长趋势。中国在世界粮食市场上占有重要地位，粮食进口贸易在世界粮食进口贸易中所占比重大幅提高。

一、中国粮食进口贸易

随着经济的发展及中国加入世贸组织后粮食贸易状况发生的改变，中国粮食进口贸易状况无论从数量上、结构上还是贸易政策方面都发生了很大的变化。

（一）粮食进口量的变动情况

新中国成立以来，我国粮食进口贸易从总量上来看可以分为三个阶段。

第一阶段为 1961—1991 年，我国为粮食净进口填补消费缺口阶段。我国粮食贸易以净进口为主，但出现了净出口与净进口的交替。20 世纪 50 年代末，我国粮食供给严重不足，国家为了解决粮食供给缺口，从 1961 年开始大规模进口粮食，使粮食贸易从净出口转为净进口。从 1961 年到 1984 年期间我国共进口粮食 18 159 万吨，年均进口 757 万吨，是 20 世纪 50 年代年均进口规模的 115 倍；粮食净进口 12 815 万吨，年均净进口粮食 534 万吨。除了 1985 年和 1986 年两年我国为粮食净出口外，其余时间均为净进口。并且在 1991 年进口量增加到 1 345 万吨。

第二阶段为 1992—2003 年，此阶段为粮食净出口与净进口交替阶段。这一阶段我国粮食供求状况发生明显变化，紧缺与过剩交替出现，使得粮食进出口波动较大。在这 12 年中有 5 年为净进口，年均净进口为 332 万吨。此阶段粮食进口仍然起着调节国内需求状况和实现总量平衡的作用。

第三阶段为 2003 年以后，此阶段为粮食进口与净进口规模不断扩大的阶段。在 2003 年之前，我国粮食年度进口量很少有超过 2 000 万吨的年份，而在 2003 年以后我国粮食每年进口都在 2 000 万吨以上，且逐年增长，到 2010 年我国粮食进口达到 6 050 万吨。粮食净进口规模不断扩大，由 2003 年的 53 万吨上升至 2010 年的 6 420 万吨。与之前两个阶段相比，年均进口规模显著增加，增加了 2 倍多。而 2012 年的粮食净进口规模更大，为 7 748 万吨，这一时期的粮食净进口的突然增大和我国大量进口大豆有很直接的关系。截至 2013 年我国粮食贸易净进口量达到 7 675 万吨。

如表 8-1 所示，我国粮食进口规模在不断扩大，现在应属于典型的粮食净进口国家，国内粮食消费对国外粮食依赖程度很大，国际粮食市场已经成为我国调剂粮食品种余缺的重要场所。我国粮食进口贸易在国际粮食贸易市场上占有重要的地位。

（二）粮食进口的产品结构

从粮食进口品种来看，2001—2010 年，我国主要粮食品种玉米、小麦、大米和大豆的进口量占世界进口量的比重平均为 12.8%，近 5 年我国粮食进口所占比重逐年提高，平均占比为 15.8%，高于过去 10 年的平

表 8-1　1983—2012 年我国粮食进出口量

单位：万吨

年份	出口	进口	净进口	年份	出口	进口	净进口
1983	110	1349	1239	1998	906	707	−199
1984	313	1037	724	1999	758	771	13
1985	918	596	−322	2 000	1399	1357	−42
1986	888	769	−119	2001	903	1738	835
1987	739	1628	889	2002	1514	1417	−97
1988	718	1534	816	2003	2230	2283	53
1989	609	1654	1045	2004	514	2998	2484
1990	507	1369	862	2005	1059	3286	2227
1991	1006	1343	337	2006	650	3186	2463
1992	1268	1174	−94	2007	1039	3237	2119
1993	1364	742	−622	2008	235	3898	2663
1994	1187	909	−278	2009	173	4570	4397
1995	102	2069	1967	2010	275	6695	6420
1996	143	1194	1051	2011	288	6374	6086
1997	852	705	−147	2012	277	8025	7748

数据来源：《中国海关统计年鉴》(1983—2012) 整理计算。

均水平。但我国粮食进口占比大幅度提高主要体现在大豆上，大豆进口占比平均达到 39.1%。其他粮食品种如玉米、小麦和大米进口所占比重很小，小麦进口占比仅在 2004 年和 2005 年分别达到 6.6% 和 3.2%，其他年份基本在 1% 以下；大米进口占比年均在 3% 以内；玉米进口占比除 2010 年外均在 1% 以内。

从国内角度来看，进入 20 世纪 90 年代末以来，我国从国际市场上进口的粮食品种结构发生了巨大的变化。我国粮食进口结构的突出特征是粮食进口量非常集中。我国粮食对外贸易主要集中于大米、玉米、小麦和大豆这四种产品。这四种粮食产品的进口量占到粮食类产品进口总量的 90%，其中，小麦和大豆是中国主要的进口品种。

1997 年以前，我国主要从世界市场上进口小麦，其次是玉米，大豆和大米进口量很少；1997 年之后，小麦进口数量急剧下降，大豆进口数量激增，大豆成为中国进口的最主要品种，小麦成为第二大进口品种，大米其次，玉米进口量很少。

在 1983—1996 年，我国主要从国际市场上进口小麦，小麦年均进口量占粮食年均进口总量的近 82.9％，而大豆年均进口量占粮食年均进口总量的 1.4％，玉米和大米年均所占的比例分别为 6.1％和 3.1％。此期间小麦的大量进口的原因主要是为了弥补小麦产量的不足。中国虽然也盛产小麦但北方人以小麦为主食，另外加之中国生产的小麦质量不高等因素影响，使中国小麦长期处于供不应求的状态。

在 1997 年之后，小麦进口量急剧下降，大豆进口量急剧上升并取代小麦成为主要进口品种，大豆年均进口量占粮食进口总量的比重上升为 76.9％，小麦的这一比重则下降为 9.8％，玉米和大米分别为 0.3％和 2.1％。具体变化主要表现为：第一，从 1997 年开始，小麦的进口量急剧下降，小麦进口量占粮食进口总量的比例从 1996 年的 69.4％突然下降至 1997 年的 27.2％，到 2006 年降至 1.9％，此后占比重虽然有所波动，但变化不大，至 2013 年小麦进口所占比重为 7.1％。第二，大豆进口量占粮食进口总量的比例从 1996 年的 9.3％突然上升至 1997 年的 40.9％，到 2003 年上升至峰值 90.8％；2004—2006 年比重有所下降，在 67％~89％之间；2007 年之后重新回到 90％以上，2011 年为 90.6％。第三，玉米和大米进口量少，且相对稳定，2010 年之前占粮食年均进口总量的比例缓慢下降。而在 2010 年玉米首次转为净进口且规模不断扩大，大米在 2011 年也转为净进口并呈快速增长趋势，三大谷物在粮食进口的比重中也快速提高，2013 年大豆占粮食进口的比重降至 81.3％，而小麦、玉米和稻谷所占比重分别为 7.1％、4.2％和 2.9％。

以 1997 年为界，大豆此后取代了之前小麦在粮食进口中的主导地位。1996 年，由于需求量大幅增加，而产量停滞不前，大豆供大于求的局面转变为供不应求，使得大豆由原来的净出口国转为净进口国，净进口贸易量也逐年递增，进口比重逐步加大。1995 年和 1996 年，分别进口大豆 29.8 万吨和 111.4 万吨，占当年粮食进口比重分别为 1.44％和 9.32％，1997 年大豆进口量开始迅速激增到 288.6 万吨，进口占比为 40.9％。往后则逐年剧增，2012 年，我国大豆进口量进一步增加，达到 5 853 万吨，占粮食进口量的比重升至 90.6％。大豆进口量的快速增加反映了我国油脂类消费的增加，居民生活水平的提高，但随着我国的大豆及豆粕市场对国际市场的依赖性增加，我国大豆受国际市场的影响也在加剧。同时，导致玉米进口量的增加的原因主要是近些年来生物燃料的兴起，国内对于玉米需求也迅速增长。

（三）粮食进口的国别结构

中国粮食进口的来源国比较集中，主要来自发达国家。粮食是土地密集型产品，世界粮食生产主要集中在土地资源丰富的发达国家。

大米的进口来源国主要集中在泰国、越南和老挝，其中泰国所占的比例最高。2004—2012 年中国大米从这三个国家进口的数量之和占当年大米进口总量的比重均超过 98%，其中甚至有 5 个年份占比超过了 99%，接近 100%。在 2004—2009 年间，仅是从泰国的进口量已经占了大米总进口量的 90% 以上。因此泰国对于中国大米进口而言占有重要地位。2010—2012 年间，中国从这三个国家进口大米相对分散了一些，由于泰铢的大幅升值及生产资料成本的快速上升导致泰国大米生产成本及出口价格迅速提高，泰国大米出口受到严重影响，而 2013 年中泰签订"高铁换大米"协议，受此政策影响，从泰国市场进口大米占比有所上升，比例为 46.39%。同期越南政府采取了适宜的生产、货币及国际贸易政策使得越南大米价格日益走低，至 2012 年，中国进口的泰国大米和越南大米的 CIF 比价由 2010 年的 1.7 提高至 2.0 左右，从而使中国进口商把目标迅速由泰国转向越南，越南在中国大米进口中所占的份额也迅速由 15.32% 提高至 65.90%，首次超越泰国成为中国最大的大米进口来源国。而自 2005 年中国与巴基斯坦签署协议允许巴基斯坦向中国出口大米后，中国从巴基斯坦进口大米增长势头迅猛，2012 年中国从巴基斯坦进口大米总量达 57.96 万吨，比 2005 年增加了 6364.55 倍，年均增长 2.49 倍，首次成为中国第二大米进口来源国，2013 年占中国进口大米总量的 28.35%。此时泰国已不是中国大米进口的第一大来源地了。但是中国大米进口高度"锁定"的局面并没有改变。

小麦的进口来源国主要集中在美国、澳大利亚和加拿大。2004—2012 年的 9 年中，只有 2005 年来自这三个国家的进口量之和占当年小麦进口总量的比重低于 90%，为 83.98%，其余年份均超过 90%。2006 年和 2007 年这三个国家的进口总和占比为 100%，而 2008 年，仅澳大利亚和美国的进口量之和的占比也达到了 100%。具体而言，1986 年美国在中国小麦进口市场中所占份额为 86.84%，于 1987 年迅速下降至 16.08%，但之后至 1999 年又上升至 74.16%，随后再次回落，于 2012 年下降至 17.49%；加拿大所占份额的变化趋势基本与美国类似，加拿大在中国小麦进口市场中所占份额于 1986—1997 年间由 13.16% 提高至 47.67%，而在 1998—2011 年又由 38.36％下降至 6.72％。随着澳大利亚小麦局专营权的逐步放开，自 2004 年开始，中国从澳大利亚进口小麦的规模稳步提高，2004—2012 年，澳大利亚小麦在中国小麦进口市场中所占份额年均提高 14.79％。值得一提的是，自 2012 年 8 月起，加拿大小麦局解除了对加拿大小麦出口长达 60 年的垄断，我国从加拿大进口小麦的数量及份额从 2012 年起略有增长。2013 年从这三个国家进口数量总计占进口总量的 96％。

我国玉米进口来源高度集中于美国。美国是世界玉米市场上最主要的出口国，也是少数几个符合中国玉米进口要求的国家之一。1986—2006 年，美国在中国玉米进口市场中所占份额在大部分年份都高于 90％。2007—2008 年期间，我国玉米进口来源突然转为老挝和缅甸，来自这两国的玉米进口量占总进口量的 85％以上。自 2009 年起至 2012 年，美国又恢复其在我国玉米进口市场的主导地位。2012 年，美国对我国出口玉米占我国玉米进口总量的 98.19％。2013 年略有下降，占 91％。南非在中国玉米进口市场中的比重则逐年下降，由 1986 年的 13.49％下降至 2012 年的 0.01％以下。阿根廷在中国玉米进口市场中的比重较小且波动较大，阿根廷在中国玉米进口市场中的比重在大多年份低于 0.01％，而在 1998 年则高达 20.88％。泰国在我国玉米进口市场中所占份额较小且变化不具有明显趋势。值得一提的是，受经济危机的影响，全球肉类进口需求下滑，巴西国内玉米消费下降，玉米出口供应增加。2009 年巴西在我国玉米进口市场中所占份额提高至 13.40％，并于 2011 年再次提高至 16.85％。

大豆的进口来源国主要为美国、巴西和阿根廷。中国从这三个国家的进口总量占到 95％以上，2006 年已达到 98.3％。中国大豆进口贸易对外依存度很高。20 世纪 90 年代，美国占中国大豆进口量的 79.02％，到 1996 年巴西的大豆出口占到中国大豆进口量的 40.32％。2002—2012 年，美国和巴西几乎垄断了中国大豆进口，自阿根廷的大豆进口呈下降趋势。2013 年中国从美国、巴西和阿根廷进口大豆总量所占比重仍然为 95％。

二、加入 WTO 前后中国粮食进口贸易政策

加入 WTO 给中国粮食贸易带来了深远的影响，中国的粮食进口贸易政策在加入 WTO 前后也发生了很多的变化。

（一）加入 WTO 前中国粮食进口贸易政策

从新中国成立初期到改革开放前，对外贸易只是调剂国内物资余缺的一种辅助性经济手段。进口粮食的目的在于补充国内需求缺口，与其他国家互通有无，所以在这个阶段我国粮食的进口量还保持着比较低的水平。中国在此阶段始终执行的是由国家强制管制下的、由中央政府高度集权管理的粮食贸易保护政策。由国家指定的国有粮食进出口公司垄断经营，粮食进口数量由国家计划严格控制。

改革开放后到 20 世纪 90 年代中期，我国粮食总产量创下了历史性的新高，对外贸易量逐步增加，主要进行的是进口贸易。虽然粮食生产总量上升，但国家仍执行了大量进口粮食的政策。此时对外贸易体制进行了一系列的改革，包括外贸经营权的下放、经营权和所有权的分离、汇率并轨等措施，但是我国粮食对外贸易体制的改革严重滞后，粮食对外贸易仍处于高度垄断状态，粮食对外贸易按国家计划和国有粮食贸易企业专营来进行。这种计划管理具体通过许可证和配额方式进行。

20 世纪 90 年代中期以后，中国为了顺利加入 WTO，政府已经开始运用世界贸易规则解决中国粮食贸易问题。从 1992 年起，我国数次主动降低农产品进口关税税率。在入世谈判过程中，我国对粮食的进口政策进行了一些调整，包括：第一，1997 年 10 月降低关税税率，平均总水平降至 17%，其中农产品平均税率下降了 25 个百分点，降至 21.2%；第二，1997 年起对小麦、大米、玉米、大豆等商品实行进口关税配额管理，配额内执行零关税或低关税，配额外征收普通关税或优惠关税。与此同时，中国通过采用了一些贸易保护措施如设置较高的进口关税门槛和复杂的非关税措施以及由国营贸易公司专营的方式等，使国外粮食及粮食制品进入国内市场时受到一定的限制，从而避免中国本土农业受到国外优势农业的冲击。除了关税措施之外，非关税措施的种类也比较多，主要有进口配额、进口许可证、食品卫生检疫、动植物检疫等。与非关税措施相配合的法规主要有《进口管理条例》、《进口货物许可制度暂行条例》、《进出境动植物检验法》、《商检法》、《食品国境卫生检疫法》等。由此可见，我国在加入 WTO 以前主要是通过非关税措施来对粮食进口贸易进行调控的，关税也在调控工具之列，但其能起作用的范围很少。

（二）加入 WTO 后中国粮食进口贸易政策

加入 WTO 后，多边贸易协定限制了我国现有的农业政策以及农业贸易政策，因此我国在农产品关税、关税配额、国营贸易等问题上，遵照《中国加入世界贸易组织法律文件》的相关规定和承诺调整现有的措施。

我国主要粮食品种的贸易由原来的"计划"管理改革为"关税配额"管理，对粮食进口实行关税配额制度。对小麦、玉米和大米三种主要粮食规定了配额数量和配额内外的关税水平。对于大豆和大麦等进口实行自由贸易，只征收 3％的进口关税。入世后，我国长期以来实行的进口配额、进出口许可证、限量登记等非关税措施减税化。从 2005 年开始，包括进口配额、进口许可证和特定产品招标等在内的所有非关税措施都已取消，实行关税配额管理。对配额数量内的进口征收较低关税，一般为 1％～10％；对超过配额的进口征收较高的关税，目前最惠国税率是 65％，普通税率为 180％。2004 年起我国粮食关税配额数量已达到最高点。但粮食贸易保留了进出口国营贸易管理制度，其中，小麦的国营贸易比例为 90％，玉米和大米的国营贸易比例分别是 60％、50％。入世后大豆进口实行单一的进口关税政策，除种用大豆进口关税率为零外，黄大豆、黑大豆、青大豆及其他大豆关税税率均为 3％。2007 年 10 月起大豆进口关税下调至 1％，2008 年 10 月起将大豆进口关税由 1％恢复至 3％。

三、中国粮食进口的理论规模和安全线

随着我国人口不断增长、人民生活水平逐渐提高，我国对粮食需求的刚性增长基本不可逆转；与此同时，我国耕地减少、水资源短缺，农户的粮食生产规模偏小，物质和技术装备落后，农业基础设施薄弱，抗灾减灾能力差等状况很难在短时间内得到根本转变，这将在一定程度上限制粮食产量的增长能力。这些因素决定了我国中长期粮食供求平衡的压力将始终存在，因此，从国际市场适当进口粮食可以作为调节国内粮食供求的重要手段。但是，我国粮食消费量巨大，国际市场供给量有限，这就要求我国必须确定粮食进口的合理规模与安全线。

（一）粮食进口安全线

我国粮食净进口的理论规模可确定在国内需求量的 5％左右，但是，

不排除一些年份一些不确定因素的出现会影响粮食进口数量，因此，存在一个粮食进口的安全线。

首先，粮食进口率在0～5％为"轻松区间"。根据我国历史的经验，粮食进口总量占到总需求的5％以内是不会存在任何问题的，这一进口规模无论是从我国的支付能力还是从国际市场的供应能力来看，都不构成压力，因此，0～5％应是我国粮食进口规模的"轻松区间"。

其次，粮食进口率在6％～10％为"安全区间"。10％的进口率对许多国家来说都是安全的。根据我国已有经验来看，进口总需求5％左右的粮食能够明显减轻国内市场粮食生产的压力，提高农业资源利用效率，适当发挥我国农业的比较优势。因此，10％可作为我国粮食进口率的红线，即安全线。如此大规模的粮食进口在国际环境良好的情况下或许能够做到，但毕竟风险极大。因此，考虑到我国人口数量、国际环境变化、国内粮食产量变化等因素，国内粮食生产能力的保护极其重要，即使是大灾之年，进口率也不应该跨越这个红线。

最后，大于10％为"黄牌区间"。粮食进口率在"黄牌区间"虽然并不意味着危险将至，但这必须引起政府对粮食问题的高度警觉，防止国内粮食危机的暴发。因此我国粮食自给率若能长期保持在95％以上，也就是说我国粮食进口率在5％以内，这一规模是最为理想的，但是实现粮食进口率5％这一目标还是有一定难度，进口率在6％～10％之间的可能性还是最大的。因此粮食进口率在6％～10％为合理的安全区间，但必须把10％作为我国粮食进口率的安全线。

在未来十年，按照5％的保守进口安全线，假定我国粮食年需求量为5.5亿吨，粮食进口规模为2750万吨，国际市场的粮食交易量是2亿吨左右，占全球粮食贸易总量的14％。

（二）粮食进口的合理结构

尽管我国是粮食生产大国，但是由于我国人口众多，加上粮食安全政策等因素的影响，我国生产的粮食主要用于满足国内消费需求，粮食贸易总体上不具有比较优势。在我国四大粮食品种中，仅大米具有微弱的比较优势，而小麦、玉米和大豆则处于比较劣势，三者比较劣势的程度分别为明显、微弱和较大。

从比较优势的角度考虑，我国粮食进口应以小麦进口为主。一方面，小麦本身就是重要口粮，随着人口的不断增长以及对大米替代作用的不断增强，将不断使国内小麦供求缺口趋于加大；另一方面，国际市场上小麦的供应量较大，出口的国家也较多，比较有利于我国分散进口来源，降低小麦进口风险，因此，我国增加小麦进口的空间较大。

其次，要适当增加玉米的进口量。20 世纪 80 年代中后期以来，针对玉米产量大幅提高、玉米总量平衡有余的情况，我国积极利用出口手段调节国内需求，促进玉米出口。但近年来，我国玉米出口量逐年减少，随着我国居民生活水平的不断提高，居民膳食结构出现了明显改善，对肉、蛋、奶产品的消费量呈现上升趋势，而作为饲料的玉米需求量也呈现逐年增长的态势；与此同时，随着近年来以石油为代表的能源出现紧缺，而玉米作为能够生产替代能源乙醇的原料，其作为能源工业原料的需求也呈现明显的增长趋势。因此，适量进口玉米可以缓解国内玉米市场供求紧张的局面，有利于玉米市场价格的稳定。

再次，大米主要立足国内，利用国际市场适当调剂。我国是世界上最大的大米生产国和消费国，多年来，我国大米市场基本处于自给自足的状态，进口量和出口量都保持在较低水平，大米进出口也主要起到品种调剂的作用。因此将我国的大米进口贸易份额保持在相对较低水平，避免大米进口贸易的剧烈波动，有利于保障我国粮食的整体安全。

最后，在大量进口国外优质大豆的同时，要充分发挥国内非转基因大豆的比较优势进行出口。我国从 1996 年开始成为大豆净进口国以来，大豆的进口量就保持了比较快的增长速度，大豆进口量从 1995 年的 29.39 万吨猛增到 2014 年的 7 140 万吨。我国大豆进口量较大主要是由于国内压榨业对大豆的需求旺盛而国内供给无法满足这种巨大的需求。美国等大豆出口国种植的转基因大豆因产量高、出油率高、价格低廉迅速占领了我国大豆市场，而国产的非转基因大豆的产量低、价格高、蛋白质含量高而出油率偏低，因而缺乏市场竞争力。因此，我国应在大量进口国外优质大豆的同时，充分发挥国产非转基因大豆蛋白质含量高的优势，进行国产大豆的出口，出口对象以日本、韩国等东亚国家为主。我国应抓住这一机遇，发展非转基因大豆的出口贸易。

四、中国粮食进口风险及安全性分析

生产的充足性、供给的稳定性和粮食的可获得性，是粮食安全的三个具体目标，缺一不可。如果一国的粮食生产不足以满足本国的粮食需求，就必须利用国际市场，通过粮食进口来保障国内的粮食供给。一国的粮食安全不仅取决于国内的粮食供求情况，还取决于全球粮食供求情况。因此，必须从全球的角度考虑国内粮食安全和国际贸易。

（一）粮食进口对粮食安全的积极意义

利用国际市场进口粮食，对于化解一国粮食安全风险、实现有效率的粮食安全战略和该国农业资源的可持续发展具有积极的作用。

第一，有助于填补国内粮食品种的供应缺口，起到重要的资源替代作用。近几年，尽管粮食连续增产，但粮食增产的速度仍跟不上国内消费需求的发展，出现了粮食缺口，粮食进口量持续增加。尤其是大豆，从2010年到2014年五年进口大豆都超过5 000万吨，2014年为7 140万吨。由于国内农民种植大豆的比较效益低、种植面积少、产量低，进口弥补了国内大豆市场供给不足，同时满足了国内消费者多样化的需求。

第二，有利于我国农业资源的优化配置和农业资源的可持续发展。随着人们生活水平的提高，人们对肉蛋奶的需求增加，这就需要发展畜牧业。但畜牧业的发展，需要消耗大量的粮食，其发展又受到农业资源短缺和粮食供应紧张形势的制约。粮食进口，特别是通过饲料粮的进口，可以缓解畜牧业发展的这一矛盾，即畜牧业得到了发展。同时通过粮食进口，可以有效地利用世界资源。可以改变过去单一依靠国内资源所造成的对资源过度利用的局面，从而缓解我国国内资源的利用强度，把国内资源的利用、保护和保存结合起来，有利于改善农业生态环境，有效防止中国自然资源的退化，实现我国农业的可持续发展。

第三，有助于分解粮食安全风险，稳定粮食供给。粮食的稳定供给由国内生产、国内储备和适度进口三个途径来实现。粮食的供给，如果单靠国内生产，自我封闭拒绝进口，受资源禀赋限制和自然条件的影响，粮食的供给波动会相对较大；如果以国内生产为主加适度进口，可以扩大供给源，从而可以减少供给的波动性，降低粮食供给的风险。国内国外"双保险"，提高了粮食安全的保障系数。

（二）粮食进口的安全性及风险

一国粮食进口对于国际市场的依赖程度会对国家粮食安全产生影响，通常依赖程度越高越不利于粮食安全。我们从粮食自给率、净进口依存度以及进口的市场集中度来分析中国粮食进口依赖程度。

第一，粮食自给率。粮食自给率是一个国家或地区粮食总产量占其本身粮食需求量的百分比。定义一个国家或地区在一定时期的粮食总产量为Q，一定时期的粮食需求量为D，则粮食的自给率可以表示为A＝Q/D。在这里需求量用历年的实际消费量来表示。这个比例越高，说明本国粮食供应较充足，粮食越安全。由于近些年来大豆进口数量猛增，中国大豆的自给率已经降至20％以下。我们这里仅分析大米、小麦和玉米三大主粮的自给率情况。

从表8-2中可以看出1995—2012年这18年中，大米的自给率在这18年间有14年的时间是超过100％的，玉米的自给率有15年的时间超过100％，也就是说中国大米和玉米产量在满足自身需求的同时还有一定的剩余。小麦的自给率没有大米和玉米那么高，但是就表中显示的数据来看，除了1995年是89.83％，低于90％以外，其余年份均高于90％。截至2014年，大米、小麦和玉米的自给率分别为98.96％，97.82％和98.82％。按照中央1号文件对我国谷物自给率的调整，要求我国谷物（大米、小麦和玉米）自给率达到90％以上。根据这个标准我国三大主粮的自给率是安全的。但是伴随着全面建设小康社会的进行，人民的生活水平不断提高，对于粮食的需求也不断增加，与此同时，中国粮食生产和安全成本也在上升，我国三大主粮的自给率已经出现下降的趋势。因而，在这种背景下，中国依靠进一步提高粮食自给率来保障粮食安全的压力还是比较大的，可以依靠适当的粮食进口来弥补。

第二，净进口依存度。粮食的净进口依存度指的是一国粮食的净进口占需求的比重。假如用$f(d)$表示一国粮食的需求量，$f(s)$表示粮食供给量，那么净进口依存度可以表示为$[f(d)-f(s)]/f(d)\times$100％。理论上认为，当粮食净进口规模占需求的比重在15％以内均是安全的，只是具体的安全度还要细化比重的区间。一般认为0～5％是比较轻松的区间，而6％～10％是比较理想的区间。

通过计算1995—2011年中国粮食净进口与实际消费量之间的比值，得出结果可以明显看出进口规模占需求的比值均是处在0～10％的区间内的。其中2007年之前是低于5％的，从2007年往后比值均处在理想区间内。

具体到大米、小麦、玉米和大豆四种主要粮食的净进口状况，大米除了1989年、1995—1996年是净进口外，其他年份都是净出口，净进口依存度都为负，表明大米处于超安全状态。但是实现2020年的目标需要保持稻田面积和加强农田水利基础设施建设。

表 8 - 2 1995—2012 年中国粮食以及三大主粮自给率变动

单位:%

年份	大米	小麦	玉米
1995	99.15	89.83	95.67
1996	99.75	93.06	99.78
1997	100.31	98.51	106.77
1998	101.79	98.66	103.45
1999	101.30	99.61	103.42
2 000	101.46	99.12	110.96
2001	100.90	99.27	105.55
2002	101.01	99.31	110.64
2003	101.49	99.48	116.48
2004	100.08	92.68	101.81
2005	100.09	96.49	106.61
2006	100.29	99.44	102.09
2007	100.46	99.91	103.34
2008	100.33	99.96	100.16
2009	100.22	99.22	100.08
2010	100.12	98.94	100.07
2011	99.96	98.94	100.07
2012	98.00	97.20	98.00

数据来源:联合国 comtrade 数据库,《中国统计年鉴 (1986—2012)》。

小麦多数年份都是净进口,而且进口量比较大。然而,除了 1983—1996 年和 2004 年小麦净进口依存度高于 5%外,其他年份都低于 5%,为安全状态,但是还没有达到《纲要》要求的小麦 100%自给率目标。

玉米除了 1983 年、1995—1996 年出现过进口大于出口的现象外,其他年份出口一般都大于进口。相应地,除了 1983 年、1995—1996 年以外,我国玉米贸易的净进口依存度都为负,表明我国玉米自给率超过了 100%,即玉米处于超安全状态。由于玉米直接用于消费的口粮所占比例很低,从口粮角度考虑,不会影响我国微观层次上的粮食安全。然而,由于玉米主要作为饲料和工业用粮使用,近年来随着中国居民收入提高,对以玉米为饲料的畜产品需求增加,以玉米为原料的工业产能(包括生产燃料乙醇)扩大,玉米的供求状况将不容乐观,长期保持《纲要》里的不高于 5％的净进口依存度目标比较困难。

大豆在 1983—1995 年一直是净出口，从 1996 年以来，我国的大豆进口数量急剧增加，由净出口转变为净进口，且净进口依存度逐年上升，2013 年已经超过 80％。因此大豆自 1996 年至今都处于不安全状态。巨量的大豆进口会使得大豆市场的轻微波动都会直接推高国内豆油、豆粕的价格，进而危及下游产业发展并影响到国内消费。这一长期趋势会给我国确保粮食安全带来一定的影响。

第三，进口市场集中度。进口的市场集中度能够反映出粮食进口对于市场的依赖程度，这个可以通过粮食进口来源地的变动来分析。粮食进口集中度在一定程度上反映了一国的粮食进口安全。粮食进口市场越是集中，粮食安全越难得到保障，实施粮食禁运等应急处理的回旋余地也更小。表 8-3 是我国主要粮食进口来源国一览表。从中可以看到，中国四大主要粮食品种进口来源地都十分集中，可以说这少有的几个进口来源国或地区在中国粮食进口上处于垄断地位。在大米、小麦、玉米和大豆四种主要粮食品种中，进口量排名前 5 名的国家几乎满足了我国 97％的粮食进口需求。过高的进口市场集中度很容易使国内粮食进口受到进口主要来源地的控制，粮食贸易风险发生时，我国难以通过灵活的转移进口而合理地规避和化解，从而给进口的安全乃至粮食安全带来一定的威胁。

其中，大豆有近一半的进口量来自美国，大米超过 98％的进口量来自泰国，小麦、玉米的来源国也比较集中。特别是大豆进口，仅美国与巴西两国就控制着我国近九成的大豆进口量。倘若进口来源国大豆减产或由于政治原因对我国实行大豆禁运，我国短期内将面临不可估量的损失。尽管我国大豆生产确实不具备比较优势，大豆的高进口集中程度使我国易受贸易风险的制约，但考虑到基本口粮能够自给，其他用途有较高的需求弹性和替代性，因此，风险的损失不至于使最基本的粮食安全受到过大威胁。但适当分散进口以规避可能发生的粮食贸易风险也是必要的。

此外，美国与澳大利亚还控制着我国近八成的小麦进口。一旦美国因为政治或经济因素对我国实施粮食禁运，我国的粮食安全会受到一定威胁。但小麦虽然进口集中程度较高，但其进口量仅占粮食总进口量的 1.97％，即使主要进口国（美国和澳大利亚）的小麦供给短缺或实行对华小麦禁运，我国在短期内也可以依靠国内库存来解决，长期则可以将国产小麦或大米产能提高 2％来维持足够供给。因此，小麦的高进口集中程度对粮食安全的负面影响基本可以忽略不计。

其次是大米，进口量占粮食总进口量比例不足1％，并且长期以来净进口一直为负值。尽管泰国垄断了我国98％以上的进口市场份额，但考虑到我国大米的负净进口依存度，有理由认为我国高进口集中程度不会对粮食安全造成负面影响。再次，玉米的情况与大米类似，而且进口集中程度最低，因此不会对我国粮食安全问题带来影响。

表8-3　2013年我国主要粮食品种进口来源国一览表

单位:％

名次	大米		小麦		玉米		大豆	
	来源国	占总进口比例	来源国	占总进口比例	来源国	占总进口比例	来源国	占总进口比例
1	泰国	98.23	美国	43.07	老挝	37.93	美国	49.65
2	老挝	0.92	澳大利亚	35.78	美国	22.32	巴西	39.13
3	越南	0.52	加拿大	14.80	缅甸	15.83	阿根廷	8.79
4	巴基斯坦	0.16	英国	4.09	泰国	10.89	乌拉圭	1.72
5	日本	0.08	日本	1.20	德国	5.52	加拿大	0.70

五、采取适宜的粮食进口措施保障国家粮食安全

在开放条件下，为确保我国的粮食安全，必须准确把握我国当前粮食生产和国际粮食市场的特点，充分认识到粮食进口给我国带来的正反两方面的影响，准确选择粮食进口的政策，构建粮食安全的长效机制。

第一，进一步加强粮食贸易，保障国内粮食安全供给。首先，开展多边粮食贸易，增加粮食安全系数。由于世界粮食供给有限，国际市场的不确定性和垄断性不断加强，在粮食贸易中，我国不能仅仅依靠某一个或某几个国家，必须与多个国家开展粮食贸易，以便降低因某个国家粮食减产带来的风险，破除由于过于依赖某个或某几个国家粮食进口所造成的粮食垄断，与多个国家签订粮食进口协议，实现贸易伙伴的多元化。其次，转变粮食贸易方式，签订长期订货合同。我国进口粮食，并不是因为我国自身粮食紧缺而急于到国际市场上去购买粮食，所以在选择进口国、签订合同的时间和价格等方面都具有较大的灵活性。要充分利用这种有利地位，与土地资源丰富的国家建立长期、稳定的农业合作关系，将国际上具有比

较优势的粮食生产潜力逐步动员出来。转变目前以调剂现货余缺为主的贸易方式，签订长期合同为主的贸易方式。

第二，鼓励企业走出去，建立稳固的进口粮源保障体系。在经济全球化的今天，解决粮食供给问题，既可以通过粮食贸易方式，还可以通过对外直接投资来实现。但目前，我国农业对外投资呈现规模小、投资主体单一、产业层次低、竞争力较弱和成功率低等特点。我们要顺应世界经济发展的大趋势，加快农业走出去步伐，不断发展壮大粮油企业实力。在稳定大型农业企业的基础上，鼓励中小企业走出去，实现投资主体多元化。农业走出去的区位选择，要综合考虑东道国的经济发展水平、农业资源情况、农业生产技术水平；要考虑该国的粮食生产、粮食消费和粮食贸易等情况，充分利用我国较成熟的农业生产技术，因地制宜，采取不同的策略。投资区域由近及远，由近邻俄罗斯、东盟和南亚，到非洲、中南美洲、大洋洲等地区进行农业资源合作。粮食企业走出去，不仅要开展粮食种植，还要通过收购当地的粮油加工企业和粮食物流设施，形成种植、运输、深加工的产业链。通过农业走出去，建立稳定可靠的进口粮食供给来源保障体系，增加粮食安全系数，提高保障国内粮食安全的能力。

第三，掌握粮食进口的主动权，提高在国际市场的影响力。虽然我们强调粮食的自给率，但我国的进口数量和品种不断增加，已经成为一个"粮食净进口国"，我们要正视这一国情，准确定位。要获得国际粮食市场的主动权，就要向世界市场发出明确的信号，让世界各国知道中国将进口多少粮食，从而刺激粮食出口国增加粮食生产。一旦各国的粮食产量增加了，国际市场的粮食供应充足了，价格就会相对稳定。当粮食进口量达到一定程度后，就会对世界粮食市场产生影响，在世界市场上的地位就会增强，我国的粮食安全也会随之加强。

第二节　中国粮食出口贸易

在加入 WTO 之初，中国粮食出口呈上升态势，伴随着加入 WTO 过渡期内贸易政策的调整与执行，中国粮食出口与进口呈现逆向波动态势；随着加入 WTO 过渡期的结束以及金融危机的暴发，中国粮食出口呈现小幅下滑态势，且贸易逆差不断扩大。粮食出口比较优势在下降，粮食产品的国际市场竞争力在减弱。

一、中国粮食出口状况及地位

从不同时期看，中国粮食的出口状况及出口产品结构和市场都发生了较大的变化。

（一）粮食出口量的变动情况

第一阶段 1950—1960 年为粮食净出口时期。此阶段我国粮食生产得到迅速发展，而工业化刚起步，实行"以农补工"战略，通过粮食出口换回工业发展所需的工业原材料和机器设备，属于出口换汇阶段。1950 年出口粮食 122.6 万吨，1959 年达到 415.8 万吨的粮食出口峰值，年均增长 14.5%。这 11 年间粮食年均出口 223 万吨，年均进口 6.6 万吨，年均净出口粮食 198 万吨。出口的种类主要是大米和大豆，其中大米 177 万吨，占世界大米出口量的 26%，大豆为 173 万吨。

第二阶段 1961—1991 年为粮食净进口为主时期。1961 年我国开始转为粮食净进口，当年进口量 581 万吨，1991 年增加到 1 345 万吨，其中 60 年代年均进口量为 492.5 万吨，70 年代中期以后进口量大幅度攀升，80 年代年均进口量达 1 299 万吨。在 30 多年时间内，只有 1985 年和 1986 年两年为净出口，其中 1985 年净出口 332 万吨，1986 年净出口 169 万吨。其余时间均为净进口。

第三阶段 1992—2003 年为粮食净出口与净进口交替阶段。这一阶段我国粮食净出口和净进口交替出现，且净进口、净出口量变化较大。在这 12 年中有 7 年为净出口，且 7 年的年均净出口为 223 万吨。粮食出口量最高年份为 2002 年，粮食出口 1 514 万吨；粮食出口最低年份为 1995 年，粮食出口 103 万吨。与之前阶段比，出口规模显著增加。

第四阶段为 2003 年以后，粮食的出口在 2003 年创下 2 220 万吨的历史新高之后，除了个别年份（2005 年和 2007 年）出口规模呈现缩小的趋势，直至 2013 年的 241 万吨。

具体到四大粮食出口品种，在 20 世纪 90 年代，中国的玉米贸易除了 1995 年和 1996 年为逆差外，其余年份均处于顺差地位，可以笼统地说，中国是玉米的净出口国。1990—1995 年，中国是仅次于美国和法国的第三大玉米出口国，1996—2005 年，中国成为仅次于美国、法国和阿根廷的第四大出口国。1990—1995 年，中国大米贸易除 1995 年和 1996 年为逆差外，其余年份为顺差，因此可以笼统地说，此期间中国是大米的净出口国。期间，中国在世界上的出口国地位有所下降，1990—1995 年，中国是世界上仅次于泰国和美国的第三大出口国。1996—2000 年，此地位有所下降成为仅次于泰国、美国和印度的第四大出口国。2000—2005 年，由于印度和巴基斯坦大米出口数量的增加，中国成为仅次于泰国、美国、印度和巴基斯坦的第五大出口国。然而进入 2010 年以来，玉米、大米、小麦和大豆出口量整体呈下降趋势，贸易逆差不断扩大。2012 年大米出口额大幅下滑，降至 2.56 亿美元，大米贸易首次出现逆差，小麦出口相对稳定，整体呈下滑趋势，近年来已处于贸易逆差状态。玉米出口下滑更为明显，贸易逆差不断扩大；尽管 2012 年其出口有所回升，但贸易逆差仍由 2011 年的 5.31 亿美元扩大到了 2012 年的 15.88 亿美元。大豆贸易逆差最为显著，2012 年贸易逆差为 347.09 亿美元。

（二）粮食出口的产品及国别结构

从出口的产品看，玉米和大米是中国主要的粮食出口品种，大米和玉米的第一出口地位呈交替状态。20 世纪 50 年代至 1983 年我国粮食出口以大米和大豆为主，其中大米出口排在第一位，一般占到我国粮食出口量的 40%～60%；大豆次之，其出口比重一般在 20%～40%。1985 年之后，随着国内良种玉米的推广，我国玉米产量迅速增加，玉米出口也随之上升，现在玉米已经取代大米成为我国出口第一大粮食品种（除 1995 年和 1996 年外），其出口占粮食出口总量 59.7% 以上。具体来看，1994 年以前，我国第一大出口产品是玉米，其次是大豆、大米和小麦；1994 年以后，玉米仍是首要出口品种，但大米和小麦出口比重上升，大豆出口比重呈下降趋势。1983—1994 年，我国主要向国际市场出口玉米，玉米年均出口量占粮食年均出口总量的比例为 64.9%，其次是大豆、大米和小麦，它们所占的比例分别为 11.8%，10.6% 和 3.3%。1995—2006 年的变化主要表现为：玉米占粮食年均出口总量的比例由 1983—1994 年的 64.9% 上升为 1995—2006 年的 67.2%；大米占粮食年均出口总量的比例同期由 10.6% 上升为 18.0%；小麦占粮食年均出口总量的比例同期由 3.3% 上升为 8.4%；大豆占粮食年均出口总量的比例则在同期由 11.8% 降为 3.0%。2006 年以后大米出口比重上升至 30% 以上，但 2012 年出口额大幅下降，降至 256 亿美元，大米贸易首次出现逆差，但其出口占粮食出口额比重仍超过 28%。同期，即 2012 年，小麦、玉米的贸易逆差也在不断扩大。大豆贸易逆差最为显著，但作为豆类粮食最重要的部分，其出口在粮食出口中仍占据较为重要地位，约占中国粮食出口额的 30%。

与粮食进口来源相比，中国粮食出口流向相对分散。韩国、日本和东盟是中国粮食出口主要流向地。小麦主要出口到东盟和韩国，但近年来波动很大；2008 年及以前，两国占据中国小麦出口市场的 80% 以上，但 2009 年中国小麦出口阿富汗 215 万美元，占出口总额 94.8%，仅有 5.17% 出口韩国；2010 年仅出口小麦 1 500 美元至斯里兰卡；2011 年主要出口非洲，如埃塞俄比亚（61%）、津巴布韦（25%）、肯尼亚（14%）；2012 年仅出口小麦 10 美元到泰国。2008 以前，中国玉米出口 80% 到韩国和日本，2008 年以后出口到朝鲜比重不断增加，2012 年已达 99% 以上。中国大米出口相对分散，主要以韩国、日本、东盟为出口主要市场，对巴基斯坦和朝鲜的出口比重也分别达到 9.42% 和 9.79%，对俄罗斯的出口则由 2002 年的 13.4% 下降为 2012 年的 0.99%。2007 以前，中国大豆主要出口日本，近年来出口韩国和美国则明显增加。

二、中国粮食产品的比较优势与国际竞争力

测度一国某种产品出口比较优势的最为常用的方法为指数衡量方法，包括显示比较优势指数（Revealed Comparative Advantage Index，RCA）和贸易专业化指数（Trade Specialization Index，TSI）。

显性比较优势指数 RCA 是指一个国家某种商品出口额占其出口总值的份额与世界出口总额中该类商品出口额所占份额的比率，用公式表示：

$$RCA_{ij} = (X_{ij}/X_{tj}) \div (X_{iw}/X_{tw})$$

其中，X_{ij} 表示国家 j 出口产品 i 的出口值，X_{tj} 表示国家 j 的总出口值；X_{iw} 表示世界出口产品 i 的出口值，X_{tw} 表示世界总出口值。

显性比较优势指数可以反映一个国家某产品在世界某产品中的竞争地位。如果 $RCA > 2.5$，则表明该国产品具有极强的竞争力，如果 $1.25 \leqslant RCA \leqslant 2.5$，则表明该国某产品具有较强的国际竞争力，如果 $0.5 \leqslant RCA \leqslant 1.25$，则表明该国某产品具有中度的国际竞争力，如果 $RCA < 0.8$，则表明该国某产品竞争力弱。

从表 8-4 中可以看出，我国主要粮食产品 RCA 指数在 2003—2007 年这 5 年间基本在 >2.5 的区间波动，表明我国国际竞争力很强，但呈现逐年递减的趋势；其后的 2008 年、2009 年我国主要粮食产品的 RCA 指

标位于 $1.25 \leqslant RCA \leqslant 2.5$，表明我国国际竞争力在这两年处于较强的低位，但 2010 年、2011 年、2012 年连续三年，我国主要粮食产品的 RCA 指数在 $0.8 \leqslant RCA \leqslant 1.25$ 区间，这表明我国主要粮食产品竞争力在下降，只具有中等国际竞争力。

表 8-4　中国主要粮食产品显性比较优势指数

年份	2003	2004	2005	2006	2007	2008	2009	2010	2011	2012
RCA	14.94	4.00	5.37	3.28	6.12	1.55	1.65	0.97	0.80	0.93

数据来源：根据中国海关统计数据和联合国粮食及农业组织数据计算。

TSI 指数剔除了通货膨胀等宏观总量方面波动的影响，在不同时期、国家和产品之间具有可比性，而且兼用进口和出口的数据更能全面反映贸易比较优势。TSI 又称贸易竞争力指数，指某一产品出口额与进口额之差与进出口总额的比值，其计算公式为：$TSI = (X-M) / (X+M)$。式中，X 和 M 分别代表出口额和进口额。TSI 取值区间为 $[-1, 1]$，TSI 越接近 1，说明产品的比较优势越明显，而越接近-1 则表明比较劣势越显著。同时，$TSI \geqslant 0.8$，$0.5 \leqslant TSI < 0.8$ 和 $0 \leqslant TSI < 0.5$ 分别表明该产品具有很强的比较优势、较强的比较优势以及较弱的比较优势，而 $-0.5 \leqslant TSI < 0$，$-0.8 \leqslant TSI < -0.5$ 和 $TSI < -0.8$ 则分别表明该产品具有较小的比较劣势、较大的比较劣势和很大的比较劣势。

尽管我国是粮食生产大国，但由于我国人口众多，加上粮食安全政策等因素的影响，我国生产的粮食主要用于满足国内消费需求，仅有少量出口，粮食贸易总体上不具有比较优势。如表 8-5 所示，我国大米比较优势在 1986—2012 年间平均为 0.3，而小麦、玉米和大豆的比较优势平均分别为 -0.86、-0.24 和 -0.75。可见，在我国四大粮食品种中，仅稻米具有微弱的比较优势，而小麦、玉米、大豆则处于比较劣势，三者比较劣势的程度分别为明显、微弱和较大。

因此对于主要粮食品种大米而言，其市场占有率较高，且国际市场占有率波动较小，且近年来中国大米国际竞争优势有所上升。同时中国大米在生产效率、成本和价格、质量上均具备一定的竞争优势。总体而言，中国大米具有较强的国际竞争力。小麦出口价格相对具有一定的竞争实力，但优势不明显。玉米质量提高的幅度较为缓慢，相对的优势在不断下降。而对于大豆而言，我国是不具备生产和出口的比较优势。

表 8-5　1986—2012 中国主要粮食品种比较优势

年份 \ 指标	大米	小麦	玉米	大豆
1986	—	−1.00	0.17	−0.20
1989	—	−1.00	−0.19	−0.20
1992	0.70	−1.00	0.24	−0.57
1995	−0.93	−1.00	−0.99	−0.76
1998	0.77	−0.99	−0.10	−0.90
2000	0.67	−1.00	0.30	−0.95
2001	0.54	−0.75	−0.04	−0.95
2002	0.65	−0.62	0.32	−0.95
2003	0.67	−0.07	0.44	−0.97
2004	−0.04	−0.89	−0.44	−0.96
2006	0.17	−0.35	−0.31	−0.96
2008	0.45	−0.88	−0.88	−0.97
2010	0.24	−1.00	−0.96	−0.99
2012	−0.61	−1.00	−0.89	−0.98
平均	0.30	−0.86	−0.24	−0.75

数据来源：根据 FAO 及 UNCOMTRADE 的数据计算所得。

三、加入 WTO 前后中国粮食出口贸易政策

（一）加入 WTO 前中国粮食出口贸易政策

新中国成立初期，我国的国际贸易环境比较恶劣，只有苏联及欧洲东部一些国家是新中国的主要贸易伙伴，这种贸易关系基本上采取政府间贸易的形式，仅仅依靠出口农副产品等支付进口。20 世纪 50 年代初我国开始实行统购统销的政策，国家掌握了粮食生产、收购销售以及进出口贸易的全部流程。我国将大量粮食用于出口，从而获取大量外汇以换取国外先进机器设备和先进技术。从 20 世纪 50 年代到 90 年代中期是我国计划经济时代，国家指定中国粮油食品进出口总公司对粮食进出口贸易进行统一运营。国家每年制定粮食进出口计划，由国家发展计划委员会（现为国家

发展和改革委员会）和中国粮油食品进出口总公司将指标分解后下达到各省份。改革开放以后，尽管对外贸易体制进行了一系列的改革，包括外贸经营权的下放、经营权和所有权的分离、汇率并轨等措施，但是我国粮食对外贸易体制的改革严重滞后，粮食对外贸易仍处于高度垄断状态。20世纪90年代后期在入世的谈判过程中，我国对粮食的出口政策进行了一些调整。1997年7月1日起重要粮食的出口退税率为5％，并由国家向出口企业提供出口信贷；另外，自1993年起各粮食品种实行出口配额管理，经营企业必须取得计划配额才能经营出口业务；1993年起国家改变了由政府制定进出口价格的做法，对大米、玉米、大豆等粮食的出口价格由有出口经营权的进出口企业在配额内统一制定。

（二）加入 WTO 后中国粮食出口贸易政策

加入世界贸易组织后，在入世承诺的约束下，我国取消了粮食的出口补贴，取而代之的是另外两项相关政策：一是取消铁路建设基金。2002年4月1日起对铁路运输的稻谷、小麦、大米、小麦粉、玉米、大豆等征收的铁路建设基金实行全额免征。此项政策的出台有利于东北粮食经营企业降低运输成本，国家免征的铁路建设基金占总运输费用的30％～40％，所以此举使玉米从产区经铁路运往销区的运输成本平均降低了40％左右。通过运费调整前后比较，同是从长春到福州东的运费，其差额是42.36元/吨，有利于缩小国内玉米与国际市场的价差，提高我国玉米在国际市场的竞争能力。二是出口退税。2002年4月1日起我国对大米、小麦和玉米实行零增值税政策，并且出口免征销项税。此项政策对粮食出口企业是实质性利好，是继国家免征铁路建设基金后，我国应对入世后粮食市场竞争局面采取的又一有力措施，旨在降低出口成本，增强我国粮食在国际市场的竞争能力。以玉米为例，根据测算，通过取消铁路建设基金和出口增值税退税，我国玉米出口成本减少24美元/吨左右。

2006年全球粮食价格不断上涨引起了我国的高度重视。为了遏制国内粮价过快上涨，自2007年12月20日起国家取消小麦、稻谷、大米、玉米、大豆等84类产品的出口退税，2008年延续了2007年以来的调控政策，还对小麦、玉米、稻谷、大米、大豆等粮食产品征收5％～25％的出口暂定关税。在国内粮食连续六年丰收的背景下，为调整出口结构，自2009年7月1日起我国调整了部分产品的出口关税，小麦、大米、大豆3％～8％的暂定关税被取消。

四、中国粮食出口贸易政策的调适

第一，实施"鼓励优势粮食品种出口"的粮食对外贸易政策。改革开放以来，鼓励粮食出口一直是中国政府粮食对外贸易政策的主调。国际粮食危机的事实告诉我们，这一政策思路应该加以调整。要在继续利用国际粮食市场进行品种和结构调整的同时，积极利用国际市场实现国内粮食供求总量平衡。与此同时，根据比较优势调整农业生产结构与布局，扩大劳动力相对密集的经济作物和水畜产品专业化生产，在粮食作物内部，粳稻、中籼稻和晚籼稻具有比较明显的优势，可以适量出口。

第二，发挥比较优势，拓展出口贸易。对于一国（地区）来说，粮食出口是粮食销售的途径之一，也是保证其粮食供需平衡的一个重要组成部分。粮食出口贸易的发展，也能够反映一国（地区）粮食产业结构及其比较优势和国际竞争力的变化。粮食出口贸易可以调节国内粮食供求关系，进而抑制或提高国内粮食价格。此外，粮食出口贸易可以进一步开拓国际市场，促进国内粮食生产规模化经营，有利于形成具有国际竞争力的粮食生产和经营产业。我国应充分发挥部分粮食品种的比较优势，在国际市场上出口该产品，获取一定收益。应从品牌、品质等方面提高我国粮食产品的国际竞争力，不断努力拓展出口贸易，抓住国际市场粮价不断上涨的有利时机，获取更多出口收益。

第三，采取适宜的粮食出口措施，拓展粮食出口贸易。总体上讲，我国应该从战略上把握粮食出口所面临的机遇，同时也要认清粮食出口面临的风险，并采取相应的对策措施，以提高我国粮食产业的国际竞争力，推进农业和农村经济的进一步发展。首先，加强政府支持力度，为粮食出口创造条件，积极推动粮食出口品种的多元化，加大政府资金支持力度，鼓励优质商品粮种植技术的研究、开发和推广；采用先进的加工技术和设备，通过各种类型的培训或指导向生产者传授新技术和经营观念；建立粮食出口贸易信息体系，由政府资助、调研、收集有关农产品出口生产、价格、贸易、政策等信息，形成统一的粮食贸易信息体系。此外，农业部门应设立国外不公平待遇的反馈机构，以便政府及时了解情况，帮助出口企业解决问题。其次，发展有机农业，建立优质粮食出口生产和加工基地。突破"绿色壁垒"的根本途径是尽快提高我国粮食的安全生产和检测技术水平，加快无公害、绿色、有机粮食的发展。在确保粮食质量、创造名牌产品的基础上，实施行之有效的绿色营销战略。以品牌产品和龙头企业引导产业链的延伸和优化，培育支柱产业，扩张市场，从而提高品牌的营运能力。此外，对于我国具有比较优势的粮食，按国际市场标准有选择地建设一批粮食出口的生产基地和加工基地，以形成出口商品体系，使出口产品生产集中化、专业化和优质化，达到规模经营。要尽快对现有的加工设备进行技术改造，加速技术创新，提高产后储藏保鲜、加工、包装、运输等环节的科技水平，增加粮食出口产品的附加值。再次，增强粮食出口企业的风险管理意识。粮食出口企业应提高风险防范意识，杜绝侥幸心理和依赖思想。不论是国家风险还是商业风险，都绝非是个别企业能够主观控制和规避的，唯一的化解办法就是转嫁风险，即通过购买出口信用保险等措施降低经营风险，从而保证经营稳定。

思　考　题

1. 如何评价中国粮食进口在世界粮食贸易中的地位？

2. 中国粮食进口的风险有哪些，如何确定中国粮食进口的合适规模？

3. 中国粮食出口的地位发生了哪些变化，原因是什么？

4. 中国政府应采取哪些适宜的措施提升中国粮食出口在世界市场的地位？

参　考　文　献

陈芬菲 . 我国粮食安全的国际风险源探讨［J］. 中国流通经济，2011（3）.

陈祥新，李光泗 . 中国粮食价格波动的成因及经济效应分析［J］. 粮食科技与信息，2014（6）：12 - 16.

董智勇，王双进 . 粮食价格波动态势及调控对策［J］. 宏观经济管理，2013（7）：53 - 55.

杜明奎 . 国外农业支持保护制度对我国的启示［J］. 管理现代化，2011（1）：62 - 64.

国家粮食局课题组 . 粮食支持政策与促进国家粮食安全研究［M］. 北京：经济管理出版社，2009.

韩俊，徐小青，于保平，等 . 中国粮食供求现状、前景与对策［J］. 中国发展评论（中文版），2010（1）：21 - 29.

韩俊 . 14 亿人的粮食安全战略［M］. 北京：学习出版社，海南：海南出版社，2012.

李光泗，朱丽莉，等．基于政府调控能力视角的中国粮食安全测度与评价 [J]．
软科学，2011 (3)：74 - 78.

刘秀梅，杨艳红．我国粮食对外贸易政策变迁与粮食进出口贸易的发展 [J]．农
业经济问题，2013 (7)：84 - 88.

沈茂胜．我国粮食进口、自给率及粮食安全问题的思考 [J]．粮油加工，2010
(1)：42 - 47.

杨莲娜，王君芳．中国粮食的进口安全分析 [J]．皖西学院学报，2013 (12)：
43 - 46.

杨艳红，熊旭东．加入 WTO 十年我国农产品进出口贸易的国际比较分析 [J]．
世界经济研究，2011 (12)：40 - 44.

袁平．国际粮食市场演变趋势及其对中国粮食进出口政策选择的启示 [J]．南京
农业大学学报（社会科学版），2013，13 (1)：46 - 55.

翟虎渠．中国粮食安全国家战略研究 [M]．北京：中国农业科学技术出版社，
2011：132.

张昕．中国大豆产业安全研究 [D]．济南：山东大学，2010.

第三篇　粮食流通与粮食期货

第九章　粮食流通

本章学习目标：

1. 掌握粮食流通、粮食物流的相关概念；
2. 理解中国粮食流通体制改革及演变历程；
3. 理解我国粮食物流发展现状及未来发展趋势。

第一节　中国粮食流通体制改革及演变

一、粮食流通的内涵

（一）粮食流通的含义

"流通"处于商品形态变化全过程里生产—流通—消费三大环节的中间位置。粮食流通是指粮食商品生产出来以后，通过以货币为媒介的交换方式，实现由生产领域向消费领域（包括生产消费和个人消费）转移的全过程，它是整个社会商品流通的重要组成部分，是以货币为媒介，借助货币的流通职能和支付职能来实现的，是由粮食收购、储存、运输、加工、销售等环节组成的连续过程、产业链条。

一般认为，粮食流通是指粮食商品生产出来后，通过交换方式实现从生产领域向消费领域转移的全部过程。这种转移过程是以货币为媒介，借助货币的流通职能和支付职能来实现的。这是聂振邦、朱长国、郄建伟等学者对粮食流通所做的界定。

粮食流通与其他商品流通一样，可以分为两种形式——即价值的转换形式与使用价值的转换形式。价值的转换形式是指通过货币，使粮食商品在不同所有者之间实现所有权转移的过程（也称为粮食商流）。主要包括粮食的收购或采购、销售、批发等环节；使用价值的转换形式是指粮食商品的物理位移（也称粮食物流）即从生产地到消费地转移的活动，比如粮食运输，粮食保存等。粮食的价值转换过程与粮食的使用价值转换过程是从两个不同角度对粮食流通进行的描述，两者相互联系，又相互制约。两者拥有共同的起点、流向和终点，相互补充，分工合作，共同完成流通过程。粮食物流越发达，粮食商流的流速越快；粮食商流的每一次飞跃，又为粮食物流的发展提供物质基础。

粮食流通具有四个具体环节：生产者→粮食批发商→零售商→消费者，它们组成了粮食流通的一般过程。这四个环节虽然地位和作用不同，但是既相互影响，又相互联系，一个环节处理不好，都会影响其相邻环节作用的发挥，所以只有妥善处理好各环节的相互关系，才能顺利完成粮食流通的整个过程。商品流通时间是指商品在流通领域停留的时间，缩短流通时间可以降低商品的损耗，加快资金的周转速度，增加效益，有利于扩大再生产。粮食商品也是商品，所以流通时间理论对它同样适用，但是出于粮食商品的特殊性：一是粮食是特殊的物资，关系国家稳定，同时自然条件的变化直接制约生产的变化，为了克服产量的不稳定性，确保市场供应，这就要求多买少销留有余地，以备不时之需；二是国家根据战争安全的需要保存储备粮，一般情况下我国每两年就要轮换一次。

（二）粮食流通产业内涵

产业是国民经济中按一定社会分工原则，为满足社会某种需要而划分的从事产品和劳务生产及经营的各个部门；也是指国民经济中按照一定的社会分工原则，为满足某种需要而划分的从事产品和服务生产及其经营的各个经济组织或经济集合，是按照规模经济和范围经济要求集成起来的行业（或企业）群体。

粮食流通产业是在近几年才开始在我国使用的概念，目前学术界和实际工作部门还没有规范统一的界定。本书中的粮食流通产业，是指粮食商品从生产领域向消费领域转移的全过程中粮食产后整理、保管、减损和粮食收购、批发、零售以及仓储、运输、加工、信息、物流配送、咨询、交易服务等所有相关行业和部门，参与粮食商品相关的一切实物贸易和商业服务活动的总称，它包括粮食产品从生产领域向消费领域转移的购、储、运、加、销等全过程，居于引导生产、衔接产销、保障消费、资源利用等中枢地位。

（三）粮食流通体制内涵

新编会计大辞典中指出，粮食流通体制是粮食商品从生产领域到消费领域的流通渠道及收购、销售、调拨、库存等基本管理制度的总称。

粮食流通体制作为中国主要的经济体制之一，是指在粮食流通过程中，各种粮食流通行为规则、政府的各种粮食经济法规、粮食流通的组织形式和监控手段等各项具体制度的总和。

完善的粮食流通体制对于保障国家粮食安全具有重大意义，然而目前国内尚未对粮食流通体制的内涵做出权威性的界定。笔者认为粮食流通体制是粮食流通的政策体系和国家对粮食流通的管理模式，主要包括粮食市场体系建设、粮食价格机制、粮食储备体系、粮食市场监管机制和粮食宏观调控机制等方面的内容，其中粮食市场体系建设是搞好粮食流通监管的保障条件，粮食价格机制和粮食储备体系是搞好粮食宏观调控的手段。

二、中国粮食流通体制改革及演变

中国的粮食生产经历了一个由供给不足逐渐到供求大体平衡，丰年有余的过程。与此相适应，我国粮食流通体制也经历了统购统销的高度集权体制到逐步转向以市场为导向的市场经济体制的过程。新中国成立以来，中国粮食流通体制取得了实质性进展，特别是 1992 年绝大部分地区放开粮食销售价格、取消粮食票证供应制度和 1995 年取消了指令性计划收购议购粮任务。粮食流通体制像其他领域一样，正由计划体制向市场体制过渡。

（一）中国粮食流通体制历史变迁

中国是一个农业耕作历史悠久的传统农业国，至今仍然有 70% 左右的人口是农村人口，所以历来重视农业尤其是粮食种植业的基础地位。正因为如此，粮食流通体制改革涉及面广，牵扯的人口多，不仅涉及粮食生产者、经营者和消费者等方方面面的利益分配，还涉及中央与地方以及粮食主产区与粮食主销区的利益调整，同时也与财政、金融、价格和外贸等众多部门相联系，可谓牵一发而动全身。从另外一个方面看，由于 1992 年后其他经济领域的市场化改革加快，而凸现了粮食流通体制改革的相对滞后性，可谓"一发拖了全身"，所以有人说粮食流通体制是计划经济的最后一个"堡垒"，也不无道理。

客观地说，粮食流通体制也并非始终坚守计划阵地，"按兵不动"，恰恰相反，中国粮食流通体制自 1992 年以来一直在不断深化改革。如果说近 20 年来粮食流通体制的变化不是最大的，那么也是变动最大的体制之一。如，1993 年底全国除云南和甘肃的 25 个县以外，约有 98% 的县（市）基本上放开了粮食价格和购销；1994 年 3 月国务院发出《关于深化粮食购销体制改革的通知》，强调加强国家对粮食市场的宏观调控，国有粮食部门要掌握市场粮源的 70%～80%，国家定购议购收购不少于 9 000 万吨，建立和完善中央和地方粮食储备制度，并建立了粮食风险基金制度。1994 年组建了以经营农产品收购资金为主的农业政策金融机构——中国农业发展银行。1995 年中央明确了实行粮食地区平衡和"米袋子"省长负责制。1996 年大幅度提高粮食购销价格，提价幅度高达 40%。1998 年开始实行"三项政策一项改革"为主题的全面改革。2001 年国务院又下发了《关于进一步深化粮食流通体制改革的意见》，明确了粮食流通体制改革的总体目标，确定了"放开销区，保护产区，省长负责，加强调控"的粮食流通体制市场化改革新思路。

1. 统购统销：1953—1984 年

在单一公有制和"大、一、统"的个人分配制度的计划经济时期，从 1953 年到 1984 年，为克服粮食短缺的困难，并确保城市配套系统的低价粮食供应，在农村实行强制性粮食收购（主要表现为低价收购）政策，即所谓的统购统销制度。

（1）粮食统购统销体制本身的变化。1953 年中共中央召开全国粮食工作会议，做出了《关于实行粮食计划收购与计划供应的决议》；当时的政务院还颁布了《关于实行粮食计划收购与计划供应的命令》和《粮食市场管理办法》。这些文件的主要内容是：第一，国家对农村余粮实行计划收购（简称统购），生产粮食的农民按照国家规定的收购品种、价格和数量，将余粮卖给国家。第二，国家对城镇居民和农村缺粮农民实行计划供应（简称统销）。第三，由国家严格控制粮食市场，粮权完全集中在中央，严禁私商自由经营粮食。第四，在中央的统一政策下，由中央和地方分工负责粮食的一切管理工作，即"统一领导、分级管理"。这标志着粮食统购统销体制的正式确立。

在统购统销时期，粮食市场由国营粮食体系一统天下，粮食价格完全由政府决定。随着粮食产量的变化，作为国营粮食市场补充的粮食自由市场也是停停开开，几经沉浮。直到 1979 年，家庭联产承包责任制后，粮食大幅增产缓解了中国的粮食供求紧张状况，粮食流通体制开始向市场化方向过渡。

1979—1984 年间，逐步允许粮食多渠道经营和集市贸易，统购统销的体制有所松动。特别是 1982 年中国提出粮食流通体制在坚持统购统销的前提下，要以"计划经济为主、市场调节为辅"。1983 年，中央强调对粮食等重要农副产品要逐步推行购销合同制，对农民完成粮油统派购任务后的余粮允许实行多渠道经营；收购任务外的粮食，购销价可以有升有降。具体说来，粮食流通体制的变化表现在以下几个方面：第一，大幅度提高粮食统购价格。第二，逐步减少粮食统购数量，通过购销调拨包干，逐步扩大市场调节范围。第三，在保持国营粮食商业主渠道作用的同时发展多渠道经营。第四，恢复和发展粮食集市贸易。这些变化的直接后果就是，粮食初级市场发育明显加快，粮食议购议销得到大力发展，粮食产量明显增加。全国粮食产量在 1984 年达到 40 731 万吨，比 1981 年增长 25.3％，人均粮食拥有量达到历史最高水平。农贸市场粮食成交量从 1978 年的 250 万吨提高到 1983 年的 915 万吨，粮食部门议购数量从 1978 年的 405 万吨提高到 1984 年的 2 670 万吨。

（2）统购统销体制的缺陷。在粮食供应紧张和比较复杂的国际政治经济环境的历史时期，统购统销粮食流通体制在最大程度上保证了中国社会的稳定和社会主义经济建设的顺利进行。但是，随着外界环境的变化，随着中国经济建设的不断推进，特别是随着农村家庭联产承包责任制的实施，统购统销体制越来越不适应中国总体的经济环境。概括来说：

——粮食流通的高度计划管理体制，不利于国家及时有效调节粮食生产与流通的各类资源，导致信息传递不畅甚至失真，严重影响了粮食流通资源的合理配置。

——统购统销体制时的粮食价格长期处于偏低的水平，严重挫伤了农民种粮的积极性，不利于农业科技和优良品种的推广，进而影响到粮食的供给和粮食生产的进一步发展，无法解决粮食的长期短缺问题。

——由于统购统销的流通体制制约了农业产业本身的发展，使得作为国民经济基础的农业本身的发展受到制约，也影响了整个国民经济的繁荣。

——统购统销体制限制了农民种粮收益的提高，与家庭联产承包责任制不相协调，与中国 20 世纪 80 年代后所确立的改革开放的基本国策存在着矛盾。所以，统购统销的粮食流通体制改革势在必行。

2. 价格双轨制：1985—1992 年

粮食流通体制的第一次改革开始尝试用指导性计划代替指令性计划，

用经济手段代替行政手段。这次改革标志着在中国实行了 30 多年的统购统销体制开始发生变化，意味着农村改革进入到以流通体制改革为主要内容的新阶段，形成了以粮食价格和粮食流通的"双轨制"为主要特征的粮食流通体制。

1984 年的粮食丰收使决策部门认为可以在更大范围内发挥市场调节作用，1985 年 1 月，国家宣布取消粮食统购制度，代以合同定购制。1985 年合同定购价格按"倒三七"比例计价（即 30% 按原统购价格，70% 按原超购价格计价，价格为原统购价的 1.35 倍）；合同以外的粮食可以自由上市，如市场价格低于原统购价格，国家仍按原统购价格敞开收购。1987 年，中国开始以改革农产品统派购制度、建立和完善农产品市场体系作为农村第二步改革的中心任务，同时坚持合同定购与市场并行的"双轨制"，即由国家以合同形式按规定价格收购一部分，合同以外的部分按市场价格自由购销，合同定购部分作为农民向国家的交售任务。同时，国家根据粮食生产的发展和财政状况，逐步减少定购，完善合同，扩大自由购销，把定购以外的粮食真正放开搞活。

由于 1985—1988 年粮食产量较大幅度的下降，导致市场粮价逐年攀升，合同定购价格与市场价格差距越来越大，农民不愿向国营粮食部门交售合同定购粮，于是国家 1988 年决定大幅度提高粮食合同定购价格，而定销价格并没有相应提高，这使财政负担越来越重，1986—1991 年，财政对粮、棉、油价格补贴总额高达 1 363 亿元。同时国有粮食部门也形成巨额财务挂账，1991 年末粮食部门挂账总额为 545 亿元，其中政策性挂账 486 亿元。因此，从 1988 年开始，从山西开始，局部地区进行了以减购、压销、提价、放开为基本内容的粮食销售体制改革。

各地通过不同方式的改革刺激了粮食生产，1989—1990 年粮食连续增产，供给比较充足，加之迫于政府财政补贴的重负，深化粮食购销体制改革的主客观条件趋于成熟。为加强对粮食市场的宏观调控，1990 年中国建立了粮食储备制度和对粮食实行保护价制度。1991 年 5 月 1 日，中央作出统一调整粮油统销价格的历史性决定，三种粮食中等质量标准品全国平均统销价格提高 0.2 元/千克，每个职工每月基本工资提高 6 元。此次粮改基本取得预期效果，但价格调整并未到位。据测算，粮食统销价格提高后仍倒挂 0.22 元/千克。为巩固粮改成果，真正理顺粮食购销价格，减少粮食部门亏损，中央决定自 1992 年 4 月 1 日起再次提高粮食统销价格，实现购销同价，全国平均粮价提高 0.22 元/千克，每个职工每月补贴

5 元。购销同价实现了市场供给和需求的对接，切断了政府对消费者的补贴来源，使粮食购销由计划体制向市场体制过渡迈出了实质性的一步。

3. 两线运行政策的实施：1993—1997 年

20 世纪 90 年代初尽管国家几次提高城镇居民定量内口粮的销售价格，保证国家定购任务的坚决完成，中央和地方实行粮食专项储备制度，但是并没有从体制上真正解决粮食丰收后农民"卖粮难"的问题。在这种情况下，国务院在 1992 年 9 月和 1993 年 2 月先后出台了《关于发展高产优质高效农业的决定》和《关于加快粮食流通体制改革的通知》，标志着第二次粮改开始启动。这次粮改可以分成两个阶段：1993—1994 年，主要改革方向是市场化的全面改革；1995—1997 年，强调两线运行的粮食流通体制。

1993 年《关于加快粮食流通体制改革的通知》下发后，除云南、甘肃 25 个县没有放开粮食经营和价格外，全国其余各县（市）都不同程度地迅速放开粮食经营，或"保量放价"，或"减量放价"，或"量价全放"。可以认为，1993 年是粮食流通体制改革大踏步推进的一年，粮票在这一年也走完了历史任务，被正式取消。从这次粮改实行的各项政策来看，有明显不同于第一次粮改的重要特点：第一，承认了粮食的商品属性。"粮食商品化，经营市场化"第一次被中央政府确认，从而促进了农业结构调整和农业向市场经济的转轨进度；第二，强调建立全国统一大市场和培育多元化经营主体的重要性，这意味着按农业生产比较优势的区域分工就有可能形成；第三，在政府宏观调控的前提下逐步向粮食流通"单轨制"迈进，这表明政府对粮食流通体制市场化改革过程中政府的作用有了较为清醒的认识。

但是，由于粮食市场（主要是粮食价格的大幅上涨和粮食流通的区域封锁）和国际环境（世界粮食产量和贸易量的下降、美国学者莱斯特·布朗发表《谁来养活中国?》）的新变化，使得改革的市场化方向并没有坚持到底。1994 年 5 月和 1995 年 6 月国务院下发了《关于深化粮食购销体制改革的通知》和《关于粮食部门深化改革实行两条线运行的通知》，标志着第二次粮改的转向。这两个通知，主要就"米袋子"省长负责制、健全粮食储备体系、明确中央和地方粮食事权搞好两级总量平衡、粮食政策性业务和商业性经营财务分开进行了较为详细的规定。

所谓"两线运行"，简单一点说，就是指将粮食企业的收储主营业务与加工等附营业务分开。具体来说，是将粮食企业的加工等附营业务完全从粮食企业剥离出去，以市场作为其资源配置的主导方式，使其成为独立的市场主体，自主经营，自负盈亏。另一方面，粮食企业保留其收储主营业务，国家对这一部分对国家粮食安全有重要影响的业务实行政策性经营，要求严格执行国家粮食政策，若出现政策性亏损，国家以财政补贴形式弥补。目的是解决国有粮食部门中政府行为与商业经营混淆不清，企业经营挤占财政补贴资金的问题。旨在将财政补贴集中用于政策性业务的两线运行，实际上就是双重经济关系、双重职能导致双重运行体制。

两线运行的弊端显而易见，农业结构调整的成果遭到扼杀；多元化的粮食加工体系也面临着夭折的命运；粮食流通的区域封锁趋于严重；农民"卖粮难"、粮企"储粮难"、"打白条"、"压级压价"、"拒收粮食"、农民"增产不增收"等恶性循环无法得到令人满意的解决。

4. 1998 年以来的粮食流通政策

改革开放 30 年来，我国经济体制改革不断深化，对外开放步伐不断加快，经济社会发展日新月异。与之相适应，粮食流通体制改革和现代粮食流通产业发展取得了明显成效。30 年来，我国粮食流通体制经历了统购统销、购销价格"双轨制"，"放开销区、保护产区"和全面放开粮食购销和价格等几个主要阶段，基本建立起了在国家宏观调控下，充分发挥市场机制配置粮食资源基础性作用，适应社会主义市场经济发展要求和符合我国国情，确保国家粮食安全的新的粮食流通体制。

改革开放 30 年来，我国的粮食流通体制已经历了数轮改革。根据经济社会发展的需要和粮食供求形势的变化，国家适时调整粮食购销政策，完善体制机制，推动粮食流通体制改革沿着正确的方向稳步前进。我国的粮食流通体制改革大致可以分为五个阶段。1979—1993 年是粮食流通市场化进程的逐步推进期，1993 年开始全面放开对粮食价格与经营，1994—1999 年是粮食流通市场化改革的调整期。而 1998 年以后我国的粮食流通政策可以大致分为三个阶段。

第一个阶段：1998—2002 年，这是粮食流通体制改革的回归期

（1）1998 年国家粮食流通政策出台的背景。1995 年底中央政府下发了《关于粮食部门深化改革实行两条线运行的通知》。由于两条线运行既存在着因政企不分而出现的政策性经营单位与商业性经营单位难以划分的难题，又存在着同一单位因同时承担两类业务而在资金界限、费用界限、财务分配界限方面难以界定等诸多问题，因此两条线运行方案从一开始就陷入了困境。

1994 年和 1996 年，国家两次连续大幅度提高粮食收购价格，极大地调动起农民的生产积极性，粮食总产量连年猛增。在粮食大丰收、猛增长的条件下，传统粮食流通体制中的深层次的弊端和错综交织的矛盾逐渐暴露出来：一是政企不分，"大锅饭"体制未根本触动；二是冗员膨胀，管理粗放；三是中央和地方粮食事权不清，削弱了中央宏观调控；四是粮企改革严重滞后，亏损严重；五是粮食市场体系薄弱，分散、杂乱、水平低。这些弊端导致粮食宏观调控力不强，价格形成机制不健全，粮企营销不灵活，粮食设施严重不足，粮食亏损挂账的"包袱"越来越沉重。1997 年，国务院在大连召开了"部分地区粮食工作座谈会"，国务院主要领导指出，粮食流通体制已经到了非改不可，不改过不去的时候了。这一年推出了"四分开一并轨"的新方案。

（2）1998—2002 年的粮食流通政策。1998 年 5 月 10 日，国务院作出了《关于进一步深化粮食流通体制改革的决定》，即国发 ［1998］15 号文件。文件指出，粮食流通体制改革的原则是"四分开一完善"，即实行政企分开、中央与地方责任分开、储备与经营分开、新老财务账目分开，完善粮食价格机制，更好地保护农民的生产积极性和消费者的利益，真正建立起适应社会主义市场经济要求、符合我国国情的粮食流通体制。

这一政策实施后的几个月，各地区及有关部门围绕"三项政策一项改革"取得了初步成效，但仍然存在一些突出的矛盾和问题。为此，1998 年 11 月 7 日，国务院又出台《关于印发当前推进粮食流通体制改革意见的通知》，即国发 ［1998］35 号，文件指出，必须从健全机制、完善配套政策和抓好组织落实三个方面采取有力措施，确保"三项政策、一项改革"的贯彻落实。

1999 年 5 月 30 日，《国务院关于进一步完善粮食流通体制改革政策措施的通知》，即国发 ［1999］11 号文件出台。该文件指出，以"三项政策、一项改革"为重点的粮食流通体制改革，对于保持国民经济持续稳定增长和社会稳定，发挥了重要作用。在我国粮食已由长期短缺变成总量大体平衡、丰年有余，粮食生产结构性矛盾日益突出的情况下，要在继续坚定不移地贯彻"三项政策、一项改革"的基础上，继续深化粮食流通体制改革。自此以后至 2002 年，粮食流通体制改革一直坚持"三项政策、一项改革"这一措施。

（3）回归期的政策效果。可以看出，1998 年开始以"四分开一完善"和"三项政策一项改革"为主要内容的粮食改革实际上是在国民经济市场化程度已有很大提高的背景下，政府对粮食流通系统实行的严格管制，也有一些专家称这次改革是对"统购统销"的回归。但统计数据表明，1998—2002 年的 5 年间，国有粮企平均每年收购农民余粮 1.135 亿吨，占农民出售余粮的 2/3 以上。其中，累计按保护价收购农民粮食 4.8 亿吨，年均收购保护价粮食 9 500 万吨，农民从中确实得到增收的实益。

第二个阶段：2003—2005 年，这是粮食流通体制改革的完善期

（1）2003—2005 年的粮食流通政策。2003 年 10 月党的十六届三中全会中提到，要完善农产品市场体系，把通过流通环节的间接补贴改为对农民的直接补贴，切实保护种粮农民的利益。要加大国家对农业的支持保护，深化农村税费改革，切实减轻农民负担。

2004 年中央 1 号文件要求深化粮食流通体制改革。同年 2 月，国务院进一步深化粮食流通体制改革的工作会议原则通过了关于进一步深化粮食流通体制改革和实行对种粮农民直接补贴的实施意见。

2005 年中央 1 号文件强调应继续对短缺的重点粮食品种在主产区实行最低收购价政策，逐步建立和完善稳定粮食市场价格、保护种粮农民利益的制度和机制。同时指出，应切实加强对粮食主产区的支持。

（2）完善期的政策效果。这一阶段粮食流通各项工作取得了新的进展，粮食购销市场化和经营主体多元化格局初步形成，粮食宏观调控取得明显成效，保持了粮食市场和价格的基本稳定，保护了种粮农民利益。粮食宏观调控机制逐步完善，对粮食市场的调控能力进一步增强。这主要表现在：对种粮农民的直接补贴机制进一步完善；最低收购价政策稳定了市场粮价，保护了种粮农民利益；粮食宏观调控机制逐步完善，对粮食市场的调控能力进一步增强；国有粮食购销企业历史包袱逐步得到解决，企业产权制度改革稳步推进；粮食产销衔接进一步发展；粮食市场体系建设步伐进一步加快；依法加强对全社会粮食流通监管，维护正常粮食流通秩序。

第三个阶段：2006—2010 年，这是粮食流通体制改革的巩固期

2006 年中央 1 号文件《中共中央、国务院关于推进社会主义新农村建设的若干意见》中提到，要完善粮食流通体制，深化国有粮食企业改革，建立产销区稳定的购销关系，加强国家对粮食市场的宏观调控。同年召开的党的十六届五中全会指出粮食流通工作的主要目标和任务是：深化一项改革，健全四大体系，建设六项工程。其中深化一项改革指的就是完善粮食流通体制，深化国有粮食企业改革，在"十一五"时期健全适应社

会主义市场经济发展要求和我国国情的粮食流通体制。

2007 年中央 1 号文件指出应健全农业支持补贴制度。各地用于种粮农民直接补贴的资金要达到粮食风险基金的 50％以上。加大良种补贴力度，扩大补贴范围和品种。扩大农机具购置补贴规模、补贴机型和范围。加大农业生产资料综合补贴力度。中央财政要加大对产粮大县的奖励力度，增加对财政困难县乡增收节支的补助。同时，继续对重点地区、重点粮食品种实行最低收购价政策，并逐步完善办法、健全制度。

2008 年中央 1 号文件指出，应继续巩固、完善、强化强农惠农政策。继续加大对农民的直接补贴力度，增加粮食直补、良种补贴、农机具购置补贴和农资综合直补。扩大良种补贴范围。增加农机具购置补贴种类，提高补贴标准，将农机具购置补贴覆盖到所有农业县。

2009 年中央 1 号文件指出应按照目标清晰、简便高效、有利于鼓励粮食生产的要求，完善农业补贴办法。根据新增农业补贴的实际情况，逐步加大对专业大户、家庭农场种粮补贴力度。2009 年继续提高粮食最低收购价。

2010 年 1 月 11 日，聂振邦同志在全国粮食局长会议上的工作报告《大力发展现代粮食流通产业，加强和改善粮食宏观调控，切实保障国家粮食安全》中指出，按照"发展产业壮实力、加强调控保安全"的基本思路，以加强宏观调控、深化体制改革、发展流通产业、推进依法管粮、加强行业建设为着力点，实现抓好收购、促农增收、保证供应、稳定市场、统筹发展、保障安全的目标，促进粮食流通事业科学发展，为巩固经济回升向好势头、促进国民经济平稳较快发展发挥特有优势，做出新的贡献。

第四个阶段：2011 年以后，这是粮食流通体制改革的攻坚期

2011 年 1 月，国家粮食局在北京召开的全国粮食局长会议指出，要重点抓好六项工作：一是抓好粮食收购，促进粮食生产；二是加强宏观调控，维护市场稳定；三是推进依法管粮，规范流通秩序；四是深化体制改革，促进企业发展；五是加快发展产业，壮大产业实力；六是加强行业建设，提高行业素质。

2012 年 1 月，国家粮食局在北京召开的全国粮食局长会议指出，做好粮食流通工作，要加快推进粮食流通发展方式转变、结构调整和科技创新，坚持"为耕者谋利，为食者造福"的服务理念，以"稳市场保供给、强产业促发展"为中心任务，以"抓好收购促增收、加强调控保安全、深化改革转方式、提升产业惠民生、科学管粮上水平"为工作目标，切实做

好各项粮食流通工作，为保障国家粮食安全和促进国民经济平稳较快发展作出新的贡献。

2013 年 1 月 22—23 日，全国粮食流通工作会议在北京召开，会议指出，要按照稳中求进的总基调、扎实开局的总要求和"守住管好天下粮仓，做好'广积粮、积好粮、好积粮'三篇文章"的总部署，坚持以"守底线、保安全、惠民生、促发展"为目标，坚持以抓收购、保供给、稳粮价为中心，坚持以深化改革、强化创新为动力，积极推动粮食安全省长负责制的全面落实，启动实施"粮安工程"，着力提升粮食经济增长质量和效益，大力推进创新驱动发展和人才兴粮战略，切实保护种粮农民利益，切实保障粮食有效供给，切实维护国家粮食安全，为促进经济社会持续健康发展作出新的贡献。

2014 年 1 月 16 日，国家粮食局局长任正晓在全国粮食流通工作会议上的报告指出，2014 年是改革年，是贯彻实施中央确立的国家粮食安全战略的第一年。立足经济社会发展和"三农"工作大局，以全面深化改革总揽粮食流通工作全局，认真贯彻国家粮食安全战略，进一步做好"广积粮、积好粮、好积粮"三篇文章，稳中求进、改革创新，守住底线、加快发展，切实保障国家粮食安全。2014 年粮食流通工作的重点是：认真贯彻"一大战略"，着力深化"五项改革"，继续实施"两项工程"。

（二）粮食流通体制发生的深刻变革

通过对我国粮食流通政策演进的回顾，可以看出我国的粮食政策经历了自由购销——统购统销——双轨制——初步市场化——全面市场化的发展变化。特别是在改革开放 30 年以来，历经数次粮食流通政策的修改及完善，目前已基本建立起适应社会主义市场经济发展要求和符合我国国情粮情，在国家宏观调控下充分发挥市场机制配置粮食资源的基础性作用，确保国家粮食安全的新的粮食流通体制。国家宏观调控能力不断加强，保证了粮食市场供应，维护了粮价基本稳定，粮油政策法规体系逐步健全，维护了正常粮食流通秩序，粮食流通体系建设逐步完善，确保了国家粮食安全，粮食流通对生产的引导作用逐步加强，促进了粮食生产的稳定发展。

1. 粮食流通市场化体系基本建立

第一，国有粮食企业改革深化，继续发挥主渠道作用。截至 2011 年年底，全国国有粮食企业总数为 10 938 个，比 2004 年减少了约一半。

2005—2012 年全国国有粮食企业累计收购粮食 10.5 亿吨，占全社会粮食收购量的 52.5%，年平均粮食收购量为 1.47 亿吨。由此可以看出，尽管国有粮食企业数量大量减少，但是由于企业"三老"问题得到基本解决，结构得到优化，市场竞争力增强，继续发挥着主渠道作用。

第二，实现了市场主体多元化。在进行粮食流通市场化改革之前，粮食市场主体非常单一，国有粮食企业是唯一的粮食收购主体，完全掌握着市场主动权，使得作为粮食市场主体之一的农民完全没有选择权。粮食流通市场化改革之后，国家放开了粮食购销市场，市场主体得以丰富，国有粮食企业、私营粮食企业、个体工商户、粮食经纪人均可以参与到粮食市场当中，实现了粮食市场主体的多元化，创造了粮食市场良性竞争的条件，促进了粮食经济的发展。

第三，基本建立了"五个体系"。2008 年 8 月，《国家粮食安全中长期规划纲要（2008—2020 年）》，明确提出了积极推进现代粮食流通产业的发展方向和任务。目前，在全国已经基本建立起了"五大体系"，即："粮食市场体系、粮食仓储物流体系、粮食及其制品加工体系、粮食及其制品质量检测体系、粮食信息及预警体系。"一是已经基本建立三级粮食现货市场体系。粮食现货市场包括农村集贸市场、粮食批发市场和粮食零售市场，粮食期货市场也随着我国期货市场的发展逐渐建立。目前，全国已经有 23 家国家级粮食交易中心挂牌营业，建立了 800 多家区域性的粮食批发市场和 3 家期货交易市场，这些粮食市场的运转沟通了全国粮食流通市场，形成了粮食市场价格。二是粮食物流体系建设效果显著。随着全国物流业技术的发展，"四散"等先进技术手段被粮食物流业广泛采用，建立了一大批现代物流设施，逐渐形成了粮食物流系统。三是粮油加工业发展日新月异。受益于现代科学技术的高速发展，一些高新技术先后应用到粮油加工业当中，提高了粮油精深加工水平和产品的质量，很多粮油加工技术已处于世界领先水平。四是建立了粮食及其制品质量检测体系。这一体系的建立为解决食品消费安全和粮食质量安全问题奠定了基础。借鉴美国等发达国家的经验，依托检测设备和技术的进步，我国逐步建立起了粮食及其制品质量检测体系。五是初步建立了粮食信息及预警体系。粮食供求信息只有公开才能发挥应有的作用，种粮农民只有及时掌握国际和国内粮食市场价格和供求信息，才能及时调整种植结构，因而增加种粮收入。随着社会的发展，互联网和信息技术逐渐渗透到社会的各个领域，借助这些先进科学技术，粮食流通市场得到长足发展，逐步建立起了粮食供求信息收集和发布体系，根据收集到的粮食流通数据进行分析，进一步建立了粮食预警系统，从而初步建立了作为保障粮食安全手段的粮食信息及预警体系。

2. 粮食储备体系得到进一步健全

粮食储备发挥着蓄水池作用，在粮食生产量小于消费量的年份，释放储备粮食为市场增加粮食供应量，起到平抑粮食，维护社会稳定的作用；在粮食生产量大于消费量的年份，大量收购农民手中余粮，可以防止粮价过低降低农户的种粮积极性，维持粮食的稳定供应，维护国家粮食安全。联合国粮农组织（FAO）提出了粮食储备不低于下一年粮食消费量17%～18%的粮食储备安全线标准。我国是人口众多的国家，政府非常重视粮食储备的作用。新中国成立后，粮食储备体系逐步建立，不断发展，成效显著。

首先，建立了中央、省、市三级储备体系。"现阶段粮食储备体系包括四个部分：战略储备、备荒储备、后备储备（专项储备）和周转储备（商品储备）。国家储备粮油所有权、动用权属于国务院，未经国务院批准，任何地区、部门、单位和个人都不准擅自动用。国家储存在各地的储备粮油，必须服从国务院统一调度。"各级储备粮由各级粮食储备库进行管理，其粮权在同级政府，其轮换计划由同级粮食部门制定和监管，动用权在同级政府，储备粮在管理中产生的费用由同级财政负责。中央储备粮由专门粮食公司管理，中央储备粮公司在全国各地建立分库，合理布局，维护国家粮食市场稳定。省、市级储备粮的设立目标是维护本辖区的粮食安全，有些地方还设立了县级储备库。各级储备粮相互补充，为维持粮食市场稳定、维护国家粮食安全发挥了积极作用。

其次，建立了法律法规及制度体系。2003年，出台了《中央储备粮管理条例》，各级政府根据《中央储备粮管理条例》及相关法律法规，结合当地实际出台了《地方储备粮管理办法》，明确规定了储备粮管理的责任、储备粮轮换和动用的相关程序，确保了储备粮管理有章可循，有效保障了储备粮储存安全、质量良好、数量真实。

再次，民间粮食储备特别是家庭储粮得到了较大的发展。一般来说，粮食储备分为官方储备和民间储备，我国历来比较重视官方储备，对民间储备的发展和管理重视不够。近几年来，政府逐渐意识到民间储备的重要作用，开始加强民间储备的引导和管理。由于受历史饥荒经验影响，我国民间尤其是农民家庭储粮量非常巨大，近几年，我国农户家庭储存的粮食每年约 2.5 亿吨，约占当年全国粮食总产量的 50%。自 2008 年以来，国家开始推行农户科学储粮工程，旨在减少粮食产后减损，增加农民收入，这也是加强农户储备的一项重要举措。农户储粮是政府储粮的一个有效补充，虽然农户储粮比较分散，若发生自然灾害等需要紧急调粮时，农户储粮难以集中，但是我国农村人口接近全国半数人口，农户储粮若能满足农户自身的需求，那么相当于全国半数人口的粮食供应有了保障，对于维护国家粮食安全具有重大作用。

3. 粮食流通市场监管能力得到提高

一是制定了粮食管理相关的法律法规。1949—1998 年，根据我国粮食经济的发展情况，粮食政策发生了较大变化，党中央、国务院出台了一系列的粮食政策，但在立法方面，没有粮食方面的法律，粮食立法出现真空。可喜的是，1998 年国务院颁布了《粮食收购条例》和《粮食购销违法行为处罚办法》，粮食立法实现了零的突破。2003 年，国务院颁布了《中央储备粮管理条例》，使中央储备粮的规划、管理和动用有法可依。2004 年，国务院颁布了《粮食流通管理条例》，规定了相关行政部门在粮食流通中的职责，进行粮食经营需要具备的条件，如何获得粮食经营资格，粮食经营者的责任和义务，粮食经营者违反相关规定需要承担的法律责任，如何进行粮食宏观调控，行政部门违法行政应承担的法律责任等。这是我国首部比较全面的粮食流通管理方面的法律法规，《粮食流通管理条例》的实施，实现了国家对粮食流通管理的有法可依，为加强国家对粮食市场的监管创造了法制条件。

二是建立了粮食执法相关制度。2004 年，国家发改委、粮食局等 6 部门联合发布了《粮食流通监督检查暂行办法》，国家发改委、粮食局等 7 部门联合发布了《粮食质量监管实施办法（试行）》。各地粮食行政管理部门制定了粮食行政执法过错责任追究办法、行政处罚听证工作制度、行政复议工作制度、行政处罚案卷管理制度等配套制度。这些规范性文件的发布和配套制度的制定和实施，为规范执法提供了依据。

三是建立了粮食流通管理体系。《粮食流通管理条例》颁布，也意味着粮食行政管理部门职能由组织生产转到服务社会上来。根据《粮食流通管理条例》的规定，2004 年，全国粮食行政管理部门进行了改革，增加了行政执法、监督检查的职能和机构。全国大部分地区从上到下建立起了粮食流通监督检查机构，设置了专门的执法岗位，成立了专门的执法队伍。

我们在看到新中国成立以来粮食流通政策演进所带来的积极作用的同时，也要清醒地认识到当前的粮食流通政策还存在着一些不足之处。一是中央和地方之间粮食政策未能完全配套同步，仍然存在"谷贱伤农"和"米贵伤民"的情况；二是地方政府实施宏观调控时缺乏一定的执行力，一些地区对于农民的直补政策没有产生理想的效果，粮食保护政策有待进一步完善和加强；三是现代粮食市场的发展难以适应社会主义市场经济发展的要求，在粮食物流体系建设方面严重滞后，粮食企业产业化经营水平低下，部分企业仍采用传统、粗放型经营模式；四是现代粮食流通的体制机制需要进一步健全，粮食市场体系、粮食物流体系、粮食监管体系以及粮食法制建设都还需要进一步加强。伴随着我国市场经济体制的不断发展和完善，粮食流通政策也应不断完善和改进以适应新形势的需要，以求发挥更大的政策指导作用。

第二节　粮食物流

一、粮食物流的内涵

（一）粮食物流

根据我国国家标准《物流术语》的定义，"物流是物品从供应地到接收地的实体流动过程，根据实际需要，将运输、储存、装卸、包装、流通加工、配送、信息处理等基本功能实施有机的结合。"从这个意义上说，粮食物流是指粮食从生产布局到收购、储存、运输、加工到销售整个过程中的商品实体运动，以及在流通环节的一切增值活动。

（二）粮食现代物流

粮食现代物流是指粮食从供应地到接收地以及进口和出口的流动过程中，根据市场需要将粮食收购、集并、储存、运输、流通加工、配送、信息处理等功能有机结合，通过计划、执行、控制，系统化管理，实现用户要求的全过程。

2007年8月，国家发展和改革委员会编制的《粮食现代物流发展规划》指出，要以科学发展观为指导，加快推广散粮运输方式，形成全国主要跨省散粮物流通道，提高粮食物流组织化程度，实现主要跨省粮食物流通道"四散化"和整个流通环节的供应链管理，形成便捷、高效、节约的现代化粮食物流体系，增强国家粮食宏观调控能力，保障国家粮食安全。

二、中国粮食物流发展现状

（一）中国粮食物流的现状及特点

随着中国经济的不断发展，中国粮食物流取得了较大的发展。目前，中国粮食物流体系基本形成，物流效率提升，粮食物流条件和技术水平明显提高，东北等地区粮食现代物流的框架初步形成。这对稳定农业生产、保证粮食供应、增强国家调控能力、确保国家粮食安全起到了十分重要的作用。这主要表现在：

1. 基本形成较完善的粮食物流体系

我国粮食物流中的多个环节、多元市场主体、多种交易方式、多层次市场结构的粮食市场体系已基本形成，在配置粮食资源、服务宏观调控方面发挥巨大作用。根据国家统计局和国家粮食局统计，全国放心粮油生产企业已建立各类销售网点 17 万多个，各地具有粮食收购资格的经营者 8.75 万家，农村粮食经纪人 36.2 万人，各类粮食批发市场 400 多家。同时，为保护种粮农民利益，以安徽国家粮食交易中心为中心市场，各主产省粮食批发市场为分市场，构建了全国跨地区粮食现货交易平台，建立了"国家粮油交易中心"网站。该中心网站与各粮食市场网站共同发布交易信息，向所有的访问者提供实时行情信息，将有关粮油批发市场连接起来，大大提高了粮食行业的电子商务应用水平，规范了粮食交易行为，促进了全国统一的粮食市场的发育和发展。

2. 运输数量不断提升，运输水平不断提高

随着我国经济的不断发展，我国人民的生活水平不断提升，对粮食的需求量也随之增加，对粮食的需求品种要求也越来越高，粮食在国内市场的流通数量越来越大。我国粮食运输模式主要有三种：传统包粮运输、散粮运输和粮食集装箱运输。从粮食运输模式就可以看出我国粮食运输水平在不断提升。包粮运输主要运输工具为汽车、火车和通用轮船；散粮运输的工具升级到了 L18 散粮专用车、散粮专用火车和散粮轮船；粮食集装箱运输的工具则以大型集装箱船为主要运输载体。我国粮食运输水平不断提高，公路、铁路、水路和航空各方面都有很大提升。

3. 粮食物流效率明显提升

近年来，我国在主要跨省粮食物流通道建设上取得了突出成就，建设了一系列的大型粮食集散中心、粮食物流节点和以大连北良港为龙头的散粮运输框架，全国粮食仓储企业有效仓容达到3.49亿吨，基本能够满足粮食收购储备需要。这些进展使粮食物流现代化程度明显提升，粮食物流效率显著提高。

4. 粮食物流量提升迅速，物流压力逐步加大

首先，我国城镇化进一步加剧和土地越耕越贵，农民工进城数量大幅度上升，部分农民放弃耕地，伴随发生的是部分家庭粮食产量减少和农村家庭粮食消费量减少并存现象，农民工进城使部分家庭粮食商品率大大提高。这主要有两方面的原因：一是随着农村居民生活水平提高，粮食口粮直接消费量逐渐降低，部分农村居民的口粮消费主要依靠从市场上购买粮食来解决，农户家庭存粮的意愿有所下降；二是存粮中粮食损耗大、存储技术水平低，农村青壮年留守较少，使留守老人和儿童难以完成存粮中的翻仓、晾晒等存储工作。

其次，由于粮食生产和消费的刚性增长，全国粮食物流量剧增，大大增加了物流的压力。随着我国粮食主销区粮食自给率的急剧下降，粮食产量和需求之间的缺口加大。而粮食生产区域的聚集，又使得主产区的粮食产量占比越来越高，进一步加大了粮食物流量。同时，部分西部地区生态环境较差、土地贫瘠、耕地少，粮食生产水平较低，存在较大的供需缺口。

（二）我国粮食物流存在的问题

1. 物流成本居高不下

目前，我国的粮食物流企业在同一市场上与国外同行进行竞争，但物流成本高于国外同行10%。据调查，我国粮食从主产区到销售区的物流费用，占整个粮食销售价格的30%～35%，而美国粮食物流成本大约只相当于我国粮食物流成本的40%。

从物流全过程看，原粮主要以包装方式进行流通，以人工拆包入库、灌包出库、人力装卸车为特征的"散存包运"作业模式，不仅粮食损耗高、作业费用高，还增加了灌仓、拆包等作业环节，机械化程度低，很难实现粮食的快速调、运、接、卸，影响了作业效率。这种以包装为主的粮食运输方式成为提高粮食流通速度、减少流通损失、提高资金效率的主要阻碍，而我国目前85%的粮食采用传统的包粮运输方式。这样的运输方式下，工人劳动强度大，方式落后，效率低下，既影响流通速度，又造成了粮食的无谓损耗，使得物流成本增加。

此外，我国粮食运输方式也比较落后，散装粮食装车成本比包装粮装车成本每吨少 18.2 元，再加上现代意义的工具设备缺乏，物流环节上的运输、装卸方式的落后，使我国年均损失 800 万吨粮食，不利于降低物流成本。

2. 物流基础设施不足制约着粮食跨区调动

粮食物流主要是解决北方有粮运不出，南方无粮进入的状况。我国粮食主产区主要集中在黄淮地区、长江中下游地区、东北地区，而主销区主要为东南沿海、京、津、沪等省市，跨省粮食运输主要依靠铁路运输和铁海联运。随着各大港口的建设，水运能力基本保障，而铁路运力严重不足是粮食运输不畅的主要原因。此外，高效的散粮运输工具不足（主要包括粮食铁路运输 L18 专用车、粮食公路运输散粮汽车很少）、接发装卸设施严重不足（尤其是粮食专用码头及装卸能力呈现出明显的南北不均衡）等都是粮食运输不畅的原因。

另外，粮库建设缺乏前瞻性的总体规划。我国储备粮库普遍存在粮库机械化、自动化程度低下，各种运输方式及其衔接配套设施落后，装卸能力、方式及自动化水平和物流信息化水平低下等问题。目前中国平房仓仓容占总仓容的比例在 80% 以上，而平房仓不利于粮食中转调运，特别是不利于实现机械化和自动化作业，并不是最佳的粮食仓库的选型。随着北粮南运格局的强化，以平房仓为主的储存设施的缺点逐步显示出来。粮食主产区与主销区粮库仓容分布不平衡、粮食储备与加工区域分布不协调、储备粮品种结构不合理等粮库布局的不合理，使得资源不能综合利用导致资源利用率低下。同时，东南沿海销售区库容相对不足，中转设施也相对落后，港口接待能力远不能满足实际需要。

我国物流基础设施不足，铁路的基础设施不足、物流效率低下等，严重制约着粮食的跨区调动，尤其是北粮南运。

3. 粮食物流专业人才匮乏

粮食物流是连接生产与消费，是粮农供应链的关键，维系着粮食市场的基本平衡。粮食物流是一个人才和技术密集型的行业，粮食物流企业的竞争实质上是人才的竞争。我国从事粮食物流的企业，基本上是从过去的粮食运输企业或有关粮食部门改组而成。普遍存在着科研和推广人员流失严重，传统粮食企业员工素质较低，粮食产品包装和加工工艺方面的专业人才奇缺等问题。目前的粮食物流企业中，除了中粮集团具有一定规模，其他粮食物流企业都是中小型的物流企业，这也说明了从事粮食物流的主体专业化程度低，专业能力急需提高。

4. 粮食物流信息化水平较低

现代化的物流业，信息系统是灵魂。粮食物流涉及的产品基数大、运输路径远、范围广泛。目前在我国的粮食物流系统中，缺乏先进的技术研究，应用水平落后，这对于我国现代粮食物流体系建设非常不利。物流资源分散，粮食收购、批发、零售市场的经营者组织化程度较低，市场竞争力较弱，导致我国粮食物流经营企业数量多、规模小、产销脱节，难以形成规模效益。大部分粮食物流业务，通常只分散在一些地域性、小规模的仓储企业，由有限的交通运输业承担运输经营。这样一种分散的局面导致各物流主体之间的沟通不畅，无法相互衔接。

5. 涉粮物流企业功能单一

大中型物流企业是现代粮食物流的核心力量。粮食物流行业属于服务型产业，这一产业利润的提高，很大程度上取决于企业规模的扩张，进而以规模化产生较大收益。我国的粮食物流企业拥有的资产有限，经营范围较窄，企业经营规模小，对市场风险的抵御能力较低。这主要是因为我国物流企业的结构功能单一，物流资源难以整合和系统发挥作用。

中粮公司承担了我国95％以上的粮食进出口贸易业务，但受制于旧体制的影响。中储粮总公司主要负责中央储备粮的收购、储存、调运、销售及进出口等业务。中国粮油集团公司以粮油经营为主，涉及贸易、加工等多领域，具备比较完整的粮食产业链与供应链，但其下属分支机构一般规模不大。作为我国三大国家级的粮食企业，它们均未能实现一体化经营，更不用说其他未成规模的小企业了。

三、粮食物流模式

（一）包粮

包粮运输模式以包装袋（麻袋）为载体，从农田里面收割的粮食晒干后装入麻袋中，通过公路运输运往产地粮食经销商，产地粮食经销商大量收购当地粮食，囤积到一定数量后形成规模，然后通过公路运输送往产地码头，接着通过海上运输送往销地码头，最后由公路分销到各买家仓库。在现实粮食流通模式中，由于我国粮食流通配套设施落后，包粮运输模式仍占有很大的比例。包粮运输模式在多品种、小批量运输及稀有品种粮食运输和名贵品种粮食的流通方面依然存在适用性，但其包装方式需要进行必要的改进。

（二）散粮

散粮运输模式与包粮运输模式有很大的不同，在运输过程中，粮食不使用包装袋进行包装。在陆路运输中，粮食通过 L18 散粮专用车进行公路运输或通过散粮专用火车进行铁路运输；在水路运输中，粮食则通过散粮运输船进行运输。近年来，我国很多港口都大量投入使用 L18 散粮专用车，使得我国粮食散装化运输比例提高了很多。

（三）散粮集装箱

集装箱具有一定的强度，可作为粮食的包装物和运输工具的组成部分之一，在粮食运输中有着无可比拟的优势。散粮集装箱运输模式的具体流程是将收割好的粮食囤积到一定数量后直接装入集装箱，然后进行烘烤、防霉、除虫等一系列措施后将集装箱进行密封，接着在全程物流中都以集装箱为载体进行粮食运输，直到配送到消费地后拆箱进库。

四、粮食物流未来发展趋势

根据我国粮食物流行业的微利、弱势等特点，依据发达国家成熟的物流发展经验，可以推测，我国的粮食物流的发展趋势将会体现在以下三个方面：

（一）"四散"化

"四散"就是散装、散卸、散运、散存。粮食在装、卸、仓储和运输物流环节中，不进行包装，以散粮的形式流通，即称为"四散"化。这种流通方式是实现我国粮食物流一体化的关键技术和方法。在传统的包粮运输模式中，整个过程中需要大量的包装材料和大量的人力。粮食流通"四散"化不仅可以大大降低包装成本，更能节省大量的人工费用，使我国粮食物流的机械化程度提高，大大提升物流效率，缩短粮食物流周期，使粮食物流成本整体水平降低。

（二）信息化

信息化发展日新月异，是行业现代化水平的重要标志。大力推进粮食行业信息化，是粮食流通产业"转方式、调结构"的重要手段，是加强粮食质量安全监管、增强粮食宏观调控能力、保障国家粮食安全的重要举措。以提高粮食宏观调控及监管能力、提升应急保障水平、确保粮食数量与质量安全为目标，以粮油仓储企业信息化建设为基础，以深化粮食信息资源开发利用和共享服务为主线，以粮食流通购销存动态管理信息系统建设为重点，加强顶层设计、坚持需求主导，加强信息基础设施和网络信息安全保障能力建设，强化信息共享、业务协同和互联互通，有效提高公共服务水平，加快建成先进实用、安全可靠、布局合理、便捷高效的粮食行业信息化体系，全面提升粮食行业信息化水平。大型粮食经营企业将以提升粮食行业业务管理水平、降低粮食流通成本、提高粮食流通效率为重点，进行信息化改造，添置必要的软硬件设备，逐步形成信息主导型的粮食运输、调拨、加工、批发、配送物流体系。

（三）标准化

在我国，粮食在仓储和运输环节主要以散粮和包粮为主，散装粮食物流占到全国粮食物流的 60%，包粮占到了约 30%～40%，尤其通过铁路运输的包粮随着人工成本的增加，使得通过铁路运输模式的粮食集装单元化物流模式成为粮食物流不可缺少的物流模式之一。我国成品粮、糙米、饲料原料（豆粕等）、粮食制品（淀粉等），均有采用集装包装的实例，但是在我国适用的散粮物流标准体系已较为完善，而对应于粮食集装单元化物流的技术标准仅有 3 个，无法满足向全面机械化的粮食现代物流发展的需要。因此，实施粮食物流标准化建设势在必行，必须加快实现粮食物流仓储设施、运输工具、装卸机械、信息交换、品质检测、商品编码、市场交易的标准化。

思 考 题

1. 我国政府主导下的粮食流通体制改革取得了哪些成就？又存在哪些弊端？

2. 我国的粮食物流存在哪些问题？应如何解决这些问题？

3. 未来我国的粮食物流发展方向及趋势是什么？

参 考 文 献

国家发展改革委，国家粮食局. 全国粮食现代物流规划（征求意见稿）［Z］. 2005 - 04 - 05.

胡非凡. 中国粮食物流特点及发展趋势探析［J］. 农业经济，2006（5）：63 - 64.

李增凯. 我国粮食物流发展概况及建议［J］. 粮食流通技术，2013（3）：1 - 3.

刘颖. 市场化形势下我国粮食流通体制改革研究［D］. 武汉：华中农业大学，2006.

卢荣发. 我国粮食物流的发展与展望［J］. 中国集体经济，2012（1）：109 - 110.

佟舟. 中国粮食流通体制研究［D］. 北京：首都经济贸易大学，2009.

王芳. 当我国粮食流通体制存在的问题及对策研究［D］. 济南：山东大学，2013.

魏君. 粮食物流模式研究［D］. 大连：大连海事大学，2012.

吴志华. 中国粮食物流回顾与展望［J］. 粮食科技与经济，2011（4）：7 - 10.

杨瑞. 关于目前我国粮食流通体制的研究［D］. 哈尔滨：哈尔滨师范大学，2013.

杨威. 粮食安全背景下现代粮食物流体系研究［D］. 武汉：武汉工业学院，2012.

曾凡慧. 我国粮食物流：主要问题、国际借鉴与对策探究［J］. 改革与战略，2009（8）：184 - 186.

张天琪. 我国粮食物流发展问题与对策研究［J］. 北京农业职业学院学报，2014（1）：43 - 49.

郑芳. 我国粮食物流发展战略研究［D］. 武汉：武汉理工大学，2008.

第十章　中国粮食期货市场

本章学习目标：

1. 了解粮食期货市场产生过程和现代粮食期货市场的诞生；
2. 掌握粮食期货市场的特性与功能；
3. 了解中国粮食期货市场发展历程；
4. 理解中国粮食期货市场发展现状与问题。

第一节　粮食期货市场的产生

一、期货概述

早在古希腊和古罗马时期，欧洲就出现了期货市场萌芽，曾出现过中央交易场所、大宗易货交易，以及带有期货贸易性质的交易活动。1848年美国芝加哥期货交易所成立，该所是世界上第一家现代意义的期货交易所。中国的现代期货交易所则产生于 20 世纪 90 年代初。

（一）期货

期货的英文单词为"Futures"，是由"未来"一词演化而来。其含义是：交易双方不必在买卖发生的初期就交收实货，而是共同约定在未来的某一时候交收实货，因此中国人就称其为"期货"。

期货，一般指期货合约，就是指由期货交易所统一制定的、规定在某一特定的时间和地点交割一定数量标的物的标准化合约。

标的物，又称基础资产，是期货合约所对应的现货，可以是某种商品，如粮食、金属；也可以是某个金融工具，如外汇、债券；还可以是某个金融指标，如三个月同业拆借利率、股票指数等。

期货合约是由期货交易所统一制定的，规定了某一特定的时间和地点交割一定数量和质量商品的标准化合约。期货合约的标准化条款包括：合约名称（交易品种）、交易单位、最小变动单位、每日价格最大波动限制（涨跌停板制度）、合约交割月份、交易时间、最后交易日、交割日期、交割等级与地点、交易手续费、交易保证金。如表 10 - 1：

表 10 - 1　郑州商品交易所普通小麦期货合约

交易品种	普通小麦
交易单位	50 吨/手
报价单位	元（人民币）/吨
最小变动单位	1 元/吨
每日价格波动限制	上一个交易日结算价±4％及《郑州商品交易所期货交易风险控制管理办法》相关规定
最低交易保证金	合约价值的 5％
合约交割月份	1、3、5、7、9、11 月
交易时间	每周一至周五（北京时间，法定节假日除外）上午 9：00 - 11：30，下午 1：30 - 3：00
最后交易日	合约交割月份的第 10 个交易日
最后交割日	仓单交割：合约交割月份的第 12 个交易日车船板交割：合约交割月份的次月 20 日
交割品级	符合《中华人民共和国国家标准小麦》（GB 1351 - 2008）的三等及以上小麦，且物理指标等符合《郑州商品交易所期货交割细则》规定要求
交割地点	交易所指定交割仓库及指定交割计价点
交割方式	实物交割
交易代码	PM
上市交易所	郑州商品交易所

期货合约的特点是：

（1）期货合约的商品品种、数量、质量、等级、交货时间、交货地点等条款都是既定的，是标准化的，唯一的变量是价格（期货价格是通过公开竞价而达成的）。期货合约的标准通常由期货交易所设计，经国家监管机构审批上市。

（2）期货合约是在期货交易所组织下成交的，具有法律效力。

（3）期货合约的履行由交易所担保，不允许私下交易。

（4）期货合约可通过交收现货或进行对冲交易履行或解除合约义务。

（二）期货交易

期货交易的品种：一是商品期货，二是金融期货。

商品期货是期货交易的起源种类。随着期货市场的发展，商品期货交易不断扩展，成为现代期货市场体系中重要的组成部分之一，其规避风险、发现价格的功能对于现代市场经济的运作发挥着越来越重要的作用。国际商品期货交易的品种随期货交易发展而不断变化，交易品种不断增加。从传统的农产品期货，发展到经济作物、畜产品、有色金属、贵金属和能源等大宗初级产品。

20世纪70年代，期货市场有了突破性的发展，金融期货大量出现并逐渐占据了期货市场的主导地位。金融期货的繁荣主要是由于国际金融市场的剧烈动荡，金融风险越来越受到人们的关注，许多具有创新意识的交易所纷纷尝试推出金融期货合约，以满足人们规避金融市场风险的需求。随着许多金融期货合约的相继成功，期货市场焕发生机，取得了突飞猛进的发展。金融期货主要包括外汇期货、利率期货、股指期货和股票期货。

期货交易的基本特征：

（1）合约标准化——所有条款都是预先由交易所规定好的；

（2）交易集中化——期货交易必须在期货交易所内进行；

（3）双向交易和对冲机制——"买空卖空"；

（4）杠杆机制——只需少量资金就可以进行较大价值额的投资；

（5）每日无负债结算制度——当日盈亏当日结算。

（三）期货交易与现货交易、股票交易的区别

期货交易不同于现货交易，现货交易交易的是实实在在的货物（商品），而期货交易主要交易的是商品或金融资产为标的物的标准化合约。其交易目的、交易对象、交易时间、交易地点、交易价格及了结方式均不相同（表10-2）。

期货交易与股票交易在交易方向、交易规则、资金运用、交易方式等方面也有较大区别（表10-3）。

表 10 - 2 期货交易与现货交易的区别

	现货交易	期货交易
交易目的	获得实物	投机或避险
交易对象	商品实物	标准合约
交易时间	无限制	严格规定
交易地点	任何地点	只能在交易所
交易价格	买卖双方协商	集中交易、公开竞价
了结方式	一手交钱一手交货	对冲头寸

表 10 - 3 期货交易与股票交易的区别

	股票交易	期货交易
交易方向	买入单向，只能做多	买卖双向，多空皆可
交易规则	T+1（当天不可平仓）	T+0（当天可平仓）
资金运用	全额资金	较小比例的保证金
交易时限	除非退市否则可长期持有	有时间限制
交易方式	价差投机	投机、套保、套利

二、粮食期货市场产生背景

期货市场是市场经济的必然产物，是现代市场体系中不可或缺的组成部分。粮食期货市场的产生，源于解决粮食供求矛盾，规避粮食价格风险。

（一）粮食远期交易的产生

19 世纪 30—40 年代，在美国中西部大规模开发过程中，毗邻中西部平原和密西根湖的芝加哥市，成为当时重要的粮食集散地，中西部所有的粮食谷物均汇集于此，然后再从这里不断输送到美国东部地区消费。但由于粮食商品具有较强的季节性，加上当时仓储不足、交通设施落后、运输不便，所以，粮食供求矛盾非常突出。一方面，在粮食收获季节，粮食在短时期内集中上市，粮食供给量大大超过市场需求，同时，交通状况的恶劣也使粮食不能及时疏散到东部地区，加上仓库设施有限，致使粮食价格一跌再跌，大量粮食无人问津。另一方面，到了来年春天，粮食缺乏、价格飞涨，消费者深受其害，粮食加工业也因原料缺乏而困难重重。

在粮食供求矛盾的反复冲击下，粮商率先收购粮食，并在交通要道旁边设立仓库，粮食收购季节从农场主手中收购粮食，来年再发往外地，缓解了粮食供求的季节性矛盾，但是粮食商人由此承担了很大的价格风险，一旦来年粮食加工下跌，粮商的利润就会减少，甚至亏本。为此，他们在购入粮食后立即跋涉到芝加哥，同粮食加工商、销售商签订第二年春季粮食供货合同，以事先确定销售价格，确保销售利润。经过长期的经营活动，摸索出一套远期交易的方式。1848 年，82 位商人发起组织了芝加哥期货交易所（CBOT），1851 年芝加哥期货交易所引进远期合同。

（二）粮食期货交易的产生

粮食远期交易的优点是调解供求、规避价格波动的风险。存在的弊端是因商品的品质、等级、价格均是根据双方具体情况达成的，需要依赖对方的信誉，致使交易面临的风险较高。在远期交易的基础上，经过不断发展与完善，逐渐产生了期货市场。1865 年芝加哥谷物交易所推出了一种被称为"期货合约"的标准化协议，取代原先沿用的远期合同。这种标准化合约，允许合约转手买卖，并逐步完善了保证金制度，于是一种专门买卖标准化合约的期货市场形成了，期货成为投资者的一种投资理财工具。1882 年交易所允许以对冲方式免除履约责任，增加了期货交易的流动性（表 10 - 4）。

表 10 - 4　期货与远期的区别

	远期交易	期货交易
交易对象	非标准化合约	标准化合约
功能作用	调解供求、减少价格波动	规避风险、对冲平仓
履约方式	实物交收	实物交割、对冲平仓
信用风险	高	低
保证金制度	协商决定	5%～10%

三、早期粮食期货市场的建立

（一）国外早期粮食期货市场的建立

粮食期货市场交易萌芽于欧洲。早在古希腊和古罗马时期，欧洲就出现了中央交易场所和大宗易货交易，形成了按照既定时间和场所开展的交易活动。在此基础上，签订远期合同的雏形产生。在农产品收获以前，商人往往先向农民预购农产品，等收获以后，农民再交付产品，这就是国外原始的远期交易。

粮食期货市场产生于粮食远期现货交易。随着远期交易的发展，不同季节的价格波动给供求双方带来风险，为转移风险或者牟取更大利益，往往在货物运到之前将合同转售，后来，意大利、西班牙、法国、荷兰等国商人成立一个公会，为会员提供买卖合同的公正和担保。随着交易方式长期演进，为粮食期货市场产生奠定了基础。

(二) 中国早期粮食期货市场的建立

中国的远期交易同世界其他国家一样，源远流长。早在春秋时期，中国商人的鼻祖陶朱公范蠡就开展了远期交易。中国古代已有由粮栈、粮市构成的商品信贷及远期合约制度。在民国年代，中国上海曾出现多个期货交易所，市场一度出现疯狂热炒。满洲国政府亦曾在东北大连、营口、奉天等 15 个城市设立期货交易所，主要经营大豆、豆饼、豆油期货贸易。

四、现代规范粮食期货市场的诞生

(一) 国外现代粮食期货市场的诞生

现代较为规范化的粮食期货市场产生于 19 世纪中期美国的芝加哥。1848 年，82 位美国商人在芝加哥组建了世界上第一家较为规范化的期货交易所——芝加哥期货交易所（CBOT）。

交易所成立之初，采用远期合同交易的方式。后来，随着期货交易品种和交易量不断增多，且越来越普遍出现合同转卖情况。为进一步规范期货交易，在 1865 年芝加哥期货交易所推出了标准化合约，取代了原先使用的远期合同。为消除交易双方由于不能按期履约而产生的诸多矛盾，该交易所在同年实行了保证金制度（又称按金制度）。1882 年，交易所允许以对冲合约的方式结束交易，而不必交割实物。

一些投机商人看到转手谷物合同能够盈利，便进入交易所，按照"贱买贵卖"的商业原则买卖谷物合同，赚取一买一卖之间的差价。为了更有效地进行交易，专门联系买卖双方成交的经纪业务日益兴隆，发展成为经纪行。为了处理日益复杂的结算业务，专门从事结算业务的结算所也应运而生。

随着这些交易规则和制度的不断健全和完善，交易方式和市场形态发生了质的飞跃。标准化合约、保证金制度、对冲机制和统一结算的实施，标志着现代期货市场的诞生。

（二）中国粮食期货市场的诞生

在中国，现代意义的粮食期货市场产生于 1918 年。1914 年秋，上海股票商业公会正式成立，就开始进行面粉现货和期货交易。1918 年 6 月 5 日，中国第一个现代意义的交易所北京证券交易所开业，现货、期货均可在该所交易，期货又分本月期、下月期、再下月期三种。现代意义的标准化期货合约诞生。

（三）中国现代粮食期货市场

我国期货市场产生的背景是粮食流通体制的改革。20 世纪 80 年代，随着国家农产品统购统销政策的取消、大多数农产品价格被放开，市场对农产品生产、流通和消费的调节作用越来越大，农产品价格的大起大落和现货价格的不公开以及失真现象、农业生产的忽上忽下和粮食企业缺乏保值机制等问题引起了领导和学者的关注。能不能建立一种机制，既可以提供指导未来生产经营活动的价格信号，又可以防范价格波动造成市场风险成为大家关注的重点。1988 年 2 月，国务院领导指示有关部门研究国外的期货市场制度，解决国内农产品价格波动问题，1988 年 3 月，七届人大一次会议的《政府工作报告》提出：积极发展各类批发贸易市场，探索期货交易，拉开了中国期货市场研究和建设的序幕。

1990 年 10 月 12 日郑州粮食批发市场经国务院批准成立，以现货交易为基础，引入期货交易机制，迈出了中国期货市场发展的第一步。经过二十多年的稳健运行，有力地保障了期货市场功能的发挥，在价格发现，为市场主体提供避险工具，引导粮食生产与流通方面发挥了重要作用。

第二节　粮食期货市场的特性与功能

粮食期货市场与粮食集贸市场、粮食批发市场相比有其独特的特性，其在粮食流通体制中具有重要功能。

一、粮食期货市场的特性

粮食期货市场是在市场经济发展过程中，买卖双方围绕粮食期货合约进行交易而形成的一种特殊的商品交换关系。其参与主体包括粮食期货交易所、粮食期货交易结算所、粮食期货经纪行（公司）和粮食期货交易者。其交易活动必须依据一定的规则和制度来进行，具有以下特点：

（一）特殊的交易对象

粮食期货交易的对象不是粮食商品本身，而是期货交易所按照统一格式制定的标准化的粮食期货合约，是规定在将来某一时间和地点必须交割某一特定粮食商品的标准化契约。合约的构成因素中粮食商品的规格、品质、数量、交货时间和地点等都是既定的，只有价格是变化的。粮食期货的价格是在期货交易所内通过公开竞价的方式形成的。粮食期货交易与粮食现货交易既有联系又有区别，联系是，期货是以现货为基础的，最终交割的商品依然是现货；区别在于：一是二者价格决定方式不同，粮食期货交易是通过公开竞价形成的价格，而现货交易则不需要公开竞价。二是交易合约的格式不同，期货交易合约是标准化合约，现货交易则是双方协商签订的协议。

（二）特殊的交易商品

粮食期货市场交易的商品必须是一种具有代表性的商品，而不是任何商品都能在期货交易所交易的。能够在粮食期货市场交易的粮食商品一般应具有如下条件：①易于储存。粮食期货交割的时期一般从3个月到12个月不等，所以，只有那些容易保存不容易变质的商品才能在期货市场上市交易，而那些易腐烂不好保存的粮食商品不宜作为粮食期货进行交易。②批量大。粮食期货市场中，只有数量多、流通性强的商品才能上市交易。③价格变动频繁。期货市场重要的特征就是经营者利用商品价格的波动套期保值与规避风险，如果一种商品的价格固定不变，就不会有投资者去投资。④商品的品质可评估。期货的合约都是标准化的，只有可以明确评价品质的商品才能在期货市场交易。

（三）特殊的交易目的

人们投资粮食期货交易的目的不是为了获得商品本身，而是为了套期保值或投机。期货套期保值者主要是通过期货市场的交易，防止现货市场价格波动所造成的损失。期货投机者主要目的是牟取高额利润。他们的一般做法是：预计某种商品价格将上涨时，就选择时机买进期货合约，待机抛出，一般称这种作法为"买空"或"多头"，当预测价格可能要下跌时，就在交易所抛售期货合约，待机补进，这种做法称为"卖空"或"空头"。由于投机者的存在活跃了粮食期货市场。

（四）特殊的交易保障制度

粮食期货市场使用保证金制度，就是在期货交易中，不需要按照期货交易实际发生的金额进行投资，而只需要交纳一定的保证金即可，保证金一般为合约价值的 5%～10%。保证金制度发挥了杠杆作用，用较少的资金做较大的投资，假定保证金为 10%，那么投资 10 万就可以做 100 万的生意，也就可以赚 10 倍于投资的利润，当然，如果亏损，其亏损额也会放大 10 倍。

二、粮食期货市场的功能

（一）价格发现功能

价格发现功能是指期货市场通过公开、公正、高效、竞争的期货交易运行机制形成具有真实性、预期性、连续性和权威性价格的过程。期货价格可以作为未来某一时期现货价格变动趋势的"晴雨表"。

期货市场之所以能够预期未来现货价格的变动，发现未来的现货价格，是因为期货市场是一种接近于完全竞争市场的高度组织化、规范化的市场，期货交易所聚集了众多的买方和卖方，各自把自己所掌握的某种商品的供求关系及其变动趋势的信息集中到交易场内，采用集中的公开竞价交易方式交易。因此，期货市场的价格形成机制较为成熟和完善，形成的期货价格能够真实有效地反映现实商品的供求关系和价格变动趋势。

粮食期货市场上对粮食价格的发现是粮食期货市场集中交易的内在功能。粮食期货市场中通过公开竞争形成的价格是一个集约化程度较高的市场上形成的粮食价格，而非个别交易的结果，它反映的是比较真实的社会粮食供求状况。粮食期货市场形成的粮食价格为国内粮食现货市场制定价格提供了重要参数，同时也能较好地指导粮食生产者、粮食经营者进行粮食生产和经营，从而有利于稳定粮食价格。

（二）规避价格风险功能

规避价格风险是指生产经营者在期货市场上有效地回避、转移或分散现货市场上价格波动的风险，是通过进行套期保值业务实现的。

套期保值是指在期货市场买进或卖出与现货数量相等但交易方向相反的商品期货，以期在未来某一时间通过卖出或买进期货合约而补偿因现货市场价格不利变化带来的损失。套期保值的基本经济原理就在于某一特定商品的期货价格与现货价格在同一时空内会受相同的经济因素的影响和制约，因而一般情况下两个市场的价格变动趋势相同。套期保值就是利用两个市场上的这种价格关系，取得在一个市场上出现亏损，在另一个市场上获得盈利的结果。

按照在粮食期货交易中是买还是卖，可以把粮食套期保值分为卖出套期保值和买进套期保值两大类。买进套期保值是粮食商品供应者在粮食现货市场卖出粮食商品的同时，在粮食期货市场买入同等数量的粮食期货，以防止在卖出粮食商品后因价格上涨所带来的风险。

卖出套期保值是粮食商品需求者在粮食现货市场买进粮食商品的同时，在粮食期货市场卖出同一数量的粮食期货，以防止买进粮食商品后因价格下跌受到损失。

例如：假定 2014 年 7 月份，大豆的现货价格为每吨 2010 元，某农场对该价格比较满意，但是大豆到 2014 年 9 月份才能出售，因此该农场主担心到时现货价格可能下跌，从而减少收益。为了避免将来价格下跌带来的风险，该农场决定在大连商品交易所进行大豆期货交易。交易情况如表 10-5 所示：

表 10-5　套期保值交易

	现货市场	期货市场
7月份	大豆价格：2010 元/吨	价格 2050/吨，卖出 10 手 9 月份大豆合约
9月份	大豆价格：1980 元/吨，卖出 100 吨	价格 2020/吨，买入 10 手 9 月份大豆合约
套利结果	亏损 30 元/吨	盈利 30 元/吨
最终结果	净获利 100×30－100×30＝0 元	

注：1 手＝10 吨。

通过这一套期保值交易，虽然现货市场价格出现了对该农场不利的变动，价格下跌了 30 元/吨，因而少收入了 3 000 元；但是在期货市场上的交易盈利了 3 000 元，从而消除了价格不利变动的影响。

因此，套期保值交易对于粮食生产者、经营者来说，可把粮食现货市场上可能出现的不利粮食价格波动风险减少到最低限度。

第三节 中国粮食期货市场发展历程

一、粮食期货市场的理论探索与现实试点阶段
（1988—1989 年）

20 世纪 80 年代后期，随着社会主义市场体系的形成，粮食市场体系建设的目标是要逐步建立以批发市场为主体，以电子商务为方向，以期货市场为先导的社会主义现代化粮食市场体系。现阶段发展和完善我国粮食期货市场，有利于粮食价格体系的形成，切实保护农民以及经营者和消费者的利益；有利于粮食期货市场和现货市场的有机结合，促进粮食批发市场建设和"全国统一、公平竞争、规范有序"的市场体系的形成。

（一）理论探索

在 1988 年，第七届全国人民代表大会第一次会议上，国务院有关领导提出"研究国外期货制度"、"探索期货交易"的要求。随后期货交易研究工作小组由国家体制改革委员会、国务院发展研究中心等部门联合成立。工作小组有序开展下列工作：①搜集有关期货交易的资料；②邀请国外专家进行专题介绍；③访问美国、日本、澳大利亚等国的期货市场；④组织国内有关研究人员作报告和开展进一步的研究；⑤召开部分省市和部门参加的期货市场研究工作会议。工作小组一方面讨论了期货市场的经济功能、期货投机的经济属性，社会主义市场经济下建立（粮食）期货市场的必要性和可能性；另一方面还提出了"在引导和完善现货交易的基础上，发展有法律和经济保障的远期合同，衔接产需，保护双方利益；同时，引入期货交易机制，使部分远期合同逐步规范化、标准化，便于转让；在完善现货批发市场过程中，改造部分批发市场，使之成为服务型的商品交易所。"

（二）粮食期货试点

20 世纪 90 年代初，中国加快了粮食市场建设步伐。中国的期货市场 1990 年在郑州粮食批发市场诞生，1990 年 10 月，郑州粮食批发市场成立并开业，标志着我国中断四十年的粮食期货市场重新开始，我国现代粮食交易所雏形开始显现。

二、粮食期货市场的萌动发育与盲目发展阶段
（1990—1993 年）

（一）萌芽阶段

1990 年 10 月 12 日，郑州粮食批发市场成立，到 1993 年 3 月，郑州粮食批发市场成立了中国郑州商品交易所，1993 年 5 月 28 日正式推出期货交易。以粮油期货为主，现货批发与期货交易同时运行，代表性的期货是绿豆和小麦，形成了现货、期货协调发展的郑州模式，我国粮食期货市场初步形成。

（二）粮食期货市场发展情况

自 1990 年郑州粮食批发市场成立，到 1993 年下半年，期间的三年，各地期货交易所，期货经营公司如雨后春笋般蓬勃兴起。全国期货交易所达 50 多家，期货经纪机构近千家，期货市场出现了盲目发展的迹象。1993 年 5 月，郑州商品交易所（CZCE），正式推出小麦（白麦）、大豆、玉米等期货交易品种，这标志着中国粮食期货市场的建立。1993 年 6 月 30 日，上海粮油交易所也开始小麦、大豆、大米、豆油等粮食期货交易。1993 年 10 月，长春商品交易所成立，以玉米期货为主，还推出"运输期货"以利异地交割。1994 年初，大连期货交易所成立，推出以玉米为代表的粮食期货。另外，在其他城市也出现了一批引入市场机制的粮食批发市场，如吉林玉米批发市场、芜湖大米批发市场等。

三、粮食期货市场的整顿阶段（1994—1999 年）

粮食期货的发展，为中国期货市场的探索提供了许多有益的经验。但

粮食期货交易所初期的盲目发展，造成了粮食期货交易缺乏健全的监管制度，由此出现了一些不规范交易的事件，如"郑州小麦黑胚粒事件"、"粳米风波"、"广联所豆粕事件"等。对期货市场的整顿势在必行，集中体现在以下两个方面：

（一）政府出台治理整顿措施

1993 年秋，国务院决定中国期货市场由中国证监会监管，1993 年 11 月，中国共产党十四届三中全会指示，要严格规范期货市场，标志着治理整顿期货市场的开始。1993 年 11 月，国务院下发《关于坚决制止期货市场盲目发展的通知》（国发［1993］77 号），1994 年 5 月，国务院办公厅批转国务院证券委《关于坚决制止期货市场盲目发展若干意见的请示》，开始对期货交易所严格审查，严厉查处各种非法期货经济活动，并严格控制国有企事业单位参与期货交易。1999 年 6 月，国务院颁布《期货交易管理暂行条例》，9 月，颁布四个管理办法，标志着以"一个条例、四个管理办法"为主的期货市场规划框架基本确立，期货市场的治理整顿工作基本完成。通过对期货市场整顿和规范，从开始的 50 多个期货交易所 1994 年第一次调整为 15 家试点交易所，到 1998 年再次调整为 3 家期货交易所，这三家期货交易所就是目前的郑州商品交易所、大连商品交易所、上海期货交易所。

（二）成立行业协会

2000 年 12 月 27 日中国期货业协会正式成立，标志着中国期货业自律组织已经形成，行业协会的成立标志着期货市场进入了恢复性大发展时期。郑州、大连、上海三家商品交易所从事的粮食期货主要有小麦、棉花、大豆、豆粕、玉米、啤酒大麦等产品的期货交易。郑州商品交易所从 1994 年以来连续 3 次修改小麦期货合约，使期货交割标准进一步符合国家标准，小麦期货的日成交额、日持仓量、市场资金量逐渐增加，期货价格与现货价格的相关性增强，较好地体现了国家的粮食政策和粮食价格的整体走势。

经过 7 年的治理整顿，中国的期货市场从无序到法制，形成"条例"监管、行政监管、自律监管统一的粮食期货市场。粮食期货市场的发展，特别是期货市场的价格发现功能和风险转移功能，对粮食生产和流通的指导作用日益明显。

四、粮食期货市场的相对规范发展阶段（2000 年以后）

2000 年起，粮食期货市场在规范运作下，实现了恢复性增长，进入了规范发展新阶段。

（一）粮食期货市场规范发展的制度基础

2001 年，"稳步发展期货市场"被写进国家"十五"规划纲要。2003 年，最高人民法院通过了《最高人民法院关于审理期货纠纷案件若干问题的规定》。2007 年，国务院为进一步规范我国期货市场发展，颁布了一系列期货交易法规，主要有：《期货交易所管理办法》、《期货交易管理条例》、《期货公司管理办法》、《期货公司董事、监事和高级管理人员任职资格管理办法》、《期货从业人员管理办法》、《期货投资者保障基金管理暂行办法》。这些法规的出台规范了粮食期货交易所、粮食期货公司、粮食期货经纪公司以及粮食期货投资者的行为，为粮食期货市场的进一步完善提供了制度基础，推动了粮食期货市场的规范与发展。

（二）粮食期货市场的发展

郑州商品交易所是经国务院批准成立的我国首家期货市场试点单位，隶属中国证券监督管理委员会管理。目前上市交易的粮食期货品种有普通小麦、优质强筋小麦、早籼稻、晚籼稻、粳稻等。大连商品交易所成立于 1993 年 2 月 28 日，目前上市交易的有玉米、黄大豆 1 号、黄大豆 2 号、豆粕、豆油等粮食期货。截至 2013 年末，大商所共有会员 173 家，指定交割库 182 个，2013 年期货成交量和成交额分别达 14.01 亿手和 94.31 万亿元。根据美国期货业协会（FIA）公布的全球主要衍生品交易所成交量排名，2013 年大商所在全球排名第 11 位。

第四节　中国粮食期货市场发展现状与问题

目前，我国粮食期货交易主要集中于郑州商品交易所和大连商品交易所，郑州商品交易所粮食期货品种有硬麦、强麦、早籼稻、晚籼稻和粳稻，大连商品交易所先后上市了大豆、玉米、大豆油、大豆粕等粮食品种。这些粮食品种都具有数量大、范围广、与生产者和消费者利益息息相关、对整个粮食市场和宏观经济发展影响重大等特点。它们的上市，标志我国粮食期货市场体系基本健全。但与市场经济发达的国家相比，我国粮食期货市场的发展规模还有一定的距离。

一、中国粮食期货市场发展现状

（一）粮食期货交易所现状

目前，粮食期货交易主要集中于郑州商品交易所、大连商品交易所，郑商所目前上市交易期货品种有普通小麦、优质强筋小麦、早籼稻、晚籼稻、粳稻、棉花、油菜籽、菜籽油、菜籽粕、白糖等口粮期货交易品种及其他经济类农作物交易品种。大商所目前上市交易的品种有玉米、黄大豆1号、黄大豆2号、豆粕、豆油、棕榈油、鸡蛋等。

依据国际经验，期货市场规模一般是现货市场的20～30倍。我国小麦、稻谷产量世界第一，玉米世界第二，大豆世界第四，粮食期货市场的发展明显不足。粮食期货市场发展规模较小，品种单一，说明中国粮食期货市场的发展潜力巨大。

（二）粮食期货投资者现状

中国期货市场不允许证券基金参与，投资主体为中小投资者。这种投资主体结构决定了投资者短期投机心理强，价格炒作现象普遍。由于没有做市商制度，交易和价格的连续性难以保证。而在美国，约有60％的粮食生产和经营企业参与期货市场进行套期保值。而中国的农业生产者——农民，几乎没有参与期货交易。目前分散微弱的投资者群体，基本经受不住国际上投资基金的冲击。投资主体结构状况也使得期货市场的基本功能难以发挥。

（三）粮食期货经纪公司现状

中国期货市场经历了早期的盲目扩张和随后长达数年的清理整顿，已逐渐步入了规范发展阶段。但是中国期货经纪公司数量多、规模小、实力不强。面对高风险的期货市场，小规模的粮食期货公司难应付市场风险，也难有大的市场作为。2012年，中国有161家正规期货公司，规模较大一点的期货公司有：中国国际期货有限公司，中粮期货有限公司，浙江省永安期货经纪有限公司等。

中国国际期货有限公司成立于1992年，是中国成立最早、规模最大、市场份额最高、运作规范的期货公司，同时也是中国大陆唯一一家获得过美国三大交易所席位、拥有良好交易记录的期货经纪公司。拥有北中国区、南中国区、东中国区等三个管理分部和51个营业部（含筹建），营业网点辐射全国，公司还拥有一支高端的、梯次配置优化的研究服务团队，云集大量具有海外工作和留学背景、名校毕业的高学历专业人才。

中粮期货有限公司成立于1996年，注册资本8.462亿元，是世界500强企业中粮集团子公司。中粮集团早在20世纪70年代完成了新中国第一笔国际期货交易，是国内最早参与期货业务的公司。中粮期货拥有上海、大连、郑州三家期货交易所的全权会员资格，是中国金融期货交易所全面结算会员，是大连商品交易所和郑州商品交易所的理事单位，是上海期货交易所会员资格委员会成员，是中国期货业协会的理事单位。

(四) 粮食期货技术应用现状

中国粮食期货市场的发展，在技术上充分利用了后发优势。在20世纪90年代建立粮食期货市场之初，就开展了通过计算机自动竞价撮合的电子化交易。2001年5月，中国三家期货交易所开通了通信联网系统，三家交易所的会员单位，只要就近同一家交易所联通异地交易系统，便可以开展三家交易所的期货交易，再将同另外一家交易所联通的异地交易系统作为备份，降低了会员的交易成本，提高了市场整体电子化交易的安全性和稳定性。

目前，郑商所拥有功能完善的交易、交割、结算、风险监控、信息发布和会员服务等电子化系统。会员和投资者也可以通过远程交易系统进行期货交易。期货交易行情信息通过路透社、彭博资讯、世华信息等多条报价系统向国内外同步发布。

大连商品交易所，以建设先进、高效；系统运行稳定、安全；技术服务规范、一流为质量方针，始终秉承以一流的技术为广大会员和投资者提供一流的服务的思想，遵循国际先进的 IT 管理标准，不断提升管理、运行和服务水平，并本着"服务至上，质量第一"的宗旨，率先建立实施 ISO 9001、ISO 27001 和 ISO 20000 国际标准体系。

二、中国粮食期货市场发展中存在的问题

目前，我国粮食期货市场还存在交易品种少，规模小，监管制度不健

全、市场缺乏有效的价格形成机制及投资者结构不合理等问题。

（一）粮食期货上市品种少、规模小

目前我国上市交易的粮食期货品种较少。粮食期货品种少，限制了期货市场功能的发挥，粮食价格风险没有转移的场所和机会，因而无法反映粮食整体市场价格信息，并不能为农民提供有效的比较价格。在美国，有27种农产品期货合约和23种期权合约，期货市场对于农业有重要的影响力。我国目前粮食期货交易主要集中在小麦、玉米和大豆上，有限的期货交易品种限制了期货交易数量。

（二）粮食期货市场监管制度不健全

我国粮食期货市场监管方式以行政手段为主，导致期货市场交易机制存在六大缺陷：一是监管手段政策化，表现在对期货品种上市的审批、政府干预二级市场价格以及监管部门缺乏独立性等；二是多层次监管体系功能发挥不充分，各级监管部门的分工不明确，功能发挥不够；三是自律机制不规范，自律管理混乱；四是交易头寸限制不严，不能有效防止大户对市场价格的垄断；五是对违法者的处罚不力，对有关的违法违规行为一般都采用行政处罚的办法解决，极少追究刑事责任；六是缺乏市场风险预警机制及事前控制能力，往往在矛盾激化时才被动地出台风险控制政策等。

（三）粮食期货市场投资者结构不合理

根据国外粮食期货市场的成熟经验，粮食期货市场应由机构投资者和中小投资者构成，而机构投资者以及套期保值资金对粮食期货市场起着至关重要的作用。目前我国粮食期货市场上中小投机散户所占比例过大，缺乏稳定机构投资者，市场主流资金受大户控制程度比较高，而作为重要市场制衡力量的套期保值资金发展严重不足。自我国粮食期货市场诞生以来，大户投机资金就一直十分活跃，在该类投机资金的操纵下，往往有部分合约的价格巨幅波动，时常出现价格失真现象。

（四）粮食期货市场缺乏有效的价格形成机制

目前，我国已建立较完整的粮食现货市场体系，但仍然不是全国统一有序的大市场，现货市场的局限性制约了期货市场发展。突出表现在：现货市场与期货市场联系不紧密，全国数十家农产品现货批发市场区域性特征明显、辐射面窄。粮食期货市场投机特征显著，粮食期货价格与现货市场需求状况背离程度较大。一些粮食期货品种价格的大起大落，导致对现货正常流通造成负面影响。期货价格冲击现货价格，导致一些地区粮食现货价格不能真实反映市场现实状况。

三、规范完善我国粮食期货市场

（一）增加粮食期货交易品种

我国粮食期货市场要想巩固发展，就必须不断开发新品种，尤其是开发生产量和消费量大的大宗商品。当前粮食期货品种创新的空间十分巨大，应进一步完善粮食期货合约设计，适时推出新品种，尽快开发、上市那些条件成熟的品种，特别是市场化程度高，在国民经济中作用明显的粮食品种，例如稻谷等。另外，适应市场交易主体的交易偏好和需要，在规范发展原有交易品种的基础上，要适时增加一些规模较小的粮食品种，以吸引投资者积极入市参与交易，活跃粮食期货市场。

（二）完善期货市场监管机制

一是完善粮食期货新品种上市审批制度和已上市品种退市制度。根据《期货交易管理暂行条例》规定，中国证监会负责粮食期货新品种上市审批。证监会要认真行使新品种上市审批权，其他政府部门应积极支持和配合。参照国际期货市场经验，也应积极实施期货品种的退市机制，对于交易不活跃或者不适应市场需求的品种，要逐步退出。二是完善自律机制，充分发挥粮食期货市场交易所和期货行业协会的作用，逐步取消对交易所的不合理限制，协调其与证监会之间的权力分配；建立统一的自律体系，协调好粮食期货交易所与期货公司、中国期货业协会和地方期货业协会之间的关系等。三是完善监管手段，赋予相关监管机构行政裁量权等。加强实时监控，严控虚假开设或多头开设期货账户、资金账户等现象；完善中小投资者制度保障体系及投资者诉讼与赔偿机制。

（三）优化粮食期货市场的运行体系

国外期货市场发展的实践经验表明，合理的期货市场投资结构是期货市场规模大、流动性强、功能发挥好的基础和保障。目前，我国期货市场中小散户过多，缺乏稳定的机构投资者，为此，要培育机构投资者，改善市场主体结构。鼓励和支持国有粮食企业（粮食购销企业、粮食加工企业、饲料企业）根据自身实际情况，积极参与套期保值交易。引导有条件的农业产业化龙头企业积极参与期货市场。加快建立农工商联合企业，积极推动多种形式的农业产业化模式发展，鼓励订单企业利用粮食期货市场转移风险。鼓励农民合作经济组织和行业协会更好地利用粮食期货市场、逐渐参与期货市场。

思　考　题

1. 什么是期货，什么是期货合约？期货合约有哪些特点？
2. 简述粮食期货的特点和功能。
3. 简述期货交易与远期交易的区别。
4. 试述我国粮食期货市场产生与发展历程。
5. 简述我国粮食期货市场的发展现状及存在问题。
6. 完善我国粮食期货市场有哪些对策？

参　考　文　献

"十二五"粮食期货将获持续发展 [J]. 农业机械，2012 (2).

陈湘涛. 粮食安全与农产品期货市场发展研究 [J]. 湖南行政学院学报（双月刊），2011 (5).

大连商品交易所网站. 关于交易所——大商所简介.

丁声俊. 粮食期货：发现价格与规避风险的重要市场工具 [J]. 价格理论与实践，2011 (7).

谷秀娟，等. 期货基础知识 [M]. 上海：立信会计出版社，2011.

贺涛，鲍建平. 粮食期货市场的功能分析与对策 [J]. 财经研究，1998 (10).

李蔚，我国粮食期货市场的发展与粮食安全 [J]. 中国证券期货，2013 (3).

刘凤梅. 我国农产品期货市场发展的制约因素及其对策分析 [J]. 山东省农业管理干部学院学报，2012 (3).

秦富. 农产品期货市场 [J]. 农产品市场周刊，2012 (38).

王川. 我国粮食期货市场与现货市场价格传导关系的研究 [J]. 中国食物与营养，2011 (2).

肖春阳. 关于粮食期货市场几个问题的探讨 [J]. 粮食与科技，1998 (3).

张培刚. 二十世纪中国粮食经济 [M]. 武汉：华中科技大学出版社，2002.

张绮航．我国粮食期货交易市场现状的分析［J］．中国证券期货，2011（2）．

郑州商品交易所网站．投资者教育．

中国粮食期货市场的现状与问题研究．http：//www.feedtrade.com.cn/yumi/
　　2008－08－22 21：51：22，玉米论坛．

中粮期货公司网站．投资者教育．

周慧秋，李忠旭．粮食经济学［M］．北京：科学出版社，2010．

第四篇 粮食安全与粮食储备

第十一章 粮食安全

本章学习目标：

1. 掌握粮食安全的概念、机理及指标体系；
2. 理解粮食安全的等级和类型；
3. 了解粮食安全的特征、成本和机制；
4. 掌握国家粮食安全新战略的内涵。

粮食安全问题是一个关系到国计民生的战略性问题，在中国，粮食安全问题始终是中央政府工作的重中之重。即便在粮食产量实现"十一连增"的今天，粮食安全依旧备受重视，粮食安全问题更是上升为国家"一号"战略！在 2014 年的中央 1 号文件《关于全面深化农村改革其加快推进农业现代化的若干意见》中，就创新性地提出了粮食安全新战略，要实施"以我为主、立足国内、确保产能、适度进口、科技支撑的国家粮食安全战略。"要把饭碗牢牢地端在自己手上，综合考虑并应对国内资源环境条件、粮食供求格局和国际贸易环境的变化。

第一节 粮食安全的概念、机理及指标体系

了解粮食安全的内涵和机理等基础知识，是研究粮食安全理论、建立保障粮食安全机制的起点。

一、粮食安全的概念和机理

（一）粮食安全的概念

粮食安全（Food Security），它是一个不断发展的概念。从表 11 - 1 中可以看出，联合国粮农组织（Food and Agriculture Organization，简称 FAO）于 1974 年、1983 年和 1996 年分别对粮食安全的概念予以界定。同时，在 1992 年，中国政府也根据国情定义了粮食安全（表 11 - 1）。

表 11 - 1　粮食安全概念的发展

联合国粮农组织 （1974 年）	联合国粮农组织 （1983 年）	联合国粮农组织 （1996 年）	中国政府 （1992 年）
粮食安全指保证任何人在任何地方都能够得到为了生存和健康所需要的足够食品	粮食安全指确保所有人在任何时候能够买得到又能买得起他们所需要的基本食物	粮食安全指所有人在任何时候都能在物质和经济上获得足够的粮食来满足其需要	粮食安全指能够有效地提供全体居民以数量充足、结构合理、质量达标的包括粮食在内的各种食物

联合国粮农组织于 1974 年 11 月在第一次世界粮食首脑会议上提出："保证任何人在任何时候，都能得到为了生存和健康所需要的足够食物。要求各国采取政策，以保证世界粮食库存最低安全水平系数，即世界粮食当年库存至少相当于次年消费量的 17%～18%，其中：6% 为缓冲库存（后备库存），11%～12% 为周转库存（周转库存），周转库存相当于两个月左右的口粮消费，以便接上下一季度的谷物收成。凡一个国家粮食库存系数低于 17% 为粮食不安全，低于 14% 为粮食处于紧急状态。"1983 年 4 月，联合国粮农组织对粮食安全概念进行了第二次界定："确保所有的人在任何时候，既能买到又能买得起他们所需要的基本食物。"1996 年 11 月，第二次世界粮食首脑会议对粮食安全概念做出了第三次表述："让所有的人在任何时候都能享有充足的粮食，过上健康、富有朝气的生活。"这个定义包括三个方面内容：一是要有充足的粮食，即存在有效供给；二是要有充分获得粮食的能力，即存在有效需求；三是有效供给和有效需求的可靠性。可见，上述三者中缺少任何一个或两个因素，都会导致粮食不安全。[①] 事实上，联合国粮农组织在对粮食安全概念不断发展的过程中，始终保留着统一思想：即把消除贫困作为保障粮食安全的关键要素。此外，在 1996 年的粮食安全的解释中还提出了应该通过国家贸易来保障一国的粮食安全的思想。综合而言，联合国粮农组织对粮食安全概念界定主要包括以下五方面：第一，粮食安全的保障对象是所有人；第二，粮食供给数量必须达到"足够多"的标准；第三，保障粮食数量的基础上应进一步保障粮食的质量；第四，保障粮食供给的可持续性，即"在任何时候"都能获得所需粮食；第五，保障人们的购买力，即"能买得起"。

中国政府对粮食安全的定义主要体现在以下五个方面：第一，保障对

---

① 张利娅. 中国粮食自给率研究 [D]. 郑州：河南农业大学，2006.

象是全体居民；第二，提供的粮食数量要充足；第三，粮食供给的结构要合理；第四，粮食的质量要达标；第五，政府在粮食安全保障中处于主体地位。此外，中国管理科学院农业技术经济研究所所长郭书田认为，中国粮食安全包括五方面内容：第一，粮食国内自给率，中国粮食白皮书承诺95％左右；第二，粮食库存率；第三，农民收入，在世界贸易组织框架下，要大幅降低粮食生产成本，以增加农民收入；第四，生态环境，粮食安全要建立在可持续发展的基础上，不能以牺牲生态环境为代价；第五，食物安全。

可见，完整的粮食安全概念包括从宏观到微观的两个层次。第一，宏观层次的粮食安全主要是通过全球以及整个国家的食物获取能力来反映。其中，全球食物获取能力主要取决于全球粮食生产总量；一个国家在特定年份的粮食获取能力则主要取决于该国的粮食生产量、粮食储备量、食物净进口量（包括国际粮食援助）等。第二，微观层次的粮食安全反映在家庭和个人的粮食获取能力上。其中，家庭和个人的粮食获取能力取决于该家庭的可支配收入。家庭获取粮食的途径包括自家生产、市场购买、救济等。家庭收入决定了家庭支出的总额与结构。在一定收入下，家庭要在粮食支出和其他支出（如卫生保健、住房及基础教育等）之间进行权衡取舍。

（二）保障粮食安全的机理

从经济学角度而言，粮食安全可以说是一个国家或者地区的粮食供求平衡的延伸。涉及微观家庭和宏观国家、国际等多层面，以及粮食生产、粮食储存、粮食贸易、居民收入等多环节。

1. 保障国家粮食安全的机理

从宏观层面而言，保障一个国家的粮食安全，核心问题就是保证粮食总供给和总需求的平衡，从图 11-1 可以看出，第一，粮食产量、粮食储备和粮食进口三个方面组成了国家粮食的总供给。劳动、耕地、资本等生产要素以及科技等是粮食产量的主要影响因素；第二，国内粮食需求、新增库存和粮食出口三个方面构成了粮食总需求，而居民消费需求、饲料需求和工业需求等是影响国内粮食产量的主要因素。由此不难理解，为什么近些年中央政府大力强调耕地保护、农业技术进步以及有效控制工业用粮等问题了。与此同时，国内市场和国际市场的作用不容忽视，因为粮食需求和粮食供给的均衡、出清离不开市场机制的作用。

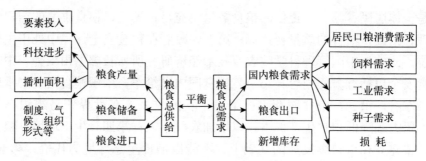

图 11-1 保障国家粮食安全的机理

数据来源：茅于轼，赵农. 中国粮食安全靠什么——计划还是市场［M］.

知识产权出版社，2011. 整理修改得到。

2. 保障家庭粮食安全的机理

家庭的粮食安全主要依赖于粮食需求和粮食可获得能力之间的平衡。一方面，家庭粮食需求主要包括口粮需求、安全食品的需求等；另一方面，家庭粮食可获得能力的主要决定因素是家庭收入。此外，值得注意的是：第一，随着经济的发展和家庭收入的提高，副食品与粮食的权衡在变化，即副食品的权重越来越大；第二，家庭对安全食品的需求越来越高，然而，当今的食品安全现状却令人担忧；第三，粮食浪费与损耗现象愈来愈严重。所以，保障家庭粮食安全还包含食品安全机制的构建和健康的粮食消费观念的形成等问题。

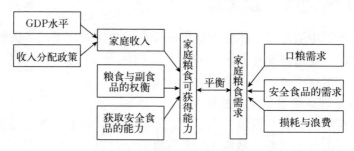

图 11-2 保障家庭粮食安全的机理

二、粮食安全的评价标准

（一）联合国粮农组织对粮食安全的评估方法

对于世界粮食安全状况的评估，联合国粮农组织依据的主要标准是每个国家总人口中营养不良人口所占比重。关于营养不良，联合国粮农组织的定义是每人每日摄入的热量少于 2 100 卡路里①的状况。事实上，一个国家粮食安全与否归根结底要看此国人民的营养状况。所以从理论上而言，联合国粮农组织的评估标准是比较科学的。具体的，此评估方法是把一个国家消费的粮食与其他食物的总量，按照一定的营养标准进行总热量折算，然后再根据人口构成和各类人群对营养的不同需要进行计算，最后再进行平均，便可得出人均热量的摄入水平。据资料显示，联合国粮农组织对粮食安全测算的主要依据指标有：粮食生产量、进出口量、库存量；人口总量、年龄和性格分布；消费分布。具体计算方法包括六步：第一步，计算从当年生产和进口、库存中可获得的卡路里总量；第二步，根据人口的构成状况和不同性别、年龄的人口对卡路里的需要，计算出人均的最低卡路里的需要量；第三步，根据总人口和卡路里总量，计算出一个国家或地区可获得的人均卡路里；第四步，考虑获得粮食的不平等状况，适当进行调整；第五步，计算一个国家或地区的食物摄入量低于最低需要量的百分比；第六步，根据这一百分比，乘以人口总量，求出营养不良的人口总数。可见，从上述分析可知，联合国粮农组织的计算方法是一种比较宏观的方法，操作起来也比较简单，同时还便于进行国际间的对比。②

（二）美国农业部经济研究局对粮食安全的评估方法

美国政府用调查问卷的方法进行粮食安全的评估，调查问卷主要包括三类问题（如表 11-2 所示），然后再根据对这三类指标设计相关问题，并依据回答计算、评估出粮食安全状况。

（三）判断粮食安全的标准

根据上述保障国家粮食安全机理可知，判断粮食安全与否就是要判断粮食总需求和粮食总供给是否平衡。具体的：

粮食总需求＝国内粮食需求＋粮食出口＋新增库存　　　　　（1）

粮食总供给＝国内粮食产量＋粮食储备＋粮食进口　　　　　（2）

则，粮食供求平衡时有：

国内粮食产量＋粮食储备＋粮食进口＝国内粮食需求＋粮食出口＋新增库存　　　　　　　　　　　　　　　　　　　　　　　　（3）

---

① 卡路里简称卡，1 卡＝4.18 焦耳，下同。

② 刘晓梅. 关于我国粮食安全评价指标体系的探讨［J］. 财贸经济，2004（9）.

表 11-2 美国政府的粮食评估调查问卷的主要问题

项目分类	相关问题
住户项目	担心在有钱购买更多食物之前把食物消费完毕
	所购买的食物不能持久，没有钱购买更多食品
	消费不起营养均衡的食物
关于成年人的项目	成年人缩减进食或减少进餐次数
	成年人所食用的饭量小于应该食用的数量
	成年人在三个月或以上都缩减饭食量或减少进食次数
	成年人没有足够的支付能力购买食物而挨饿
	成年人体重下降；一整天未进餐
	在三个月或以上一整天没进餐
针对儿童的项目	依赖少数几种低价食物喂养儿童
	不能为儿童提供营养均衡的食品
	儿童吃不饱；缩减儿童饭食量
	儿童挨饿
	儿童减少进餐次数
	在三个月或以上儿童减少进餐次数
	儿童一整天未进餐

资料来源：张苏平．粮食安全评估指标与方法研究综述［J］．经济研究参考，2007（13）．

进一步：

国内粮食需求－国内粮食产量＝（粮食进口－粮食出口）＋（粮食储备－新增库存）　　　　　　　　　　　　　　　　　　　　（4）

年度数据可以调整为粮食安全平衡公式：

国内粮食需求－国内粮食产量＝（粮食进口－粮食出口）＋（年末库存－年初库存）　　　　　　　　　　　　　　　　　　　　（5）

从粮食安全平衡公式（5）可知，要保障粮食安全，即保障粮食供求平衡，就应该使等式成立。若要确保等式成立，可以通过以下途径：第一，国内粮食需求等于国内粮食产量，实现当年的完全的粮食自给自足，不需要粮食进口，也不需要粮食库存调节。这是一种极端的情况，现实中少有发生。第二，值得注意的是，粮食的国内产量是保障粮食安全的最关键的因素，因此，必须着力保障国内粮食产量的理性增长，即其增长要适应国内的粮食需求。第三，通过粮食进口和粮食库存调节来弥补粮食缺口。等式左边的（国内粮食需求－国内粮食产量）其实就是"粮食缺口"[①]。如果等式右边小于粮食缺口，则粮食安全受到威胁。如果等式右边能够大于或者等于粮食缺口，则粮食安全得到有效保障。粮食缺口的弥补，可以通过两个途径的协同努力：粮食的库存调节（即粮食的年末库存－年初库存）；粮食净进口（即粮食进口－粮食出口）。

因此，从经济理论上分析，判断粮食安全的标准可以是：第一，粮食完全自给自足，即国内粮食产量等于粮食需求（这种极端情况极少发生，而且也不经济）；第二，粮食缺口能够得到弥补（此为常态）。

三、粮食安全的指标体系

依据上述粮食安全标准的分析，可以从粮食生产、粮食需求、粮食流通、粮食库存、粮食政策等方面构建粮食安全的指标体系，如表 11－3 所示。

表中 11－3 中主要指标的解释：

（一）粮食自给率

粮食自给率是指一个国家或地区在一年内粮食生产总量（S）占粮食需求总量（D）的百分比。可以用公式表示为：粮食自给率 $a=(S/D)\times 100\%$。与粮食自给率相关的一个概念是粮食贸易依存度，即一年内一个国家或地区粮食缺口中依靠进口的粮食量占粮食需求总量的百分比，即粮食贸易依存度 $b=1-a$。多数经济学家认为，$b=5\%$，或者 $a=95\%$，即达到了足够高的粮食安全水平；$b=10\%$，或者 $a=90\%$，即达到了可以接受的粮食安全水平。其实，对于农业资源紧缺的国家来说，要实现粮食自给的目标，往往需要在粮食生产上有更多的投入。[②]

粮食自给率的高低主要取决于该国自然条件的禀赋（如土地资源、水资源等）、生产要素的投入（如劳动力、资金和技术等），以及该国的工业化水平、经济政策和对外贸易条件等。由于粮食商品的不可替代性，各国对粮食自给率的把握往往非常谨慎，这种谨慎包括对制定粮食生产与消费政策的影响、对粮食生产的经济与生态代价的考虑，还包括对粮食不安全

[①] 则公式（5）可以变形成：粮食缺口＝（粮食进口－粮食出口）＋（年末库存－年初库存）。

[②] 张利娅. 中国粮食自给率研究［D］. 郑州：河南农业大学，2006.

表 11 - 3　粮食安全指标体系

子系统	评价指标
粮食生产	耕地面积
	人均粮食播种面积
	有效灌溉面积比重
	播种面积成灾率
	公顷实际物质收入
	农业科技进步贡献率
粮食需求	产需缺口
	口粮满足度
	缺粮户比重
	缺粮省（区、市）缺粮程度
粮食流通	粮食消费价格指数
	农业生产资料价格指数
	粮食物流"四散化"比重
	粮食流通环节损耗率
	粮食外贸依存度
粮食库存	国家粮食储备率
	农民户均存粮率
粮食政策	财政支农比重
	对农民收入贡献率
综合指标	粮食自给率
	国内粮食生产与消费比例
	低收入阶层粮食保障水平

数据来源：李向荣，谭强林．粮食安全的国内外评价指标体系及对策研究［J］．中国农业资源与区划，2008（2）．

乃至危机的特别关注等。由于国情差异，各国对接受多高水平的粮食自给率并没有统一的标准，各国决策者需要根据具体情况的变化在成本与效益之间进行权衡取舍。

（二）粮食储备水平

粮食储备率主要指上年库存的粮食储备量占下年预计粮食消费量的比例，其中的一年是指一个自然年度。这是反映宏观的、应对未来各种风险能力的一项粮食安全指标。由于粮食生产的自然风险相对较大，由此可能带来粮食总产量和人均粮食占有量的变化，并影响到粮食安全问题。所以，为了保证人均粮食占有量不受气候、自然灾害等的影响，就必须保证一定水平的粮食储备率。联合国粮农组织把年消费量的 17% ～ 18%（12% 的营运储备，6% 的缓冲库存）确定为最低储备安全线。[①] 不过，各国会依据各自国情予以权衡。

（三）粮食产量波动幅度

粮食产量波动幅度的大小反映了粮食供给的平稳程度，并进一步影响到国家粮食安全的稳定性。粮食产量波动幅度可以用粮食生产波动系数来表示，公式为：

$$V_t = (Y_t - Y_t') / Y_t' \times 100\%$$

其中，V_t 表示粮食总产量波动系数，Y_t 表示 t 年的实际粮食产量，Y_t' 表示 t 年的趋势粮食产量。

趋势粮食产量估计方程为：$\hat{y}_t = a + b time$

其中，$time$ 为预测年度，a 和 b 为待定系数。可以通过 Eviews 软件，采用 OLS 方法判断出粮食产量和历史年份之间的相关性，并进一步计算出粮食总产量的波动系数。[②] 从统计资料来看，我国粮食生产波动较为频繁，个别年份波动较大，但从长期来看，是稳定上升的趋势。刘晓梅（2004）利用 1949—2002 年 54 年的历史资料，以时间序列作为自变量，以粮食总产量作为因变量进行回归分析，结果相关系数为 0.973，为显著相关。国家统计局农调总队课题组利用斯韦德格的变差指数计算我国粮食产量的不稳定程度，计算结果为：我国粮食变差系数为 5.54%、波动标准差为 1 049.06、波动系数（波动标准差/平均年产量）为 3.5%。根据我国粮食总产量波动的历史资料及学者的相关研究，我国粮食总产量的波动率的政策安全范围应该在 ±5% 以内。[③]

（四）人均粮食占有量

人均粮食占有量是一个反映微观的、现实需求的一项粮食安全指

---

① 龙方. 新世纪中国粮食安全问题研究 [D]. 长沙：湖南农业大学，2007.

② 李文明，唐成，谢颜. 基于指标评价体系视角的我国粮食安全状况研究 [J]. 农业经济问题，2010（9）.

③ 龙方. 新世纪中国粮食安全问题研究 [D]. 长沙：湖南农业大学，2007.

标。它不同于人均粮食播种面积，人均粮食播种面积是人均粮食占有量的前提，但不能等同起来，因为粮食播种面积确定后，可能因为投入不足、生产者积极性不够、自然灾害等造成粮食生产的损失，从而降低人均粮食占有量。事实上，人均粮食占有量是保障粮食安全最基本的前提，所以它也是衡量粮食安全的核心指标。它可以从一定程度上反映一国的粮食安全水平，人均粮食占有量越高，表明粮食安全水平越高；反之亦然。如果一个国家或地区人均粮食占有量低于每个人生存所需的最低线，说明该国家或地区已经出现了粮食问题，就有可能发生饥荒。

（五）低收入居民的粮食保障水平

当粮食供给量既定时，保障并持续增加低收入阶层的粮食供给，是一个国家或地区粮食安全得以实现的重要内容。一般而言，低收入人群主要是指还未解决基本温饱问题，生活水平在贫困线以下的社会群体。与世界上其他国家和地区一样，中国也存在着不同程度的贫困人口。所以，解决低收入群体的粮食安全问题是实现粮食安全的重要保障。

（六）缺粮人口比率

缺粮人口比率是一项反映微观的粮食安全指标，主要指缺粮人口占总人口的比重，该比率越高则表示粮食安全程度越低；反之亦然。一般的，容易出现缺粮情况的地区主要是粮食主销区和收入弱势群体。相对而言，主销区的经济实力相对雄厚，可以通过国内、国外市场进行粮食购买。然而，对于低收入弱势群体而言，由于收入低，购买力差，单凭其自身的力量，其粮食安全则难以保障。如果低收入弱势群体人口多，比例大，则会影响到国家粮食安全。

第二节　粮食安全的等级和类型

一、粮食安全的等级划分

粮食安全可以分为三个等级。最高安全级别为一级，二级和三级依次递减；超过一级水平的则认为是过级粮食安全；低于三级水平的为粮食不安全。

（一）一级粮食安全

一级粮食安全主要是指必须保证所有人在任何时候任何情况下都能以合理的价格满足对粮食的直接和间接消费，具有抵御一定粮食风险的能力。虽然中国目前粮食结转的库存储备量很大，部分省域范围内已经达到或超过一级粮食安全的标准，但从全国范围来看还未达到一级粮食安全的标准。从长远来看，中国粮食产需缺口在 2030 年前人口达到高峰之前会逐渐加大。因此，保证中国的一级粮食安全具有一定的战略前瞻性。

（二）二级粮食安全

二级粮食安全主要指不仅能充分满足人们的直接粮食消费，而且还能够部分保证人们对粮食的间接消费和部分粮食工业产品的消费。中国当前粮食市场供应充足，粮食直接消费和间接消费能够基本上得到满足。但是，城镇还有一部分生活相对比较困难的城市居民，同时，在农村同样还有一些尚未完全解决温饱问题的贫困人口。此外，旱、涝、地震等自然灾害也常常造成受灾地区居民口粮困难。

（三）三级粮食安全

三级粮食安全主要指仅仅能为人们的生存与健康提供相适应的粮食。满足人们基本需求的粮食可以是自己生产的，同时也可以是进口的，但是，粮食必须是充足的且富有营养的，以及价格合理的。简言之，三级粮食安全是指能够基本满足人们的口粮消费，但是，不能完全满足间接粮食消费。比如 20 世纪 70 年代中国的粮食供求状况就只能属于三级粮食安全标准。而 20 世纪 60 年代初中国在三年自然灾害时期的粮食安全连三级水平也达不到，可以说甚至是属于粮食不安全时期。[①]

二、粮食安全的类型

（一）粮食的短期安全与长期安全

短期或长期粮食安全与否和时间因素有关。短期粮食不安全，主要指

---

① 娄源功．基于国家粮食安全的专项储备粮规模研究［J］．农业技术经济，2003（4）．

短期内不能获得足够的粮食，一般是偶然的或暂时的。主要原因是由天灾人祸造成粮食生产、供应、价格或者家庭收入的波动所引起的。一般是突发性的和区域性的问题。事实上，即便是粮食安全级别很高的国家，也有可能偶然出现暂时的短期粮食不安全现象。一些国家的政治动乱、战争和自然灾害是引起粮食短期不安全的主要原因。在中国，贫困和自然灾害常常是造成农村人口偶然性粮食不安全的重要因素，而经济结构调整和经济体制转轨时期的失业、下岗以及恶性通货膨胀等因素可能是引起城市人口暂时性粮食不安全的基本原因。

长期粮食安全是指从长期看，能基本保障或实现粮食的安全。那么，相反的，长期粮食不安全主要是指一个国家、一个地区、一组人群或一个家庭长期没有生产能力或购买能力以获取足够的粮食而引发的经常性的食品不足和营养不良。一个国家或地区的长期粮食不安全的原因主要在于生产力水平低、科学技术长期落后、人口过多而增长过快、甚至长期超过了粮食的增长速度等。一个家庭的长期粮食不安全的原因主要是由家庭所拥有的生产要素（如土地、劳动力、资金等）数量少、质量差引起的。长期的粮食安全是一个国家经济得以稳定、持续发展的基础，更是社会稳定的保障。

（二）粮食的宏观安全与微观安全

宏观粮食安全主要是指一个国家总体上的粮食供求平衡。即包括生产和进口在内的粮食总供给能够满足国内的粮食总需求，同时，绝大多数人口的营养需求能够得到基本满足。微观粮食安全问题是指一个国家或地区在实现粮食宏观安全的基础上，使得低收入或贫困人口的粮食安全能够得到保障。粮食的宏观安全是粮食安全的前提和基础，一个国家（或地区）只有实现了长期的粮食宏观安全，才能保证社会的稳定发展，同时，粮食微观安全则是最终的奋斗目标。换言之，粮食微观安全的实现意味着实现了粮食的宏观安全，但反之，粮食宏观安全实现了，并不等于实现了粮食的微观安全。正如，世界粮食安全状况的基本好转并不意味着每一个国家的粮食安全状况都有所改观；或者一个国家实现了基本的粮食安全并不等于其各省市的粮食也安全；同理，一个地区甚至一个村庄实现了粮食安全但并不能排除某些家庭存在粮食不安全的现象。所以，一些国家即便实现了宏观的粮食安全，也有可能出现不同的程度的微观粮食的不安全现象。一般而言，微观粮食不安全往往是与分配和贫困问题联系在一起，是贫困问题的表现形式之一。

（三）粮食的生产安全与流通安全

粮食生产的安全指一个国家或地区，在充分利用国内自然资源的基础上，能稳定、持续地提高粮食的生产量，并能够基本满足国内的主要粮食需求。粮食生产安全主要与资源、要素投入等因素有关。粮食流通安全主要指通过流通环节，保证粮食的稳定供应，并使需要粮食的人能够在任何时候、便捷地买到并且买得起所需要的粮食。流通安全主要涉及粮食价格体制、粮食流通体制、粮食储备体系、粮食补贴制度、粮食市场体系和粮食进出口贸易政策等多方面的问题。相比较而言，生产安全的问题更加直接和明显，易受到重视；而粮食流通安全则比较间接和隐秘，因此常被忽视。[①]

第三节　粮食安全的特征、成本和机制

一、粮食安全的特征

（一）粮食安全的历史性特征

粮食安全是一个带有历史特性的概念，即不同的时期的粮食安全目标及具体标准会有所不同或侧重。粮食安全是多数国家宏观经济发展的战略目标之一。然而，宏观粮食安全一般来说是经济发展初期的工作重点；随着经济发展，当宏观的粮食安全取得初步成效之后，微观粮食安全就会成为粮食安全的重要目标和内容。比如，中国在 20 世纪 70 年代末和 80 年代初，粮食安全的主要目标是让大多数人吃饱。再如 20 世纪末到 21 世纪初的主要目标是解决农村贫困人口的粮食安全保障问题；此外，80 年代初期，粮食安全更侧重于发展粮食生产，而 90 年代粮食安全则更侧重于流通体制的改革。可见，粮食安全的历史性是一国制定经济发展不同阶段粮食安全的具体目标所需要考虑的。

（二）粮食安全的波动性特征

从不同国家粮食安全的发展过程来看，随着经济的发展，无论是发达

---

① 娄源功. 中国粮食安全的宏观分析与比较研究 [J]. 粮食储藏，2003，32（3）.

国家还是发展中国家的粮食安全状况都得到了明显改善。与此同时，粮食安全状况的改善均伴随着明显的周期性波动的特点。换言之，粮食安全状况的变动轨迹不是一条平滑的直线，而是随着经济的发展呈现出波动性的改善和提高。

（三）粮食安全的系统性特征

粮食安全问题不是一个孤立的问题，而是一个涉及经济、社会与政治等多因素、多环节的系统问题。从横向联系的角度来看，粮食安全系统应该包括世界粮食安全、国家粮食安全、地区粮食安全和家庭粮食安全；从纵向联系的角度来看，粮食安全系统主要由粮食生产、储备、分配、流通、消费和贸易等共同组成。可见，粮食安全的系统性特征决定了解决粮食安全问题必须用系统的方法。

（四）粮食安全的地域性特征

粮食安全是一个具有地域性特征的概念，即是存在国别和地域差异的。由于不同国家和地区经济发展水平、人口状况、资源禀赋及贸易地位等方面存在差别，所以，不同国家粮食安全的目标及相关措施会各不相同。比如，美国粮食安全的重要内容就是国内食物援助计划和粮食储备体系，主要通过稳定价格和提高粮食安全性等措施予以实现；而日本的粮食安全则重视稻谷的自给率，以及对稻谷生产者的高额补贴，这主要通过食品券计划、学校午餐计划和妇女、婴儿及儿童计划等措施进行贯彻。可见，在保证粮食安全的过程中，可以借鉴别国经验，但必须将其与本国的具体国情和经济发展阶段有效结合起来，否则会由于忽略差异性的存在而出现偏差。[①]

二、粮食安全的成本

（一）粮食安全的成本的内涵

粮食安全成本主要是指一个国家（或地区）为了保障粮食的稳定供给以及预防粮食不安全的风险，而在粮食产能建设、生产、流通、消费、外贸等环节上所产生的经济支出、利益损失和机会成本。具体的，包含以下

---

① 娄源功. 中国粮食安全的宏观分析与比较研究 [J]. 粮食储藏，2003，32（3）.

四个方面：第一，为了维持一定的粮食安全水平，所需要投入的劳动、资本、土地等各种要素的价格总和。可以说这是粮食安全的直接成本，或曰显性成本。这些显性成本主要产生于粮食生产、流通、分配与消费等各个环节之中，同时表现为粮食供求失衡带来的经济损失。第二，实施粮食安全的政策所造成的农业效率的损失。该成本可以说是粮食安全政策的成本或者是保障粮食安全的一种机会成本。事实上，粮食安全与农业效率并非统一的。一般而言，粮食安全代表国家的、宏观的、长远的利益，而农业效率则是局部的、部门的、眼前的利益追求。从经济学角度而言，政府是理性人、经济人，政府会追求自身利益最大化或损失最小化，即在作某种选择时，会根据自身的多个效用目标进行综合考虑和权衡取舍，当粮食安全与农业效率不可兼得时，遵循机会成本最小化的原则，必然要在二者之间做出一方的牺牲。如果政府选择粮食安全，则被牺牲掉的农业效率就成了粮食安全的机会成本。例如，对于粮食生产要素稀缺，同时农业资源多样化的中国而言，追求较高水平的粮食安全，就必然会对农业结构的优化、农业利润的提高、比较优势的发挥等方面的农业效率产生不利影响，并进而构成粮食安全的机会成本。第三，是关于粮食安全制度的生成和运行而发生的交易成本（或交易费用）。此成本主要包括三类：一是事前的交易费用。即制定粮食安全相关制度的前期信息获取和处理费用；二是事中的交易费用，主要指签订粮食生产与交易契约、规定粮食交易当事人的权责等产生的成本；三是事后的交易费用，即运行制度而发生的费用，主要有为粮食生产与交易而提供便利条件的费用、监督违约行为并对之监管与制裁的费用、寻找粮食贸易对象及与之讨价还价的费用、维护粮食交易秩序等费用。第四，为实现粮食安全而对自然生态环境造成的破坏，由此引发的成本，此成本可以说也是粮食安全的一种机会成本。从新中国成立后到现在，所进行的开荒、毁林、围湖等行为，无一不是与增加粮食生产，片面地追求粮食安全有关的。可以说，正是由于类似于这种对自然生态资源的过度撷取行为导致了目前无法回避的环境恶果，于是也形成了粮食安全生产的机会成本。

（二）粮食安全成本的外延

从整个国民经济的宏观角度来看，一国粮食安全成本还有较宽泛的外延。即为了实现一国的粮食安全，而对整体国民经济发展造成的负面影响之总和。主要包括：第一，工业的利益损失。若把粮食安全置于工业化背景下，则会发现，粮食安全与工业化既相互联系、相互促进，但又相互矛盾，相互制约。一方面，粮食安全与能源供应、资本积累等条件一起，推动工业化进程；另一方面，工业化道路的选择和工业化进程的速度，又反过来直接或间接影响粮食供求，进而影响到粮食安全水平。可以说，对工业化而言，粮食安全既是条件又是一种成本。比如，对于一个资源禀赋不足、经济实力薄弱、粮食生产效益低下的国家而言，提高粮食安全水平，就意味着增加粮食生产的资源和要素投入，从而降低整个资源配置效率，并影响工业化进程。第二，人口总量增长带来的经济利益损失。粮食安全品供给量总体与人口总量基本上呈现正相关关系，亦即人口增加，需要更多粮食供给，而粮食安全品供给的增加，又会助推人口总量的增加。人口总量增加会加重资源的相对稀缺性以及由此引起的相关效率损失。第三，国际贸易的利益损失。比如对于一个在国际贸易中粮食处于比较劣势的国家而言，由于资源的相对稀缺特性，为维系粮食安全而扩大粮食生产与储备，必然出现因为追求粮食生产，而挤出一定的其他比较优势产品的生产，即发生所谓的挤出效应，从而降低该国的国际贸易盈余。[①]

（三）粮食安全成本的特征

粮食安全成本具有鲜明的宏观性、二重性、多元性和不确定性。首先，宏观性体现在粮食安全成本是从一国或者地区的粮食和相关产业的整体上考虑的；其次，粮食安全的二重性主要表现在成本的损失和收益两方面；再次，粮食安全的多元性表现在它不是单一的或者孤立的，而是在粮食产业链的各个环节的成本耗费；最后，粮食安全还具有明显的不确定性。

三、粮食安全机制

根据前述的粮食安全内涵和粮食安全平衡公式（5）[国内粮食需求－国内粮食产量＝（粮食进口－粮食出口）＋（年末库存－年初库存）]，若要保障粮食安全，就需要保障此等式得以成立。具体的，应该使得等式左边的粮食缺口得以弥补，可以通过进出口调节和库存调节的方式。可见，粮食安全机制应该是能够通过保障粮食生产能力、贸易能力和库存能力来确

---

① 尹义坤. 粮食安全成本经济学分析及对策研究［D］. 长春：吉林大学，2005.

保和提高弥补粮食缺口能力，以有效地提供全体居民以数量充足、结构合理、质量达标的包括粮食在内的各种食物。所谓机制，是指内部组织和运行变化的规律。那么，粮食安全机制就应该是保障粮食安全的各种因素的关系和运行变化的规律。如图 11 - 3 所示，首先，粮食数量、粮食价格和粮食流通三方面协同作用，才能保障国家的粮食安全。其次，粮食数量方面的决定因素有粮食生产能力、粮食库存能力和粮食贸易能力三方面。而且，根据 2013 年底中央经济工作会议精神，"实施以我为主、立足国内、确保产能、适度进口、科技支撑的国家粮食安全战略"因此，保证和提高国内的粮食生产能力和库存能力应该放在首位。再次，决定粮食生产能力高低的因素主要有耕地、投入要素、技术和气候等因素；粮食进口和出口影响粮食贸易能力；市场机制和粮食最低收购价格等政策影响粮食价格。

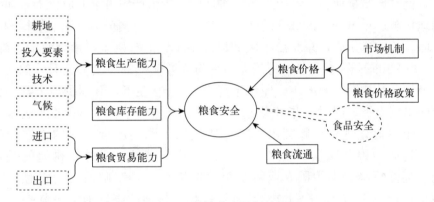

图 11 - 3 粮食安全机制的机理

现在越来越多的食品安全问题引起了国人的重视和担忧，因此，粮食安全机制中应该引入包含粮食质量的食品安全问题，而且，应该提高到战略位置。粮食安全机制中应该增加食品安全战略的考虑，从源头和制度甚至法律层面予以保障。

（一）耕地与粮食安全——认识 18 亿亩耕地红线

从粮食安全机制的机理图可以看出，耕地与粮食安全存在着间接联系，即耕地通过影响粮食生产能力来影响粮食安全。需要说明的是，耕地对粮食生产能力的影响不仅仅来自于耕地面积，而且更加来自于耕地质量。但是，中国耕地质量每况愈下，对粮食产量造成了极大的隐患。

1. 中国耕地的现状

广义的土地包括农用地、建设用地和未利用地。其中，农用地又包括：耕地、林地、牧草地、园草地和其他农用地。其中，耕地是指种植农作物的土地，包括熟地、新开发、复垦、整理地、休闲地（含轮歇地、轮作地）。我国耕地的分布情况是，有大约 88％ 的耕地分布在大兴安岭—张家口—榆林—兰州—昌都一线以东的湿润、半湿润区。如果按照农业区划来统计的话，黄淮海区和长江中下游农业区占地全国耕地的比重较高；其次是东北区和西南区；然后依次是黄土高原区、内蒙古与长城沿线区、华南区、甘新区和青藏区。[①] 第二次全国土地调查显示，截至 2009 年 12 月 31 日，全国耕地面积为 20.31 亿亩。此后每年都基于第二次全国土地调查数据变更调查，截至 2012 年年底，全国的耕地面积为 20.27 亿亩。[②] 此外，就耕地质量而言，不容乐观。耕地中的中低产田占了七成以上，而且耕地负载逐年增加，区域性的问题愈来愈严重。根据全国耕地质量检测结果的相关信息来看，东北黑土区的耕地中土壤的有机质含量大幅度下降，比 30 多年前下降了 31％，每千克的平均含量仅有 26.7 克，而且，黑土层已经从开垦初期的 80～100 厘米下降至 20～30 厘米，有不少地方甚至已经露出黄土了。同时，华北耕层变浅、南方土壤酸化、西北耕地盐渍化等土壤退化现象日趋突出。耕地质量的下降给粮食产量的稳定与提高、进而给粮食安全都带来了极大的隐患与威胁。另外，耕地的基础地力逐渐下降。据中国农业科学院徐明岗介绍，基础地力的贡献应该在粮食产量中占 70％～80％，但是，我国耕地的基础地力贡献率仅为 50％。同时，中国农业大学张福锁认为，中国的耕地由于化肥的长期不合理使用而使土壤养分失衡、中微量元素有效性降低、耕地质量受到严重影响。[③]

2. 如何理解"18 亿亩耕地红线"

首先，中央政府一再强调保障国家粮食安全必须坚守"18 亿亩耕地红线"。2012 年中央发布《全国农村经济发展"十二五"规划》，提出要保证耕地 18.18 亿亩。2014 年 1 月 19 日，中共中央、国务院印发的《关于全面深化农村改革　加快推进农业现代化的若干意见》中明确指出：

---

① 茅于轼，赵农．中国粮食安全靠什么——计划还是市场［M］．北京：知识产权出版社，2011.

② 中国第二次土地调查显示耕地多出 2 亿亩，新华网，2013－12－30.

③ 耕地质量下降不容忽视，经济日报，2013－05－21.

"抓紧构建新形势下的国家粮食安全战略。把饭碗牢牢端在自己手上，是治国理政必须长期坚持的基本方针。综合考虑国内资源环境条件、粮食供求格局和国际贸易环境变化，实施以我为主、立足国内、确保产能、适度进口、科技支撑的国家粮食安全战略。任何时候都不能放松国内粮食生产，严守耕地保护红线，划定永久基本农田，不断提升农业综合生产能力"。其次，不仅要从耕地面积着手，必须同时着力于耕地质量。否则，守住的还是原先的 18 亿亩耕地吗？茅于轼认为，根据中国现行的耕地占用补偿政策，非农业建设经批准占用的耕地，必须按照"占多少，垦多少"的原则，由占用耕地的单位负责开垦数量和质量相当的耕地。针对没有条件开垦或者开垦耕地不符合要求的，应该缴纳耕地开垦费，而且必须专款用于开垦新的耕地。从理论而言，如果耕地占用补偿政策能够严格得到执行的话，应该可以同量同质地守住 18 亿亩耕地的红线。但是，实际情况是，即使耕地面积总量上可以达到占用与补贴平衡，然而，补充的耕地在质量上却远不如以前。此外，再加上环境污染等因素，耕地质量下降更严重。所以，必须在坚守耕地红线的同时，花费更大的力气保障和改善耕地的质量，唯有如此才能真正保障粮食产量和粮食安全。

（二）市场与政府在保障粮食安全中的功能

在确保粮食安全的道路上，我们该如何善用市场和政府这两把利剑呢？

第一，在保障粮食安全的方面，市场和政府的角色不同。简单概括就是：基础的市场和辅助的政府、内生的市场和外生的政府[①]、直接的市场和间接的政府、持续的市场和阶段的政府（董巍，2011）。市场和政府应该有机结合，一方面应该按照市场机制的内在规律，通过价格机制充分传递信息和配置资源。根据前述的均衡价格理论，我们知道粮食价格的形成和波动可以充分反映粮食供求，也可以引导粮食生产，或者说一定程度上正是市场在调节粮食的紧缺与过剩，保证了粮食的安全。但是，市场是有弊端的、是会失灵的。比如粮食生产周期比较长因此带来了较多的不确定性、粮食资源的调整有滞后效应、市场机制将产品配置给了出价高的人，

[①]　主要指市场必须是内生的，粮食生产、流通、消费和贸易等应根据市场机制产生的信号而进行，而不应依据政府的偏好和指令。同时，政府对粮食运作的调控尽管是必要的，但它却是外生的，应对粮食安全战略进行指引，应对粮食市场中的参数进行收集、分析和综合。

贫困阶层的支付能力有限而无法得足够的粮食等。因此，政府的规制与调控是完全必要的。

第二，在中国现有的粮食安全战略（即"以我为主、立足国内、确保产能、适度进口、科技支撑的国家粮食安全战略"）的前提下，差别化地善用国内和国际市场。关于国内市场，应该让其承担主要的粮食安全保障功能，即应该主要通过国内生产、国内库存和国内流通来保障中国的粮食安全；关于国际市场，我们不应按照资源禀赋和比较利益学说等为了赚取经济效益而进行粮食贸易，而应该依照适度进口的原则，进行适度的数量补充和品种丰富。此外，还有些新的思路可供深度思考，比如根据程国强的研究，应建立"立足国内、全球供应"的粮食安全新战略。要以服务保障国家粮食安全和主要农产品供给大局为核心，以提高统筹利用国际、国内两个市场、两种资源能力为关键任务，综合实施直接贸易、多元化进口、境外农业投资与新型农业国际合作等战略措施，深度融合全球农业生产、加工、物流、营销及贸易产业链，构建持续、稳定、安全的全球农产品供应网络。

第四节　国家粮食安全新战略

2014 年 1 月 19 日，中共中央、国务院印发的《关于全面深化农村改革　加快推进农业现代化的若干意见》中明确指出：抓紧构建新形势下的国家粮食安全战略。把饭碗牢牢端在自己手上，是治国理政必须长期坚持的基本方针。综合考虑国内资源环境条件、粮食供求格局和国际贸易环境变化，实施"以我为主、立足国内、确保产能、适度进口、科技支撑"的国家粮食安全战略。

一、国家粮食安全战略的新内涵

国务院发展研究中心农村部部长叶兴庆解读这一新战略的三个新内涵。[1] 第一，新战略强调"集中国内资源保重点，做到谷物基本自己、口粮绝对安全"，并在此基础上可以"适度尽快"。实际上就是将粮食安全核心目标愈加明确地界定为谷物安全，与此同时还要有保有放，即在谷物之外，增加了可以通过国际市场来弥补粮食缺口的空间。"适度进口"首次

---

① 夏青．国家粮食安全新战略 [J]，农经，2014（1）.

被明确列为中国粮食安全战略的一个组成部分。第二，新战略提出"数量、质量并重，更加注重农产品质量和食品安全"。以前粮食安全主要指数量安全，那是基于我们当时的经济发展程度和实际需求而提出的，而目前随着城乡居民收入的逐渐提高，以及对食品安全的关注度的重视，就要求我们把粮食质量问题置于一个更突出的位置。第三，强调粮食安全与生态安全的统筹兼顾。我们以前曾经为了追求粮食增产，往往不惜一切代价，如过量施用化肥农药、毁林开荒、超采地下水、侵占湿地等，虽然提高了粮食产量，但是却带来了生态环境问题。而新战略中则强调，注重永续发展，转变农业发展方式，发展循环农业。

二、国家粮食安全战略的新变化

国家粮食新战略的变化主要有以下几方面：第一，"保"的范围有所收缩。相比以前较为笼统地要求粮食基本自给，新战略将范围收缩为要求谷物基本自给、口粮绝对安全，体现了实事求是、与时俱进的精神。第二，"保"的要求有所提高。即新形势下，不能继续过去发展粮食生产的老路。新战略明确了两个新要求：一个坚持数量与质量并举；二是坚持当前与长远兼顾。第三，"保"的途径有所变化。新战略中首次将"适度进口"作为粮食安全战略的重要组成部分之一。提高国内产能的同时，积极参与国际粮食贸易，开辟粮食进口新渠道，使粮食供给更加稳定。第四，"保"的责任有所调整。新时代背景下，政府与市场、中央与地方各自的作用边界需重新划分。原来根据《国务院关于深化粮食购销体制改革的通知》（国发〔1994〕32 号），实行"米袋子"省长负责制，即要求省一级政府承担当地粮食平衡的责任。根据此政策，省级政府需要对当地粮食的生产、收购、储备、销售、省际流通、市场管理等各方面全面负责，以保证粮食的正常供应和粮食价格的稳定。此外，为实现地区粮食平衡，粮食产区需要建立 3 个月以上粮食销售量的地方储备，粮食销区需要建立 6 个月的粮食销售量的地方储备。在特定历史时期形成的此套制度安排曾发挥过积极的作用，但随着粮食市场一体化程度的提高和中央政府对粮食市场调控能力的增强，此制度安排逐步暴露出深层次问题和矛盾。新战略明确提出，中央和地方要共同负责，中央承担首要责任，各级地方政府要树立大局意识，增加粮食生产投入，自觉承担维护国家粮食安全责任。可以说，这次明确"中央承担首要责任"，是对"米袋子"省长负责制的重大完善，将有利于形成全国统一的粮食市场。[①]

思　考　题

　　1. 粮食安全的概念是什么。

　　2. 粮食安全的成本主要包括哪些方面？

　　3. 什么是粮食安全的机理？

　　4. 如何正确认识 18 亿亩耕地红线？

　　5. 如何理解国家粮食安全新战略？

参　考　文　献

Yveline. 中国粮食进口狂飙，净进口美国粮食规模创六年新高 [OL]. 华尔街见闻，2014 - 05 - 24.

邓大才. 应对不同类型的粮食安全问题 [N]. 中国社会科学报，2010 - 07 - 30.

范思立. 粮食安全上升为国家"一号"战略 [N]. 中国经济时报，2014 - 01 - 21.

耕地质量下降不容忽视 [N]. 经济日报，2013 - 05 - 21.

李文明，唐成，谢颜. 基于指标评价体系视角的我国粮食安全状况研究 [J]. 农业经济问题，2010 (9).

李向荣，谭强林. 粮食安全的国内外评价指标体系及对策研究 [J]. 中国农业资源与区划，2008 (2).

刘晓梅. 关于我国粮食安全评价指标体系的探讨 [J]. 财贸经济，2004 (9).

龙方. 新世纪中国粮食安全问题研究 [D]. 长沙：湖南农业大学，2007.

娄源功. 基于国家粮食安全的专项储备粮规模研究 [J]. 农业技术经济，2003 (4).

娄源功. 中国粮食安全的宏观分析与比较研究 [J]. 粮食储藏，2003，32 (3).

茅于轼，赵农. 中国粮食安全靠什么——计划还是市场 [M]. 北京：知识产权出版社，2011.

史培军，杨明川，陈世敏. 中国粮食自给率水平与安全性研究 [J]. 北京师范大学学报（社会科学版），1999 (6).

夏青. 国家粮食安全新战略 [J]. 农经，2014 (1).

叶兴庆. 国家粮食安全战略的新变化及其实现路径 [J]. 中国党政干部论坛，

---

① 叶兴庆. 国家粮食安全战略的新变化及其实现路径 [J]. 中国党政干部论坛，2014 (2).

2014（2）.

尹义坤．粮食安全成本经济学分析及对策研究 ［D］. 长春：吉林大学，2005.

张利娅．中国粮食自给率研究 ［D］. 郑州：河南农业大学，2006.

张琳．当代中国粮食安全问题研究 ［D］. 长春：吉林大学，2013.

张苏平．粮食安全评估指标与方法研究综述 ［J］. 经济研究参考，2007（13）.

赵予新．粮食安全成本内涵及其特征探讨 ［J］. 安徽农业科学，2008（36）.

中国第二次土地调查显示耕地多出 2 亿亩 ［OL］. 新华网，2013 - 12 - 30.

第十二章　粮食储备

本章学习目标：
　　1. 掌握粮食储备的相关概念；
　　2. 了解我国粮食储备的变迁；
　　3. 理解粮食储备的功能和布局；
　　4. 了解我国粮食储备专项制度。

第一节　粮食储备的基础知识

一、粮食储备的基本概念

（一）基本概念

　　国际上公认的粮食储备定义是由联合国粮农组织（FAO）提出，是指在新的作物年度开始时可以从上年度收获或储藏的作物中得到（包括进口）的粮食库存量。由商品流转储备、后备储备（主要表现为政府储备）、生产者储备和消费者储备组成，一般意义上，它将战略储备排除在外。而实际上粮食储备通常从经济目标扩展到战略目标，粮食储备的概念也包含战略储备。根据粮食储备定义的基本理论，结合我国的实际情况，我国的中央粮食储备应定义为：由中央政府掌握，专门用于保障国家粮食安全，调节国内粮食流通，稳定粮农收入，稳定市场粮价以及国家战略需要的粮食储备[①]。

（二）粮食储备的组织管理体制[②]

　　粮食储备的经营管理需要解决调控效能与成本的关系、储备粮稳

---

　　① 鲁晓东. 试论我国中央粮食储备制度的进一步变革（上）[J]. 调研世界，2001（5）.
　　② 本部分及 3、4 部分内容来自孙燕. 切实加强粮食储备体系建设 [J]. 唯实，2007（3）.

定与灵活的关系、粮食安全与经济效益的关系。地方政府作为资产所有者，其资产收益权主要体现为社会效益即保障粮食安全，同时拥有对储备管理重大决策的制定权，但本身并不直接参与企业的管理工作。由于储备粮具有政策性和商业性双重特性，其经营管理决策也相应分为政策性决策和经营性决策。地方政府作为地方储备粮的所有者，拥有政策性决策权，根据不同年景以及粮食的季节性，进行粮食宏观调控决策，根据年景情况制定年度和季节性的粮食储备的数量规模和品种结构计划，制定粮食最低收购价和最高销售限价，并对储备粮经营管理部门的储备粮贷款利息和保管费用等，通过地方财政和粮食风险基金给予必要的补贴。中国农业发展银行作为政策性银行及时足额地给储备粮的经营管理企业提供相应的政策性资金信贷支持。企业管理者作为代理人，在投资者授权范围内，执行政策性决策计划，负责日常管理事务，利用企业法人财产独立从事储备粮的经营，完善储备粮轮换激励机制，保证储备粮储存安全，质量良好，调用通畅，促进国有资产保值增值，同时有权及时足额获得政策性资金信贷和相应的费用补贴。

粮食储备的监督管理涉及政府、银行和企业三个方面，因此，需要将政府的行政监督、银行的信贷监督和企业的自身监督管理结合起来，形成完善的储备粮监督管理体系。政府的行政监督就是粮食行政管理部门受政府委托对储备粮库存（包括数量、品种、质量、安全等）管理以及粮食最低收购价和最高销售限价的执行情况进行监督，保证必要的储备粮库存和政策性价格得到执行。银行监督就是对政策性信贷资金进行监督，保证政策性收购资金的封闭运行，确保信贷资金与储备粮库存的一致性。企业监督管理就是对粮食储备库储备粮数量、质量、仓储、调运和财务等进行监督管理，建立储备粮储存、调运和财务等规章制度，落实储备粮市场调节和购销轮换机制，保证国有资产的保值增值。在完善储备粮监督管理体系的同时，需要不断完善储备粮的法制建设，将储备粮的监督管理纳入法制化的轨道。

（三）粮食储备的运作经营系统

粮食储备推陈储新、参与资源配置的要求决定了储备粮的购销轮换应该高效灵活。为降低成本，应尽量减少粮食流通环节，提高仓储现代化水平，降低粮食收购、销售和储运成本。

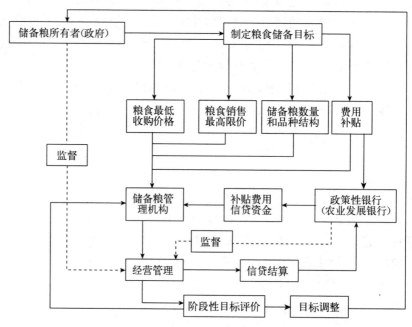

图 12-1　储备粮食管理系统

注：政府制定粮食储备目标及相关的政策措施，通过政府储备粮管理机构对储备粮进行严格管理和监控，并将有关费用补贴落实到签订合同的存储企业，企业按照要求管理好储备粮。

数据来源：孙燕．切实加强粮食储备体系建设［J］．唯实，2007（3）．

1. 粮食储备的收购策略

储备粮的收购包括三个方面：一是储备粮的轮换收购。为了保证储备粮的品质，每年都应收购一定数量的储备粮，替换储备粮库存。二是储备粮的市场收购。通过储备粮收购，发挥粮食储备"吞"的功能，调节市场粮食供求。三是储备粮的库存补充。根据确定的储备粮规模和品种结构，补充储备粮数量，调整储备粮的品种结构。储备粮的收购一要保证粮食的质量，二要降低收购成本。收购方式主要有直接收购、委托收购、市场收购、订单收购等。

2. 粮食储备的销售策略

储备粮的销售包括三个方面：一是储备粮的轮换销售。为了保证储备粮出售时的品质，无论年景如何，每年均应更换部分储备，丰年多进少出，歉年少进多出，净吞吐量应随年景而定。同时，确保每一批储备粮的仓储时间都在适当限度内（一般为三年）。二是储备粮的抛售。发挥粮食储备"吐"的功能，调节市场粮食供求。当市场粮食价格接近或突破最高销售限价时，政府抛售储备粮，调节供需关系，使市场粮价回落。储备粮通过粮食批发市场进行销售具有透明度高、组织程度高、调控效力高、轮换成本低等优越性。因此，不论是哪一种形式的储备粮销售，都应明确规定通过批发市场进行，真正让市场机制在储备粮销售中发挥最大作用。

3. 粮食的储运策略

储备粮的储运管理目标：保证储备粮的储藏安全、减少储备粮的仓储费用、降低储备粮的物流成本以及加快储备粮的物流速度。

健全储备粮仓储各项规章制度，明确储备粮的仓储责任，提高储备粮的储藏技术，保证储备粮的储藏安全；调整储备粮库的布局，将粮库建立在交通枢纽中心和粮食集散中心，可以充分利用铁路、公路和水路，便于储备粮的调度；合理确定储备粮库的规模，发挥储备粮库的仓储规模效应，降低储藏成本；提高储备粮库的现代化水平，增加机械化程度较高的仓库建设，完善粮情检测和粮食熏蒸系统，建立储备粮库计算机管理信息系统，提高储备粮接收、储藏、调运和检测的效率。

二、粮食储备的类型

从国际情况来看，联合国粮农组织根据储备性质和作用，将粮食储备划分为周转储备和后备储备两个部分。周转储备属于市场储备的范畴，主要是粮食经营主体的商业性储备，目的在于克服粮食生产的季节性、地域性与消费的连续性之间的矛盾。后备储备则属于政府储备的责任，主要目的在于化解因粮食歉收造成的供给不足或平抑粮食市场价格波动造成的粮食公共危机。按照联合国粮农组织安全标准，一个国家或地区的粮食储备总量占消费总量的比值（库存消费比）超过17％，其中，周转储备占粮食消费总量的比值超过12％，后备储备占粮食消费总量的比值超过5％，就视为达到安全储备标准。从国内情况来看，由于我国人口众多加之工业化和城镇化进程中粮食供求矛盾较为突出，我国的粮食储备体系主要包括战略储备（安全储备）、后备储备和商业储备三个部分。

表 12 - 1   安全储备、后备储备与商业储备的管理属性比较

管理属性	安全储备	后备储备	商业储备
储备对象	长期性保管的粮食	中期性保管的粮食	短期性保管的粮食
运转周期	一般 3 年以上	一般 1 年以上 3 年以下	一般 1 年以内
管理目标	确保一定的数量、质量，随时保证应急需要	促进当年粮食总供求平衡和市场价格合理变化，实现粮食价格不大涨不大落，以较小量的吞吐对市场进行调节，起到"四两拨千斤"的作用	促进粮食仓储设施的合理利用，保证粮食季节性保值增值
决定因素	人口规模及消费水平，自然灾害，社会风险，财政能力	当年粮食总产量，粮食总消费量，粮食市场价格	粮食企业经营状况，粮食市场价格，财税政策
典型代表	中央储备粮的大部分；地方储备粮的大部分	中央和地方储备粮的小部分，最低收购价及托市价粮食的大部分	最低收购价及托市价粮食的少部分
保管规模	基本稳定	波动较大	从稳定到波动
保管方式	需要定期轮换	一次性周转	一次性周转

资料来源：秦中春. 完善我国粮食储备管理制度 [J]. 重庆理工大学学报（社会科学），2010（7）.

第二节   中国粮食储备制度变迁[①]

一、粮食储备制度的初创阶段

新中国成立后，党中央、国务院非常重视建立中央粮食储备问题，在 1949—1952 年，为了保证大城市粮食供应、平抑粮价和打击不法商贩，国家在大规模组织粮食调运的同时，提出了"储备粮"的设想，并开始在重要城市建立储备粮库存。1954 年 10 月，中共中央在《关于粮食征购工作的指示》中，提出了"为了应付灾荒和各种意外，国家必须储备一定数量的粮食"。1955 年，国家开始从粮食周转库存中划出一部分粮食作为储备粮，并且划定储备仓库，拨出储备资金，国家备荒储备粮即"甲字粮"

---

① 本部分内容主要来自鲁晓东. 试论我国中央粮食储备制度的进一步变革（上）[J]. 调研世界，2001（5）.

开始形成，并且从国家商品粮周转库存的统计中独立出来。由于当时储备粮库存数量较少，不久就用掉了，但这是新中国中央粮食储备制度的雏形。

二、中央粮食储备制度的形成

1962 年 9 月，中共中央在《关于粮食工作的决定》中，对逐步建立粮食储备，年年储一点，逐年增多作了进一步明确。同年，根据当时的政治和军事形势，国务院和中央军委作出决定，并采取措施，建立了以备战为目的的军用"506"粮，即战略储备粮。至此，国家用于备战备荒为目的的中央粮食储备制度形成了。中央粮食储备制度建立后，对战胜当时的粮食困难、保障人民生活和支持国家经济建设，发挥了积极作用。1964年，原粮食部在《关于国家储备粮管理暂行规定》中提出：国家储备粮与当地商品粮必须严格划分，单独分仓储存、单独立账、各项统计数字单独上报，不得混淆。国家储备粮统计报表要及时、准确，库存数量要与实际库存相符，收支数字不得不报、错报。国家储备粮统计正式建立，并且有统计指标反映，从而形成了计划经济下中央粮食储备制度的基本框架，并一直维持到 1990 年。其间虽略有调整，但基本框架未有大的变动。受国家粮食流通计划管理体制和经济实力的制约，这时期的中央粮食储备规模较小，最高峰时，库存也只有近 100 亿千克。在管理上，委托地方粮食部门代储代管，没有形成一套独立的管理体制，相应的财务、轮换、库存等管理制度也不健全。其单一的备战备荒的储备性质和计划经济条件下国家粮食流通运行的特征，决定了当时中央粮食储备的作用是有限的。因而，从某种意义上理解，1990 年以前的中央粮食储备并不完全具备中央粮食储备的真正涵义，此时的中央粮食储备制度，只能称之为传统的中央粮食储备制度。

三、1990 年以来中央粮食储备制度的新发展

1990 年，我国粮食生产获得大丰收。为解决粮农卖粮难的问题，保护粮食产区和粮农的种粮积极性，国务院决定建立国家专项粮食储备制度。

政策规定：重点在粮食调出省和地区收购国家专项储备粮；收购价格不得低于国家规定的保护价格；收购的粮食必须是当年新粮，且达到中等

以上质量标准；国家专项储备粮具体收储业务由地方粮食企业承担；粮权属国务院，各地区、各部门必须服从统一调度，不得擅自动用；组建国家粮食储备局，负责管理国家专项粮食储备，省、市（地）、县粮食行政管理部门具有管理好国家专项储备粮食的行政职责。

国家专项粮食储备制度的建立，标志着中央粮食储备制度建设进入了一个新的阶段，从而形成了由甲字粮、506 粮、国家专项储备粮共同组成的中央粮食储备。经过 1991 年、1992 年的努力，到 1993 年 3 月底，中央储备粮库存达到了 500 亿千克的预定规模，在平抑 1993 年底至 1994 年的全国性粮价波动和 1995 年的饲料价格波动中起到了十分重要的作用。1995 年、1996 年粮食连获大丰收，中央储备粮库存又得到了较大补充。此后，尽管中央粮食储备的规模总量在年度间有所变化，但总库存量始终保持在 500 亿千克以上，成为反映我国国民经济实力和粮食宏观调控能力大大增强的一个重要标志。

但是，在中央粮食储备制度的发展过程中也逐渐暴露出了一些问题，突出表现在：一是管理责权不明确，政企行为不分，管理漏洞多，存在着数量不实、账实不符、擅自动用的问题。二是布局不合理，承储库点过于分散，监管成本高。据原国家粮食储备局统计，1998 年 9 月底，全国国家专项储备粮承储库点有 1 万多个，在 1 000 多个挂牌的国家粮食储备库中存放了 65% 左右的国家专项储备粮，其余大多数库点都是乡镇粮所（站）和存量在 100 万千克以下的小粮库。三是吞吐机制不灵活，吞吐调控方式实行层层分配、落实计划的办法来进行，难以适应市场经济国家宏观调控粮食的客观要求。四是轮换机制不健全，粮食超期储存、陈化现象严重。据 1998 年 10 月全国国家专项储备粮油库存清查统计结果，国家专项储备粮实物库存中超期储存数量占总库存的 19.93%，粮食品质劣变库存数量占总库存的 1.95%。五是财务管理体制不顺，费用补贴拨补不及时，地方各级财政部门截留、挪用补贴款、农发行不合理的加息罚息现象普遍。这些问题的存在，不仅制约了中央储备粮的经营管理，而且更直接影响到国家宏观调控粮食的效率，建立一种新型的、适应市场经济需要的中央储备粮管理体制和运行机制成为形势所需。1998 年 5 月，党中央、国务院决定改革原有的中央储备粮管理体制，建立垂直管理的新体制，通过垂直的储存运作体系避免来自地方各有关部门对中央储备粮经营管理的影响，以克服原有管理体制下存在的种种弊端，从而促进中央储备粮经营管理效率和水平的提高。

建立中央储备粮垂直管理体制的主要措施：①组建中国储备粮管理总公司，受国务院的委托，具体负责中央储备粮的经营管理，在国家宏观调控和监督管理下，依法开展业务活动，实行自主经营、自负盈亏。②在全国设立14个中央储备粮管理分公司，隶属中央储备粮管理总公司，根据总公司的授权，负责管理辖区内的中央储备粮和中央直属粮库。③通过划转上收一定规模的中央直属粮库，由中央储备粮管理总公司下属的分公司按辖区范围管理其领导班子、财务和国有资产。④中央储备粮管理总公司可根据中央储备粮的入库年限和品质情况，提出年度推陈储新计划，经有关部门批准后组织实施。中央储备粮每年轮换的数量一般为储备库存总量的20%～30%。⑤中央储备粮的保管费用补贴实行定额包干，由财政部拨给中央储备粮管理总公司，总公司通过中国农业发展银行的补贴专户按季拨付给分公司，由分公司及时足额拨给承储企业。中央储备粮的利息补贴，由财政部与中国农业发展银行直接进行清算。⑥中央储备粮的具体储存业务，除了由中央直属粮库直接进行外，仍要继续委托地方粮库储存，但要实行资格审核制度，由中央储备粮管理分公司与承储单位签订合同，以确保中央储备粮安全。

四、中国储备粮管理总公司成立后的新变化

在国务院的高度重视和各有关方面的共同努力下，2000年6月9日，中国储备粮管理总公司正式宣布成立，全国按区域设立的14个中央储备粮管理分公司相继挂牌运营，并陆续接管了辖区内的中央储备粮的管理工作，全国第一批中央直属粮库的上划工作已基本完成，标志着中央储备粮垂直管理体制开始正式运行了。

2003年公布实施《中央储备粮管理条例》，将中央储备粮管理纳入了法制化、规范化轨道，保障了中央储备粮体系在维护国家粮食安全方面进一步发挥重要作用。同时，制定中央储备粮轮换管理办法、中央储备粮动用预警机制和中央储备粮应急动用预案等一系列规章制度，优化储备粮布局和品种结构，确保中央储备粮数量真实、质量良好和储存安全，做到储得进、管得好、调得动、用得上。中储粮总公司的管理分为2个模式：一个是中储粮总公司自己建设的粮库，为直属粮库，这在全国有若干个，以及负责其管理的若干个分公司；另一个模式是委托省市县原有粮食系统管理，这有严格的资格审查程序。中央储备粮由国家粮库保

存，具体调配由国家发改委和国家粮食局负责，业务管理由中储粮总公司负责。

2004 年全面放开粮食购销后，为确保种粮农民的利益，调动农民的生产积极性，国家出台最低收购价政策，中储粮公司在最低收购价粮食的购销中发挥了主渠道和主力军的作用，成为粮食宏观调控市场化运作依托的主体。至此我国国家粮食储备形成了中央、省和地县三级储备主体，兼顾战略储备、后备储备和商业储备多元化目标的国家粮食储备体系。在这种双轨制储备模式中，中储粮是最主要的储备主体，负责中央专项储备粮和临时储备粮的储备管理。其目标函数的官方表述为"维护农民利益、维护粮食市场稳定、维护国家粮食安全"，是国家对粮食市场进行储备吞吐调控的政策执行主体。

第三节　粮食储备的功能和布局

一、粮食储备的功能[①]

（一）价格调节机制

利用储备粮对粮食市场进行宏观调控，保持粮食市场的稳定，维护国家和地区粮食安全，这是储备粮政策性的具体体现。一般情况下，储备粮主要通过适量吞吐来调节供求，稳定市场。同时，运用价格机制来调节供求又是在供求矛盾相对突出情况下，最直接有效的方法。粮食的供给包括国内的粮食生产和国际的粮食进口，粮食需求包括粮食的消费和粮食出口，粮食储备既是粮食的供给者，又是粮食的需求者，需要根据市场粮价的变化，不断变换角色，达到调控粮食价格，调节粮食供求的目的。

政府要根据粮食生产成本、主要农产品的比较效益、经营费用及合理利润等情况，确定合理的粮食最低收购价和最高限价，确定粮食价格波动上下限，划定粮食价格的波动区间，以此作为政府调控粮食价格的参照系，以掌握储备粮的吞吐时机。为此，要建立完善的粮食预警预报系统，特别是要及时准确地反映各地粮食市场的价格动态，并加强对市场价格的分析研究，预测发展趋势，为政府的粮食调控决

---

① 孙燕. 切实加强粮食储备体系建设 [J]. 唯实，2007 (3).

策提供依据。

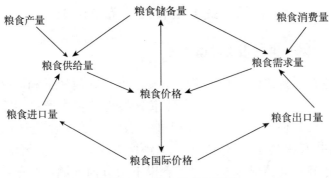

图 12 - 2　粮食供求关系图

注：粮食储备要结合粮食产销状况、国际市场进出口等情况确定吞吐数量，调节供求，从而对粮食价格产生影响。粮食价格的高低直接影响储备的调节运作过程，从而影响供求状态。

数据来源：孙燕．切实加强粮食储备体系建设［J］．唯实，2007（3）.

（二）粮食最低收购价是保证供给的有效途径

粮食最低收购价格政策是指政府事先对实行这种政策措施的粮食品种规定政策价格，如果市场价格高于这个政策价格，则政府不直接干预；如果市场价格降低到这个政策价格水平以下时，则政府按这个政策价格进行收购，从而使市场价格不会降到此价格水平之下，实行粮食最低收购价格政策的目的就是保证农民的收入并稳定粮食市场。

（三）粮食最高限价是稳定需求的重要措施

粮食最高限价是指对市场粮食价格规定一个最高价格，如果市场价格低于这个价格，则政府对市场活动不加直接干预；如果市场价格达到或高于这个价格水平时，则政府按这个最高价格或略低于这个价格向市场销售粮食，从而使得市场价格不会上升到最高限价水平之上。政府所确定的这个政策价格就称为市场最高限价。由于粮食是人们最基本的生存必需品，其需求价格弹性非常小，消费者不会因为粮食价格上升而大量减少粮食消费，但如果粮食价格上升幅度过大，则会影响到居民的生活。同时，粮食价格上涨还会引起其他食品价格的上升，从而引起通货膨胀，影响整个国民经济的稳定。实行粮食最高限价政策的目的就是稳定粮食市场，保障粮食的消费安全。

二、我国粮食储备布局[①]

（一）产区—销区粮食储备布局

根据各省、自治区、直辖市的粮食生产量、消费量和商品粮的比例关系，我国 31 个省、自治区、直辖市分类为粮食主产区、主销区、产销平衡区三类。根据国务院《关于进一步深化粮食流通体制改革的意见》，全国共有粮食主产区 13 个，主销区 8 个，产销平衡区 10 个。从现有储备区域布局情况来看，存在着以下两方面问题：一是主产区储备规模过大，主销区储备规模不足。中央储备粮总量的 70% 左右集中在粮食主产区，尤其是东北三省和内蒙古自治区集中了大量的中央储备，而东南沿海的主销区如浙江、广东、江苏和上海等地的储备规模过小，这种储备布局造成了一旦东南沿海或京津地区发生粮食公共危机，受东北入关铁路运输瓶颈的限制无法保证储备粮的有效供给。二是现有粮食储备库的布局与物流体系间缺乏有效衔接。粮食流通体系的顺畅对于保障粮食储备在关键时刻"调得出、运得进"意义重大。而我国还有大量粮食储备库没有专门的铁路码头，沿长江流域、珠江流域的库点偏少，水路运输条件较差，不能满足向长江三角洲和珠江三角洲紧急调运粮食的需要。

优化粮食储备的区域布局应以两个目标为政策设计的着眼点：一是调整当前粮食储备主要集中于主产区的布局格局。大幅增加粮食主销区粮食储备的规模，适度增加产销平衡区的粮食储备，实现产区、销区和产销平衡区粮食储备的基本均衡。二是加大重大铁路沿线粮食储备库的布点。适当增加长江、珠江等主要水路运输通道沿岸大中型城市的粮食储备库点，同时，还要加大主要铁路水路和公路运输枢纽型节点、城市的粮食储备库布点和储备规模。为实现上述政策目标，一方面要构建粮食储备的产销区利益协调机制，要建立产区和销区之间稳定的粮食购销机制，形成定向流通为主的稳定长期的区域合作伙伴和流通体系；另一方面交通运输体系的建设规划要与储备库点的布局规划充分对接，确保中大型粮食储备库点布

[①] 贾晋. 我国粮食储备的合理规模布局与宏观调控［J］. 重庆社会科学，2012（2）.

局与主要铁路、水路及公路运输的无缝衔接。

（二）粮食储备品种结构布局

目前，我国的粮食储备的品种结构的主要问题有以下两个方面：一是大米和小麦的储备相对不足，玉米储备规模偏高。我国北方地区主食食品主要是小麦，南方广大地区和全国大中型城市居民日常食用的主食食品60％以上为大米，玉米的主要用途是饲料加工等转化用粮，居民口粮占的比例较小，储备结构与消费结构的不匹配降低了粮食安全的保障力度。二是从储存形态看，现有储备粮都是以原粮（小麦、稻谷、玉米）和原油毛油的形态储存，没有一定数量的成品粮库存（面粉、大米等），在救灾或突发事件需要紧急动用时首先要找加工厂进行加工从而延误了投放时机。

因此，优化粮食储备品种结构首先要加大大米的储备规模，逐渐减少玉米的储备量。其次，要适当保证部分成品粮油的储备比例，以应对突发性的粮食危机事件。最后，还要适度加大绿色有机等高品质粮食品种的储备规模以满足居民的消费需求。

第四节　我国粮食专项储备

专项储备粮是政府为确保粮食安全、平抑粮价大幅波动和应对各种突发事件及粮食经济风险而设立的专项国家储备。它是粮食安全体系中极其重要的组成部分，是保证社会稳定的基本生活物质条件和连接生产、流通与消费必不可少的环节。

一、粮食专项储备的目标和原则[①]

从专项储备粮的功能上看，它的目标设定应当是一个目标簇，其中又分主导目标和衍生目标。从专项储备粮的作用上看，它的设计原则应当是一个原则束，其中又分基本原则和从属原则。

---

① 本部分主要来自于：娄源功．基于国家粮食安全的专项储备粮规模研究［J］．农业技术经济，2003（4）.

（一）设计目标

1. 主导目标

专项粮食储备的主导目标是粮食安全，即要确保所有人以合理的价格满足直接消费和间接消费，同时具备抵御各种粮食风险的能力。分析新中国成立 50 多年的历史实践可以看出，人们在不同的历史时期有不同的粮食安全水平标准。市场能够满足城市居民对口粮和肉、蛋、奶、禽类及其他粮食转化类食品、粮食工业类产品的消费，这是人们公认的粮食安全标准。保证现阶段中国的粮食安全，就是要保证目前中国粮食安全标准的基本稳定和持续提高，尤其是要进一步保证更多的城镇和乡村居民要能逐渐达到或接近城市居民的标准。因此，要保证现阶段的中国粮食安全，它的四个要素（粮食比价、直接消费、间接消费和抵御风险）必然要与专项粮食储备紧密联系在一起。适量的专项粮食储备，能够保证在供给出现一定波动时，通过储备的适时、适量"吞吐"而实现供求平衡。适时是要选准"支点"，适量是要选好"杠杆"。确定国家专项储备粮的规模就是确定这个调节杠杆的总"长度"。这就是为什么选取粮食安全作为目标簇中主导目标的依据。

2. 衍生目标

衍生目标包括：①稳定生产者收入目标。稳定生产者收入是专项粮食储备的衍生目标。在保证粮食安全目标的前提下，同时对粮食生产者起到保护作用。既然专项储备可以为调节粮食供求平衡起作用，那么它也是调节生产的有效手段。当粮食过多出现"谷贱伤农"时，启动"吞进机制"调节供给，并以合适的价格向农民收购粮食，政府在实现该目标时给予财政补贴。这对生产者收入的稳定是有作用的。②平抑价格目标。储备的平衡作用具体表现为数量和价格，即满足供给和平抑价格。一定的收购价格可以刺激生产，而公平的销售价格则可以保护消费者。按照 WTO 规则，中国政府用于粮食安全储备补贴的财政开支属绿箱政策范围。这一规则也使得专项粮食储备的第二个衍生目标成为可能。③提高效益目标。效益目标包括经济效益和社会效益。专项粮食储备应当是追求效益的储备，粮食储备的效益应体现在平衡生产者和消费者的总体收益上。因此，政府通过专项储备粮能使社会总福利达到最大化。这是专项粮食安全储备的隐性目标，也是粮食安全的长期目标。

（二）设计原则

1. 基本原则——供求平衡原则

专项粮食储备是个动态的存量概念。所谓动态是指其吞吐量随着时间的变化而变化，吞吐量是个流量，只有保持一定的流量才能保证专项储备粮的新鲜度；所谓动态的存量，指存量并非固定不变，存量是时间的函数。专项储备粮的净吞吐量以当年粮食产量和进口量（Q_p）与当年粮食需求量和出口量（Q_d）之差为依据。设当年净吞入量为 E_i，当年净吐出量为 E_0，则当年粮食储备量 Δ_E 为：

$$\Delta E = \begin{cases} Q_p = Q_d, & E = 0 \\ Q_p < Q_d, & E_0 = Q_d - Q_p \\ Q_p > Q_d, & E_i = Q_p - Q_d \end{cases}$$

2. 从属原则

包括：①财政能力原则。这取决于政府对专项粮食储备成本亏损支付能力大小。如果政府着眼于储备盈亏平衡，就要使得库存粮食销售之后的预计利润等于保存期间的预计费用；如果政府对专项粮食储备给予一定的补贴，那么上述预计费用减去政府补贴就等于预计利润，显然此时储备规模可以扩大。当政府对粮食储备采取购销同价甚至购销倒挂的价格政策，那么粮食储备的全部流转与保管费用就必须由政府全额补贴，此时粮食储备的规模就完全取决于政府的财政支付能力。②机会成本原则。这个原则是指只有当储备粮食的费用小于或等于进口粮食的费用时，进行专项粮食储备才是合理的。但是，这并不等于说当粮食储备费用大于进口粮食费用时就不必进行储备，因为这涉及进口粮食的外汇支付能力、国内粮食生产的机会成本水平、进口粮食渠道的稳定或波动状况和中国加入 WTO 的承诺因素。研究表明，现阶段中国进口普通小麦用于专项粮食储备的机会成本小；进口稻谷用于专项粮食储备的机会成本太大；进口玉米用于专项粮食储备时，储存在南方销区机会成本略小，储存在北方机会成本大。

二、国家粮食专项储备管理的现行模式[①]

专项储备粮是政府用于专门目的而进行的调控等。通常用来补救因作

---

①　本部分及三、四来源于：刘颖．试论国家粮食专项储备经营管理体制创新［J］．农业经济问题，2004（12）．

物歉收造成意外的供应不足，或者用来平抑社会所无法承受的粮食市场波动。调控是一个投入大、风险高的事情，绝非单个商业企业所能为，这就决定了政府是专项储备的唯一承担者，专项储备只能是政府行为。

在管理体制上，国家粮食专项储备管理实行"总公司—分公司—直属库"两级法人、三级架构、层级负责的垂直管理体制。"两级法人"分别是中国储备粮管理总公司和中央储备粮直属粮库及其他直属企业。"三级架构"是指中国储备粮管理总公司、中央储备粮直属粮库及其他直属企业、代表总公司负责辖区内中央储备粮油管理工作的中储粮分公司。目前，由于直属粮库的仓容设施有限，中国储备粮管理总公司经过资格认定还确认了一批代储库，负责代理保管和轮换国家专项储备粮。在财务核算上，实行国家粮食专项储备费用包干的政策。补贴资金由中国储备粮管理总公司包干使用，轮换盈亏自负。补贴资金由总公司按季逐级拨付到直接承担国家专项储备粮储存和保管的粮食企业。在信贷资金供应上，凡是符合国家计划贷款对象的粮食储备企业，按国家财政确定的入库成本价，农业发展银行及时、足额供应所需资金；对储备企业轮换所需资金按企业销售回笼贷款归还多少贷款，农业发展银行相应发放多少贷款支持其收粮入库。储备企业可实行"先轮出后轮入、边轮出边轮入和先轮入后轮出"的三种灵活轮换方式。

三、粮食专项储备的问题

（一）国家粮食专项储备管理体制尚不完善，影响国家粮食和信贷资金安全

1. 直属库点少、代储库点多，代储库粮权与债权不对等，委托代储职责履行不到位

目前，国家粮食专项储备主要有两种形式：一种是由中央储备粮直属库直接储存，另一种是中国储备粮管理总公司与国有粮食购销企业签订合同委托代储。代储企业是承储国家储备粮的承贷主体，是法律上的所有权主体，委托代储行为实质上是"代储企业让渡粮食的使用权给中国储备粮管理总公司来换取利费补贴"，粮食所有权内涵的风险并没有转移。在实际操作中，少数代储库点轮换出现亏损后，为完成轮换任务，保住中央储备粮代储指标，不计成本和信贷风险，靠挤占后期的保管费用来弥补，或者依靠农业发展银行贷款垫付轮换收购资金，然后待保管费用到位后抵扣

贷款，矛盾后移，恶性循环。这样，导致国家粮食专项储备实际保管费用不足，直接影响国家储备粮和信贷资金的安全。

2. 直属库与代储库享受国家政策不平等，致使代储库的粮食不安全因素和信贷资金风险大于直属库

在国家粮食专项储备费用补贴标准上，中国储备粮管理总公司对直属库和代储库实行了区别对待政策，对代储库没有严格执行国家规定的费用补贴标准。在仓储设施、办公环境和信息传输系统的配备上，直属库配备了较先进的仓库保管设施和办公设施，逐步实行高科技现代化管理模式。而代储库设施差、旧仓多新仓少、维修资金需求大、费用补贴不足。在管理体制上，直属库属中储粮公司直管，代储库不仅接受中国储备粮管理总公司的监管，还要接受粮食主管部门管理，管理层次多。在业务经营上，直属库只承担国家粮食专项储备的储存和轮换管理，而代储库除此之外，还要开展商品粮经营。再加上代储库的人员包袱、财务挂账资金包袱重，企业经营管理费用少，直接增大了粮食不安全因素。

3. 国家粮食专项储备库存成本高于市场价格，导致缺乏市场竞争力

从目前国家粮食专项储备的库存成本来看，均高于当前市场价格。这就使得在买方市场的情况下，不仅无力与国外进口粮相抗衡，导致市场占有份额下降，而且在国内也难以实现保本轮换。

(二) 国家粮食专项储备轮换机制不健全，影响国家粮食专项储备宏观调控作用的发挥

1. 传统轮换机制与现行市场运行机制不配套

一是储备体系的运行缺乏科学性。专项储备是一项政策性很强的宏观调控措施，国家应该建立多大规模的储备，什么情况下进行吞吐调节，都是根据科学分析和计算得出来的，而且应根据国家粮食供需状况适时调整储备规模和轮换计划。但从近几年的实践看，专储体系的运行，没有充分发挥宏观调控作用，尤其是粮食市场供求发生变化、粮食价格发生波动时，国家粮食专项储备没有充分发挥市场调节作用。二是国家粮食专项储备轮换数量大、时间紧，仅靠分散的库点、零星购销数量按时完成轮换任务难度大。从近几年的实践看，由于库点分散，各自定价，实行"收原粮、销原粮"为主的轮换方式，直接参与粮食市场竞争，在粮源紧张的情况下甚至因完成轮换计划收购粮食导致市场粮价上涨，没有充分发挥宏观

调控作用。三是国家粮食专项储备系统内部没有健全的轮换机构，轮换没有树立"一盘棋"和大市场、大粮食、大流通观念，目前处于各自为战的局面。四是粮食交易市场体系建设不完善，国家粮食专项储备企业仍然依靠传统的轮换方式，难以在 3～4 个月时间内主动应对市场行情进行高抛低购的理性操作，实现轮换不亏损。

2. 轮换补贴政策不完善

包括：①财政部对国家粮食专项储备补贴资金实行由中国储备粮管理总公司包干使用，轮换盈亏自负。这从国家粮食专项储备经营管理机制上要求储备企业根据粮食市场行情，把握机遇进行轮换，保证轮换不亏损，还要尽量实现轮换盈利。这样，企业难以执行国家宏观调控政策进行理性操作，往往在国家粮食专项储备轮换中同商品粮展开竞争，违背平抑市场粮价的初衷。②轮换费用拨付不及时，影响轮换进度。③采取"先轮入后轮出"轮换方式，利费补贴政策不配套。储备企业根据粮食市场行情采取"先轮入后轮出"的轮换方式，调入的粮食没有划转为国家粮食专项储备前的保管费用国家没有给予补贴，由企业自行承担，影响储备企业经营。

四、粮食专项储备的完善措施

（一）调整国家粮食专项储备贷款管理办法，由直属库集中管理统贷统还

实行垂直管理体系、粮权与承担贷款债务的责任统一。实行国家粮食专项储备贷款由直属库统一承担，直属库仓容不足需要委托代储国家粮食专项储备时由直属库对代储库实行租仓储存和委托保管的方式，优势很多。①可以形成直属库资金集中优势，便于直属库灵活调剂和运用资金，调动直属库辐射管理、信息采集和灵活应对市场的积极性，通过更加灵活、有效的轮换方式，化解轮换风险。②将直属库与租仓企业通过签订合同定位为经济法律关系，有利于消除代储企业出于自身利益和经营立场的考虑所采取的局部的、非理性操作，预防危害国家粮食和信贷资金安全的隐患。同时，解决代储企业管理层次多、国家急需用粮时调动失灵等问题。③有利于将国家粮食专项储备经营和偿债情况全面、真实地纳入国家粮食专项储备垂直管理体系，便于政府及垂直管理体系内部建立对国家粮食专项储备管理灵敏高效的反应和调节机制，有利于完善国家粮食宏观调

控管理体系和储备粮管理制度。

（二）建立适应市场经济规律的轮换运行模式，降低国家专项储备粮轮换风险

国家专项储备粮轮换是优化储备粮品质、实现储备粮"常储常新"的重要手段。因此，在不违反国家政策的前提下，有利于控制风险、降低成本、提高经济效益的轮换方式都应该积极探索。①改进轮换期限管理方式。改进僵化的轮换期限管理，允许企业在一定轮换计划比例内自主决定轮换时机，克服4个月轮换架空期与粮食产销的季节性规律和市场供求关系不符的矛盾，提高企业市场应变能力和轮换效益。②创新轮入渠道。因地制宜，把握市场先机，粮食收购主体也可以实行多元化、多渠道掌握粮源。③延伸轮换经营链。转变"收原粮、卖原粮"的储备粮轮换方式，使轮换向生产、加工领域延伸，走"农户＋粮库＋加工"的轮换经营模式，延长轮换经营链，降低成本，提高市场竞争力。④拓宽轮换渠道。

（三）树立大市场大流通观念，发挥垂直体系整体运作功能

要转变目前直属库力量分散、各自为战的局面，必须建立储备粮管理公司各层次分工合作、协调运作的机制。①总公司统揽全局，按照宜统则统、宜分则分的原则，制定整体的粮食增储、减储和轮换战略，促进地区间优势互补，实行统一采购、统一轮换、跨地区轮换、品种串换、组织进出口轮换等。②分公司要在区域范围内搞好统筹协调，将轮换与农业产业化进程相结合，向生产和加工领域延伸。要搞好规划，优化资源配置，形成区域性、科学完整的产、购、加、销一体化的轮换产业格局。③加快收购网络、销售网络、物流网络、信息网络等轮换经营网络体系建设，促进垂直体系内部资源与信息共享，形成大市场大流通格局。

思　考　题

1. 简述我国粮食储备的变迁过程。
2. 试述粮食储备的功能和我国粮食储备的布局。
3. 试述粮食专项储备的目标和原则。

参 考 文 献

贾晋．我国粮食储备的合理规模布局与宏观调控［J］．重庆社会科学，2012（2）．

贾晋．中国粮食储备体系：历史演进制度困境与政策优化［J］．广西社会科学，
2012（9）．

刘颖．试论国家粮食专项储备经营管理体制创新［J］．农业经济问题，2004
（12）．

娄源功．基于国家粮食安全的专项储备粮规模研究［J］．农业技术经济，2003
（4）．

鲁晓东．试论我国中央粮食储备制度的进一步变革（上）［J］．调研世界，2001
（5）．

秦中春．完善我国粮食储备管理制度［J］．重庆理工大学学报（社会科学），2010
（7）．

孙燕．切实加强粮食储备体系建设［J］．唯实，2007（3）．

吴娟，王雅鹏．我国粮食储备调控体系的现状与完善对策［J］．农业现代化研究，
2011（11）．

谢洪燕，贾晋．新时期我国国家粮食储备目标、功能的调整与优化［J］．宏观经
济管理，2013（12）．

赵凌云．回顾粮食储备制度的建立和发展［J］．粮食问题研究，2014（4）．

第五篇　粮食调控与
粮食政策

第十三章　中国粮食宏观调控

本章学习目标：

    1. 掌握中国粮食宏观调控内涵及目标；

    2. 理解中国粮食宏观调控手段；

    3. 了解中国粮食宏观调控面临的问题和挑战；

    4. 掌握完善中国粮食宏观调控的对策措施。

2004—2013 年，中国粮食实现了"十连增"，为粮食安全夯实了产量基础。但值得关注的是，长期以来，中国粮食安全走的是重生产、轻物流，重数量、轻质量的道路，使得我们一方面粮食供应充足，另一方面粮价却不时大幅波动，削弱了粮食安全体系的整体调控与保障能力。并且，从长期来看，对于拥有 13 亿人口的大国来说，农业资源约束日益凸显，尤其是粮食问题的重要性、复杂性和特殊性决定了我国粮食宏观调控的长期性、艰巨性和针对性。近年来，尽管我国粮食宏观调控成效显著，但还面临很多矛盾，健全和完善政府粮食宏观调控体系是我们必须面对的重要课题。要加强粮食宏观调控，就必须进一步明确粮食宏观调控的形势、目标、任务、手段，在此基础上，探索构建中国粮食宏观调控的机制和对策框架体系。

第一节　中国粮食宏观调控内涵及目标

一、中国粮食宏观调控内涵及特征

（一）中国粮食宏观调控内涵

一般来讲，粮食市场经济是包括独立的微观主体、发育良好的市场体系和具有健全宏观调控体系的有机整体，那种只有市场体系而没有宏观调控的粮食市场经济是不完全的市场经济。粮食宏观调控是指各级政府遵循自然规律和经济规律，用经济、法律和必要的行政手段，对粮食生产、流通和发展进行的调节和控制。粮食宏观调控运行机制的要素主要包括：调控目标、调控主体、调控客体以及调控手段等。粮食宏观调控涉及粮食生产、流通、加工、储备、进出口、销售等各个方面，是一项艰巨而复杂的系统工程。它不同于过去的统购统销，也不同于粮食的计划管理，而是弥补市场缺陷的一种表现形式。政府通过这种方式，促进粮食生产、控制粮食流通、实现粮食供给和需求的基本平衡、维持粮食价格的基本稳定、保障国家粮食安全、促进粮食生产的低碳发展。

各级政府是粮食宏观调控的主体。维护粮食市场稳定，确保国家粮食安全，是政府提供公共服务的基本责任。因此，粮食调控的决策主体是政府。原则上，粮食宏观调控事关全局、影响重大，因此其决策主体主要是中央政府。但是，当前中国粮食调控涉及不同层级利益、具有多重目标，因此，既要发挥中央政府的调控主导作用，又要调动地方政府的能动性，还要尽力避免由于中央与地方利益博弈而造成的粮食调控越位、失位和错位问题。对事关国家粮食安全、市场稳定全局的调控任务，应由中央政府负责，统一管理、集中决策。如对涉及保护农民利益的粮食最低收购价、临时收储、直接补贴等政策制定，粮食总量平衡，粮食战略储备，粮食进出口，价格管理等。同时，按照粮食安全分级责任制，在国家宏观调控下，进一步落实粮食省长负责制。地方政府应负责本地区粮食生产、流通、储备和市场调控工作，特别要加强地方储备粮管理，建立健全地方粮食市场应急调控体系等。只有合理划分中央与地方的调控职责与事权，加强中央与地方政府的分工协作，才能形成分工明确、优势互补、统一协调的调控决策指挥体系。

粮食宏观调控的客体包括两个部分，一个是粮食市场，另一个是企业、农民、居民。市场主体的行为与其利益密切相关，而且对粮食市场的正常运行产生直接的影响。由于市场机制存在固有的缺陷，市场失灵是不可避免的，因此，粮食市场是粮食宏观调控的重要对象。企业作为市场的主体，自主经营，自负盈亏。粮食企业对粮食市场的正常运行产生直接的影响。在当前，政府调控的载体仍然是国有粮食企业。国有粮食企业的粮食经营量占整个粮食市场份额约 2/3 左右。因此，粮食宏观调控要加快国有粮食购销企业的改革，使它们尽快适应市场，撤出政府对它们的直接干预。粮食宏观调控的目标与手段会在下文中进行探讨。

（二）中国粮食宏观调控分类及特征

1. 粮食宏观调控分类

粮食宏观调控从不同角度可以分为不同的类型。从应对的情形上可分为一般情况下的宏观调控和紧急情况下的宏观调控；从调控的途径上，可分为直接调控和间接调控；从调控目标上，可分为短期调控和长期调控；从调控的手段上，可分为经济手段、法律手段和行政手段等。

2. 粮食宏观调控特征

宏观性：宏观调控要立足于整体粮食经济发展，以增加供给，保障合理需求，实现结构调整和动态平衡为主，不直接管理微观主体。

整体性：调控对象是全方位的，是对社会粮食再生产全过程的调控，包括粮食生产者、经营者、消费者等。

间接性：是在市场机制对资源配置调节的基础上针对"市场失灵"等市场缺陷进行的政府行为，调控方法上主要运用经济政策和法规进行规范，通过利益和行为引导进行调节，必要时才使用行政手段。在尽可能扩大间接调节的同时，保留必要时的部分直接调节。

长期性：着眼于粮食经济的长远发展，与农业生产周期性相对应，一定时期内调控的侧重点可以不同，但不可能取消宏观调控。

针对性：如，粮食总量平衡只能立足国内；发展进出口贸易，主要是进行品种调剂，其次才是适量进口，作为平衡的补充；以粮食资源有效配置的社会效益为最高标准，不能单纯以经济效益来衡量，等等。

二、中国粮食宏观调控目标分类及具体内容

中国粮食宏观调控目标从不同角度可分为不同类型。依据不同时期可分为近期目标、长期目标和根本目标。近期目标是确保市场粮食的足量供应，保证我国粮食自给率的稳定，避免粮食价格的剧烈波动，想方设法增加农民收入，切实减轻农民负担，积极主动地参与国际市场，促进我国粮食对外贸易的发展；长期目标是保护耕地面积，提高粮食综合生产能力，既要考虑粮食总量的增长，又不能忽视粮食品质的提升，通过综合考虑来达到营养、健康、卫生的调控目标，大力培育健全的粮食流通体系，为粮食从业人员和企业培育一个更加稳定、健康、繁荣的粮食市场，确保国家粮食安全；根本目标是保持我国粮食供求总量的基本平衡、稳定粮价、促

进经济增长和农民增收。从公平和效率考虑则分为公平目标和效率目标。效率目标包括供求平衡，公平目标包括价格稳定、利益均衡、粮食安全和低碳发展等，营造出能促进粮食生产可持续发展的良好自然生态环境。从优先序来看，目标则包括粮食安全、总量平衡、价格稳定、利益均衡等。下边重点从优先序谈谈具体目标。

（一）粮食安全

2013 年的经济工作会议内容与往年差别比较大，其中最为重要的是 2014 年任务的第一条，不再是宏观调控，而是切实保障国家粮食安全。粮食安全是国家安全最重要的参数，维护粮食安全始终是一项关系国计民生的大事，我国粮食生产基础薄弱，人多地少，农业抗灾能力较差，而消费需求大，粮食安全维系在仅占全球 7% 的耕地上，隐患很大。因此，确保国家粮食安全应是我国粮食宏观调控的首要目标。联合国粮食及农业组织 1983 年把粮食安全定义为"确保所有的人在任何时候都能买得到，又能买得起他们需要的基本食物"。2000 年 10 月，中共中央十五届五中全会正式提出建立国家粮食安全体系问题，指出"要高度重视保护和提高粮食生产能力，建设稳定的商品粮基地，建立符合我国国情和社会主义市场经济要求的粮食安全体系，确保粮食供求平衡。"

（二）总量平衡

实现市场供求总量的基本平衡是粮食市场健康运行的基本特征，对中国具有十分重要的现实意义。从需求来看，全国粮食需求呈刚性增长。我国由于人口基数过大，每年新增的人口大概要消耗掉约 6 000 万吨的粮食，估计到 2030 年，中国人口将接近 16 亿左右的峰值。按人均 400 千克的年粮食消费量计算，2030 年中国每年的粮食消费量将达到 6.4 亿吨左右。中国目前粮食综合生产能力只有 5 亿吨左右，粮食产需还存在不小的缺口。人口数量的持续增长和膳食结构的不断改善使得我国的粮食消费需求呈现出刚性增长的态势。从供给来看，粮食的总供给主要由三方面构成：粮食总产量、净进口和粮食储备。一方面，生产要素制约着粮食生产，中国耕地资源和水资源都相对十分短缺（均为世界资源总量的 7%）。随着工业化、城镇化的推进，建设用地增加，耕地减少不可避免。另外，中国生态环境脆弱，靠天吃饭现象严重。这些不利因素将会长期制约着中国粮食的持续稳定增长。另一方面，我国的粮食供求缺口主要靠我国政府利用释放国内粮食储备和从国际粮食市场进口粮食来填补。而粮食储备是国家宏观调控体系的重要组成部分，是国家宏观调控粮食的重要手段之一。

（三）价格稳定

粮食是民生之首，粮价是百价之基。根据经济学"蛛网理论"分析，由于粮食生产的季节性，供给和需求在时间上的不对称可能会导致价格剧烈波动，同时，粮食价格在不同年份间由于缺乏长期定价机制而呈现周期性波动。并且，粮食是特殊商品，粮食供给的弹性相对而言要比粮食需求的弹性高，粮食市场中的任何一个外部冲击都会被逐级放大而发散，再加上粮食生产周期比较长，面临着自然和市场双重风险，如果单纯依赖市场调节，很容易出现粮食产量和价格的大幅波动。因此，稳定粮食市场，防止粮食价格大起大落，应是政府加强粮食宏观调控的一个重要目标。而价格是政府实施宏观调控的重要工具，粮食价格是粮食宏观调控目标最集中的表现形式。在确定粮食价格的具体目标时，应注意考虑以下问题：一是目标价格要以理论均衡价格为参考依据。由于市场价格始终是围绕理论均衡价格上下波动的，价格过高，刺激生产，可能导致供过于求；价格偏低，抑制生产，又可能导致供不应求。因此，在实践中必须确定一个合理的目标价格区域，将价格波动限制在一定的范围内，使粮食供给和需求保持基本平衡。二是目标价格应逐渐向国际市场价格靠拢，与国际市场接轨，避免国际粮食冲击国内市场。

（四）利益均衡

这一目标是指粮食宏观调控要保障粮食生产者、经营者与消费者三方的利益，统筹兼顾，不可偏废。在计划经济时期，由于存在剪刀差，我国农业为工业发展提供了大量的原始积累，粮食生产者牺牲了较多的利益，因此现在应该维护粮食生产者的利益，工业应该反哺农业发展，但要注意的是，不能片面强调维护粮食生产者一方的利益，更不能以牺牲经营者与消费者的利益为前提，如果仅仅把维护一方的利益作为粮食宏观调控的目标是有失偏颇的，要兼顾三方的利益，做到利益均衡。在调控过程中，国家对农业和粮食必须采取扶持政策，协调好粮食产销区之间的关系，切实保护好粮农利益，如，国家粮食补贴和托市收购可以有效地避免"谷贱伤农"、丰收成灾和"米贵伤民"。

第二节　中国粮食宏观调控手段

粮食生产周期比较长，面临着自然和市场双重风险，如果单纯依赖市场调节，很容易出现粮食产量和价格的大幅波动。这就要求国家必须对粮食进行宏观调控，充分发挥"看得见的手"的作用，健全以经济手段为主、辅之以必要的法律手段和行政手段的粮食宏观调控体系。

一、粮食宏观调控经济手段

经济手段是对粮食经济活动进行宏观调控的价值形式和价值工具，主要包括价格、财税、信贷、保险、储备、进出口手段等。

（一）价格手段：最高限价与最低保护价

价格手段是国家运用合理的粮食目标价格来调节生产者、经营者与消费者利益的经济手段。几乎所有的发达国家在调控粮食的生产经营时都曾经使用过价格持政策，只是调控的程度和范围不同而已。如欧盟将粮食价格分为目标价格和干预价格，当市场价格低于目标价格时，政府就开始干预，由政府按目标价格统一收购粮食。国家以制定最低保护价来维护生产者的利益，以限定最高限价来保护消费者利益，以这两个价格限定价格波动幅度，创造良好的市场经营环境从而维护经营者的利益。如果市场价格高于支持价格，农民可以在市场上按市场价格出售粮食，如果市场价格低于支持价格，政府就通过提供贷款，进行收购或付给补贴的办法，使粮食生产者出售粮食的收益能够维持在支持价格的水平上。合理的粮食目标价格，既要使生产者满意又要使消费者负担得起。因此，制定粮食目标价格体系，主要参考两方面的因素，一是生产者的成本费用，二是消费者的收入水平。

（二）财税手段

财税手段是指政府在粮食宏观调控中所使用的各种具体财政政策，如政府预算、税收、财政转移支付（财政补贴）等。市场经济体制下价格风险始终存在，从而使生产者、经营者与消费者随时可能获得非预见性的额外收益或遭受非确定性的意外利益损失，国家可运用税收杠杆将不当的额外收益无偿地收归国库，同时通过财政补贴渠道对利益受损方作相应的补偿，以实现利益均衡的目标。财政工具包括二种：一种是财政直接补贴。财政补贴手段是比较普遍的一种粮食宏观调控工具，几乎所有的国家都曾经实施过粮食补贴。粮食补贴一般包括国内补贴和出口补贴。财政手段的另一种形式为财政贴息，即对粮食生产经营和各种基础设施建设的贷款进行财政贴息，以降低粮农的生产成本，提高粮农种植粮食的积极性。补贴重点用于农田水利基本建设、农业科研投入、农业和粮食生产结构调整、病虫害检验检疫、退耕还林还草等。当然，在税收杠杆的设置方面，应该遵循公平税负原则，对不同经济类型的生产者一视同仁，以发挥税收杠杆的"自动的利益调节器"的功能，税收优惠政策和税率歧视政策或多或少会抵消税收杠杆的调节功能，应尽可能予以避免。

（三）信贷保险手段

粮食市场放开后，粮食信贷杠杆成为国家粮食宏观调控的重要手段。信贷手段是国家运用银行贷款和利率，通过加强或削弱粮食生产者与经营者的生产经营能力，从而调节其利益关系的经济手段。以农业政策性银行农业开发银行为中介载体，通过政策性贷款规模的控制与贷款利率的调整进行调控，政策性贷款与低息优惠利率的其他贷款运用调节粮食生产和流通活动，包括发放粮食收购贷款和粮食调销贷款，提供粮食储备资金和粮食简易仓储设施贴息贷款以及支持粮食产业发展等。当政策性信贷资金投放增加时，促进粮食企业掌握粮源，增加粮食库存，稳定粮食市场价格；当政策性信贷资金投放受到限制，粮食市场流通的资金供给不足，粮食价格将可能下滑。在正常市场状况下，农业发展银行投放粮食流转性的政策性信贷资金，企业根据风险承受能力申请贷款；在粮食市场出现农民"卖粮难"时，农业发展银行增加政策性的粮食调控贷款或储备贷款，确保国家指定的粮食企业或储备粮企业掌握粮源的资金需求。对于一般粮食生产者与经营者，可考虑设立从事粮食抵押贷款业务的非银行金融机构为其提供生产经营资金，并由中央银行对这类金融机构进行监控与指导，从而间接地调控一般生产者与经营者的利益关系。如，中央储备粮油和地方储备粮油的贷款都是国家的政策性贷款，采用信用贷款形式，由农业发展银行保证供应。贷款利息属于中央储备粮油的，由中央财政支付，地方储备粮油的由地方粮食风险基金开支。储备粮油贷款的及时发放，有力地保证了储备粮油收购、轮换和调销的需要。

保险手段的使用也与信贷手段有一些类似。由于农业的基础性和弱质性，农业保险严重的道德风险、逆向选择和系统性风险，农业保险标的的特殊性，因此农业保险属于准公共产品范畴。完全依靠市场机制来提供准公共产品，会出现"市场失灵"的问题，商业性保险机构不愿意涉足粮食生产经营，因此政府应该干预保险市场，提高社会福利，增加有效供给，建立以商业性保险公司为基础、以政策性农业保险公司为主导的农业保险体系，或者由政府资助的农村合作保险机构提供保险。随着农业保险体系的不断建立和完善，随着农业风险的有效化解，农户因灾害损失的农业经营和生产就能够及时得到保险资金的救助和补偿。农村金融在灾害风险得到有效分散的情况下，能够切实保障信贷资金的运用效率，从而极大增强农村金融对"三农"信贷投入的信心。金融保险是激励农民种植粮食的一种间接调控手段，在国外基本上是由国家政策性金融机构和政策保险机构完成的。这一工具使用成本低，对市场干预少，但是导向作用比较强。如美国就是由政策性保险公司和合作社为农民提供粮食保险。

(四) 储备粮吞吐手段

粮食储备从本质上说是一个"最低粮食库存"的概念。国际上公认的粮食储备的概念是由 FAO 提出的，其定义为：在新的作物年度开始时，可以从上一年度收获的作物中得到（包括进口）的粮食储备量，也称作"结转储备"或"缓冲储备"。粮食储备几乎每个国家都有，只是不同的国家储备粮食有不同的目的，不同的国家储备的规模不同。储备的目的除了保护农民的利益外，更主要的还是"以备不患"。粮食出口国一般是将储备作为保护农民利益的工具；而粮食进口国家或者进口地区一般是将粮食储备作为一种保障粮食安全的手段。联合国粮农组织曾提出一个确保粮食安全的最低储备水平，即全部粮食的储备量至少要达到需求量的 17%～18%。由于我国幅员辽阔，粮食库存结构不合理、粮食生产基础不稳定等多种因素影响，我国的粮食储备水平应该略高。国家专项粮食储备和市场调节基金交易手段是国家（以国家粮食储备局代表）以市场交易者的身份通过直接参与粮食市场的吞购吐销调节供求关系的经济手段，具体有国家专项粮食储备和市场调节基金。当粮食市场供过于求，粮价下跌到国家最低保护价时，国家运用市场调节基金吞购市场过剩粮食，以实现供求平衡，稳定粮价；当粮食市场供不应求，粮价上涨至最高限价时，国家吐销专项粮食储备，增加粮食供给，平抑市场粮价，回笼市场调节基金。储备粮吞吐手段交易手段是国家调控粮食市场的最有力的经济手段，但由于国家承揽了粮食市场的部分价格风险，该手段存在调控成本较高的缺点。

（五）关税与进出口手段

利用关税调控粮食进出口贸易比较容易，也是比较常见的一种方式。在发达国家中，关税手段运用很普遍，最频繁的主要是欧盟和日本。欧盟通过设置门槛价格防止外国廉价的粮食冲击内部市场。日本也是利用边境保护最多的国家之一，稻米的关税率曾经达到进口价格的 700%。标榜"自由贸易"的美国也不例外，为了应付农业危机，1921 年通过的《紧急关税法》对本国粮食出口减免关税，对原来不征税的外国粮食进口加征关税，"出轻进重"的关税原则沿用至今。

粮食进出口贸易也是宏观调控的一种重要工具，就是通过粮食的进出口贸易，充分利用国际分工的好处，平抑粮食价格的波动，来确保国内粮食市场稳定。新中国成立以来，由于国内贸易和国际贸易分离，进出口粮食贸易不仅没有起到稳定国内市场，保证供给的目的，有时反而会加剧供求矛盾。当然，这不能否定粮食进出口贸易在粮食宏观调控中的重要作用，只是说明我国没有运用好粮食进出口贸易这一工具，没有将进出口和国家储备有机地结合起来。虽然目前我国的粮食进口量不到社会需求量的 5%，但是却相当于粮食专项储备的 50%。另外，每年我国的粮食进口量相当于国际粮食市场的 10% 左右。只要运用得当，粮食进出口贸易不仅能够起到稳定粮食市场的作用，而且还能够充分获得世界经济分工的好处。出口粮食储备与粮食进口外汇基金是国家直接参与国际粮食市场的交易活动来调节国内粮食市场供求关系的经济手段。其调控机制与交易手段相类似，即通过出口粮食储备与粮食进口外汇基金的互转互换进行国际间的品种串换以达到各具体品种的供求平衡。该调控手段的建立须与我国恢复关贸总协定缔约国地位和外汇管理体制改革的大背景相吻合，并发展成为我国国内粮食市场与国际粮食市场相衔接的一条纽带。当然，国际市场价格风险与外汇市场风险的客观存在，使得该手段的调控成本相对较高。

（六）各种经济手段的组合运用

运用单一的经济手段进行宏观调控，在调控力度和效果等方面有不可避免的局限性，以致达不到调控目的，因而有必要对各种经济手段加以组合运用。譬如在上述经济手段当中，有三种调控基金：市场调节基金，进

口外汇基金和粮食风险基金,组合运用三种基金必然比孤立运用有更好的调控效果。在各种经济手段的组合运用中,要注意以下几点:

(1)同向组合。同向组合是指将功效相同的经济手段加以组合运用,以达到相辅相成的作用效果,使不同的经济手段和谐、配套,从而产生叠加促进作用。例如,要保护生产者利益,国家可运用最低保护价、生产者价格补贴、降低税率、发放政策性低息贷款等经济手段,这些手段的作用方向相同,可以组合运用。但如果国家一方面给生产者以价格补贴,另一方面却提高税率和贷款利率,就会抵消前者的作用,而这两种互相排斥的非同向的经济手段就不能组合运用。

(2)突出重点。不同的经济手段在粮食宏观调控中有不同的作用效果,在经济手段的组合运用中,应该紧紧抓住主要手段、主导手段并大胆运用,与此同时,再选择若干次要手段补充配合,而不应将每种经济手段一视同仁。当然,随着粮食经济形势的变化,原先主要的手段可能变成次要的手段,原先适应的手段可能不再有效。因此,应该以发展的眼光、动态的跟踪来选择最适合粮食形势的手段重点来进行调控。

(3)步调一致。在组合运用几种相互联系、相互补充、相互配合的经济手段时,应将几种手段同步运用,不能割裂开来。当然,这并不是严格指在同一时段将一些调节手段同时推出,而是指在调控需要时,能够快速地或前后衔接不间断地推出经济组合手段,每一具体调节手段的出台时间应把握合适的时机,并且该手段确实能适应粮食经济发展的新形势。

二、粮食宏观调控法律手段

粮食宏观调控的法律手段是指国家通过制定和颁布与粮食生产、流通、消费等环节相关的一系列粮食经济法规,给粮食生产经营参与者规定一个活动的基本框架和行为准则,使之具有很强的强制力。简言之,是指运用粮食生产和流通的法律法规来规范约束粮食生产和流通的行为。为了弥补市场机制的缺陷,提高粮食资源配置效率,保持经济协调稳定发展,国家在采用各种间接和直接调控手段对粮食市场经济运行进行必要的干预和控制时,必须以市场经济规律为依据,以有关的经济法律为准绳,才能避免减少政府宏观调控行为的主观随意性,减少调控失误对粮食经济的损失。法律手段作为粮食宏观调控的重要手段,主要在以下几个方面起到法律保障作用:即保护基本农田和粮食综合生产能力;保护种粮农民利益和种粮积极性；确保粮食市场稳定和保障国家粮食安全等。

我国改革开放以来，政府相继颁布了一系列的法律法规，包括《中华人民共和国农业法》、《中华人民共和国土地管理法》、《基本农田保护条例》、《中央储备粮管理条例》和《粮食流通管理条例》，以确保宏观调控目标的实现。并且，在酝酿多年后，我国首部《粮食法》征求意见稿于2012年2月21日面世并征求公众意见。征求意见稿着眼我国粮食长远发展，对粮食生产、流通、消费各环节做出规定，给13亿中国人口的粮食安全带来了法律的保障。随着社会经济不断发展，生活质量的提高，人们对粮食的关注正在从"量"向"质"发展。"粮食是重要的食品加工原料，与食品安全和广大人民群众的身体健康密切相关。"国务院法制办有关负责人表示，为保护消费者的生命安全和身体健康，必须加强粮食生产、收购、储存、加工、运输、包装、销售、进出口等环节质量安全（含卫生）监管。鉴于此，征求意见稿对完善粮食质量安全标准和粮食质量安全管理、粮食检验等方面作了规定，增加了粮食质量安全监测、抽查的规定和粮食干预性收购、处置制度，建立健全粮食质量追溯体系。此外，征求意见稿在生产流通环节也制定了安全方面规定。要求从事粮食加工活动的经营者，不得使用发霉变质的原粮进行加工；不得使用农药残留、真菌毒素和重金属等污染物超标的原粮进行加工；不得违反规定使用添加剂；不得使用被污染的运输工具或者包装材料运输、包装粮食，等等。

三、粮食宏观调控行政手段

行政手段参与粮食宏观调控是指通过行政系统、行政层次、行政区域中的一些主管单位及其所属职能部门与国有粮食企业对粮食价格等异常波动现象进行直接调节与相关环境治理的活动总称，其产生与发展的基本机理是对粮食市场机制与宏观调控的缺陷进行矫正。行政手段主要体现在粮食购销政策方面，如在粮食收购环节，由指定粮食经营公司垄断收购；在销售环节，垄断销售、垄断批发，从而达到调控粮食的目的。如，限制粮食交易数量。再如，在国有粮食企业处理销售库存陈粮过程中，为了防止集中抛售，稳定粮食市场价格，有关部门则对各地下达分阶段销售数量，并规定销售进度等。行政手段以日本的稻米管制和澳大利亚的小麦管制最突出。日本对粮食进行分类管理，大米和麦类，无论是国内生产的还是从国外进口的，都由政府统一管理。例如，日本将大米分为政府米和流通米，政府管制的大米必须交给政府，再由政府分配给批发商和学校。

根据操作目标与政策工具的不同可将粮食宏观调控中的行政手段细分为以下四类：

（1）通过产业规制（对凡是挤占农业资源并威胁到农产品价格稳定的工业生产采取一定的限制措施。以玉米产业为例，2006 年年底，国家发改委下发了紧急通知，要求立即暂停核准和备案玉米加工项目，并对在建和拟建项目进行全面清理）、贸易规制（通过配额等方式，限制价格出现较大涨幅的单宗商品的出口，通过指定或限制贸易主客体的方式对粮食经营活动进行准入过程监管，如政府指定粮食经营公司垄断收购与定向销售等）与市场秩序规制（加强价格执法，部署专项检查，严厉打击价格串通、哄抬价格、搭车乱涨价等价格违法行为）等对粮食企业的市场准入与过程进行监管。

（2）对耕地、资金等生产要素进行直接控制，包括土地供给（国家从 2003 年以来实施了最严格的耕地保护制度，除了大规模的土地市场治理整顿和高密度的土地执法专项行动，国家对占用基本农田进行植树造林、挖塘养鱼等行为也进行了坚决制止，并采取多项有力措施纠正耕地撂荒行为，恢复撂荒地生产）和信贷与农资供给（加强农业生产资料的生产和调度以稳定农资价格，支持农业生产，人民银行指导金融机构加大支农力度，指示有关银行对勒令停工的粮食加工项目或企业停止贷款）。

（3）对粮食宏观调控对象与主要指标进行直接干预。具体包括发挥农业基层组织的力量，督促抓好备耕和田间管理；安排运输调度，防止供给的结构性失衡；价格管理，保持政府控制的公用事业和公益性服务价格，总体上保持相对稳定，必要时采取价格干预。主要包括对粮食价格实行政府指导价或政府定价、限定差价率或者利润率、规定限价、实行提价申报制度、调价备案制度以及集中定价权限和冻结价格等。

（4）对粮食宏观调控部门及委托的国有企业执行情况进行行政监督。国务院派督察组对有关部委、地方政府及执行粮食调控业务的中国储备粮管理总公司等进行检查；中央政府对于各级地方政府的粮食安全保障问责；国务院组织突击性的全国性粮食"清仓查库"等。当然，行政手段参与粮食宏观调控不能仅仅界定为平抑粮食市场异常波动，还应包括粮食宏观调控综合治理等内容，例如粮食宏观调控制度法规、微观规制及跨部门信息共享系统建设等。

第三节　中国粮食宏观调控问题及对策措施

一、中国粮食宏观调控成效

（一）保护了农民积极性，促进了粮食增收

在中央一系列强农惠农富农政策的有力推动下，我国粮食生产连年丰收，自 2004 年开始，中国逐步启动实施最低收购价和临时收储等粮食价格支持措施，国内粮价持续上涨，农民粮食平均出售价格稳步提高。与此同时，粮食直补、农资综合补贴、良种补贴和农机具购置补贴等四项直接补贴也由 2004 年的 145.2 亿元快速增加到 2011 年的 1 406 亿元，年均增长 38.3%，提高了农民的生产积极性和资金收入。在 2014 年 1 月 20 日国新办召开的新闻发布会上，国家统计局公布了 2013 年我国国民经济运行情况。数据显示，2013 年农村居民人均纯收入 8 896 元，比上年名义增长 12.4%，比 2003 年人均 2 622 元增加 70.52%。据有关部门初步统计，我国粮食生产曾在 1996、1998、1999 年三年突破 5 亿吨的水平。进入新世纪后，从 2003 年全国粮食总产量跌到 4.3 亿吨的低谷中扭转过来，连续 4 年恢复性增产，从 2007 年恢复到 5 亿吨水平，到 2012 年达到 5.871 亿吨的最高水平。十二年时间，水稻增产 1639 万吨，占增加粮食产量的 12%；小麦增产 2 095 万吨，占增加粮食产量的 15%；而玉米增产 13 946 万吨，占增加粮食产量的 73%，玉米增加一倍多。这一成绩的取得是来之不易的。2013 年我国粮食生产再获丰收，总产量达到 60 194 万吨，创历史新高，实现了"十连增"，并且连续五年稳定在 10 500 亿斤以上。如果按照每增加 5 000 万吨作为一个台阶，标志着我国粮食生产又迈上了一个新的台阶，意味着我国 6 亿吨的粮食生产能力初步形成。

（二）粮食库存保持较高水平，粮食调控物质基础得以加强

由于粮食连续丰收，加上进出口调剂等因素，近年来国家粮食库存保持较高水平，2009 年全国范围的粮食库存清查结果表明，国有粮食企业粮食总库存在 2 亿吨以上，意味着即便不考虑社会库存，中国粮食库存消费比仍达 40% 以上，远高于国际公认的 17%～18% 的警戒线水平，库存品种结构和地区分布进一步改善。总体看，目前粮食库存充足，中央和地方粮油储备库存处于历史最高水平，国家临时存储粮油库存也有所增加，

完全可以保证市场供应，这也为我们做好粮食宏观调控和保供稳价工作打下了坚实的物质基础。另外，在我国，由政府掌握的粮食储备包括地方储备粮和中央储备粮。中央储备粮的动用权在中央，其动用手续比较繁琐复杂；地方储备粮则由各地政府掌握，主要用于应对区域性的市场波动。所以，在这种情况下，通过最低收购价收购的粮食则起到了保证粮食供应、稳定粮食价格以及落实宏观调控意图的作用。它既具有中央储备粮的优点，粮权属于中央，中央政府的有关部门可以根据调控的需要适时适量地销售这部分粮食，同时又避开了动用中央储备粮手续繁琐的缺点，时效性比较强。在这一点上，以最低收购价收购的粮食承担了学术界所热议的"调控储备"的职能。很大程度上进一步强化了中央政府调控市场的物质基础和能力。

（三）活跃了粮食购销市场，保证了粮食市场平稳发展

近年来，由于连续实施最低收购价和临时收储等政策性收购，政府掌控了充裕的粮源，稳定了市场预期，抑制了市场投机，粮食市场供应平稳，价格基本稳定，粮食市场的销售和购买力度也得到了增强，市场主体价格基本上没有出现剧烈的变化，使得经营风险得到了降低，许多人员进入到了市场内部，甚至形成了粮食产销的"一条龙"模式。这在根本上活跃了我国的粮食市场，实现了粮食产业的稳步健康发展。

（四）粮食调控能力增强，国际市场粮价大幅波动影响有限

我国新的宏观调控政策是在市场经济的基础上进行的宏观调控，能够根据粮食市场的实际变化进行有效的调控，并在面对特殊状况的时候，还可以启动应急预案，一旦发生自然灾害等现象，依旧可以及时对政策进行调整，从而保证粮食市场的稳步健康发展。随着我国新的宏观调控政策不断实施，在减缓国际粮食市场波动对国内的冲击方面发挥了重要作用。2012年美国、俄罗斯、乌克兰以及澳大利亚等粮食主产国相继出现严重干旱天气，粮食减产的预期强烈，再加上一些投机炒作的因素，致使国际市场玉米、大豆、小麦期货价格大幅上涨，涨幅超过50%。玉米、大豆价格超过2008年高点，再创历史新高，小麦价格也涨到了历史高位。自9月份以来，随着新粮的陆续收获，减产幅度低于预期，玉米及豆类期货价格又大幅下跌。与此形成鲜明对比的是，我国粮食保持增产，市场供应充足，粮价上涨幅度明显小于国际粮价波动幅度，维护了国内粮食市场的

稳定，为世界粮食安全作出了积极贡献。需要指出的是，从长远看世界粮食供求仍将是偏紧的趋势，我国利用国际市场弥补和调剂国内粮食市场产需缺口的空间有限，不确定性因素增多，因此，要解决我国的粮食安全问题，不能过分依赖国际市场。

二、中国粮食宏观调控问题与挑战

（一）调控承载主体矛盾交织，权责职能不明确

（1）调控承载主体单一，收购主体不全面。长期以来，我国粮食宏观调控过分依赖中储粮等央企，仅仅明确中储粮系统一家作为最低价收购政策的预案执行主体，由于其企业性质、建立的时间和职责、政策要求等原因，中储粮系统没有形成粮食购销网络，不具备全面开花收购，覆盖产粮区的购销能力，当然，也就很难保证宏观调控的效果，这是托市收购政策执行中突出的问题。同时中储粮等央企搞规模经营，意同外资粮食企业争夺粮食，特别是争夺油脂油料话语权，又高调打造全产业链，定位职责不准，既做粮食宏观调控主体、当裁判员享受调控收益，又做市场竞争主体、当运动员和红顶商人，搞多种经营，再赚市场的钱，追求经济利益最大化。这种权责的不对称，在粮食购销政策执行过程中会产生难以协调的矛盾，造成政策执行效率低下。

（2）政策性粮食的事权和粮权分离，管理权力和责任不明确。中储粮公司在执行购销政策时，大部分收购任务要通过委托的方式完成，即委托粮食收购地的有资格的粮食企业作为委托库点，这种层层委托又导致了粮食购销政策收购主体与预案执行主体的分离，粮食行政部门对最低价收购粮的管理权力和责任不明确，实质上分离了政策性粮食的事权和粮权，同时，中储粮公司受制于过少的人力、没有足够的手段对受委托的粮食企业进行制约，从而无法现场把握收购入库粮食的数量、价格和质量，给粮食安全带来隐患。

（3）粮食调控责任多头管理，权责职能不明。目前涉及粮食经营主体、流通渠道、流通方式、购销政策和价格政策管理的部门有各级粮食局、财政、质监、工商、卫生、审计、价格等管理部门，粮食事权多头管理、职能边界不清、动力机制不合理、约束机制不完善，调控政策协调难、速度慢、效益低，存在着交叉管理、政策抵触和相互推诿扯皮等问题。

（二）调控客体复杂多变，粮食直接补贴政策存在偏差

由于粮食补贴受众面广泛，要面对亿万分散的农户和企业，并且，农民外出务工、土地流转已是普遍现象，加上每年的年景各不相同，使得粮食补贴工作更具复杂性、艰巨性，加上粮食直接补贴政策和方式多年不变，导致粮食直接补贴政策效果未能得到很好地体现。

（1）粮食直补政策目标难以落实。为了达到引导粮食生产的目的，政府必须在实施粮食直接补贴政策的同时考虑粮价支持价格政策，否则，就会出现粮食市场价格比种粮农民目标价格低时，种粮农民的利益就无法得到保证，粮食直接补贴政策的目标无法实现。而我国的粮食直补政策补贴数额的确定一般只考虑生产资料的上涨情况，很少也很难考虑每年粮食的丰歉情况，无论粮食供求状况如何，补贴标准都是一成不变的，这就难以达到引导农民增产，实现保证粮食稳定供应的目标。

（2）贴补对象偏差失误，部分粮食补贴没有落实到种粮户。现在，农村土地流转情况越来越普遍，很多有地农民本身并不种地，而是以一定的租金流转给种地大户，自己外出打工，因此，耕种土地的人员身份发生了较大变化，要区分出从事粮食生产的农户及其种植粮食的耕地的多少也的确不是一件容易的事情。而粮食直补仍由原土地承包人按照所承包土地面积领取，或者说粮食直接补贴采取的方式是与其前期的计税面积挂钩，而不与当期交售粮食数量和价格挂钩，所以田地所有者仍然获得国家直补资金，存在真正种粮的农户没有得到补贴，而没种粮的农户得到国家补贴现象。因而按计税面积补比按实际种植面积补支付的补贴资金要多得多，其中的水分很大。另外，有的地方是农户耕种了村组机动地或新开垦的土地，财政部门未予审批，所以对承包机动地等无经营权证土地的粮食补贴申请，一律不予审批，这样耕种者也领不到补贴。

（三）调控机制不健全，缺乏系统性和灵活性

（1）储备粮管理机制不完善。目前我国储备粮已形成中央储备、地方储备两大体系，由于中央储备粮是垂直管理、地方储备粮是省、市、县三级管理，两大体系互不相干各自为政，不同利益主体之间存在矛盾，在相关功能上难以统筹协调，运行管理体制障碍、成本高、效率低等问题日渐突出。储备粮管理体制调整中存在的片面性也带来了负面影响，给地方粮食经济发展增加了难度。由于彼此之间缺乏沟通，对各自储备粮的吞吐，

形不成统一的计划和协调，很容易造成条块分割，各自为战，盲目竞争，自行其是、各谋其利的局面。

（2）储备粮轮换经营机制僵化。政府在政策设计上缺乏深思熟虑的整体安排，缺乏动态性和灵活性。现有的轮换报批机制带有浓厚的计划经济色彩，层层审批丧失许多"商机"，采取先销后购方式轮换的，轮空期原则上不超过 3 个月，这种政策使企业难以适应复杂多变的市场形势，为了保证不超过轮空期完成轮换计划，轮入时不论价格多高都必须在规定的时间内收购入库，使企业承担着较大经营风险。大部分政府储备粮轮换方式以"静态"为主，给财政带来很大的压力，为了追求企业利润或避免因完成轮换计划而导致亏损，可能更趋向于高价轮出、空轮而不愿意亏损高价轮入，造成轮换计划的随意性延期和逆向操作。

（3）信息渠道不畅通，应急机制和预警机制不健全。全国不少地方政府至今没有制定粮食预警预案，已制定的预案多数还没有配套的操作手册，缺乏必要的演练，预案的针对性和可操作性有待进一步提高。虽然有些省、市、县三级粮食应急管理体系基本建立，但应急机制也没有健全，相当一部分地方没有把粮食加工供应网点纳入政府调控市场和救灾应急体系建设之中，难以发挥粮食安全"第一道防线"的作用。具体表现在：一是部门之间、上下之间的信息共享、应急联动、协调处置能力不强，应急管理的预警机制、决策机制和运行机制有待进一步建立、健全；二是应急信息网络不完善，还未准确建立覆盖反映全社会粮食生产、流通、消费、供应的信息网络，特别是部分地区信息网络不健全，信息的收集、处理、传递能力不强；三是粮油价格监测预警和信息报送不够及时和准确，使各类粮食市场生产与经营主体之间缺乏必要的协调沟通，错失商机，缺乏应对措施，造成很大的损失；

（四）调控方法不科学，市场调控机制弱化

1. 粮食市场行政干预严重，市场形成价格机制不健全

（1）长期以来，中国在粮食管理上，行政干预严重，即便是经济调控手段，如储备粮轮换、抛售，陈化粮处理等，也没完全通过市场进行。例如，自 2008 年起，政府逐年稳步提高小麦和稻谷的最低收购价格，以及玉米、大豆、油菜籽的临时收储价格，形成粮价"只涨不跌"的预期。而且，政策性临储粮将通过竞价方式顺价销售，形成托市价格上调、销售价格跟涨的局面。农户对未来粮食价格的非理性预期往往使得农户在粮食储

备问题上采取的行动与国家粮食储备宏观调控政策的方向相反,进一步加剧了粮食市场价格波动。

(2)受计划经济政府定价的惯性思维影响,在最低收购价政策下形成的一个基本事实是:很多用粮企业和收购企业就是在用最低收购价收购,这无形中就形成当前市场粮价由最低收购价来左右的实际情况,最低收购价成为风向标和粮食价格"领头羊"。政府通过政策性收购掌握了大部分粮源,导致市场供应依赖于政府政策性粮源的投放,形成了政府调控政策主导市场粮价基本走向的格局。农户惜售和企业抢购,造成粮食库存增多,流通粮源大幅减少,人为放大需求,导致粮食经济运行缺乏一种内在的自动调节机制。特别是"米袋子"省长负责制,通过借助行政力量,确保地方粮食自求平衡,其结果是切断了地区之间以及生产者和消费者之间的有机联系,形成了产品经济的封闭体系,不利于发挥粮食生产的地区优势、地区专业化分工、降低全国粮食生产的总成本,从而使具备粮食比较优势地区的余粮销路出现困难,库存积压;而不具备粮食生产优势地区却以更高的成本生产粮食,最终导致全社会资源配置失调,造成资源浪费。

2. 市场主体不完善,市场体系不健全

(1)市场主体发育不足,市场缺乏活力。现阶段我国粮食市场主体主要有四类,即国有粮食企业、农户、民营企业(包括集体、个体和私营粮商)以及各种形式的股份制企业,其中国有粮食企业交易量占了市场的主要份额。而国有粮食企业还没有成为自主经营、自负盈亏的完全市场主体。作为粮食生产者的农户经营规模小、商品粮数量少、组织化程度低,因而在市场交换上往往需要付出高昂的交易成本,处于被动的谈判地位,无法与大的粮商抗衡。民营企业和股份制企业数量和经济实力都相当有限,难以对粮食市场产生大的影响。

(2)粮食批发市场建设滞后,粮食期货市场发育不够成熟。批发市场是市场体系的中心环节,也是当前问题最多的环节。一是进场交易的客户少,跨区域的大宗粮食交易多在场外进行。二是布局结构不合理,许多粮食批发市场不是适应粮食流通需要自发形成的,而是在20世纪90年代中期按照行政区划或省、市、县三级批发市场体系建设要求设立的。这种层层人为造市场的做法显然违背了客观经济规律,造成了粮食批发市场建设过多过滥,趋同运营,相互影响,缺少交易。三是市场准入上存在着主体歧视,非国有企业进入市场障碍重重。四是粮食期货市场高层次功能欠缺,对粮食期货交易仍管得过死,限制过多,交易品种少,活动空间小,企业经营粮食缺少回避风险的工具，国家调控市场没有前瞻性的价格作参考。并且，期货市场和现货市场的合作欠缺，没有形成市场之间的价格信息联动机制，造成宏观调控主要依据现货市场的信息进行决策，往往导致调控时机滞后，调控成本升高，调控效果不理想，有时甚至造成同步震荡，扩大了市场波动。

3. 国家财政负担加重，市场风险分担机制被弱化

收购保护价格与粮食价值和市场价格严重背离，削弱了市场机制对价格形成的主体作用，实行粮食最低收购价政策涉及所有相关财政成本，如粮食收购资金、入库费、保管费和出库费都由中央政府承担。据国家统计局统计，执行粮食最低收购价以来，中央财政承担数百亿元保管费用和利息补贴，还承担中储粮总公司收购大量粮食后，库存积压甚至霉变损失，销售时差价亏损以及其他费用风险。同时，现行的保护价收购政策还限制了国有粮食购销企业以外的其他市场主体进入粮食收购市场以及各市场主体之间的公平竞争，严重地影响了粮食市场体系的发展和市场作用的发挥。最低收购价政策实现了"地方满意，企业满意，农民满意"，但应该看到这种满意是以中央政府独自承担粮食生产经营的风险为前提的。

（五）调控目标手段不协调，宏观调控效率较低

（1）在粮食宏观调控体系中，中央储备与地方储备之间，粮食储备企业与宏观调控管理部门及其他涉粮管理部门之间，中央大型粮食企业及涉农企业之间，缺少相互配合、协调与合作，导致调控手段可能不一致，甚至发生相互抵触的现象，致使宏观调控效果减弱。并且现行粮食调控手段大多属于应急干预、相机决策，由于缺乏系统设计和整体考虑，使得调控效能不佳，甚至相互冲突、前后矛盾。例如，2010年，小麦主要出口国之一俄罗斯宣布禁止小麦出口，世界小麦价格有上涨趋势，出现了中储粮、中粮等多家企业在我国的河南等小麦主产区抢购小麦的局面，由于抢购造成了小麦价格的暴涨，这违背了国家通过国有粮食企业调控粮食市场的初衷。

（2）现阶段中国粮食调控具有多重目标，因调控目标本身的冲突，致使调控陷入两难困境。如保护种粮农民利益和维护粮食市场稳定是目前粮食调控的两个基本目标，但二者实质上相互矛盾。一方面，保护种粮农民利益，必然要求粮价合理上涨，特别是在农业生产资料、人工等种粮成本大幅增加的形势下，只有较大幅度提高粮价，才能保证种粮收益，提高农

民种粮积极性；另一方面，提高粮价又会引发其他农产品价格的连锁反应，导致"米贵伤民"，甚至增加整个物价上涨压力。因此，粮食调控始终面临"谷贱伤农"和"米贵伤民"的两难选择。由于调控目标指向模糊，2010年国内粮价上涨较快时，为平抑市场粮价，政府有关部门大量抛售粮食储备，甚至动用中央储备玉米和粳稻，导致东北地区粮库出现严重空仓，国家玉米储备降至历史低位。若2011年遭受严重自然灾害导致玉米大幅减产，其后果不堪设想。

（3）中央储备粮品种结构及区域布局不尽合理，粮食调控管理体制不完善。①伴随着居民消费结构升级和消费习惯的改变，粮食消费市场不断细分，原有的储备品种结构及布局已经难以适应市场需求的发展。如，玉米作为饲料用粮迅速增长，而储备集中于北方产区，南方饲养业发达地区明显不足；稻谷优质品种需求快速增加，南方沿海地区供求缺口较大，当前储备却多为普通品种，且集中在主产区；大城市成品粮油储备严重匮乏。②粮食储备是我国最主要的宏观调控手段，但我国的粮食储备情况与调控需求并不完全适应。一是我国储备粮为层级结构，储备粮动用命令需层层下达，耗费时间，并且，由于不同级次的储备粮企业享受不同的政策，特别是中储粮和地储粮在税收政策的差异，造成了同一区域内两类承储企业间在储备粮业务上的不公平竞争。二是我国粮食储备品种比较单一，中央储备粮全是原粮，应急调控时，须将原粮销售给加工企业，或委托加工企业加工后再投放终端市场，增加运行环节和操作时间；投放原粮的调控方式无法直接作用消费终端，对市场价格影响十分有限。

（六）调控环境日益复杂，宏观调控难度不断增大

从调控的国内环境来看：

1. 农业资源环境越来越差，已达到承载极限

中国人均耕地不到世界平均水平的一半，人均水资源 2 100 立方米，是世界13个最贫水国家之一。化肥的使用量是世界上最高的，大约是年均5 800万吨，亩均使用量也远远高于世界平均水平。农药施用年均180万吨，农膜年均240万吨。根据第二次全国土地调查结果，中国有5 000万亩左右的耕地受到中重度污染；国土资源部数据显示，1998—2011年，全国减少了1.2亿亩耕地，逼近18亿亩红线。另外，我国3亿亩耕地受重金属污染，占耕地总量的1/6。全国因草原退化、建设占用等因素导致草地减少1.6亿亩，具有生态涵养功能的滩涂、沼泽减少10.7%。长此

以往，将影响中国粮食安全。

2. 土地增减挂钩政策不规范，粮食供需结构矛盾日益突出

（1）中国土地增减挂钩政策被滥用，造成以次充好、不少劣地换良田。具体表现在少数地方片面追求增加城镇建设用地指标，擅自开展城乡建设用地增减挂钩试点或扩大试点范围，擅自扩大挂钩周转指标规模。通过增减挂钩，耕地总量没有减少，但原来的好耕地成了建设用地，耕地的质量下降了。目前的土地增减挂钩基本上都是拿劣地换良田，同样的面积但粮食产量却差别很大。

（2）粮食供需结构矛盾日益突出。国务院发展研究中心农村经济研究部原部长徐小青研究员表示，随着城市化率提高，人们肉蛋奶消费增加，饲料用粮需求会增加，玉米深加工扩大也加大饲用粮需求。耕地减少、农业用水紧缺问题突出，农民种粮纯收益不高，"谁来种地"问题日益突出。现实也确实如此，近年来已经出现了令人担忧的趋势：回乡种田的农民以及资本下乡的企业非粮化趋势明显，一方面是人口持续增长和食品消费结构不断升级，粮食消费需求呈刚性增长；另一方面，受耕地和水资源约束增强、气候变化影响加快、农业比较效益下降等制约，农业生产进入高成本阶段，在更高水平上继续保持稳定增产更加困难。

3. 区域粮食市场波动加剧，维护粮食市场稳定任务更加艰巨

（1）区域不平衡加剧。粮食生产重心持续向北方转移，主销区产需缺口逐年加大，畅通粮食流通渠道和提高产销衔接效率任务艰巨。

（2）品种结构矛盾显现。虽然目前稻谷、小麦产需基本平衡，但保持平衡的压力加大，品种优质率也有待提高；粳米消费仍将继续增长，但南方水田不断减少，恢复和稳定生产的难度很大；养殖业、工业用玉米增长较快，玉米供需关系日益趋紧，缺口逐步扩大；大豆、食用植物油消费依然保持增长，继续依赖国际市场的局面不可逆转。

（3）突发事件和自然灾害频繁发生，加剧了区域粮食市场波动，国家粮食调控应急能力面临考验。

从调控的国际环境来看：

1. 开放市场中资本的逐利要求以及粮食宏观调控政策的外部影响，增加了粮食宏观调控的难度

目前，世界粮食市场波动剧烈，保障粮食市场稳定的国际环境更加复杂。一方面，全球气候变化引起局部地区频繁出现旱灾或洪灾，造成全球粮食供给的波动；而人口持续增长、生物能源快速发展、新兴经济体消费结构不断升级，世界粮食供求日益趋紧。另一方面，粮价受投机资本炒作的影响更加突出，国际市场粮价波动加剧，或通过贸易链条直接传导到国内市场，或通过市场预期影响国内粮价，对保持国内粮食市场稳定形成巨大挑战。再加上在全球资源自由流动的状况下，资本的逐利性必然与粮食的金融化和能源化趋势紧密结合在一起，并且通过干扰粮食金融市场和粮食能源市场的正常运行，引起粮价大幅波动，从中谋取暴利。同时，在国与国粮食政策相互影响的开放环境中，粮食宏观调控的独立性受到影响，最终会增加一国粮食宏观调控的难度。

2. 进口垄断状态的结束及跨国公司进入的影响，削弱了中国政府对粮食市场的行政调控能力

国有粮食企业逐渐放弃进口经营权，将丧失在粮食流通和进出口贸易中的垄断地位，将使政府依靠行政手段进行宏观调控的难度加大、能力大为削弱。而随着跨国公司进入中国粮食市场并逐步发挥对中国粮食市场的各种影响，一定程度上会导致政府不能有效地根据市场变化实现宏观调控。

3. 目前的某些粮食宏观调控政策将面临变更

由于我国对农业补贴相对有限，因此尽管补贴部分的处理并不是中美双边协议的主要内容，但我国仍然将不得不逐步取消对农产品的直接价格支持，如对粮食保护价支持政策，在国际低价粮食的压力下，实施代价非常高，而且易引发争议。为保障农民的收入，由政府按现行的保护价敞开收购，则中国粮农将把所产的粮食全部卖给政府，从市场上购买质优价廉的进口粮消费。政府将难以承受由此带来的仓储和资金压力。在此情况下国有粮食企业顺价销售和粮食收购资金封闭运行两项政策亦将难以维持。并且，国际先进快捷的粮食分销体系的进入，将大大增强粮食宏观调控的微观基础——国有粮食企业的竞争压力和政府粮食宏观调控的风险，并最终影响到国家的粮食安全状况。

（七）法律保障体系不完善，执法水平亟待提高

1. 法律法规不健全，粮食宏观调控缺乏法律支撑

目前，我国缺少一部真正意义上的粮食安全保障法，《粮食法》迟迟没有出台。过去，我国有关粮食法律制度的出台，多为满足当时国内外粮食市场变化的需要，往往将农业政策简单转化为法律规范，在论证程序和立法程序上急功近利，外界环境一旦变化更易突显其滞

后性，严重影响人们对其稳定性的期待。现行的《中央储备粮管理条例》和《粮食流通管理条例》分别于 2003 年和 2004 年出台，体系不健全，不能涵盖粮食从生产到消费的全过程，如今立法背景和其所调整的权利义务关系已发生了重要变化，其中许多规定已落后或不适应当前国内外粮食市场的状况，而且作为国务院制定的行政法规，这两部法的法律层次比较低，其效力等级与稳定性亦低于法律，导致很多地方对粮食执法重视不够，粮食执法人员执行起来底气不足，主动性不强。

2. 粮食行政执法的制度体系不健全，行政干预太多

根据法律规定，为保证良好的监管效果，应该由不同机构分别承担行政许可、行政执法和行政复议三项职，但是，在很多地区，这三项职能却是由粮食行政管理部门的一个内部机构来完成的，这不符合依法管粮要求。要加强对粮食市场的监管，需要建立行政执法责任制等一系列的制度，有些地方虽然制定了制度，但制度落实不到位，尤其是责任追究制度形同虚设，起不到应有的作用，这些都不符合依法行政的要求。并且，大量的行政手段和人为因素，难以使之做到快捷、顺畅、规范、高效。

3. 粮食库存结构出现新变化，给粮食监管提出了新要求

粮食库存是实施粮食宏观调控的重要物质基础。随着国家多项宏观调控措施的实施，最低收购价政策执行范围的不断扩大，粮食库存监管工作任务日益繁重。加之，粮食市场主体日益多元化，粮食企业分布点多面广，部分企业执行粮食流通统计制度不严格、不规范，不易全面摸清库存底数。特别是近年来粮食价格大幅波动，个别企业存在"转圈粮"、挤占挪用收购资金、粮食销售后不及时减账、违规销售粮食等现象。加强粮食宏观调控，需要进一步健全粮食监管制度、完善监管办法、充实监管力量、加大监管力度。

4. 粮食执法队伍整体素质偏低，依法行政能力不够高

由于计划体制的遗留影响，粮食部门、有些执法人员依法行政意识不强，看人情、顾面子办事，而不按照法定程序办事，由于对法律规定理解不透，存在不敢执法和不会执法的畏难情绪。粮食执法队伍整体素质不高，当前，虽然无论是专职还是兼职的执法人员都取得了粮食行政执法监督检查证，但是由于申办过程并不十分严格，导致执法水平不高。

三、中国粮食宏观调控对策措施

国家对粮食市场的调控要遵循立足国情、尊重规律；市场导向、适度干预；统筹兼顾、突出重点；协调配套、提高效能的原则，逐步从直接管理更多地转向间接管理，短期调控转向长短结合，微观调控转向宏观调控。

（一）形成调控合力，理顺粮食调控职能责任

1. 把地方粮食购销企业纳入托市收购的主体范围，形成中储粮和地方国有粮食购销企业宏观调控的合力

要改变过去搞委托收购和延伸收购，解决托市收购网络问题。2010年小麦最低收购价预案增加了中粮和华粮为托市收购企业，要求地方粮食部门在县一级设立委托收储库点，在产粮区每个乡镇设立延伸库点，这是质的变化。先前仅仅依靠中储粮一家收购的局面被打破，代之而来的是4个方面一起托市，这样就很好地的整合收购资源，避免中储粮重复建仓买库点，调动各方面的积极性。但美中不足的是仍然没有把地方国有粮食购销企业纳入托市收购的主体，成为统贷统还的收购主体，仅作为委托收储库点和延伸库点，虽然网点布局增加，但仍然是委托和延伸收购，2011年托市收购主体又恢复了原样。近两年来虽然托市收购预案没有启动，但是在收购主体范围圈定上忽视了地方粮食部门的作用，正确的做法是整合现有地方粮食购销企业和中储粮的收购网点，成功搭建起纵横交织的托市收购网络，方便农民就近卖粮。杜绝内耗，避免无序争购粮源。

2. 设立粮权分属、上下联动、统一运作的区域协调机构

当务之急，比较现实便捷的方式就是以目前"中储"和"地储"分别设立为基础，以省（区、市）为单位，由中储粮总公司分支机构、各省（区、市）粮食、财政等部门和储备粮管理机构，联合组成区域性的储备粮体系和粮食宏观调控协调组织——粮食调控办公室，作为常设机构，受省（区、市）人民政府领导、上级相关部门和中储粮总公司指导。通过联席会议等多种形式，定期通报情况，交流信息，按"粮权分属、上下联动、统一运作"的原则，统一计划，统一协调，统一决策，统一分配，统一落实政策，实施储备粮吞吐和粮食宏观调控。

3. 加强调控队伍建设，理顺粮食调控职能责任。应合并粮食生产、流通管理部门，统管粮食生产、流通及其调控

着重做好的工作：国家应制定统一的储备粮政策法规，实施统一的税收优惠，建立组织内合理调节各企业职工间分配收入的机制；组建机构，设定职能，厘清组织内各调控主体的责任；理顺关系，构建运行机制，探索平衡组织内各主体利益关系的方法。在此基础上完善粮食省长负责制，配合国家粮食宏观调控机构实现宏观调控目标。在行政计划、财政与民间投资、宏观调控等方面的职能和手段相互协调，避免部门分割，条块分割带来的弊端，保证政府政策的高度一致性。

（二）根据调控客体的变化，完善粮食直接补贴政策

1. 实施动态调整，实现粮食直接补贴政策目标

（1）逐步建立综合性收入补贴与农产品价格、农资价格的联动机制。应根据现有的财力，合理确定综合性收入补贴资金规模，并逐渐把补贴标准与农资价格的变化、粮食价格变化联系起来，不断提高补贴标准，缩小种粮农民与其他产业劳动者之间的收入差距。针对农业生产资料上涨情况，要实行动态调整机制，即农资价格上涨，补贴增加；价格下跌，补贴相应减少。在进一步增加农资综合直接补贴的同时，要统筹考虑化肥等农资价格和粮食价格的变动情况，要积极推动改革现行价格支持政策，逐步向市场扭曲较小的直接补贴转型，试点探索差价补贴、与粮食生产挂钩的直接补贴等符合 WTO 国际规则的支持政策，尽可能地减少粮食支持保护制度对市场的干预和扭曲。例如，要探索研究农民种植水稻等主粮产品种植面积或交售商品粮数量挂钩的专项直接补贴办法，与已有的种粮补贴相配套，建立农民种粮不赔本、种好粮不吃亏、多种粮多赚钱的政策支持新机制。

（2）完善政策操作方式，使粮食补贴对象更加准确。建议采取将"种粮直补"改为"售粮直补"，即按照农民所售粮食的多少给予相应的粮食直补资金，售粮多的直补多，不种地不售粮的不予补，实现完全意义上的"粮补"，把实惠留给常年辛苦耕作的农民。统一各地综合性收入补贴的标准和发放办法，实现对所有种粮农民的公平补贴，也便于社会监督。在发放办法上，统一在农村信用社为所有农户建立账户，每年由财政部门按照补贴标准直接把补贴打入农户的"一卡通"，避免基层政府中间截留和抵扣；进一步规范生产性专项补贴的操作办法，采取各项专项补贴发放与农

户生产行为相挂钩的方式，并通过报纸、电视和网络向社会公布，做到公平、公正和公开；加强各部门协作，加快省、市、县、乡镇四级联网的粮食补贴发放信息共享平台的建设，整合各项涉农补贴，集中统一发放，降低人力和物力成本，发挥补贴效率。

（三）完善调控管理机制，确保动态统一和有序监控

1. 完善储备粮管理调控机制

（1）各级人民政府应重点掌握或指定一部分粮食加工、购销企业，服从粮食宏观调控需要，如，重点掌握的这些储备粮库主要分布在产销区铁路、水运交通方便的地区和港口，以及消费集中的大中城市，形成合理的布局和结构，主要承担国家储备粮的经营和管理，以及国家委托的粮食吞吐，经营和管理费用由国家财政负担。

（2）打破储备粮基本由国有粮食企业垄断经营的局限，以县（市）为单位（也可以跨地区），对现有国有粮食仓库和运输资源进行重组。新的粮食购销企业可以是国有独资或国有控股，主要负责粮食收储、运输和大宗粮食批发业务。同时根据目前多渠道粮食经营企业没有仓储设施的特点，也可以搞"栈租制"。新组建的粮食购销企业，能整合现有粮食企业的仓储和运输优质资产，提高企业的资产质量和信用程度，使现有国有粮食企业的仓储和运输设施不遭破坏，一定程度上成了粮食购销的"蓄水池"，有利于发挥它们在粮食流通中的主渠道作用。

2. 建立动态储备轮换机制

（1）储备粮要"动、静"结合，把"死粮"变成"活粮"。所谓"动、静"结合是指把现行的单一静态储备转变为静态储备与动态储备相结合。所谓"静态储备"，是指把60％的以实物形式储存的储备粮，始终保持其数量、形态和存放地的稳定性。静态库存确保储备粮任一时点都能保证数量真实、品质良好，只能按照相关粮食条例进行轮换，但必须在规定时间内向同一储备库补充上同样品种、同样数量的粮食。所谓"动态储备"，是指把40％的储备粮食，根据相关环境条件的变化对其规模、库存形态、地理布局及品种结构进行合理调整和灵活运营。

（2）建立动态储备轮换机制，将储备粮轮换与粮食加工结合起来，采取竞价销售和邀标竞价的形式销出、购入储备粮。鼓励承储企业把需要轮换、销售的库存原粮加工后销售，既有利于储备粮的轮换和粮食加工网点建设，又可以减少粮食陈化、增加企业的效益。

3. 健全粮食宏观调控应急机制和预警机制

（1）进一步完善粮食应急管理体制和粮食应急工作协调联动机制。全国各级粮食应急指挥机构要进一步完善加强各有关职能部门之间的沟通协调，明确和强化部门责任，搞好条块之间的衔接和配合，及时协调解决出现的问题。

（2）落实应急保供载体，探索建立粮食应急加工、运输、供应保障的资源共享机制。充分利用现有国有粮食加工、零售网点，适当选择一些规模大、信誉好的多种经济成分的粮食加工、商贸企业作为粮食应急加工、供应指定企业；结合各级道路运输保障应急预案，选择严格执行国家粮食运输技术规范的运输企业，确定为粮食应急运输网点。

（3）完善粮食应急监测体系，建立健全粮食预警机制。首先，加快建立健全粮食预警监测网络，推动全国粮食应急网络建设的一体化，建议由农业部专门司局牵头，建立国家农产品监测预警中心，积聚国内科研院所、大学、省级信息单位和相关部委等力量，建立大联合、大协作的农产品信息分析预警工作体系；适时加大对重点地区、重点时段的监测频率和监测力度，及时对粮食购销存、进出口、价格及城乡居民家庭存粮等动态信息进行分析预测，及时掌握市场动态。其次，建立数据采集和政府信息发布制度，及时发出预警信号。第三，我国建立粮食宏观调控预警机制可根据粮食供求状况、波及的范围、价格涨落幅度和危害程度等，将预警级别分为紧张状态级、紧急状态级、特急状态级等级别，并分别制定与之相对应的预案。

（四）充分发挥市场配置资源的基础性作用，完善粮食市场形成价格机制

1. 最大限度减少行政干预，进一步完善粮食市场形成价格机制

（1）完善粮食价格形成机制，引导农户形成对粮价的理性预期。2014年中央1号文件就明确提出了要以坚持市场定价为原则，努力探索和推进粮食价格形成机制与政府补贴脱钩的改革，逐步建立粮食目标价格制度，当市场粮价偏高时对低收入的消费群体予以补贴，而当市场粮价低于目标价格时则按照差价对生产者实行补贴，从根本上切实保障农民收益。这是我国未来在粮食价格支持及补贴政策等方面进行适当调整的一个基本方向。

（2）正确处理市场自发调节与政府宏观调控的关系、"无形之手"和

"有形之手"的关系，走出宏观调控就是行政干预的误区，以初级市场价格采集反馈系统为基础，以大中型批发市场价格信息为核心，以期货交易市场价格为先导，通过价格引导生产和消费。国家在制定最低收购价时，要慎之又慎，综合进行考量，通盘测算，力求科学合理，要探索最低收购价形成机制，把农业生产成本、历年粮食市场及收购价格、近年来的最低收购价、国际市场粮价等诸多因素，作为形成价格参照依据，小幅度、周期性提升粮价。国家应尽快制定、出台最低价粮食管理办法，对定点、收购、储存、销售、出库等各环节进行规范管理。对抬级抬价和压级压价收购的现象要坚决予以制止，准确掌握最低价入市和退市的时机。

2. 加强对粮食市场主体的培育，提升其竞争力

积极引导和培育一批多种所有制的大型粮食企业，提倡产、销区的不同所有制粮食企业参股、联合，建立具有竞争能力的大型企业或企业集团，使其成为市场主体中的骨干。同时，发挥国有粮食企业的主渠道作用。国有粮食企业要通过改革、改组和改造，提高经营效益和市场竞争力。积极支持各省、各地区的各类粮油企业在异地批发市场设立窗口，在市场内参与竞争与发展。

3. 加快发展多层次粮食现货交易市场，充分运用期货市场减少风险

（1）市场定位要准确。大中型商流型粮食批发市场定位于主要承担国家和地方储备粮的轮换和陈化粮的处理、服务于省际间大宗粮油品种交易的具体操作，承担政府批量采购地方储备粮、救灾粮、退耕还林、还草补助粮等任务，真正成为国家宏观调控的主要载体；大中型商、物流相结合的批发交易市场，应定位于主要促进区域间粮油商品流通，同时把大量的多种经济成分的经营企业，吸引到场内交易，既帮助它们在流通中发挥作用，又便于国家调控市场，促进有序流通；城乡粮食集贸市场基本定位于在综合性市场从事批零兼营或零售粮油业务。

（2）大力发展粮食期货市场。利用期货市场的未来供求及价格信息来制定稳定粮食市场供求和价格的各项政策措施，如对粮食生产的直补标准、最低收购价等，使其更加符合粮食市场的实际情况。同时也可以通过政策导向、政府信息导向，以引导期货市场交易活动，促使期货市场更好地发挥发现价格功能，减少市场价格波动，从而减少生产波动。同时，也可利用粮食期货市场价格波动的季节性，完善储备粮油的科学吞吐机制和安全轮换机制，规避储备粮轮换风险，提高经济效益。还要健全现货市场与期货市场之间的价格信息联动机制，有利于增加市场的稳定性和价格形成的真实性。

（五）改革管理机构和管理体制，组合运用调控经济手段

1. 成立国家粮食调控安全委员会，以法律法规规范调控目标和管理职能

（1）加快机构改革，合并国家粮食生产、流通管理部门，统管粮食生产、流通及其调控，确立宏观调控权威。可以考虑撤销现在的国家粮食储备局，成立以此为基本模型的国家粮食调控安全委员会，作为国务院直管部门，承担国家对粮食进行宏观调控的职能，负责研究拟订国家粮食发展战略，协调粮食相关部门，全权负责全国的粮食储备和管理事务。同时，地方人民政府设立各级粮食安全委员会，负责协调本级相关部门的粮食行政管理。

（2）我国应该将合理的政策内化为法律制度，将各级政府支出职责、财政农业投入的项目、份额、投向、使用原则、资金来源等纳入法律规范，用健全的立法手段在制度源头上保持政策的可持续性和连贯性。

2. 优化粮食储备结构，探索建立两级粮食储备管理体制

（1）积极顺应市场调控发展的需要，适应市场消费结构升级的趋势，增加紧缺品种、优质品种的储备比例；适应加工规模化和细分市场的需求，推行分品种、分等级储存和销售；应按我国主要粮食品种的产区分布、产量比例和地域消费习惯等因素合理确定储备粮品种结构。按粮食产销区域布局，结合农业区域规划中小麦、玉米、稻谷三大粮食品牌的生产种植和销区的规模，综合考虑市场供需、交通运输、储备粮轮换等因素，建立兼顾产区与销区、生产与消费的国家粮食储备的总体分布规划和区域性布局方案。

（2）探索建立两级粮食储备管理体制，增强成品粮调控和市场终端调控能力。一是加快粮食储备调控资源整合，建议借鉴印度储备粮管理体制：中央和各邦储备的两级粮食储备制度，中央占储备总量的60%，各邦占40%，以分散风险。结合我国幅员辽阔，各地经济发展不平衡，完全取消地方储备条件并不成熟，可考虑建立中央储备为主、省级储备为辅的两级粮食储备管理体制，取消市县区粮食储备，"中储"与"省储"在储存品种上应有所分工，"省储"应以当地生产的粮食品种为主，"中储"应以当地较缺的品种为主，避免争抢粮源，便于品种调剂。二是加快调整调控方式，根据居民消费习惯和粮食市场发展的变化，扎实提高垂直管理

体系的成品粮油加工能力，着重构建重点销区和核心都市群的销售网络，打造产销衔接的物流体系，基本形成原粮调控与成品粮调控相结合、主产区调控与主销区调控相衔接、粮油加工调控与终端市场调控相配合的综合调控体系，增强成品粮调控和市场终端调控能力。

3. 根据调控形势和目的，适时确定调控经济手段的组合运用

（1）粮食调控经济手段的组合运用要根据当时的形势和调控的目的来确定。如，完善粮食最低收购价格政策，可以配合使用以下政策手段：其一，信贷手段与粮食最低收购价格政策配套使用，农业发展银行一方面要对国有粮食购销企业的贷款实行风险控制，另一方面要尽量保证收购资金落实到位，同时允许国有粮食购销企业从其他商业银行贷款，通过多方面筹集资金，来解决收购资金紧张的问题。其二，粮食最低收购价格政策与产业政策、财政补贴结合运用。

（2）根据国外调控经验，维持粮价稳定的手段组合，一般使用储备工具和进出口手段；保护农民利益的手段组合，不能靠价格手段，只能依靠对农民进行直接补贴、对农民提供政策性贷款、政策性保险等来增加农民的收入；促进粮食结构调整的手段组合则需主要运用差别补贴的方式、金融保险支持的方式，激励农民向预期的结构调整。

（六）统筹利用国内国际两个市场和两种资源，积极应对复杂环境的挑战

1. 立足国情严格保护水土资源，建立完善的监管补偿制度和机制

（1）守住 18 亿亩耕地红线，确保粮食播种面积不减少。2014 年中央 1 号文件指出，在重视粮食数量的同时，更加注重品质和质量安全。要用最严谨的标准、最严格的监管、最严厉的处罚、最严肃的问责，确保广大人民群众"舌尖上的安全"。第一，国家要建立健全优质耕地和优质水资源保护目标责任制和补偿制度、优质粮油生产奖励制度等措施，确保优质耕地保有量和基本农田数量与质量。比如国家最近提出建设 6 亿亩高产稳产田，这些农田应该属于永久基本农田。由国家重点出资，把这 6 亿亩土地做到土地平整，灌溉配套，有农技服务支撑，搞好社会化服务。第二，实行最严格的节约用地制度，提高耕地复种指数，把"沃土工程"制度化、长期化，提高耕地综合生产能力。第三，逐步完善土地征占制度，加强对非建设性占用耕地的管理，建立严格的审批制度，并通过改革，加快市场化定价过程，增加土地征占用成本，加强耕地保护责任制监督检查和

考核评价，严格实行行政处罚和法律惩戒，强化依法行政过程中的责任追究制度。

（2）建立多元化的农田水利投入机制。加快实施优质粮食产业工程建设，着力改善粮食生产条件。增加政府对粮食生产基础设施建设的投入，尤其是增加对农村小型农田水利、六小工程建设的投资，优化投资结构，在突出公共财政投入的主框架下，根据国家《投资体制改革方案》，针对不同农田水利基础设施的经济特点，积极引入市场机制，采取多种方式拓宽农田水利投融资渠道。

（3）重视农业生态环境建设，建立耕地横向保护生态补偿机制。2014年中央1号文件提出，促进生态友好型农业发展，开展农业资源休养生息试点，加大生态保护建设力度，抓紧划定生态保护红线，建立江河源头区、重要水源地、重要水生态修复治理区生态补偿机制。应综合衡量耕地的商品经济价值、生态环境价值和社会价值，并以此综合价值为标准，对为耕地保护做出贡献的地方政府和农民进行补偿，对损害耕地保护的行为进行惩罚。严格控制面源污染，巩固退耕还林、退耕还草、退耕还湖成果，有效制止土地沙化、盐碱化曼延态势。

2. 建立粮食进出口适时调节机制，加强对农业跨国公司规划引导和监督

（1）处理好国内与国际粮食生产的关系，确保国内粮食供需基本平衡。一是中国的主粮必须坚持自己生产，以减少粮食价格的波动。与其他农产品贸易相比，全球粮食贸易程度其实很低，极易导致国际粮食价格较大波动。比如大米，全球可贸易的大米只有3 000万吨，不足中国消费量的1/4，即使把全球可贸易的大米都进口过来，也解决不了中国大米的供需平衡问题，而如此的后果将动摇国际市场平衡的根基。因此，必须毫不动摇地坚持立足国内实现粮食基本自给的方针。二是统筹全球农业资源服务于我国粮食宏观调控。如前所述，中国农业资源日益趋紧，特别是耕地和水资源约束增强，而粮食消费需求刚性增长，完全依靠国内实现农产品供给既不经济也不现实。因此，国家应构建持续、稳定、安全的农产品进口渠道，建立全球农产品进口供应链，统筹全球农业资源服务于我国粮食宏观调控。特别是对供需紧平衡的、储备库存不足的粮食品种，需求迅速增长的饲料粮，应建立稳定进口调节的常态机制，利用国际市场搞好粮食余缺和品种调剂，促进国内粮食供求基本平衡。

（2）灵活运用外贸政策，建立粮食进出口适时调节监管机制。一是要根据国际国内粮食供求和价格变化趋势，建立健全科学、安全、灵活的粮食进出口调节机制，探索将进出口贸易、储备运作与粮食市场调控有机结合，实行有进有出、有度有序的进出口战略。二是要给予省级储备粮管理机构粮食进出口权，使区域储备粮吞吐可以利用国内国外两个市场、两种资源，降低成本。三是要进一步完善农产品进出口税收调控政策，加强进口关税配额管理，健全大宗品种进口报告制度，强化敏感品种进口监测，尤其是对国际市场粮食价格以及储备的监测，对可能引起国际粮食市场价格波动的信息，如主要粮食出口国的预计产量，进行有效的跟踪，及时掌握国际粮价的变化趋势，以制定合理的粮食进出口政策。

（3）依法规范跨国公司的投资经营行为，努力提升国内粮食企业国际竞争力。一是规划引导，建立严格审查制度。政府应加强对农业跨国公司投资的规划和引导，对不符合我国农业产业政策的投资项目，要从立项、注册、审批等方面予以限制，使外资引进与国家农业食品业长远发展战略目标相结合。二是依法规范外资企业的并购行为，加强对外商投资的管理，一旦发现危害农业食品产业安全的投资和并购行为，应立即按照《反垄断法》等规定采取相应的措施。针对目前我国已经被跨国公司控制的行业，如大豆产业，应从国家战略利益角度进行行业管制，可以考虑通过提出特别提案进行表决，指导跨国公司自动通过减少投资、转让股份等方式消除其市场垄断地位。三是加大粮食企业自主创新能力建设，提升国际竞争力。鼓励大型粮食企业加大科技投入，开展技术开发和技术创新，全面提升企业的自主创新能力，政府要利用税收优惠、财政补贴、信贷扶持等经济手段大力支持。同时，在粮食主产区，要依托粮食产业发展若干个企业集群，建立企业集群示范基地。企业集群示范基地要以优质粮食产业为重点，以其较强的集散能力和辐射能力带动周边粮油产业，推动粮食产业化经营向纵深发展，并加强国内农业食品企业之间的联合重组，努力形成一批集研究、开发和应用于一体、能与跨国公司抗衡、具有国内国际竞争力的大型骨干粮食企业集团。

（七）完善粮食法律法规体系，不断提高执法水平

1. 健全粮食法律法规体系，进一步规范市场主体行为

完善粮食管理法律法规体系，加强相关配套法律的制定和完善。国家在征求社会各界意见的基础上尽快出台《粮食法》，应在农业法、农村土地承包法、粮食流通管理条例等法律法规的基础上进行全面扩展，覆盖粮

食的生产、流通、加工等环节。其调整规范应是国家与粮食生产者，粮食生产者与粮食经营者，粮食经营者、消费者与加工企业，国家与粮食储备企业等方面的关系。应明确规定各级政府和粮食行政管理部门在粮食宏观调控方面的职能职责、地位作用以及实施宏观调控的手段、措施、程序等。并且，列出粮食经营者违法行为应承担的各种法律责任，从而形成法律法规对粮食产业各环节的无缝隙全覆盖，实现各个环节的监管都有明确的法律依据，做到有法可依。

2. 制定完善相关行政法规、地方性法规、部门规章，严格粮食行政执法

在《粮食法》的基础上，必须制定和完善相关行政法规、地方性法规、部门规章等，从而建立一个统一全面、规范有序、协调互补的粮食法律法规体系。要以法律形式将政府对粮油等重要农产品价格进行管理、调控，且行之有效的制度、措施、办法等给予确认、肯定下来，使之具有合法性。譬如，对国家建立的粮油风险调节基金制度、粮食收购保护价制度、粮油储备制度等，以及其执行过程中的资金筹集、管理、开支权限、范围和审批程序等，国家都应给予法律确认，以提高政府调控决策的权威性、合法性。

3. 进一步强化粮食流通市场监管力度，创新粮食市场监管机制

（1）确定粮食流通市场监管的主管部门，对于粮食市场监管，可以借鉴旅游市场、药品市场的监管方式，确立主要由行业管理部门来进行监管。

（2）加强粮食流通监督检查队伍建设，加强对执法队伍的培训，重点加强法律知识和业务知识的学习，提高执法队伍的素质和水平。

（3）创新粮食市场监管机制。一是开展区域内联合执法。比如，一个地级市的各个区县之间可以制定合作机制，加强沟通，实现联合执法。二是开展跨区域联动执法。针对省、市边界地区容易出现执法盲区的问题，分属于不同地市，甚至是分属于不同省的相邻区县探索建立合作机制，签订合作协议，相互交流粮食市场信息，实现区域间联动执法。三是建立跨部门联动机制。根据《粮食流通管理条例》规定，共有7个部门对粮食的不同的环节具有管辖权，为了实现对粮食监管的无缝隙衔接，要探索建立部门联动执法长效机制，成立由各相关部门参与的联合执法队伍。例如，工商部门的12315举报热线已发展得相当成熟，粮食部门可以考虑与工商部门合作，借用工商部门的信息网络，实现资源共享，及时处理群众对粮食购销违法行为的举报，维护良好的粮食流通秩序，保障国家粮食宏观调控收到良好成效。

思 考 题

1. 中国粮食宏观调控的内涵及目标?

2. 粮食宏观调控的手段有哪些? 粮食宏观调控经济手段的具体内容是什么?

3. 中国粮食宏观调控存在的主要问题及挑战是什么?

4. 结合实际谈谈中国粮食宏观调控的对策措施有哪些?

参 考 文 献

程国强. 强化调控机制，确保粮食安全——中央储备粮垂直管理体系运行的经验与启示 [N]. 人民日报，2010 - 06 - 02.

范淑娟. 如何建立和完善粮食宏观调控体系 [J]. 黑龙江科技信息，2010 (21).

郭晓慧. 我国粮食价格波动及调控研究 [D]. 成都：西南财经大学，2010.

黄伯平. 行政手段参与宏观调控：实质、特征与原因 [J]. 中国行政管理，2011 (10).

矫健，罗东，邢珊珊. 2011 年我国粮食市场展望及调控政策选择 [J]. 农业展望，2011 (4).

聂振邦. 加强宏观调控，维护市场稳定，切实保障国家粮食安全 [J]. 宏观经济管理，2010 (4).

秦中春. 中国新型粮食储备体系的形成与特征 [J]. 中国发展评论，2010 (4).

余志刚. 国外粮食宏观调控的经验及对中国的启示 [J]. 世界农业，2012 (7).

朱满德. 中国粮食宏观调控的成效和问题及改革建议 [J]. 农业现代化研究，2011 (4).

2012、2013、2014 年中央 1 号文件.

Soaring food prices：facts，perspectives，impacts and actions required High - Level Conference on World Food Security：the Challenges of Climate Change and Bioenergy. Rome，3 - 5 June 2008.

第十四章　粮食政策

本章学习目标：

1. 掌握中国粮食政策的内涵、种类及目标；
2. 了解改革开放以来中国粮食政策的历次调整情况；
3. 了解中国主要粮食政策的历史沿革与发展；
4. 理解当前中国粮食补贴政策。

粮食政策作为中国农业政策的重要组成部分，对于保持粮食市场的稳定、调节粮食供求的平衡发挥着非常重要的作用。

第一节　中国粮食政策目标及选择

经济政策是政府为实现一定的目标、调节经济运行过程中所制定的措施。在当今粮食流通市场化、全球化过程中，中国粮食政策的制定和执行应该达到什么样的目标是一个值得关注的重要问题。

一、粮食政策内涵

粮食政策作为国家经济政策的一项重要部分，是指政府从自身经济社会发展水平和农业生产实际出发，为实现粮食安全等调控目标，对粮食生产和粮食产业发展的重要方面所制定的一系列有计划的行动措施的总称。

从上述定义，我们可以看出，粮食政策的内涵包括四个方面：首先，粮食政策是国家或政府农业政策的一部分。粮食政策本质上就是政府关于粮食生产和粮食产业发展的一系列制度安排，显然属于农业政策的范畴。粮食关系国计民生和社会稳定，因此，任何国家和地区的政府必须为解决民生问题制定一些制度安排。粮食政策就是其中之一。

其次，粮食政策的制定和执行受制于国家经济发展水平和农业发展阶段的影响。如中国粮食生产技术落后、国家财力有限的建国初期，为确保粮食供应，实行了统购统销的粮食政策。但随着其市场经济体制的建立和国家财力的增长，粮食政策开始进行市场化的改革，从而更多采用经济手段调节粮食生产和粮食流通。

第三，粮食政策必须以确保国家粮食安全为首要目标。中国作为13亿人口的大国，耕地非常短缺，13亿人口的吃饭问题是中国政治经济生活面临的首要问题，因此，粮食政策必须以粮食安全为首要目标，在此基础上，才能追求农民增收等其他目标。

第四，粮食政策是国家或政府关于粮食产业发展的系列制度安排。为实现粮食安全的目标，国家或政府需要在粮食品种结构、组织形式、资源配置和产品流通等领域制定一系列相互联系的政策，从而引导市场行为主体做出符合全体人民利益的决策。

二、粮食政策种类

根据粮食政策作用的领域不同，可以把它区分为粮食生产政策、粮食流通政策和粮食消费政策等几大类型。其中，粮食生产政策是直接作用于粮食生产领域、增加粮食产量的相关政策，主要包括耕地保护政策、粮食补贴政策等。如减免农业税和取消除烟叶以外的农业特产税，对种粮农民实行直接补贴，良种补贴、农机具购置补贴、农业生产资料价格综合补贴，加强对耕地保护、提高农业综合生产能力，稳定农业生产资料价格等都属于粮食生产政策的内容。粮食流通政策是作用于粮食流通领域的政策，主要包括粮食最低收购价格政策、粮食储备政策和粮食贸易政策等。而粮食消费政策是作用于粮食消费领域的政策，比如促进粮食转化增值、发展粮食加工业、陈化粮定向处理，等等。

三、粮食政策目标及选择

在不同的经济发展和农业发展阶段，粮食政策目标的侧重点也不相同。粮食政策的目标从来都是一个经济学与政治决策者研究和思考的重要课题。

（一）关于粮食政策目标的争论

改革开放以来，中国对粮食政策目标的选择无论是在经济学界还是在政治决策层面上都存在着相左的意见和激烈的争论。从不同意见的争论中可分为两派：安全论派和效率论派。

安全论是中国传统粮食政策目标的主要理论基础。由于粮食缺乏可替代性，鼓励农民种植积极性，确保粮食的供给具有特殊的政治意义，并成为中国传统粮食政策的核心目标。《汉书》中常被引用的"王以民为天，民以食为天"的说法体现出了为政者绝不能让民众面临饥饿的中心思想，中国历史上也就演绎出了"无粮则乱"的思想传统。可见，中国传统粮食政策的目标是在理解了中国人心理的基础上制定出来的，反映到保障中国粮食安全的思想，自给自足自然就成了基本方针。他们强调粮食安全是国家政治经济发展和社会稳定的基础，因此，在任何情况下都要确保国家粮食的足量供给。而粮食的供给缺口存在着不确定性的国际关系所可能导致的国际粮食禁运风险和交战的情况下，对一个国家及其政权的打击将是毁灭性的。由此安全论者推论出粮食的足量供给不能依赖外部，必须不惜任何代价和成本地去努力实现一个国家的粮食自给。在政策执行上就是要对粮食生产实行由行政负责的紧抓、常抓，一刻也不能放松。实际上这种粮食生产就是以行政手段来配置粮食生产的资源。

效率论者也认识到粮食安全对一个国家及其政权的绝对重要性，但它与安全论者的主要区别在于，他们是把粮食安全置于有效率的市场基础之上。效率论者主张应该在市场机制的基础上有效地配置有限的生产资源，而不是不惜代价和成本地去进行粮食生产。他们指出安全论者的粮食政策违背了资源有效配置的经济学基本原理。在建设中国特色社会主义市场经济体制的大前提下，应该改变粮食政策的目标，把资源配置到效率最高、效益最好的地区和部门，以更快更好地促进国民经济的快速协调发展。

在安全论和效率论之外，还存在着折中的第三种意见：他们主张确立更为开放的粮食安全战略。在确保粮食基本自给、适度进口前提下，面向国际国内两个市场、利用国际国内两种资源，实现安全与效率的有机结合。实际上，这种折中意见仍然把粮食安全摆在了首要的地位，把效率放在了次要的地位。如果我们从经济学基本原理仔细地分析这种意见，就会大吃一惊：强调安全就必然要牺牲效率，而强调效率也不一定能保证安全，结果可能是既没有安全，也没有效率。因为效率和安全（包括公平）是不可能同时存在的。以市场机制来衡量，效率是最重要的。但强调经济效率就必然要求资源的配置达到最优。这对于还处于弱质产业的中国农业和粮食产业来说意味着粮食产业自身的生产资源要求流向投入产出效率更高、收益更多的其他产业，从而形成对粮食安全的现实威胁。而作为对这种现实威胁的校正就必然强调粮食的安全第一。强调粮食安全的首要地位时，经济效率就会降低甚至是负效率。因此，从理论上来说，效率和安全是鱼肉和熊掌不可兼得，只能是二者选一。这就造成了当前安全论派和效率论派的完全对立。

（二）中国粮食政策目标的选择

上述关于粮食政策目标的不同意见和争论之所以存在，其原因在于这些意见和争论都把粮食政策的目标看成是一成不变的。政策是为现实经济服务的，因此，一个国家的粮食政策目标的选择要与这个国家不同时期不同地区的经济现实保持同步，它应该是一个动态的相机调整的过程。也就是说，如果我们把时间因素和区域因素这两个变量加入到粮食政策目标的选择公式中，我们就会协调解决上述关于粮食政策目标的所有不同的意见和争论。在时间变量和区域变量的影响下，粮食政策目标的选择实际上就是一个在综合的、多变量的竞争中的优胜选择。由于这种优胜选择具有时段性和区域性，即具有动态的相机调整机会，因此我们把它称之为粮食政策目标的相机选择。

相机选择不是在安全论和效率论之间进行折中调和，它是一种全新的粮食政策目标选择的理论。其目标选择的相机性表现在：①在同一地区不同时期可以确定和执行不同的粮食政策目标。②在不同地区同一时期也可以确定和实行不同的粮食政策目标。③在不同地区不同时期也可以确定和实行不同的粮食政策目标。④在同一地区同一时期也可分阶段地确定和执行不同的粮食政策目标。这种粮食政策目标选择的相机性体现了唯物主义和辩证法思想。由于粮食政策目标的确定和执行不仅影响粮食经济，而且还影响农业经济和整个国民经济，所以粮食政策目标的选择对一个国家经济发展具有施加最基础和最根本影响的意义。

自从 20 世纪 90 年代中期以后，中国通过"米袋子"省长负责制、"三项政策、一项改革"等粮食政策措施的实施，粮食政策的安全目标已经基本完成，但考虑到粮食安全涉及国民的基本生活保障，13 亿人口的粮食需求不能依靠国际市场供给，粮食安全必须立足于国内，实现粮食基本自给。同时，为了鼓励农业生产者的生产积极性，粮食政策还必须千方百计增加农民收入。因此，中国粮食政策的目标应该是保障粮食安全和增加农民收入。

第二节　改革开放以来中国粮食政策的历次调整

改革开放以来，中国粮食政策围绕粮食安全进行了多次调整。但是，总体上可以划分为以下 3 个阶段：逐步放宽粮食购销政策（1979—1984年）、粮食商品化和经营市场化（1985—2002 年）以及进一步完善粮食政策（2003 年以后）。

一、逐步放宽粮食购销政策（1979—1984 年）

1979—1984 年中国逐步放宽粮食购销政策主要体现在以下两个方面：

（一）给农民以休养生息的同时保障城镇居民的基本生活水平

党的十一届三中全会拉开了改革开放的序幕，为扭转长期以来依靠农业积累为工业提供建设资金，导致"三农"问题日益尖锐化的矛盾，决定在以空前规模大量进口粮食的同时，较大范围调减征购基数，较大幅度提高粮食统购价并实行超购加价 50% 的惠农政策。为了保障城镇居民基本生活水平不受影响，又作出稳定粮食统销价，由此造成的购销倒挂价差由财政补贴的政策规定。在这一政策氛围下，1979 年、1980 年平均每年进口粮食 1 200 万吨，1981 年增加到 1 300 万吨，1982 年更增加到创纪录的 1 500 万吨，为改革开放之初奠定了必不可少的、良好的粮食局势。

（二）扩大农民支配粮油产品的自主权

这一阶段中国扩大农民支配粮油产品的自主权主要采取了以下五个措施：第一，恢复农村集市贸易。为繁荣农村经济，党中央、国务院及时作出恢复农村集市贸易决策，使农民在交足国家、留足集体后的余粮，能够通过集市贸易互通有无、增加收入。第二，缩小粮食统购范围。1984 年规定粮食统购只限于稻谷、小麦、玉米 3 大品种，油料油脂统购只限于花生、菜籽、棉籽 3 大品种，其余粮油品种一律退出统购范围，为农民增加收益、改善生活提供了宽松的条件。第三，实行粮食购销调包干政策。为了适应改革开放新局面，保障粮食供求平衡，自 1982 年起在全国范围内（除新疆、西藏外）实行粮食购销调包干，一定 3 年，包干期内规定的包干数额一般不作调整。调拨包干数额 3 年统算，调出必须如数完成，调入总数不能突破。第四，扩大用粮渠道。为缓解卖粮难、存粮难、销售难的问题，出台了一系列扩大用粮渠道的政策，如退耕用粮、以工代赈用粮、饲料用粮以及名目繁多的奖售用粮。第五，促进食品饲料工业超常规发展。由于粮食连续 5 年丰产，由卖粮难引发的粮食转化浪潮席卷全国。食品工业、饲料工业一改缓慢发展的状态，呈现出超常规发展的势头。

二、粮食商品化、经营市场化（1985—2002 年）

（一）取消统购、实行合同定购

农村联产承包责任制的推行，极大地调动了农民种粮的积极性，出现了 1979—1983 年连续 5 年粮食丰产的大好局面。为解决卖粮难、存粮难、调粮难、加工难、销售难问题，中国从 1985 年开始实施粮食定购合同制度。1985 年核定的粮食合同定购计划为 790 亿千克，但落实到户的仅 698 亿千克。由于当时粮食供求偏紧的客观实际，这种政策不但存在着一系列影响粮食供给的不确定因素，而且也受制于统销粮消费者较弱的经济承受能力和心理承受能力，从而难以使粮食合同定购名副其实，而只能强调既是经济合同，又是国家任务。其后为了保证国家掌握必不可少的粮源，又于 1991 年将粮食合同定购改为国家定购。

（二）相应调整粮食购销价格

第一，合同定购价实行倒三七比例价。由于超购加价 50％ 政策，会产生商品粮产区征购基数高、超购少、加价少，新商品粮产区征购基数低、超购多、加价多等问题，因此，1985 年开始国家提出实施了倒三七比例价政策。虽然增加了老商品粮产区的超购加价收入，但却压低了新商品粮产区的加价收入，甚至低于原实行超购加价 50％ 的综合平均价，而且在实际上还低于市价，这在一定程度上产生了限产的消极作用。第二，调整农村粮食销价。为减轻财政负担与实行合同定购倒三七比例价的同时决定调整农村粮食销价。除按政策规定供应统销粮的农村居民外，从农村招用的矿山轮换工、乡邮投递员、驻段线务员、国有建筑企业合同工、进城务工经商的农民等均按比例收购价再加上经营费用供应口粮。此外，供应农村的定销粮和返销粮也一律按比例价供应。

（三）稳购、压销、调价

合同定购、倒三七比例价以及一系列扩大销售鼓励用粮的政策出台和实施，使粮食播种面积大幅减少，粮食形势又骤然逆转，在全国范围内出现了粮食供不应求的紧张状态，直到 1989 年才恢复到 1984 年的水平。在此期间国家又先后出台了稳购、压销、调价的购销政策。为完成定购任务，中央财经领导小组决定中央财政与地方在加价款结算时 90% 按比例价结算，10% 按原超购加价 50% 结算。此后，粮食定购任务继续有所减少并稳定在 500 亿千克的水平上，实行奖售平价化肥、柴油和发放预购定金"三挂钩"政策，平价销售不足部分由议价购粮转为平价销售予以弥补。1985 年 4 月 5 日国务院常务会议决定大力压销，严格控制库存。除出口外，其他开支如饲料用粮、奖售用粮、以工代赈用粮、退耕还林还牧用粮都要压缩、控制，也要认真落实国家下达的"农转非"人口计划，严格控制非农人口的增长。要大力宣传计划用粮、节约用粮的良好风尚。与此同时，叫停平价粮转议价销售，并要求各地控制压缩调整农业结构用粮开支，把已经下达的指标分两年安排使用，对已经下达的以工代赈用粮指标分 3 年安排使用，不得提前。地方不得用平价粮搞计划外出口。此外，再次强调国家粮食周转库存属于中央所有，地方除用于周转外，不得随便动用。对于城镇居民口粮定量标准和工种粮也可进行适当调整。从 1991 年起平价食油销售只保城镇居民定量口油和军供用油，其他各项用油改为议价供应或市场调节。由于平价粮销售大大超过合同定购数量，缺额部分只能通过议转平予以弥补，由此造成财政补贴愈益增多。为此，确定的调价政策目标首先是除城镇居民统销口粮与军粮外，其余各项平价用粮逐步改为议价供应或随行就市供应。为保持粮食生产的稳定发展，国务院批准自 1992 年 4 月 1 日起适当提高粮食定购价格，分品种全国平均每 50 千克小麦提价 6 元、粳稻提价 5 元、籼稻 3 元、玉米 3 元。并且，出台关于调整粮油统销价格的决定，面粉、大米、玉米 3 大品种全国平均统销价格每千克提高 0.2 元，花生油、大槽芝麻油、菜籽油、精炼棉籽油、茶籽油、豆油 6 大食用油实行购销同价，全国平均每千克提高 2.7 元。

（四）建立专项粮食储备制度

粮食生产在年度和地区之间的不平衡状况，使得国务院于 1990 年作出建立国家专项粮食储备制度的决定，成立了以国务委员为组长的国家专项粮食储备领导小组，统筹解决国家专项粮食储备问题。国家专项粮食储备制度的建立对于保障粮食安全、稳定粮食市场、安定民生和深化粮食流通体制改革，均有十分重要的现实意义。

（五）放开粮食价格和经营

粮食价格改革是粮食流通体制改革的核心，因而国务院在加快粮食流通体制改革的通知中，提出争取在 2～3 年内全部放开粮食价格。1993 年粮食统销政策宣告结束，粮票也相应退出粮食流通领域。为了支持粮价改革，中央财政对各省、自治区、直辖市的粮食补贴保留 3 年，逐年减少。每年减少的财政补贴转作中央粮食风险基金，不准挪作他用。地方将减少的财政补贴转作地方粮食风险基金。除军供用油外，取消国家食油收购计划和食油定量供应政策，取消食油指令性调拨计划。1994 年国务院关于深化粮食购销体制改革的通知中明确要建立两条线运行机制，深化粮食企业改革。具体划分了政策性机构和商业性经营单位，即各级粮食行政管理部门及其领导下的粮管所（站）、粮库是政策性机构，而国有粮食零售企业是商业性经营单位。1995 年国务院关于粮食部门深化改革实行两条线运行的通知，更进一步把粮油零售企业、加工企业、运输企业等定位为商业性经营单位。两线运行的实质内容在于要实行政策性业务和商业性经营财务分开、核算分开，防止互相挤占。同时建立国家储备粮油垂直管理体制，管好国家储备粮油和进出口粮油，掌握收购，控制批发、仓储，放活加工、零售，管好市场。粮食安全是最大的民生工程，因此，为调动地方发展粮食生产的积极性、实现全国和地方的粮食供求平衡、加强政府对粮食市场的宏观调控，保障粮食安全，国务院 1994 年关于深化粮食购销体制改革的通知中又提出了实行省、自治区、直辖市政府领导负责制的战略性改革举措。

（六）进一步加快改革步伐

在进一步完善"三挂钩"和以保护价敞开收购农民余粮等一系列保护农民种粮积极性的政策措施刺激下，1995—1997 年连续 3 年粮食丰产，国家粮食储备超过历史最高水平，为进一步加快粮食流通体制改革、减轻财政负担提供了一个有利的改革空间。国务院 1998 年 15 号文件明确指出："按照党的十五大提出的目标和要求，必须利用当前宏观经济环境明显改善，粮食供求情况较好的有利时机，加快粮食流通体制改革的步伐。

改革的原则是'四分开、一完善'，即实行政企分开、中央与地方责任分开、储备与经营分开、新老财务账目分开、完善粮食价格机制，更好地保护农民的生产积极性和消费者的利益，真正建立起适应社会主义市场经济要求，符合中国国情的粮食流通体制。"

与"四分开、一完善"同时出台的是"三项政策、一项改革"。1998年5月29日，国务院办公厅在关于进一步做好粮食购销和价格管理工作的补充通知中，明确提出敞开收购、顺价销售、收购资金封闭运行三项政策和加快国有粮食企业自身改革的问题。针对粮食生产和流通出现的新情况、新问题，国务院于1999年5月30日关于进一步完善粮食流通体制改革政策措施的通知中出台了有关政策措施，如适当调整粮食保护价收购范围，即规定北方春小麦、江南小麦、南方早籼稻，从2000年新粮上市起退出保护价收购范围；完善粮食收购价格政策，即在市场粮价较低的情况下，可以将定购价调低到保护价水平。对国有粮食购销企业销售的粮食以及其他国有粮食企业销售的军粮、救灾救济粮、水库移民口粮免征增值税；对从国有粮食购销企业购进粮食可享受相应的优惠政策；继续调动工商行政管理力量加强粮食收购市场管理；对陈化粮处理作出相应价差亏损的财政负担政策；加大粮食购销企业下岗分流，减负增效的力度，强调必须完成人员分流计划。

为了在组织上进一步实施政企分家和加强储备粮垂直管理体制，国务院于2000年决定在原国家粮食储备局部分职能机构和所属部分企事业单位基础上，组建中国储备粮管理总公司，其主要职能是受国务院委托，具体负责中央储备粮、油的经营管理，并承担国家粮食储备局离退休人员管理的具体事务，在国家宏观调控和监督管理下依法开展业务活动，实行自主经营、自负盈亏。国务院同意中储粮公司划转上收一定规模的中央直属粮食储备库，确定第一批划转上收规模为100亿～150亿千克库容。在国家未对国有企业征收国有资产收益之前，中储粮国有资产收益应用于中央储备粮库建设和技术改革。国务院同意中储粮公司在国家计划中单列，财务关系在国家财政中单列。此外，中储粮公司享受一系列相关政策优惠和外事审批权。应当说国务院赋予中储粮公司的权限是十分可观的，是一个权重、责重的特大型行政性国有企业。实践证明，中储粮公司形同第二国家粮食局。

为切实做到按保护价敞开收购农民余粮，保证粮食流通体制改革按预定设想顺利进行。国务院投巨资在1998年建设250亿千克库容基础上，于 2000 年、2001 年分别再建设 100 亿千克仓容，新建库总仓容达 450 亿千克，至 2003 年新增库容达 527 亿千克。这对于缓解仓储设施严重不足的矛盾，改善仓储设施落后的局面，为在总体上提升中国储粮设施技术现代化水平，实现以"四散化"为代表的现代粮食物流体系建设提供了重要的前提条件。

三、进一步完善粮食政策（2003 年以后）

由于调整农业生产结构，自 1998 年以来粮食播种面积逐年减少，2003 年粮食播种面积降至约 1 亿公顷，比 1998 年减少 1440 万公顷。粮食产量由 1998 年的 5123 亿千克降至 4307 亿千克，减产达 816 亿千克，主要是稻谷、小麦、玉米 3 大粮食品种减产，粮食形势又骤然紧张。自 2004 年开始，连续 6 年 6 个中央 1 号文件吹响了全面反哺农业的进军号，"多予、少取、搞活"的方针政策深入民心，有力地调动了农民的种粮积极性。2004—2014 年连续 11 年实现丰产，结束了又一轮粮食生产的徘徊局面。

与此同时，实施了最严格的耕地保护制度，取消了农业税、农业特产税（除烟叶外）、牧业税和屠宰税，实行粮食直补、良种补贴、农机具购置补贴和农资综合直补政策，初步建立了粮食专项补贴机制和对农民的收入补贴机制。对稻谷、小麦坚持实施最低收购价保护政策。政府加大了对农业投入力度，开始建立稳定的粮食生产投入增长机制。自 2004 年开始连续 11 年实现粮食持续增产，2014 年全国粮食总产更达到创纪录的 6 070.99 亿千克。反哺农业和粮食商品生产的伟大实践，是改革开放 30 年以来粮食宏观调控政策演变中最富时代特征的一个亮点。

另外，还通过完善粮食省长负责制、完善中央和地方两级粮食储备体系、加强粮食产销合作关系、建立应急保障机制改善对粮食市场的宏观调控。

第三节　中国主要粮食政策的历史沿革与发展

如前所述，中国粮食政策包括很多种类型，每一种类型中又有多种形式。但作为一本教材，不可能把所有的粮食政策都进行分析。因此，本教材以耕地保护政策、粮食最低收购价政策和粮食补贴政策为例分析中国粮食政策的发展历程。

一、耕地保护政策

耕地保护在中国真正得到关注是在改革开放以后，耕保政策也随着经济社会发展而不断完善。由于 1986 年国家土地管理局的成立结束了多部门分散管理土地的局面、1998 年国土资源部成立强化了土地管理体制基础，而 2004 年国务院《关于深化改革严格土地管理的决定》（以下简称 28 号文）的颁布，为市场经济条件下加强土地管理指明了方向。因此，根据上述事件将改革开放以来耕保政策演变简单划分为四个阶段。

（一）耕保意识开始觉醒期：1978—1985 年

由于粮食安全压力尚未消除，中央政府察觉到耕地减少的苗头及其不利影响，因此多次强调保护耕地。1978 年《政府工作报告》提出要通过开荒，促使耕地面积逐年增加。1981 年《政府工作报告》认为："十分珍惜每寸土地，合理利用每寸土地"应是我们的国策，并要求基本建设和农村建房不能乱占滥用耕地。1982 年中央 1 号文件将保护耕地视为与控制人口一样重要的国策，并要求严格控制各类建设占地；该年《政府工作报告》还将滥占耕地建房看作当时农村中必须刹住的一股歪风。1983 年中央 1 号文件在将"耕地减少"列为当时农村一大隐患的同时，明确提出要"严格控制占用耕地建房"和"爱惜每一寸耕地"。为落实中央政府要求，相关部门陆续颁布了一些耕地保护的法规、规章，但数量并不多，如 1982 年颁布的《国家建设征用土地条例》也涵括了耕地保护内容。

这一时期恰值改革开放初期，计划经济色彩仍较浓，加之粮食生产形势总体看好和发展经济愿望强烈，耕保政策呈如下特点：①难以协调粮食安全与结构调整。确保粮食安全是农业的重中之重，但通过结构调整发展多种经营从而提高农民收入的要求同样非常迫切，耕地保护政策苦于协调确保粮食安全和调整农业结构关系。1981—1983 年《政府工作报告》和 1982—1983 年中央 1 号文件都要求在不放松粮食生产的同时发展多种经营，但 1984—1985 年高调推动农业结构调整则一定程度上弱化了耕保的重要性。②总体上服从于保证建设需要。各项建设用地需求突增，加上粮食生产形势总体上向消除粮食安全压力的方向发展，保证国家建设用地需求常以牺牲耕地为代价。如 1982 年颁布的《国家建设征用土地条例》

虽然也提出保护耕地的要求，但该条例原则之一就是要"保证国家建设必需的土地"。③政策散见于相关文件和报告。虽然这一时期各用地部门往往基于局部利益而夸大用地需求并造成耕地浪费，但由于没有专门的管理机构，有关耕地保护要求散见于相关文件和报告中，少有专门法律法规，使得耕地保护缺乏具体的法律法规。④实施措施稍有提及但不具体。耕保政策多以行政命令贯彻，虽也提到了其他措施，如 1983 年中央 1 号文件提出"做好规划"、1984 年中央 1 号文件提出"对农民向土地的投资应予合理补偿"等，但多停留于概念而缺少配套措施。

（二）耕保政策制定起步期：1986—1997 年

1986 年中央 1 号文件要求有关部门尽快制定控制非农建设占用耕地的条例，同年中发 7 号文件第一次提出"十分珍惜和合理利用每寸土地，切实保护耕地，是中国必须长期坚持的一项基本国策"，该年通过的《土地管理法》则对建设用地审批和毁坏耕地处罚等做了规定。国家土地管理局在 1987—1988 年还参与发布了《关于在农业结构调整中严格控制占用耕地的联合通知》等文件。1990 年《政府工作报告》在强调严格执行建设用地计划和建设用地审批的同时，提出建设占用耕地要承担开发土地义务。1992—1993 年国务院相继发布了《关于严格制止乱占、滥用耕地的紧急通知》等文件。1994 年国务院发布了《基本农田保护条例》，随后四年《政府工作报告》都强调要建立健全基本农田保护制度。1996 年 6 月全国土地管理厅局长会议首次提出"实现耕地总量动态平衡"。而为了增强威慑性和改善管理效果，1997 年第一次设立了"破坏耕地罪"、"非法批地罪"和"非法转让土地罪"，同年中共中央、国务院颁布了中发 11 号文件，后者还直接导致国家土地管理局发布了《冻结非农业建设项目占用耕地规定》。

这一时期中国正处于从计划经济向市场经济过渡阶段，加上经济社会快速发展带来旺盛的用地需求，耕保政策呈现如下特点：①耕保政策受到比较利益的极大冲击。1987 年因农业结构调整减少耕地 55.6 万公顷，虽然这一情形在随后几年有所改观，但很快出现反弹。结构调整成为1987—1995 年间耕地减少的最主要因素，合计减少耕地 352.40 万公顷，占期间耕地减少总量的 62.04%。②耕保政策的实施过度倚重行政手段。虽然 1986 年《土地管理法》明确了乱占、滥用和破坏耕地等行为属于违法，但 1997 年之前一直缺乏定罪标准而且执法困难。1986 年中发 7 号文件首次提出要"运用经济手段"，同年颁布的《土地管理法》也规定对一些行为罚款，但一直缺乏合理标准而且执行不力。法律和经济手段的缺位，使得落实耕保政策只能更多地凭借行政手段。③耕保政策虽陆续制定但系统性不强。1986年国家土地管理局成立后，中国开始探讨如何制定耕保政策并陆续有相关政策出台。例如，提出建立以保护耕地为核心的规划管理制度，以计划指标控制非农建设占用耕地的计划管理制度、控制建设项目占用耕地的审批管理制度，以及基本农田保护制度等。但总体来看，这一时期耕保政策欠缺系统性，多属应急行为。④耕保政策与其他政策存在协调难度。1986年《土地管理法》没有从根本上揭示耕地保护与经济社会发展的关系，虽然要求"切实保护耕地"，但同时又强调要"适应社会主义现代化建设需要"。在保障建设方面，政策间的不协调同样非常明显。例如，建设部等部委1991年发布的《建设项目选址规划管理办法》就未将保护耕地作为建设项目规划选址的主要依据。

（三）耕保政策体系初建期：1998—2003年

1998年中央办公厅和国务院办公厅联合发布《关于继续冻结非农业建设项目占用耕地的通知》，新成立的国土资源部也接着发出《关于坚决贯彻执行中央继续冻结非农业建设项目占用耕地决策的通知》。同年新修订的《土地管理法》首次以立法形式确认了"十分珍惜、合理利用土地和切实保护耕地是中国的基本国策"，并以专门章节规定对耕地实行特殊保护。为落实新修订的《土地管理法》，该年国务院修订了《土地管理法实施条例》和《基本农田保护条例》，国土资源部仅在1999年就独自或参与发布了多项相关文件，如《关于切实做好耕地占补平衡工作的通知》等。2000—2003年，国土资源部陆续颁布了许多文件，以进一步落实耕地保护要求，如《关于加大补充耕地工作力度　确保实现耕地占补平衡的通知》等。而为了协调耕地保护与其他政策关系，国土资源部先后颁发了《关于搞好农用地管理　促进农业生产结构调整工作的通知》等，对于破坏耕地保护行为也颁布了针对性文件，如2003年的《关于严禁非农业建设违法占用基本农田的通知》等。

这一时期中国尚处在市场经济体制初步建立阶段，但配套制度建设的滞后导致这一时期耕地利用仍然较为混乱，耕保政策呈现如下特点：①耕保政策体系得到了初步构建。1998年成立的国土资源部设立了耕地保护等职能部门，开始统一管理耕保问题，也为构建耕保政策体系奠定了体制基础。1998 年修订了《土地管理法》并随后颁布了配套政策，标志着中国初步构建了耕保政策体系框架。②耕保政策服从于国家重大战略。1998 年《土地管理法》反映了土地资源保护和利用必须与经济社会协调发展，而且必须兼顾眼前利益和长远利益、兼顾局部利益和整体利益，这就要求耕保政策必须服从国家重大战略，事实上也正是如此。例如，1998—2003 年中国生态退耕导致耕地减少 557.56 万公顷，占期间耕地减少总量的 63.50％。③耕保政策实施手段日趋多样化。行政命令在这一时期还是加强耕地保护所倚重的手段，但其他手段在不断引入。经济手段上，1998 年《土地管理法》对征地补偿安置做出了有利的规定，1999 年《闲置土地处置办法》首次提出征收土地闲置费等；法律手段上，1997 年修改后的《刑法》第一次设立破坏耕地罪等条款，1998 年《土地管理法》给了保护耕地应有的法律地位；技术手段也在被引入，如 2003 年国土资源部发布了《农用地分等规程》等行业标准。④耕保政策被地方政府严重曲解。由于认为耕地保护阻碍了地方经济发展，耕保政策在地方上的执行往往变形。例如，基本农田不仅在划定时"划劣不划优，划远不划近"的现象普遍，数量保护也几乎成为空谈，2003 年大检查结果显示，全国基本农田面积较第二轮土地利用总体规划纲要下达指标净减少 261.26 万公顷。

（四）耕保政策体系完善期：2004 年以来

2004 年中央 1 号文件明确提出"各级政府要切实落实最严格的耕地保护制度"，同年《政府工作报告》强调要依法加强耕地管理和加快征地改革，国务院还颁布了 28 号文，做出了市场经济条件下有益于耕地保护的规定。为落实中央政府的要求，国土资源部发布了《用于农业土地开发的土地出让金收入管理办法》等配套文件。2005 年中央 1 号文件要求"坚决实行最严格的耕地保护制度，切实提高耕地质量"，该年《政府工作报告》要求"严格保护耕地特别是基本农田"，国务院还颁布了《省级政府耕地保护责任目标考核办法》。国土资源部则先后颁布了《关于规范城镇建设用地增加与农村建设用地减少相挂钩试点工作的意见》等文件。2006 年中央 1 号文件在耕地占用税、土地出让金、新增建设用地有偿使用费征缴和使用方面做出了有利的规定，同年《政府工作报告》仍高调要求"切实保护耕地特别是基本农田"。国土资源部先后发布了《耕地占补平衡考核办法》等。而对当年及之后耕地保护都将产生深远影响的是该年国务院颁发的 31 号文件《关于加强土地调控有关问题的通知》。2007 中央1号文件要求"强化和落实耕地保护责任制",并继续强调提高耕地质量。同年《政府工作报告》则发出"一定要守住全国耕地不少于18亿亩这条红线"的最强音。2014年中央1号文件进一步强调"稳定农村土地承包关系并保持长久不变,在坚持和完善最严格的耕地保护制度前提下,赋予农民对承包地占有、使用、收益、流转及承包经营权抵押、担保权能"。而为了缓解耕保压力,国务院颁布了《关于完善退耕还林政策的通知》等,国土资源部也颁布了《实际耕地与新增建设用地面积确定办法》等文件。

在中国经济社会发展的重要战略机遇期,耕地保护遭遇了与日俱增的压力,但也面临着前所未有的机遇,这一时期中国耕保政策呈现如下特点:①耕保政策被赋予了参与宏观调控的使命。2003年国务院首次将土地作为宏观调控手段,作为土地政策主体的耕保政策也被赋予了参与宏观调控的使命。为切实把好各项建设的土地供应"闸门",需要科学编制和严格实施土地利用总体规划和年度用地计划,还需要严格和规范建设用地预审和审批管理,而所有这些都无一例外地贯彻了耕地保护原则。②耕保政策的科学内涵在不断深化。随着对耕地质量建设认识的提升和提高耕地综合生产能力的需要,这一时期对实施"沃土工程"提出了明确要求;建设占用耕地表土剥离再利用在这一时期真正落实,"移土培肥"在三峡库区得到了实践。加强耕地的生态管护也成为这一时期耕保政策的主要内涵之一,不仅要求切实防治耕地污染,还要支持重点生态工程和巩固生态建设成果。③耕保政策与相关政策的互动加强。这一时期耕保政策与相关政策互动显著增强。例如,农业结构调整在重新定义后也在向有利于耕地保护方向发展;有关新增建设用地土地有偿使用费、土地出让金、耕地占用税的征缴标准和使用方向的适时调整,体现了税费政策和耕保政策的联动;环境政策方面,中国政府也及时调整和完善了退耕还林政策。④耕保政策的实施手段在不断完善。中国政府正在耕地保护方面更多地运用经济手段,如提高了新增建设用地土地有偿使用费征收标准,并将之专项用于基本农田建设和保护等。行政手段方面,2005年颁布的《省级政府耕地保护责任目标考核办法》要求省级人民政府对耕地保有量和基本农田保护面积负责。法律手段也在不断强化,如2006年9月最高法院将非法转让倒卖土地使用权、非法占用耕地和非法批准征用占用土地三类涉土地犯罪列为八类依法严惩的涉农犯罪之一。技术手段方面,包括遥感监测和信息技术在内的现代技术的发展,使新时期耕保工作建立在及时准确的数据之上。

二、粮食最低收购价政策

2004年，中国全面放开粮食收购市场和收购价格，粮食价格由市场形成。粮食价格放开后，为保护农民利益和种粮积极性，2004年、2006年起国家在主产区分别对稻谷、小麦两个重点粮食品种实行最低收购价政策。2005—2006年、2009年和2012年，国家启动了籼稻最低收购价执行预案，2007年、2012年启动了粳稻预案，2006—2009年、2012年、2013年启动了小麦预案。国家每年综合考虑粮食成本收益、供求情况、市场价格、宏观调控等因素，确定小麦、稻谷各品种最低收购价格水平，并于作物播种前向社会发布，引导农民种植，促进粮食生产。新粮上市后，农民随行就市出售粮食。当主产区市场价格下跌较多、低于最低收购价时，国家指定企业（中储粮公司）按照最低收购价格入市收购，引导市场粮价合理回升。

回顾2004年以来中国的粮食最低收购价政策的发展历程，大致可以区分为以下几个阶段：

（一）2004—2007年：保持稳定

2004年3月27日，发改委、财政部等部门发出通知，宣布当年早籼稻最低收购价为每斤0.7元。国家新一轮的粮食宏观调控由此展开。是年随后不久，国家发改委、财政部、国家粮食局、农发行联合发出通知，公布了中晚籼稻最低收购价为每斤0.72元、粳稻为每斤0.75元。在稻谷价格相对偏低的2005年、2006年，国家以上述稻谷各品种最低收购价，相继在主产省启动了托市收购执行预案，并带动稻谷价格回升至最低收购价水平，有效地保护了农民利益，稳定了市场价格。2006年，小麦品种也正式纳入托市收购范围，各品种最低收购价为每市斤白小麦0.72元，红小麦和混合麦0.69元，如表14-1所示。是年及随后的2007年，国家在6个主产省也相继启动了托市预案，使得小麦市场收购价格迅速回升，并持续运行在最低收购价格水平之上。

最低收购价作为一种引导性和保护性价格，是当主要粮食品种的市场价格低于国家制定的当年最低收购价时，才由国家在粮食主产省份委托中储粮按照最低收购价收购。这一政策的实施，不但使农民得到了实惠，国家调控粮食市场的粮源也得到了补充，而且促进了粮食价格出现恢复性增长，有利于稳定农民种粮收益预期，保护农民继续发展生产的积极性。

表 14 - 1　中国 2004 年以来粮食最低收购价格

年份	2004	2005	2006	2007	2008	2009	2010	2011	2012	2013	2014
白小麦			0.72	0.72	0.75	0.87	0.90	0.95	1.02	1.12	1.18
红小麦			0.69	0.69	0.70	0.83	0.86	0.93	1.02	1.12	1.18
混合麦			0.69	0.69	0.70	0.83	0.86	0.93	1.02	1.12	1.18
早籼稻	0.70	0.70	0.70	0.70	0.75	0.90	0.93	1.02	1.20	1.32	1.35
中晚籼稻	0.72	0.72	0.72	0.72	0.76	0.92	0.97	1.07	1.25	1.35	1.38
粳稻	0.75	0.75	0.75	0.75	0.79	0.95	1.05	1.28	1.40	1.50	1.56

注：表中价格均为当年产普通中等最低收购价，单位为元/斤。

（二）2008 年：两次调价

回顾 2007 年之前的托市政策，国家多是选择在春节之后备耕备播时期予以公布，对引导全年粮食生产和粮价走势较为有利。由于价格总水平（物价）的过快上涨，以及粮食种植成本的攀升、粮价整体区间的不断走高，原有的最低收购价格已经不能有效地对农民收益、市场粮价稳定提供支撑。由此在 2008 年年初，国家发改委有关负责人表示将加大农业生产扶持力度，适当提高稻谷和小麦的最低收购价格水平。在随后的 2 月中旬，经报国务院批准，将小麦最低收购价调整为每斤白小麦 0.75 元、混麦和红麦 0.7 元，比之前每斤分别提高了 0.03 元、0.01 元；稻谷最低收购价调整为每斤早籼稻 0.75 元、中晚籼稻 0.76 元、粳稻 0.79 元，比之前每斤分别提高了 0.05 元、0.04 元、0.04 元。随着当年新粮的即将上市，国家在下发最低收购价执行预案的通知中，再次提高了 2008 年小麦和稻谷的最低收购价格水平，其中，白小麦、混麦和红麦每斤分别为 0.77 元、0.72 元，均调高了 0.02 元；早籼稻、中晚籼稻、粳稻每斤分别为 0.77 元、0.79 元、0.82 元，分别调高了 0.02 元、0.03 元、0.03 元。

有专家分析认为，国家先后两次提高 2008 年产小麦和稻谷最低收购价格，其主要原因一方面是物价水平、种植成本等不断上升，在加重农民惜售心理的同时，进而也促使市场粮价不断攀升，并超出了原有的最低收购价格水平；另一方面，国家出于调控市场考虑，也希望通过托市收购，掌握一部分调控粮源，特别是 2007 年由于市场价格较高，而没有启动籼稻最低收购价执行预案（只是在东北启动了粳稻托市收购），国家需要通过托市（或临时收储）来掌握一部分拍卖粮源，以更好地保证市场供应，稳定价格总水平。

（三）2009—2014 年：大幅提升

2008 年以来，中国物价水平从高位不断回落，但前期化肥等农资和农业用工价格的过快上涨，导致种粮成本也有较大提升。在这种情况下，大幅度提高粮食最低收购价，符合国家长期坚持的强农惠农政策，也有利于确保农民有合理的收益。这一年，国家先后两次调高了小麦和稻谷品种的最低收购价格，在小麦主产省启动了托市收购，而由于早稻价格不断上涨，国家在主产省采取了临时收储政策，其价格也远高于 0.77 元/斤的托市收购价。而在秋粮大量上市前夕的 10 月 17 日，国务院常务会议决定全力组织开展主要农产品收购，包括在东北地区按照粳稻每斤 0.92 元、玉米每斤 0.75 元的价格实行国家临时收储，按照每斤 1.85 元的价格挂牌收购中央储备大豆；在南方稻谷主产区按照每斤 0.94 元的价格收购中晚籼稻作为国家临时收储；在油菜主产区按照每斤 2.20 元的价格向农民收购油菜籽，充实食用植物油中央储备。同时，决定较大幅度提高 2009 年生产的粮食最低收购价格，即从 2009 年新粮上市起，白小麦、红小麦、混合麦每斤最低收购价分别提高到 0.87、0.83 元、0.83 元，比 2008 年分别提高 0.10 元、0.11 元、0.11 元，提高幅度分别为 13%、15.3%、15.3%；稻谷最低收购价格水平也作较大幅度提高，即 2009 年 1 月 24 日国家发改委公布的早籼稻 0.90 元、中晚籼稻 0.92 元、粳稻 0.95 元，均比 2008 年提高 13 元，提高幅度分别为 16.9%、16.5%、15.9%。

国家对 2009 年产粮食最低收购价格的大幅提高，是基于 2008 年以来粮食生产成本上升较多，为保护农民利益、保持粮食市场价格合理水平、调动农民种粮积极性、进一步促进粮食生产稳定发展考虑的。特别是稻谷品种，据国家发改委有关负责人介绍，此次稻谷提价幅度是 2004 年国家实行粮食最低收购价政策以来最大的一次。进入 2009 年，在国际经济危机的影响下，中国经济发展也较为困难，对巩固发展农业农村的好形势的任务也比较艰巨。特别是在农业连续 5 年增产的高基数上，保持粮食稳定发展、保持粮价运行在合理水平、保持农民收入较快增长的任务更加繁重、难度更加突出。为此，国家继续加大强农惠农政策力度，不但先后启动了小麦、稻谷最低收购价格执行预案，由于自然灾害影响，更是在部分主产区出台实施了芽麦收购政策。时至 2009 年 10 月 12 日，又值秋粮即将大量上市，国务院召开常务会议决定继续提高小麦和稻谷最低收购价格

（如表 14-1 所示），虽然幅度较比上年同期的那次调整有所下降，但也体现了国家促进粮食生产稳定发展的决心，对粮食价格和市场主体心理也会起到有效支撑。2010 年以来，针对粮食生产成本上升的情况，国家又连续 5 年提高粮食最低收购价格。2013 年稻谷、小麦最低收购价分别提高到每斤 1.39 元、1.12 元，自 2008 年以来 6 年累计分别提高 0.63 元、0.41 元，提高幅度分别为 83%、56%。2014 年稻谷、小麦最低收购价又分别提高到每斤 1.43 元、1.18 元，分别提高 0.04 元、0.06 元。

在国家稳步提高粮食最低收购价的政策引导和市场调控措施的综合作用下，几年来，尽管国际市场粮价大幅震荡，国内粮价始终保持平稳上升的良好态势，较好地保护了农民种粮积极性，促进了粮食生产稳定发展。这为增加农民收入、保障国家粮食安全、稳定价格总水平发挥了重要作用。根据中国物价系统农产品成本调查结果，2007—2012 年，农民种植稻谷、小麦、玉米三种粮食平均每亩现金收益累计增加 62%，年均增加 10.1%。农村居民人均纯收入年均增长 9.9%，高于城镇居民人均可支配收入增幅 1.1 个百分点。

三、粮食补贴政策

从中国粮食政策的演进过程来看，粮食补贴包括间接补贴和直接补贴两种类型。

（一）粮食间接补贴政策（1978—2003 年）

中国的粮食间接补贴政策是从 1978—2003 年，这一时期粮食补贴主要是补贴粮食企业经营费用和购销差价，补贴的直接受益者是城市居民，农村居民只能间接获得补贴的收益。这一补贴政策具有以下四个明显的缺点：

第一，粮食补贴政策效率低下。间接的粮食补贴政策，人为地加长了补贴传递链条，最终落到农民手里的补贴很少，农民没有从粮食补贴政策中得到明显的实惠，粮食补贴资金浪费在流通环节。这一政策并不能保护农民利益、增加农民的收入。

第二，粮食补贴政策的补贴对象错位和社会福利损失。间接的粮食补贴政策多以流通环节为主，而国有的粮食流通企业是具有双重身份的，即它既要追求利益的最大化，又要担负部分政府职能，充当粮食管理者和调控者的角色，这就使其不能全力地去执行国家的粮食补贴政策。国有粮食流通企业垄断了收购渠道，排挤其他的粮食经营者，这就使得粮食商品在全国范围内不能自由流通，不能达到资源的最优配置，使资源的使用效率低下，从而使社会总福利减少。

第三，粮食补贴政策实施成本巨大。可以把粮食补贴政策实施过程中的成本分为直接成本和间接成本。直接成本包括收购资金占用、粮仓库存费用、贷款利息和损耗、陈化费用等。间接成本包括寻租成本和监督成本。由于这些成本，国家用来保护农民利益的粮食收购专项资金严重流失，国家制定的保护提高农民利益的政策没有达到预期的效果。

第四，粮食补贴政策的补贴成本分摊不合理。根据"粮食省长负责制"规定，在粮食风险基金包干后，各地的配套资金必须纳入地方财政预算中，专款专用。中央和省财政承担的粮食风险基金比为 1∶1.5，缺口部分为 1∶1. 这使得中央财政把其应该承担费用转移给了地方财政，而地方政府没有制定保护价的权利，这样其实是把负担转移给了农民。

（二）粮食直接补贴政策(2004 年至今)

由于粮食间接补贴政策存在众多不足之处，因此，2002 年 9 月开始，国家选取吉林和安徽的三个县进行粮食直接补贴试点，到 2004 年全国开始实行粮食直接补贴政策。补贴的内容主要包括：种粮农民直接收入补贴、良种补贴、农机具购置补贴和农业生产资料增支综合直接补贴。根据国家统计局数据，2004—2014 年中国粮食生产已经连续实现 11 年增产。但与此同时，国家用于粮食直接补贴的支出从 2004 年的 115 亿元增加到 2013 年 262 亿元，农资综合补贴从 2005 年的 120 亿元增加到 2013 年的 1520 亿元，如表 14 - 2 所示。

表 14 - 2　2004—2013 年国家粮食直接补贴、农资综合直补金额一览表

单位：亿元

年份	2004	2005	2006	2007	2008	2009	2010	2011	2012	2013
粮食直接补贴	115	135	142	151	151	178	185	210	234	262
农资综合补贴			120	276	482	512	783	910	1230	1 520

数据来源：农业部：www.moa.gov.cn.

粮食间接补贴政策的实施，具有以下明显优势：

第一，一定程度促进了农民增收。粮食直接补贴政策与保护价收购政策的效应各不相同，带给农民的感受也不同。在保护价收购政策下，农民卖粮虽然有了"兜底"，但如果遇到气候不好的年份，农民即使付出艰辛的努力，仍然可能无法从粮食种植上赚到钱，甚至有可能赔钱。在粮食直补政策下，如粮种补贴，农民在购买种子时即可获得补贴。相关科研机构调查数据显示，在实行保护价收购政策情况下，只有 32.5％的农民认为有利于收入增加；在实行粮食直补政策情况下，超过 78.5％的农民认为有利于收入增加。从目前粮食补贴水平看，农民每人每年因为粮食补贴而实际增加收入大约为 105 元。随着中国粮食补贴力度的逐年加大，其在增加农民收入方面的重要作用将更加显著。

第二，政策管理水平显著提升。中国粮食种植以散户种植模式为主，实施粮食补贴政策的难度较大。有些粮食补贴是以亩计算的，有些粮食补贴则是以户为单位发放的，且不同粮食种类的补贴水平也各不相同。在此情况下，政策执行相对复杂，容易出现操作走形的问题。随着国家粮食直补力度逐年加大，相关部门的政策管理水平显著提升。如通过农户在银行开户，直接将补贴资金打到农户银行账户，可以减少大量中间环节，避免"雁过拔毛"，有利于粮食补贴发放监督管理。许多地方还通过村务公开等渠道，将每年每户的粮食补贴情况予以公示，极大提高了政策透明度，对稳定农民种粮积极性起到了重要作用。

第三，有利于推动粮食流通市场化改革。直接的粮食补贴政策加快了国有粮食购销企业改革的步伐，使企业真正走上市场化道路，并且打破了政府的垄断地位，这有利于粮食市场多元化的形成，加快粮食流通市场化的进程。粮食流通市场化以后，企业平等参与竞争、自主经营，增强了粮食企业参与市场化的竞争能力。

第四，有利于引导农民调整农业结构。在实行了直接的粮食补贴政策之后，粮食的市场价格放开，价格形成的主导因素是市场，名、优、新粮食品种成为补贴的重点，还会对相应农户进行奖励。这势必会引导种粮农民种植有市场需求的粮食，从而解决粮食供给与需求不平衡的问题，以促进农业结构的调整。

第五，有利于与国际接轨。按照 WTO 的规则，各国对农产品的补贴只能对生产环节的农民进行补贴，以前中国对农产品的补贴是与 WTO 规则相悖的。对农民进行直接补贴，是符合国外农业支持政策调整趋势的，有利于与世界通行的农业保护政策接轨。

思 考 题

1. 粮食政策的含义是什么，中国粮食政策的目标应该如何选择？

2. 简述改革开放以来中国粮食政策的演变过程。

3. 中国耕地保护制度的发展可以区分为哪几个阶段？每一个阶段的主要特点是什么？

4. 中国粮食直接补贴政策包括哪些项目？相对于粮食间接补贴政策有哪些优势？

参 考 文 献

姜长云，李显戈，董欢. 关于我国粮食安全与粮食政策问题的思考——基于谷物自给率与日、韩相关经验的借鉴 [J]. 宏观经济研究，2014 (3)：3-10.

李全根. 中国粮食调控政策的演变 [J]. 粮食科技与经济，2009 (5)：15-18.

李忻然. 浅谈我国粮食政策与粮食安全 [J]. 吉林省教育学院学报，2013 (8)：138-140.

刘新卫，赵崔莉. 改革开放以来中国耕地保护政策演变 [J]. 中国国土资源经济，2009 (3)：11-14.

刘永芳. 中国粮食补贴政策效应分析 [J]. 世界农业，2013 (1)：133-136.

王双进，苏景然. 粮食价格支持政策演变历程及经验启示 [J]. 宏观经济管理，2014 (9)：48-50.

张国庆. 我国粮食补贴的绩效评估与政策改进 [J]. 农村经济，2012 (9)：13-17.

张莹. 中国粮食直接补贴政策实施效果与展望 [J]. 农业展望，2013 (6)：37-41.

赵德余. 转轨中粮食政策变迁及其市场制度关系的形成———1998 年以来"粮改"的进展 [J]. 人文杂志，2011 (2)：71-78.

周慧秋，李忠旭. 粮食经济学 [M]. 北京：科学出版社，2010：115-131.

第六篇　世界粮食经济
问题概览

第十五章　世界粮食组织

本章学习目标：

1. 了解联合国粮食及农业组织；
2. 了解世界"四大粮商"；
3. 理解跨国公司对中国粮食安全的影响。

第一节　联合国粮食组织

一、联合国粮食及农业组织（FAO）

　　作为一个全球专门的粮食组织，粮食及农业组织的成立先于联合国本身。第二次世界大战暴发后，针对当时粮食及农业经济面临的困难，为了提高人民的营养水平和生活标准，改进农产品的生产和分配，改善农村和农民的经济状况，促进世界经济的发展并保证人类免于饥饿，美国总统罗斯福倡议，45 个国家的代表于 1943 年 5 月 18 日至 6 月 3 日在美国弗吉尼亚州的温泉城举行了同盟国粮食和农业会议。会议决定建立一个粮食和农业方面的永久性国际组织，并起草了《粮食及农业组织章程》。1945 年 10 月 16 日，粮食及农业组织第一届大会在加拿大的魁北克城召开，45 个国家的代表与会，并确定这天为该组织的成立之日。至 11 月 1 日第 1 届大会结束时，42 个国家成为创始成员国。1946 年 12 月 16 日与联合国签署协定，从而正式成为联合国的一个专门机构，总部设在意大利罗马。粮农组织现有 191 个成员国和 1 个成员组织（欧盟）。中国是该组织的创始成员国之一。1973 年，中华人民共和国在该组织的合法席位得到恢复，并从同年召开的第 17 届大会起一直为理事国。

　　各成员国政府通过大会、理事会行使其权力。两年一度的大会是成员国行使决策权的最高权力机构。大会的主要职责是选举总干事、接纳新成员、批准工作计划和预算、选举理事国、修改章程和规则，并就其他重大问题作出决定，交由秘书处贯彻执行。大会休会期间，由 49 个成员国组成的理事会在大会赋予的权力范围内处理和决定有关问题。理事会下设 8 个委员会：计划、财政、章法、农业、渔业、林业、商品问题和世界粮食安全委员会。粮农组织在总干事领导下，由秘书处负责执行大会和理事会决议，并负责处理日常工作。粮农组织在全世界共有 4 300 名职员，其中总部 2 300 人。粮农组织在亚太、非洲、拉丁美洲及加勒比海、近东、欧洲等设有 5 个区域办事处，在华盛顿、纽约、布鲁塞尔、东京分别设有驻北美、联合国、欧盟、日本等 4 个联络处，还设有南部与东部非洲、太平洋岛、加勒比、北美、中欧与东欧等 5 个分区域办事处。此外，粮农组织还设有 74 个国家代表处，负责处理与 100 多个国家的日常事务。

粮农组织的宗旨是：保障各国人民的温饱和生活水准；提高所有粮农产品的生产和分配效率；改善农村人口的生活状况，促进农村经济的发展，并最终消除饥饿和贫困。粮农组织的主要职能是：①搜集、整理、分析和传播世界粮农生产和贸易信息；②向成员国提供技术援助，动员国际社会进行投资，并执行国际开发和金融机构的农业发展项目；③向成员国提供粮农政策和计划的咨询服务；④讨论国际粮农领域的重大问题，制定有关国际行为准则和法规，谈判制定粮农领域的国际标准和协议，加强成员国之间的磋商和合作。粮农组织早期着重粮农生产和贸易的情报信息工作，以后逐渐将工作重点转向帮助发展中国家制定农业发展政策和战略以及为发展中国家提供技术援助。

（1）加强世界粮食安全。针对 20 世纪 70 年代初期国际市场上粮食供应紧张、价格猛涨的情况，粮农组织在 1973 年的第 17 届大会上提出以建立国际粮食储备为中心内容、确保粮食供应的世界粮食安全政策。接着，在 1974 年的世界粮食大会上通过了《关于世界粮食安全的国际约定》，得到发达国家和发展中国家的支持。粮农组织成立了世界粮食安全委员会，每年召开一次会议回顾世界粮食安全状况，并讨论改善世界粮食安全的政策和措施。迪乌夫先生 1994 年上任后，决定将粮农组织的工作重点转向帮助低收入缺粮国家提高农业产量，加强粮食安全。粮农组织于 1994 年设立了帮助低收入缺粮国改善粮食安全的"特别行动计划"。为了加快实现全球粮食安全，粮农组织于 1996 年召开了世界粮食首脑会议，各国承诺到 2015 年将世界 8 亿饥饿和营养不良人口减少一半。

（2）促进环境保护与可持续发展。随着人口增长压力的加大，农业的进一步发展和集约化程度的不断提高以及城市化和工业化的迅速发展，农业资源和环境所受到的压力将越来越大。如何既保护环境又加强粮食安全是一个日益引起各国政府重视的问题。因此，粮农组织把加强资源与环境保护，实现农业可持续发展作为今后的工作重点。

（3）推动农业技术合作。从 1976 年起，粮农组织建立了"技术合作计划"，从其正常预算中拨出 14％，以后要求增至 17％作为技术合作基金，为发展中国家提供小额、急需的技术援助。这种援助的规模虽较小（一般不超过 25 万美元），但手续简便，见效较快，受到广大发展中国家的欢迎。此外，粮农组织还设立了"发展中国家间技术合作计划"，以重点加强发展中国家间的农业技术交流与合作，推动其农业的进一步发展。

粮农组织的资金来源主要是成员国的会费和自愿捐款。成员国的分摊会费包括两年一度的粮农组织大会决定的正常预算。由成员和其他合作伙伴提供的自愿捐款用来提供技术和紧急（包括恢复）援助，支持各国政府制定的与成果框架相关的明确目标，以及直接用来支持粮农组织的核心工作。粮农组织 2014、2015 两年度的正常预算为 24 亿美元，其中 41％来自成员国缴纳的分摊会费，其余的 59％则来自成员和其他合作伙伴的自愿捐款。

二、联合国世界粮食计划署（WFP）

联合国世界粮食计划署（WFP）是联合国系统中从事粮食援助活动的专门机构。WFP 由联合国和联合国粮农组织于 1961 年共同创办，1963年正式开展业务，总部设在意大利罗马。该组织的宗旨是通过提供粮食援助缓解战乱、严重自然灾害、艾滋病等引起的人道危机，促进低收入、缺粮的发展中国家的农业和社会经济发展，以消除人类饥饿和营养不良。

世界粮食计划署的目标：

（1）拯救生命，在紧急情况下保障生计；

（2）防止严重饥荒的发生，为灾前预防和减灾进行投资；

（3）在战争或灾难发生后重建家园和恢复生计；

（4）减少长期饥饿和营养不良；

（5）加强各国控制饥饿的能力。

世界粮食计划署领导机构是执行局（原称粮食援助政策与计划委员会——粮援会，1996 年 1 月起改称现名）。由 36 个联合国和粮农组织成员组成，其中一半由联合国粮农组织理事会选出，另一半由联合国经社理事会选出，成员任期为 3 年，每年改选 1/3。执行局负责审批执行干事提出的援助项目，审查已批准的项目的执行情况。世界粮食计划署日常办事机构为秘书处，主持日常工作的执行干事由联合国秘书长和粮农组织总干事同粮食援助政策和计划委员会协商后任命，任期五年，可连任。WFP 最高领导人为执行干事，由联合国秘书长和粮农组织总干事商执行局联合任命，任期 5 年。WFP 的总体组织结构主要包括罗马总部、区域办公室、联络办公室及国家办公室。目前，罗马总部的行政管理层由 1 名执行干事、1 名副执行干事、3 名助理执行干事及相关的通讯、人力资源、法律、监察、评估、申诉等部门负责人组成。6 个区域办公室分别设在曼谷、开罗、达喀尔、约翰内斯堡、内罗毕及巴拿马。5 个联络办公室分别设在日内瓦、阿蒂斯亚贝巴、布鲁塞尔、东京和华盛顿。所有为 WFP 总部和实地内部运作和粮援项目工作的人员统称为 WFP 工作人员。WFP 工作人员分为三类：一是正式职员（staff），指与 WFP 签订连续、固定期限合同的人员（合同期限 1 年或 1 年以上）。二是雇员（employee），指 WFP 雇佣的所有人员，包括顾问、短期合同人员等（合同期限 11 个月或以下），范围涵盖了职员。初级专业人员（JPO）、实习生等都属于 WFP 的雇员。三是职位（Post），指根据预算编制情况设置的岗位，职位可以空缺，雇员可以占据一个职位，也可以不占据。WFP 正式职员分为 4 个级别，即 DDG—ADG 级、D 级、P 级和 G 级。

WFP 完全依靠自愿捐助筹集资金，主要的捐赠方是各国政府，同时还接受私营企业和个人的捐赠。WFP 活动资源主要来自各国政府自愿捐献的物资、现金和劳务。目前主要认捐者有中国、美国、欧盟、加拿大、荷兰、日本、德国、瑞典、英国、丹麦和澳大利亚。

中国于 1979 年正式参加该署活动。《中华人民共和国政府与联合国和联合国粮农组织合办的世界粮食计划署关于世界粮食计划署提供援助的基本协定》于 1980 年 10 月 4 日签字并生效。同年，该署在北京正式设立驻华代表处。中国曾多次以观察员身份出席该署会议。1987 年中国当选为粮食援助政策和计划委员会成员。1996 年中国成为首届执行局成员。

三、国际农业发展基金会（IFAD）

20 世纪 70 年代初，世界不少地区农业歉收，出现"粮食危机"。在发展中国家的积极推动下，联合国于 1974 年 11 月在罗马召开了世界粮食会议，决定成立"国际农业发展基金会"（以下简称"农发基金"），以便为发展中国家的农业开发，尤其是粮食生产提供资金。联合国《关于建立国际农业发展基金会的协定》于 1977 年 11 月 13 日正式生效。农发基金于 1977 年 12 月成立，并从 1978 年 1 月 1 日起开始其业务活动，现已发展成为联合国粮食与农业的三大机构之一。国际农业发展基金会是联合国系统专门向发展中成员国提供粮食和农业发展贷款的金融机构，英文缩写 IFAD。总部设在意大利罗马。它的宗旨是以筹集的资金为发展中国家发展粮食生产以及加强有关的政策项目和计划提供优惠贷款，提高这些国家贫穷人民的营养水平和生活条件。

农发基金的管理大会由全体成员国组成，为农发基金的最高权力机构。成员国各派一名理事和一名候补理事；理事有投票权，候补理事只有在理事缺席时才有投票权。管理大会每年召开一届年会，审议上年度的工作报告、下年度的工作计划和预算、资金补充认捐、选举新总裁、修订贷款政策和贷款条件等。农发基金执行局由 18 个董事成员国组成，在管理大会年会上选出，任期三年，每年改选三分之一。执行局经管理大会授权，主持农发基金的日常业务活动。执行局主席由农发基金总裁兼任，但无表决权。执行局一般在每年的 4 月、9 月、12 月份召开会议审批贷款和赠款项目及有关政策事项。秘书处由总裁和下设的资源策略部、项目管理部、管理和人事服务部等组成。总裁是农发基金的法定代表和行政首长，任期 4 年，只可连任一届。总裁任命一名副总裁和三名助理总裁，并领导全体工作人员，主持日常事务。

农发基金的宗旨是"筹集资金，以优惠条件提供给发展中的成员国，用于发展粮食生产，改善人民的食物营养，逐步消除农村贫困现象"。农发基金是为发展中国家的扶贫和农业开发提供资金服务的一个国际金融机构。在增加粮食生产方面，有短期项目、长期项目和政策支持项目。①短期项目主要是通过改良土地、改进排灌、改良品种、改进农作制度和管理水平来提高作物产量。②长期项目主要是通过兴修水利、垦荒和移民等手段改善和提高农民的生产和生活条件。③政策支持项目主要是协助政府解决在土地、物价、信贷、市场、补贴等农业政策投资方面的资金需求。在消除贫困方面，农发基金主要强调贷款项目要直接用于经济条件差的个体农户和乡村妇女，而不能用于国营企业或为私人资本赢利。

农发基金现有 162 个成员国，这些国家共分为三个类别，即Ⅰ类国家——经济合作与发展组织成员国，共 21 个；Ⅱ类国家——石油输出国组织成员国，共 12 个国家；Ⅲ类国家——发展中国家，共 129 个国家。农发基金的资金来源包括：①创始基金；②成员国补充捐款；③非成员国和来自其他方面的特别捐款；④农发基金的投资收益。贷款分为三类，即：高度优惠贷款，每年收取 0.75％的服务费（1994 年以前收取 1％），贷款期 40 年（1994 年以前为 50 年），含宽限期 10 年。凡人均国民生产总值不超过 805 美元的国家均可使用此类贷款；中度优惠贷款，年利率相当于其他国际金融机构浮动利率的 50％（现为 3.54％），贷款期 20 年，含宽限期 5 年，人均国民生产总值在 806～1 305 美元之间的国家适用此类贷款；普通贷款，年利率相当于其他国际金融机构浮动利率的 100％（现为 7.07％），贷款期 15～18 年，含宽限期 3 年，适用于人均国民生产总值1 306 美元以上的发展中国家。贷款项目涉及农业开发、乡村发展、信贷、灌溉、畜牧、渔业、移民定居、农产品储存、加工和销售、科研推广培训等九个领域，近来又强调对农村贫困妇女进行扶持。

第二节　世界"四大粮商"

一、ADM（Archer Daniels Midland）

ADM 的创始人早在 1902 年就开始了相关的生意，但在 1905 年才在美国明尼苏达州明尼阿波里斯注册了 Archer Daniels 这个名字，现在ADM 公司的总部设在美国伊利诺伊州狄克多市。公司成立后，随着之后几年的发展，ADM 将势力扩大到威斯康星、纽约等地。当资本慢慢积累后，1923 年并购了米兰亚麻子产物公司（Midland Linseed Products Company）后，公司正式更名为 Archer Daniels Midland，声名显赫的 ADM公司便由此诞生了。ADM 逐渐扩大经营范围，增加了面粉工业、食品加工业、饲料业、特殊食品业、可可业以及营养品工业等。20 世纪 80 年代起，ADM 开始走向世界。1983 年在香港设立亚太分公司；1986 年进行在欧洲的扩张，在荷兰和德国进行收购；2000 年正式进入中国。时至今日，ADM已成为巨大而又盘根错节的跨国公司。它旗下的企业包括食品、饮料、食疗以及饲料等，共约 270 家各种各样的制造工厂，分布在世界各地，从事可可、玉米加工，食品添加物、营养补助品、类固醇、食用油等的生产和市场推销。除此之外，它还从事有关粮食储备与运输交通等大型行业。ADM是当今世界第一谷物与油籽处理厂，美国最大的黄豆压碎处理厂和玉米类添加物制造厂，美国第二大面粉厂和世界第五大谷物输出交易公司。

在四大粮商中，ADM 向来以注重研发著称，它不断通过化学研究支撑其发展壮大，与宝洁还有良好的合作关系。几乎在生物燃料出现之初，ADM 就迅速成为美国最大的生物乙醇生产商。而在美国总统布什提出生物燃料计划后，ADM 更是双手支持，ADM 招来了某石油公司的前首席执行官为公司的首席执行官。仅 2007 年，公司用于活化燃油的投资就高达 10 亿美元以上，是世界第一大活化燃油乙醇的生产者，并且和大众等公司开展一系列的合作计划。此外，ADM 与各类利益集团联系紧密，巴菲特的儿子霍华德·巴菲特、老布什政府的驻俄大使、加拿大前总理等都是其董事。

美国 ADM 公司和新加坡 WILMAR 集团共同投资组建的益海（中国）集团是 ADM 在中国扩张的典型代表。益海集团成立于 2001 年，总部设在上海陆家嘴。该集团在国内直接控股的工厂和贸易公司已达 38 家，另外还参股鲁花等多家国内著名粮油加工企业，工厂遍布河北、山东、江苏、福建、广东、广西等沿海各主要省份及四川、湖北、湖南、新疆、宁夏、黑龙江等内陆地区，贸易公司及办事处已覆盖除西藏和港、澳、台地区外的全国各省。该集团油籽年压榨量达 1 000 万吨，油脂年精炼能力 300 万吨，分提能力达 100 万吨，出口豆粕占全国年出口总量的 70％以上，是国内最大的油脂、油料加工企业集团之一。在大力发展油脂、油料加工项目的基础上，该集团又全面进军小麦、稻谷、棉籽、芝麻、大豆浓缩蛋白等粮油精深加工项目，同时又先后投资控股和参股铁路物流、收储基地、船务、船代等辅助公司，向着多品种经营和多元化发展。早在 2005 年，益海集团便开始将投资方向转向其他农产品加工领域，在黑龙江投资益海米业。2005 年 12 月，又成立益海（佳木斯）粮油工业有限公司，负责集团东北业务开展。益海（佳木斯）粮油工业有限公司已与黑龙江益海粮油和黑龙江龙粮储备公司合作，建设大型收储基地；开展水稻、玉米等国内外贸易；组建物流公司，贯通运输通道；建设玉米、大米加工基地；在佳木斯等优质水稻大豆主产区建立大型粮食加工基地。益海集团已在东三省及内蒙古部分地区建立了完善的粮油业务网络。

二、邦吉（Bunge）

邦吉（Bunge），由其创始人 Johann Peter Gottlieb Bunge，在 1818 年荷兰的阿姆斯特丹创立，1859 年由其孙子将总部迁至比利时。公司初期主要从事海外殖民地香料与橡胶生意。1876 年，公司迁至阿根廷，开始其在美洲的发展。在犹太粮食交易商赫斯（Alfred Hirsch）加盟后，生意开始扩及其他的农作物，包括各种粮食与油籽。1935 年，邦吉进入北美地区。之后，公司在南北美地区迅速发展。1999 年，其将总部正式迁至美国纽约。2000 年邦吉正式进入中国。基于全球均衡发展的思想，2004年邦吉又加大了在东欧地区的投资。时值至今，邦吉在全球 32 个国家拥有 450 多个工厂，已发展成为世界第四大粮食出口公司。据公开报道称，邦吉目前是巴西最大的谷物出口商，美国第二大大豆产品出口商、第三大谷物出口商、第三大大豆加工商，全球第四大谷物出口商、最大油料作物加工商。除了粮食加工与出口，邦吉还将营业范围扩展到了纺织、化肥、油漆以及银行等行业，工厂和业务遍及巴西、美国。

邦吉的业务涵盖化肥、农业、食品业、糖业和生物能源。这些产业之间紧密关联，形成了一体化的产业链运营模式，使邦吉能够把产品和服务从农田一直延伸到零售货架。邦吉一体化的供应和生产链能够以更合理的价格向世界各国和各地区的消费者提供高品质食品，邦吉致力于通过其完善的全球产业链和营销网络为世界各国和各地区提供综合性的粮食安全解决方案。公司成立近两个世纪以来，业务不断发展，已成为世界最大的大豆和谷物加工商之一。在 2012 年《财富》杂志评选的世界最大的 500 家公司中，邦吉公司以 587 亿美元的年销售额排名第 160 位。

1998 年邦吉公司在中国设立贸易代表处，开始了与中国客户的农产品贸易往来。2000 年，邦吉在中国成立国际贸易公司，向中国市场供应大豆等农作物，同时也协助中国农民和企业出口玉米和小麦。2004 年，为了更好地服务中国众多的从事养殖业的农户和企业，更好地满足中国消费者对食用油的需求，邦吉公司开始在中国投资设立大豆加工厂。

三、嘉吉（Cargill）

美国嘉吉公司（Cargill）是世界上最大的私人控股公司、最大的动物营养品和农产品制造商。总部设在美国明尼苏达州，是由 Willam Wallace Cargill 先生于 1865 年创立的，经过 141 年的经营，嘉吉已成为大宗商品贸易、加工、运输和风险管理的跨国专业公司，已是一家全球性的贸易、加工和销售公司，经营范围涵盖农产品、食品、金融和工业产品及服务。嘉吉公司在 59 个国家拥有 10 万名左右的员工。嘉吉之所以能够在其经营的业务中处于国际领先地位，有四大法宝：风险管理、卓越的运营、发挥员工的能动性以及通过合作研发实现创新。

在嘉吉公司的宣传资料里，不止一次地提出了"合作创造成功"，企业的成功离不开和其他企业的很好合作，ADM 和 AT&T 的合作、ADM和 SMI 的合作、嘉吉和 Nistevo 的合作都是成功的案例。嘉吉公司本身是一个农产品供应链服务提供商，作为一个全球性的公司，嘉吉在供应链管理方面有着丰富的经验。嘉吉公司可以根据客户的需要，对其供应链进行优化，从问题的解答、实际的解决方案到高效的执行一条龙服务。当嘉吉公司的一个顾客需要建立新的工厂时，嘉吉公司会给他提供运输、仓储和存货管理等方面的知识，帮助优化其供应链设计。在各方面的共同作用下，将为客户降低 10％的供应链管理成本。

农业服务：向世界各地的农作物和牲畜生产商提供适合客户需求的农业经营服务和产品。

采购和深加工：通过采购、深加工、营销和分销能力，连接粮食、油脂和其他农产品的生产者和用户。

食品原料和应用：向全球的、地区性的和当地的食品生产商、食品服务公司和零售商提供食品和饮料原料、肉类和禽类产品，以及新产品应用服务。

风险和财务管理：向客户和公司提供风险管理和世界市场上的财务解决方案，并开发电子商务的应用和市场。

工业：向世界各地的客户供应化肥、盐和钢材类产品并提供相应服务，开发农业原料的工业应用。

嘉吉公司和中国的合作关系可以追溯至 1971 年，嘉吉在中国台湾的高雄设立饲料加工厂。从 1972 年尼克松总统访华后不久便开展了对华贸易；1972 年《中美联合公报》发布后不久，嘉吉就与中国进行贸易合作。2002 年 2 月 20 日，嘉吉公司宣布加入 Nistevo 的物流网络。目前在中国销售谷物、油籽、糖、棉花、果汁、肉类等，同时从中国购买钢材、苹果汁和食品配料。如今嘉吉已成为中国不可分割的组成部分，拥有 5 000 多名员工，投资成立了 34 家独资子公司和合资企业。

四、路易达孚（Louis Dreyfus）

路易达孚公司（Louis Dreyfus）是一家跨国集团，由法国人列奥波德·路易·达孚创建于 1851 年，总部设于法国巴黎，开创和发展了欧洲谷物出口贸易，现在是世界第三及法国第一粮食输出商和世界粮食输往俄罗斯的第一出口商。

一百五十多年来，路易达孚集团的业务已扩展到十分广泛的领域，与有影响力的欧陆政治人物互通声气，后期建立的路易达孚银行是法国第五大银行。由于在许多国家和地区设有机构，公司在世界各地参与经营多种多样的商业活动，年销售额超过 200 亿美元。位于巴黎的总部通过管理及制定公司的发展策略，统筹策划整个集团的商业活动。目前，路易达孚的分支机构遍布全球。主要位于布宜诺斯艾利斯，伦敦，巴黎，圣保罗，美国的威尔顿和孟菲斯。路易达孚的最新生意活动，是从事全球性活化燃油的生产和经营，包括制造和交易经由发酵或合成方式生产的乙醇，它用以制造发酵式乙醇的主要原料是蔗糖和谷类等农作物。它在巴西拥有两处巨大的发酵式乙醇制造厂。通过设在伦敦等地的办事处，路易达孚积极从事着乙醇从生产到目的地的交易，以及乙醇市场的开发，目的是要让乙醇市场全球化。

路易达孚集团在全世界范围内从事谷物、油料、油脂、饲料、大米、肉食、食糖、咖啡、棉花、天然及人造纤维、电力、天然气、石油及石油产品的贸易以及政府债券和金融证券业务。路易达孚集团的分支机构遍布全球，为跨地域的采购及销售提供了极大的便利与优势。

路易达孚长期以来一直同中国发展贸易关系。20 世纪 60 年代以前及在 60 年代，集团即与中国进行饲料和谷物贸易。在 1971 年及以后的 20 年里，集团与中国在小麦、油脂、油料、饲料、棉花、食糖和饲料谷物等农产品方面的贸易十分活跃，有进口亦有出口。鉴于中国市场和消费需求的不断发展，路易达孚集团一直积极开拓新业务，包括羊毛、塑料和各种肉食。这些业务相对来说很有周期性，以棉花贸易为例，在不同季节，路易达孚对中国出口或进口了完全相同的产品。

第三节　跨国公司对中国粮食安全的影响

一、跨国公司对中国粮食安全的影响路径

进入 2007 年之后，有关外资并购中国食用油产业，中国大豆产业安全面临挑战的报道层出不穷，外资企业正在用自己擅长的方式和手段影响

和改变着中国现有的粮食安全的格局，从而获取巨额的商业利润，进一步绑架中国的粮食安全。要想使中国粮食安全摆脱外资控制，必须深入了解外资，特别是跨国公司是通过什么途径和方式来侵蚀中国粮食安全的。只有这样，才能从根本上解决中国的粮食安全问题。

（一）构建粮食产业链竞争模式

产业链是产业经济学中的一个概念，是各个产业部门之间基于一定的技术经济关联，并依据特定的逻辑关系和时空布局关系客观形成的链条式关联关系形态。产业链具有完整性、层次性、关联性等特征。产业链分为接通产业链和延伸产业链。接通产业链是指将一定地域空间范围内的断续的产业部门借助某种产业合作形式串联起来；延伸产业链则是将一条既已存在的产业链尽可能地向上下游拓展延伸。产业链向上游延伸一般使得产业链进入到基础产业环节和技术研发环节，向下游拓展则进入到市场拓展环节。

粮食产业链是一个连接粮食生产、储存、运输、流通、加工和消费等各产业的完整体系，它集成粮食产、加、销、储、运等多环节、多主体、多区域，以共生、协同、增值、共赢为核心，是一个由粮食相关产业组成的大系统，也是一种更综合、更系统、全方位、多层次的粮食产业安全。实施粮食产业链竞争模式，具有如下优势：第一，抗风险能力大大增加。通过控制上游的原料来源，可以保证中游稳定的产品加工。第二，可以有效地控制食品安全问题，从源头上防范食品安全问题的发生。三聚氰胺事件、瘦肉精事件，等等，都是在食品源头上出了问题，那么，通过加强对上游食品原料的控制，就能较好地控制食品安全问题。第三，可以截取价值链的更多利润。企业通过对产业链上中下游的全面控制，就能分享每一个环节的利润，从而使企业的盈利点增加，盈利能力增强。第四，通过掌握下游的渠道和终端销售，直接和消费者接触，就能够了解一手的市场信息，从而更好地指导和安排生产。第五，使企业的整体竞争能力明显增强。全产业链公司实力更强，盈利能力更强，利润率更高，抗风险能力更强，从而能够在激烈的市场竞争中保持基业长青。

有关跨国农业公司构建粮食产业链竞争模式，嘉吉公司总裁的一段话是最好的例证。嘉吉的总裁曾经谈到，嘉吉公司在佛罗里达州的坦帕制造磷酸盐化肥，在美国和阿根廷，我们对大豆施加这种肥料，然后大豆被加工成粗粉和油。这些大豆的粗粉被用船运到泰国去喂鸡，这些鸡又被加工、煮熟并且包装起来运到日本甚至是欧洲的超市中出售。过去 30 多年，世界经济一个突出的现象就是跨国公司通过采用先进的信息技术，实现迅速扩张，而扩张的方式就是控制全球化平台上的供给链。过去几十年，嘉吉公司通过收购、合并等方式，在全球建立起粮食和粮食的供给链，参与和控制了从农业投入开始到消费者餐桌的所有经营，在生产销售肥料、种子、收购、运输、贮藏、加工、进出口、供应市场等全过程中无所不为，而且遍及全球 66 个国家。

1. 控制粮食种子市场

粮食安全问题从本质上是一个种子安全的问题，种子安全问题涉及种子质量问题，种子技术问题，种子来源问题以及种子流通问题。以四大粮商为代表的国际跨国公司正是看中了种子安全在粮食安全中的重要地位和作用，因此，这些跨国公司依托先进的农业科技水平，大力研发生产效率高、抗病性能好的杂交种子和转基因种子，并向发展中国家输出这些杂交种子和转基因种子，从源头上控制发展中国的粮食安全。以美国先锋良种国际有限公司为例，该公司是世界上最大的玉米种业公司，玉米种子的市场占有率高达 20% 以上。该公司采取合资或独资的方式在中国先后成立了山东威海—先锋种业有限公司、敦煌种业先锋良种有限公司，美国先锋良种国际公司北京代表处等机构，向中国境内大力推广该公司的种子品牌，逐步加深中国农民对该种子品牌的依赖程度，通过循序渐进的方式逐步实现从种子到粮食的控制。同时，为了规避中国政府规定了合资企业中外资只能占 49% 股份的硬性规定，跨国公司往往采取代理人的方式进入中国种业公司，即通过其控制的公司或选定一名中国自然人与中国种业公司合资，公司资本结构中根本不出现跨国公司，从而有效地规避了中国政府的规定，达到了控制中国种业公司的目的。

2. 深度介入粮食生产领域

如果说控制粮食种子是控制了粮食安全的基础，那么，控制粮食生产链，特别是控制粮食生产的加工和流通环节，则是控制粮食安全的命脉。因此，粮食生产的绝大多数利润都集中在粮食加工和粮食流通环节之中。为了实现控制粮食生产链，谋取高额利润的目的，跨国公司纷纷抢滩中国粮食市场。2005 年，益海集团斥资 10 亿元，在黑龙江的佳木斯建立了该省最大的粮食加工企业，对大豆进行深加工，延长大豆的生产链条。同时，益海集团还在山东兖州建立了一家年加工能力为 30 万吨的大型面粉加工企业，触角涉及小麦加工领域。据中华粮网的数据显示，益海嘉里在进入中国的 10 多年时间里，嘉里粮油先后建立了深圳、上海、天津和青岛四大粮油生产基地以及成都、西安、营口等 10 几个生产加工点，覆盖全国市场，构成了非常庞大的粮油食品生产加工体系。与此同时，益海集团还在全国各地同各种粮食企业以各种方式展开合作，陆续建立了多个规模较大的粮食仓库。而新加坡丰益跨国公司在中国设立了多达 2 000 家的经销商，遍布全国 400 多个城市。

3. 粮食流通权控制

2004 年前后，中国政府进行了一系列粮食流通体制改革。在改革中，建立了国家、省、市、县四级粮食储备体系。县级储备粮库与其他三级粮库一起构成国家粮食储备体系，承担着调节市场供求、平抑年际间粮食产量波动等多项重要任务。公开可查的记录显示，自 2004 年后，因为逐步实行粮食购销市场化，基层粮库不再获得国家财政补贴，完全自负盈亏。这使部分粮库生产经营艰难，负债沉重。与此同时，2004 年颁布的《粮食流通管理条例》第八条规定，从事粮食收购活动的经营者，只要具备资金、仓储以及检验和保管能力，就可以取得收购资格。此时此际，面对实力雄厚的外资粮商抛来的绣球，不少基层粮库认为那是解困良方。在 2005 年左右，兖州当地粮管所改制同时，逐步与 ADM 旗下的益海集团展开合作，由益海集团方面提供资金，兖州当地粮管所每年为其收购粮食，利润双方按一定比例分摊。据了解，兖州当地粮管所每年为益海集团收购的粮食约达 2 万吨，占当地粮食总量的 5% 左右。上述业内人士透露，国际大粮商们凭借其雄厚的资金优势，能够从粮库收购粮食时，财大气粗地现付全款，又能够在转卖给下游的粮食加工企业时，允许这些企业延缓付款 3~6 个月，实现了对上下游企业的掌控。发生在兖州粮管所身上的故事，仅仅是个缩影。在河北的沧州、河南的周口、山东的嘉祥、陕西的宝鸡等地，益海集团大规模复制了"兖州模式"，与当地粮库建立了代购代管的合作关系，甚至建设了加工厂和销售渠道。

（二）加快金融兼并

作为人口大国及新兴经济体，四大粮商对中国市场觊觎已久。路易达孚与嘉吉进入中国相对较早。早在 20 世纪 60 年代，路易达孚就与中国有饲料和谷物贸易。嘉吉公司和中国的合作关系可以追溯至 20 世纪 70 年代初。而 ADM 与邦基进入中国市场相对较晚。近年来，在我国农业全方位、多层次、宽领域的开放格局下，随着我国市场环境不断成熟、企业竞争加剧，外资更多的是放弃了之前的投资建厂的"绿地投资"方式，纷纷通过金融工具，选择参股控股等更为便捷的方式进入我国粮食产业，从而使得外资并购国内的涉农企业呈快速发展态势。在中国农业投资的规模逐年扩大，尤其是 2005 年以后，跨国公司对中国农业的投资呈直线上升趋势。

四大粮商在中国引人关注和警觉，始于它们以在巴西类似的手法迅速布局大豆产业。2004 年，四大粮商抓住第一次大豆危机的机会，大力收购中国大中型大豆压榨企业，逐渐垄断了中国的压榨业。从其在海外的操作可以看出，四大粮商并购中国的大豆企业不仅是为了获取加工利润这么简单，而是将中国市场纳入其全球战略布局中的一环。国务院发展研究中心市场经济研究所副所长程国强认为，外资控制中国的大豆压榨企业，利用不公平的竞争环境和国际贸易规则，使中国本土企业面临生存危机。以四大粮商为首的国际粮商早已控制了南美大豆和美国大豆产业链，控制着全球 70% 以上的大豆货源，掌控了全球大豆贸易。再加上世界大豆定价权由芝加哥商品交易所（CBOT）垄断，中国作为占全球大豆进口总量 1/3 的进口国，由于没有定价权处处被动。经过近十年的兼并、收购和扩张，益海、来宝、嘉吉、邦吉等跨国公司控制了中国大豆压榨能力的 60%～70%，占国内食用植物油消费半数以上。

ADM 虽进入中国较晚，但发展较为迅速，与新加坡丰益控股共同投资组建的益海集团是 ADM 在中国扩张的旗舰。ADM 公司 2000 年与丰益控股共同投资组建的益海集团，曾在中国直接控股的工厂和贸易公司达 38 家之多，遍布全国各地，还参股鲁花等多家国内著名粮油加工企业，是国内最大的油脂、油料加工企业集团之一。2006 年，丰益控股旗下新加坡上市子公司丰益国际并购益海集团，ADM 通过换股由益海集团的股东成为丰益国际的股东，间接持股益海集团。目前丰益国际在国内直接控股的工厂和贸易公司已超过 30 家，参股"鲁花"等国内著名粮油品牌，堪称全国最大的粮油加工集团。2009 年，在中国的小包装食用油领域，益海集团旗下品牌占据的市场总体份额已超过 40%，跨国公司对食用植物油产能和终端消费产品的高度控制使中国逐渐丧失对食用植物油定价的控制权。除粮油业务外，丰益国际还全面进军小麦、稻谷、棉籽、芝麻、大豆浓缩蛋白等粮油精深加工项目，并先后投资控股和参股铁路物流、收储基地、船务、船代等辅助公司。

跨国公司对中国农业龙头企业特别是优秀龙头企业的并购力度正在加

强，其中粮食加工业是外资进入的重点行业，粮油加工、肉类加工、乳制品业、饮料等行业的并购事件激增。跨国公司通过兼并、收购同业竞争者具有"一箭双雕"的作用，一方面实现了跨国公司进入中国农业产业并挤垮同业竞争者的目的，另一方面又获得了同业竞争者的品牌、市场等资源，并将被收购的同业竞争者成功转化为跨国公司的利益同盟军和护航者。因此，对于跨国粮食公司来讲，金融并购是扩大规模、加强控制以及攫取高额利润的行之有效的手段和方法。

（三）稳步实施价格控制战略

跨国公司凭借其技术先进、资金丰厚、管理机制完善等优势并购粮食企业后，通过规模布局率先进入粮食加工环节，再同时进入上游原料市场和下游的产品销售市场来实现对整个产业链的垄断。跨国公司对产业链垄断后通过进口大量经过补贴的粮食，然后在中国国内销售，以此打压国内粮食的市场价格，造成农民收入的下降，也抵消了政府对扶农惠农政策的努力。中国的食用植物油近年来需求虽然不断增长，但油料作物种植面积却在锐减，由此导致目前中国食用油供给近 60％依赖进口，四大粮商已逐步形成垄断布局。中国是全球最大的大豆进口国，每年的进口量达到全球总进口量的三分之一，至 2014 年，四大跨国粮商 ADM、邦吉、嘉吉和路易达孚在中国 2004 年的大豆危机后，成功地控制了大豆 90％的实际加工能力。它们凭借国际资本，已基本完成对上中下游的绝对控制权。目前中国 97 家大型油脂企业中有 64 家已被跨国四大粮商参股控股，占总股本的 66％，食用油市场的众多响当当的品牌早已被跨国粮商收入囊中。根据中国粮油学会油脂分会的统计数据，中国油脂油料净进口总量已由 2000 年的 461.4 万吨上升到 2010 年的 2 088.9 万吨，十年间增长 353％，并呈现不断加速上升的趋势。与此同时，中国食用植物油的自给率已由 21 世纪初的 60％下降到目前的 37％左右。中国十大食用油加工企业中，年产量 150 万吨以上的有三家，即"益海"、"嘉里"、"中粮"，前两家企业同属一个集团，即马来西亚丰益国际，系新加坡丰益集团与美国 ADM 共同投资组建的。"嘉里"拥有金龙鱼、胡姬花、花旗等食用油品牌，"益海"参股生产鲁花等知名品牌。金龙鱼已成功控股 38 家企业，参股鲁花等加工企业，工厂遍布全国。而"中粮系"食用植物油的主要贸易进口对象仍是美国 ADM。而目前金龙鱼、福临门、鲁花三大食用油品牌占中国食用油 70％以上市场份额，即"丰益嘉里系"独占中国食用油近 50％市场份额。在美资形成原料买方垄断的同时，也垄断了产品定价权。

二、跨国公司对中国粮食安全的消极影响

如前所述，以四大粮商为代表的跨国公司在其本国政府的支持和资助下，通过控制粮食产业链、兼并重组以及价格控制等手段，不断加深对中国粮食市场的影响和控制，对中国粮食安全产生了诸多不利的影响。

（一）削弱了中国政府对粮食安全的宏观调控能力

如前所述，粮食安全不仅体现在通过市场的手段实现粮食要素和粮食资源的有效配置，而且体现在政府对粮食安全的宏观调控能力。一国政府是否依靠市场、行政和法律手段对粮食经济的运行进行有效的宏观调控，并达到促进一国粮食安全的目的，是衡量一个国家粮食安全的重要内容。而随着跨国公司进入中国粮食市场并逐步发挥对中国粮食市场的各种影响，一定程度上影响甚至削弱了中国政府对粮食市场的宏观调控能力，导致了政府不能有效地根据市场变化实现宏观调控。以 2007 年的大豆市场为例，跨国公司借助金融工具操纵国内食用油价格，导致食用油价格持续不断的上涨，直接影响到居民的生活质量。为了平抑食用油价格，打击市场囤积居奇行为，中国政府向市场抛出 20 万吨食用油。但是，这次宏观调控没有取得预期的政策效果。相关的调查结果显示，国家抛售的 70%的食用油被跨国公司纳入仓库，根本没有进入市场流通，更不用说起到平抑食用油价格的作用。由于大豆产业生产链条的各个环节都被外资牢牢地控制，以国家有限的食用油储备规模对抗跨国公司完整而严密的食用油链条，国家对食用油市场的调控效果不明显，甚至没有效果，就完全可以得到解释。

（二）加深了中国粮食对外依存度

如前所述，跨国公司依靠经济、金融和技术手段，通过控制种子、控制产业链以及实现兼并等多种形式，实现对中国粮食产业的控制，从而获得超额的利润。跨国公司对中国粮食产业控制力加深的过程实际上也表现为中国粮食产业对外依存逐步加深的过程。以大豆为例，1995 年以前，中国一直是大豆净出口国。然后，美国依靠巨额的财政补贴，大大降低了美国农民生产大豆的价格。国产大豆和进口大豆之间的价差促进了美国大

豆的大量的进口，也导致国内生产大豆的农民收入下降，大豆种植面积迅速减少，美国大豆迅速占领了中国市场。目前以美国为主的跨国粮商控制了中国40％以上的大豆加工能力和90％的大豆进口量。与此同时，中国植物油对外依存度也上升至60％以上。在实现对中国大豆及食用油绝对控制和垄断之后，一些跨国公司又把玉米作为下一个控制目标。2010年，中国进口的美国玉米持续攀升。预计到2020年，中国粮食总需求将达到6亿吨以上，而同期全国粮食总供给量则不能满足需求，存在明显缺口。中国近年的粮食进口增幅达到大宗商品进口增幅历来之最，反映出需求的升高和流动性的充裕。随着跨国公司对中国粮食产业的不断控制，中国粮食对外依存度逐步提高，这意味着中国人的吃饭问题很可能被几个大型的跨国公司控制。

思 考 题

1. 如何理解联合国粮农组织的宗旨？
2. 跨国农业公司影响中国粮食安全的途径有哪些？
3. 如何正确评价跨国农业公司对中国粮食安全的影响？

参 考 文 献

曹荣湘. 跨国农业食品公司对世界粮食安全的影响 [J]. 农业经济，2008（8）.

陈明星. 基于粮食供应链的外资进入与中国粮食产业安全研究 [J]. 中国流通经济，2011（8）.

尹炳先著，王得忠，译. 跨国农业公司对全球农业和食品加工业的破坏性影响 [J]. 国外理论动态，2007（8）.

张莉侠，张锦华. 跨国公司的扩张对中国粮食安全的影响与对策 [J]. 农业经济，2012（10）.

第十六章　世界粮食生产与商贸流通

本章学习目标：

1. 了解世界粮食生产的分布和特点；
2. 了解世界粮食贸易的发展状况；
3. 理解典型国家粮食流通经验及启示。

第一节　世界粮食生产

一、世界粮食的生产与分布

（一）世界小麦的生产与分布

小麦是世界的"三大主粮"之一，其产量占世界粮食总产量近 30%，占世界粮食贸易量的近 1/2。世界约有 1/3 的人口以小麦为主粮。小麦是一种世界性的粮食作物。

小麦的种植遍布除南极洲以外的各大洲，但主要集中分布在北纬 25°～55°和南纬 25°～40°的温带地区。

在北半球，有四大小麦带：

西欧平原—中欧平原、东欧平原南部—西西伯利亚南部；

中国东北平原—华北平原—长江中下游平原；

地中海沿岸—土耳其、伊朗—印度河与恒河平原；

北美中部大草原：北自加拿大的中南部，一直到美国的中部。

以上四个小麦带，占世界小麦产量的 90%以上。

在南半球，有一个不连续的小麦带，这个带包括了南非、澳大利亚南部、南美洲的潘帕斯地区。

从国家来看，主要生产小麦的国家是中国、美国、俄罗斯、印度，这四个国家共占世界小麦总产量的 50%以上。主要商品小麦区是欧盟、美国、加拿大、俄罗斯、澳大利亚，这五国（地区）小麦出口占世界小麦出口总量的近 80%。

（二）世界稻谷的生产与分布

世界稻谷的种植面积占粮食作物种植面积的 1/5，产量占世界粮食总产量的 1/4，稻谷生产发展得比较快。各大洲都有种植。但是 90% 的稻谷产于亚洲，因此它被称为"亚洲的粮食"。稻谷产区主要集中在高温多雨、人口稠密的东亚温带季风区和东南亚、南亚热带季风气候区以及热带雨林地区。其中，中国、印度是世界上最大的稻谷生产国。除此以外，印度尼西亚、孟加拉、泰国、日本、越南、缅甸、韩国、朝鲜等也是重要的稻谷生产国。

在亚洲以外的地区，稻谷主要产在地中海沿岸的意大利、非洲的埃及、北美洲的美国、拉丁美洲的巴西、大洋洲的澳大利亚等。

稻谷生产虽然比较重要，但大部分为当地消费，在国际贸易中所占的比重小，占国际粮食贸易量的 13% 左右。主要的稻谷（大米）出口国有泰国、印度、越南、巴基斯坦、美国等。

（三）世界玉米的生产和分布

玉米也是世界三大谷类作物之一，相当部分的玉米也用作粮食，甚至有些国家和地区将其作为主粮。玉米占世界粮食收获面积的 1/5，占世界粮食总产量的 1/4，在全世界粮食作物中占第三位。由于玉米杂交品种的出现，单产提高很快，加之世界畜牧业的发展，对饲料玉米需求量增加，也使玉米生产增长很快。

玉米生产集中分布在夏季高温多雨、生长季较长的地区。世界主要有三大玉米产区，它们是美国中部的玉米带，这是世界最主要的玉米带，这里所产的玉米占世界玉米总产量的 40%，居世界首位。还有中国的东北平原、华北平原玉米带。第三个玉米带是在欧洲南部平原地带，西起法国，经过意大利、南斯拉夫、匈牙利、罗马尼亚。以上三大玉米带生产了世界玉米总产量的 80% 以上。

从国家来看，生产玉米最多的国家有美国、中国、巴西、墨西哥、俄罗斯、阿根廷、罗马尼亚、法国、南非共和国、南斯拉夫，这 10 个国家生产了世界玉米总产量的 80%，而出口玉米最多的国家是美国，占世界贸易量的近 40%，巴西、乌克兰、阿根廷也是重要的出口国。

二、世界粮食生产的特点

市场需求和投资驱动改变着世界粮食生产格局，地理分布更加趋于分散，美国等主产国所占比重下降，中东欧、非洲、南美、南亚、中国等发展中国家和地区的粮食生产形势则大为改善。

总的来说，世界粮食生产仍有增长潜力，但在区域和年度分布上并不均衡。粮食增产潜力最大的发展中国家和地区同时也是粮食需求增长最快的地区，全球主要粮食作物的供求关系将持续处于紧平衡状态。据 OECD 和 FAO 的预测报告，到 2022 年，世界小麦产量将达到 7.84 亿吨，以玉米为主的粗粮产量达到 14.07 亿吨，大米产量将达到 5.49 亿吨。产量增速均比 21 世纪以来的年均增速有所放缓（见图 16-1、图 16-2）。其中，小麦增产主要有赖于俄罗斯、乌克兰和哈萨克斯坦，巴西、阿根廷、撒哈拉以南非洲国家、俄罗斯、乌克兰、美国将是玉米增产的主力，大米产量增长则主要来自印度、缅甸、柬埔寨和非洲的一些不发达国家。主要增产因素既有平均单产的提高，也有耕地面积的扩大。

世界粮食生产发展的空间分布不平衡，主要表现在三个方面：

（一）在各大洲之间，粮食生产不平衡

在各大洲中，除南极洲外，亚洲的粮食产量最大，约占世界粮食总产量的 40%，其次是欧洲和北美洲，以上三洲粮食产量之和占世界粮食总产量的 90%，而非洲的粮食产量小，增长缓慢。

（二）在国家之间，粮食生产不平衡

当前，几乎世界所有国家和地区都生产粮食，但大部分的粮食生产主要集中在少数几个国家，其中以中国、美国、俄罗斯、印度、法国等的产量最多，约占世界粮食总产量的 60%。许多国家的粮食产量不能满足本国的需要，每年不得不从国外进口粮食。

（三）不同经济类型的国家之间，粮食生产不平衡

在发达国家与发展中国家之间，也表现了粮食生产不平衡。发达国家的人口约占世界人口总数的 1/4，却生产了世界粮食总产量的 50%，而发展中国家占世界人口总数的 3/4，仅生产世界粮食总产量的 50%。

　　从粮食单产水平来看，地域差异也很大。发达国家粮食单产每公顷可达 3 000 千克，而发展中国家仅为 200 千克，两者相差 15 倍之多。

　　一般说来，世界的粮食生产地区分布与人口的分布是比较一致的，世界上人口密集的地区，一般也是粮食生产的集中区。但是，各洲和各国、各地区的人口数量同粮食产量的对比关系却极不平衡，如果按人口平均计算，世界粮食产量最高的地区是北美洲和大洋洲，"新大陆"的温带草原，是世界上最重要的余粮区。欧洲的人均粮食产量也比较高。拉丁美洲、非洲和亚洲的人均粮食产量很低，而最低的是非洲。

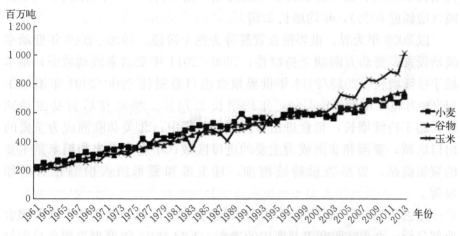

图 16-1　1961—2013 年全球三大主粮的产量变化线图

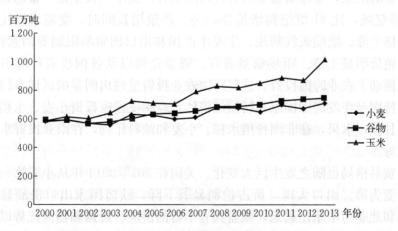

图 16-2　2000—2013 年全球三大主粮的产量变化线图

数据来源：http://faostat.fao.org/site/339/default.aspx.

第二节　世界粮食贸易

一、粮食贸易量的变化

1990—2014 年世界粮食贸易活跃，贸易实物量趋于上升（图 16-3）。根据美国农业部网站 PSDOnline 数据，2013/2014 年度世界粮食出口总量为 36 950 万吨，比 1990/1991 年增加了 16 710 万吨（增幅 82.61%），年均增长 2.65%；进口总量为 35 685 万吨，比 1990/1991 年增加了 16 100 万吨（增幅近 80%），年均增长 2.57%。

以 2000 年为界，世界粮食贸易分为两个阶段。1990—2000 年变动率波动较大，变动方向缺乏持续性；2000—2014 年变动率波动减弱，基本趋于持续增长。2013/2014 年世界粮食出口总量比 2000/2001 年增加了 14 030 万吨（增幅 61.2%），年均增长 3.74%。2000 年后贸易波动减弱，趋于持续增长，粮食进出口区域相对集中；北美和欧洲成为主要的出口区域，亚洲和非洲成为主要的进口区域；小麦、玉米和稻米是主要的贸易商品，贸易数量持续增加，且玉米和稻米所占份额相对增加显著。

过去 20 多年，世界粮食市场呈量价齐增、区域分散趋势。据美国农业部分析，由于欧盟和巴基斯坦的增产，2014/2015 年度世界粮食总产量创下新的纪录，全球贸易量只有轻微的上升，其中三大主粮产量总量达到 24.26 亿吨，比 21 世纪初增长 36.4%。产量增长同时，受需求增长、能源价格上涨、极端天气频现、主要生产国和出口国贸易限制等因素推动，国际粮价明显上涨。市场前景看好、资金充裕以及各国投资环境不断改善，推动了农业跨国投资。这些跨国农业投资呈现出明显的区域专门化趋势，特别是在发展中国家和转型经济体：在南美国家投资小麦、水稻、大豆、甘蔗、水果，在非洲种植水稻、小麦和油料作物，在南亚投资水稻和小麦等。

贸易格局也随之发生巨大变化。美国在 2013/2014 年从小麦第一出口大国变为第二出口大国，所占份额显著下降，欧盟国家出口份额显著上升，和北非与中东比起来，欧盟拥有丰富的供应、货运和物流优势以及具有竞争力的价格。法国拥有大量可作为饲料的小麦，主要出口到东南亚市场。俄罗斯、乌克兰等前苏联国家由净进口国转为净出口国。玉米市场出口格局变化更为明显。美国一度在全球玉米贸易中占有绝对主导地位,从2011/2012 年出口量和在全球总出口中的份额均急剧下降,2012/2013 年度降至 20％以下,首次退居全球第 2,巴西的玉米出口地位日益增强,超越了美国。2013/2014 年度美国又明显回升,达到全球出口量的 39.1％。

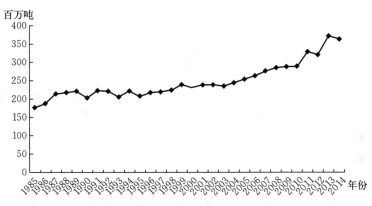

图 16 - 3 1985/1986—2014/2015 贸易年度全球粮食出口实物量

二、世界粮食贸易的市场格局

北美和欧洲是世界粮食出口的主要来源。其中 2010 年北美粮食出口总量为 11 504.90 万吨,欧洲为 4 906.50 万吨,分别占世界出口总量的41.75％和 17.81％(表 16 - 1)。

亚洲和非洲是世界粮食进口的主要区域。其中 2010 年亚洲粮食进口总量为 12 989.50 万吨,非洲为 5 874.00 万吨,分别占世界进口总量的48.58％和 21.97％(表 16 - 1)。

就贸易余量来看,亚洲是世界最大的粮食净进口地区,2010 年净进口量为 8 472.10 万吨;北美是世界最大的粮食净出口地区,2010 年北美粮食净出口量为 9 112.90 万吨。

从市场格局的洲际分布变化趋势上看,1990—2010 年,世界粮食贸易格局变化巨大。北美和亚洲进出口贸易的反向变化明显,北美出口份额缩小但进口份额扩大。亚洲则相反。欧洲进出口贸易出现同向弱化现象,即出口份额和进口份额均缩小,而非洲、拉丁美洲和大洋洲进出口贸易则相反。

表 16 - 1 1990 年及 2010 年世界粮食贸易的主要国际市场和来源

区域	出　　口		进　　口	
	农产品（万吨）	份额 1（%）	农产品（万吨）	份额 2（%）
1990				
亚洲	2 678.10	12.64	10 160.00	50.91
欧洲	4 334.40	20.46	4 265.70	21.37
北美	11 332.90	53.50	923.40	4.63
拉丁美洲	1 166.40	5.51	1 664.20	8.34
非洲	146.50	0.69	2 891.90	14.49
大洋洲	1 525.50	7.20	53.10	0.27
世界	21 183.80	100.00	19 958.30	100.00
2010				
亚洲	4 517.40	16.39	12 989.50	48.58
欧洲	4 906.50	17.81	1 871.60	7.00
北美	11 504.90	41.75	2 392.00	8.95
拉丁美洲	4 039.20	14.66	3 507.00	13.12
非洲	476.00	1.73	5 874.00	21.97
大洋洲	2 110.50	7.66	104.00	0.39
世界	27 554.50	100.00	26 738.10	100.00

注：份额 1 为区域粮食进口量占粮食进口总量的比重；份额 2 为区域粮食出口量占世界粮食出口总量的比重。拉丁美洲包括中美、南美和加勒比海地区。

（一）世界粮食的主要出口国家/地区

从 2010 年世界粮食出口量分布情况来看，占全球粮食出口前 10 位的国家（地区），总计出口粮食 23 577.90 万吨，占全球粮食出口总量的 85.56%（表 16 - 2），世界粮食出口的集中化程度极高。

占前 3 位的国家/地区是美国、阿根廷和欧盟。美国凭借其自身土地丰富、农业科技水平发达及农产品营销体系完善的优势，成为世界上最大的粮食出口国，2010 年出口粮食 9 286.90 万吨，占全球粮食出口总量的 33.70%。由于可耕地数量众多、土壤肥沃、水利资源丰富的优势，阿根廷粮食生产及出口能力较强，2010 年出口粮食 2 740.50 万吨，占全球的 9.95%。由于具有地缘优势和区域自由贸易安排的制度优势，欧盟内部成员之间粮食贸易量巨大，2010 年欧盟 27 国出口粮食 2 664.50 万吨，占全球的 9.67%（表 16-2）。

表 16-2　2010 年世界粮食的主要出口国

国家（地区）	出口（万吨）	份额（%）
世界	27 554.5	100.00
美国	9 286.9	33.70
阿根廷	2 740.5	9.95
欧盟 27 国	2 664.5	9.67
澳大利亚	2 106.5	7.64
加拿大	2 062.5	7.49
乌克兰	1 563.0	5.67
泰国	1 087.5	3.95
巴西	813.0	2.95
哈萨克斯坦	673.5	2.44
越南	580.0	2.10

从表 16-3 可以看出：三大品种粮食前五名出口国所占世界出口总量的比例分别为 75.54%、80.21%、81.44%，出口集中度较高。

表 16-3　2013/2014 贸易年世界主要粮食（分品种）出口地

单位：万吨

排名	小麦	大米	玉米
1	欧盟（3 203.3）	泰国（1 096.9）	美国（5 070.7）
2	美国（3 149.7）	印度（1 090.1）	巴西（2 204.1）
3	加拿大（2 215.7）	越南（632.5）	乌克兰（2 000.4）
4	俄罗斯（1 853.4）	巴基斯坦（330）	阿根廷（1 284.6）
5	澳大利亚（1 833.9）	美国（304.2）	俄罗斯（419.2）
	世界（16 224.2）	世界（4 305.7）	世界（12 966.3）

（二）世界粮食的主要进口国家/地区

从 2010 年世界粮食进口量分布情况来看，占全球粮食进口前 10 位的国家（地区），总计进口粮食 12 118.00 万吨，占全球粮食出口总量的 45.33%（表 16-4），粮食进口的集中度不高。

占前 3 位的国家/地区是日本、墨西哥和埃及。由于人均耕地较少、地力下降、肥料和农药使用下降等因素，日本粮食供给能力较低；同时由于人口数量增加、相关产业发展，粮食需求增长明显，2010 年进口粮食

2 507.50万吨，占全球粮食进口总量的9.38％。由于近年来自然灾害较为严重，尤其是旱灾，导致水资源匮乏，墨西哥粮食库存下降，2010年进口粮食1 590.00万吨，占世界的5.95％；埃及2010年进口粮食1 488.00万吨，占世界的5.57％（表16-4）。

表16-4 2010年世界粮食的主要进口国

国家（地区）	进口（万吨）	份额（％）
世界	26 738.1	100.00
日本	2 507.5	9.38
墨西哥	1 590.0	5.95
埃及	1 488.0	5.57
韩国	1 276.5	4.77
沙特阿拉伯	1 180.5	4.42
欧盟27国	1 171.5	4.38
巴西	855.5	3.20
阿尔及利亚	770.5	2.88
印度尼西亚	670.0	2.51
中国台湾	608.0	2.27

从表16-5可以看出：三大品种粮食前五名进口国（地区）所占世界进口总量的比例分别为24.22％、30.35％、49.57％，而前十名进口国（地区）所占世界进口总量的比例分别为39.46％、45.47％、67.15％，可以看出进口集中度较低。

表16-5 2013/2014贸易年世界主要粮食（分品种）进口地

单位：万吨

排名	小麦	大米	玉米
1	埃及（1 017）	中国（416.8）	欧盟（1 591.9）
2	阿尔及利亚（748.4）	尼日利亚（320）	日本（1 512.1）
3	印度尼西亚（739.2）	菲律宾（180）	墨西哥（1 095.4）
4	巴西（706.1）	伊朗（165）	韩国（1 040.6）
5	伊朗（660）	欧盟（155.6）	埃及（872.6）
6	日本（612.3）	沙特阿拉伯（141）	伊朗（550）
7	美国（476.7）	塞内加尔（125）	哥伦比亚（433.3）
8	墨西哥（463.6）	印度尼西亚（122.5）	中国台湾（418.9）
9	尼日利亚（455）	科特迪瓦（120）	阿尔及利亚（415.6）
10	韩国（428.8）	伊拉克（108）	印度尼西亚（350.1）
	世界（15 984.4）	世界（4 077.2）	世界（12 330.6）

（三）世界粮食的主要净出口和净进口国家/地区

从实物量来看，美国是世界最大的粮食净出口国，2010年粮食净出口量为8 745.40万吨，占其出口总量的94.17%；其次是阿根廷，净出口量是2 736.00万吨，占其出口总量的99.84%；再次是澳大利亚，净出口量为2 076.50万吨.占其出口总量的98.58%（表16-6）。

日本是世界最大的粮食净进口国，2010年粮食净进口量为2 457.50万吨，占其进口总量的98.01%；其次是埃及，净进口量为1 456.50万吨，占其进口总量的97.88%；再次是墨西哥，净进口量为1 434.50万吨，占其进口总量的90.22%（表16-6）

表16-6 2010年世界粮食的主要净出口和净进口国家（地区）

国家（地区）	净出口量（万吨）	出口量（万吨）	国家（地区）	净进口量（万吨）	进口量（万吨）
美国	8 745.4	9 286.9	日本	2 457.5	2 507.5
阿根廷	2 736.0	2 740.5	埃及	1 456.5	1 488.0
澳大利亚	2 076.5	2 106.5	墨西哥	1 434.5	1 590.0
加拿大	1 802.0	2 062.5	韩国	1 266.0	1 276.5
乌克兰	1 551.5	1 563.0	沙特阿拉伯	1 178.5	1 180.5
欧盟27国	1 493.0	2 664.5	阿尔及利亚	763.0	770.5
泰国	872.5	1 087.5	印度尼西亚	650.0	670.0
哈萨克斯坦	662.5	673.5	中国台湾	605.4	608.0
印度	455.0	485.0	菲律宾	588.0	590.5
巴基斯坦	283.5	315.0	尼日利亚	585.0	600.0

三、世界粮食贸易的商品结构

根据进出口数量数据，考察1990年和2010年世界粮食贸易的商品结构如表16-7所示。

小麦是进出口量最大的粮食商品，1990年进出口数量达到了9 900.30万吨和10 384.30万吨，占当年粮食进出口总量（以下简称份额）的49.60%和49.02%；2010年，进出口数量增加到12 305.70万吨和12 622.60万吨，进出口份额下降为46.02%和45.81%，依然是世界进出口量最大的粮食品种。

其次是玉米,1990 年进出口数量为 5 854.70 万吨和 5 838.90 万吨。进出口份额为 29.33％和 27.56％;2010 年进出口数量增加到 9 139.90 万吨和 9 342.70 万吨,进出口份额上升为 34.18％和 33.91％。

大麦和稻米的进出口数量排序在 1990 年和 2010 年互换了位置。1990 年大麦进出口数量为 1 927.30 万吨和 2 033.40 万吨,进出口份额为 9.66％和 9.60％;2010 年进出口数量为 1 584.20 万吨和 1 629.30 万吨,进出口份额下降为 5.92％和 5.91％。1990 年稻米进出口数量为 1 059.30 万吨和 1 211.50 万吨,进出口份额为 5.31％和 5.72％;2010 年进出口数量扩大为 2 872.90 万吨和 3 082.60 万吨,进出口份额上升为 10.74％和 11.19％。

表 16-7　1990 年和 2010 年世界粮食贸易的商品结构

商品结构	1990 年				2010 年			
	进口		出口		进口		出口	
	数量(万吨)	份额(％)	数量(万吨)	份额(％)	数量(万吨)	份额(％)	数量(万吨)	份额(％)
小麦	9 900.3	49.60	10 384.3	49.02	12 305.7	46.02	12 622.6	45.81
玉米	5 854.7	29.33	5 838.9	27.56	9 139.9	34.18	9 342.7	33.91
大麦	1 927.3	9.66	2 033.4	9.60	1 584.2	5.92	1 629.3	5.91
稻米	1 059.3	5.31	1 211.5	5.72	2 872.9	10.74	3 082.6	11.19
高粱	757.1	3.79	789.8	3.73	609.0	2.28	632.9	2.30
硬质小麦	178.7	0.90	618.2	2.92	0.0	0.00	0.0	0.00
燕麦	139.1	0.70	156.8	0.74	173.9	0.65	183.9	0.67
黑麦	133.8	0.67	145.8	0.69	52.5	0.20	60.5	0.22
粟	6.2	0.03	5.1	0.02	0.0	0.00	0.0	0.00
杂粮	1.8	0.01	0.0	0.00	0.0	0.00	0.0	0.00
合计	19 958.3	100.00	21 183.8	100.00	26 738.1	100.00	27 554.5	100.00

与 1990 年相比,2010 年高粱、硬质小麦、黑麦、粟和杂粮进出口数量均有所下降,硬质小麦、粟和杂粮甚至出现贸易量非常微小的状况,而燕麦则相反。

四、粮食贸易特征

从上文的分析中可以判断，粮食贸易具有如下特征：①粮食贸易渐趋活跃，贸易实物量趋于上升；②2000年后贸易波动减弱，基本趋于持续增长；③粮食进出口区域相对集中，北美和欧洲成为主要的出口区域，出口数量占全球出口量的60%左右，亚洲和非洲成为主要的进口区域，进口数量占全球进口量的70%左右；④小麦、玉米和稻米是主要的贸易商品，占粮食进出口量的90%左右，贸易数量持续增加，且玉米和稻米所占份额增加相对显著；⑤世界粮食贸易增速快于产量，出口集中度提高，进口集中度降低，新兴经济体成为需求增长的重要组成部分。

第三节　典型国家粮食流通经验及启示

一、美国的粮食流通体制

美国耕地面积1.29亿公顷，人均耕地0.84公顷。粮田占全部耕地达到3/4，粮食生产量和人均占有量均居世界首位，粮食出口量约占世界粮食出口量的一半，库存约占世界粮食库存的30%。作为世界上粮食生产最发达的国家之一，美国建立了一套较为完善的市场化粮食流通体制。

（一）美国粮食流通体系的构成

1. 粮食收购体系

美国农民生产粮食主要出路有两条：一是饲养牲畜或销售给邻近的饲养农场，二是销售给粮食公司。由于美国是市场经济高度发达的国家，谷物市场的竞争激烈，一些大的粮食公司在粮食产地都设有产地储存仓（即收购点），承担收购农民谷物的职能。这些收购点基本上按照商品流向和方便农民出售自然形成，构成一个合理布局。

2. 粮食仓储、集运和加工体系

美国粮食仓储、集运和加工体系由产地储存仓、中转储存仓、出口储存仓及加工厂组成。产地储存仓主要承担粮食的收购任务；中转储存仓主要承担粮食集散任务；出口储存仓主要承担粮食出口和大宗转口销售任务，基本上都设置在大的港口并有相应的运输、装卸设施，出口储存仓大

多为大的粮食公司所有和经营。

3. 粮食销售体系

在美国各级粮食销售市场上，经营各种业务的私人企业成为美国粮食销售的主体。按照商业活动和性质，这些中间商人可以划分为 4 种类型。

（1）中间商。美国粮食销售由食品批发商和零售商组成。近些年来食品批发商有两个发展趋势，一是由专业批发向综合批发发展；二是批发机构的规模日趋扩大。美国食品零售店大都被超级市场所取代，而且许多超级市场都是连锁商店。

（2）代理商。它们的特点是为雇主服务，不具有产品的所有权，不占有产品，受买方委托出售产品，议定出售条件，成交后收回货款，扣除其应得的费用，将余款交给委托人。手续费和佣金为代理商的收入。

（3）加工制造商。加工制造商设立在集贸市场和中心市场，比如面粉厂、饲料加工厂等。这些加工厂有自己的采购系统，直接到产区收购粮食。越来越多的加工厂处理自己的零售商店、餐馆等。粮食加工企业成为销售体系中的骨干力量。

（4）促进粮食销售机构。一是为买卖双方提供运输、装卸设备，制定双方应遵守的行业规章，手续费和设备使用费用是其主要收入；二是粮食贸易协会，主要职责是收集、评价并发布有关粮食价格等市场行情和信息，这些机构一般不直接参与粮食的销售过程。

（二）美国粮食流通价格

在批发环节，粮食的价格主要由拍卖市场决定，实际上这一价格往往是国际市场价格的反映。在零售环节，价格受市场波动的影响不大，保持长期均衡状态。它受国际市场价格、生产成本、平均利润水平、国内供求等因素的综合影响。

（三）美国储备粮管理体制

1. 美国储备粮的规模

美国进行粮食储备的目的主要是为了调控市场，稳定价格，确保国家粮食安全。美国粮食总仓储能力约 5 亿吨，其中农场拥有和控制的粮食仓储能力约 3 亿吨，占总仓储能力的 58%，农场以外的商业性粮仓共有仓储能力约 2 亿吨，占总仓储能力的 42%。近年来，美国政府不断调整储备规模，在管理中更加注重提高效率，不断降低储备管理的运行成本，努力压缩政府开支。同时，积极鼓励农民增加自有储备，扩大社会、农民私人储备的规模。

2. 美国储备粮管理的运行机制

美国政府对粮食仓储业的管理主要通过市场进行调控，通过法规实行有效监督。委托代储粮食储备制度是美国在粮食流通领域实行粮食市场调控、稳定粮食供给、确保粮食安全的主要措施。运用政策性信贷杠杆手段进行市场调控。联邦政府主要通过市场来促进粮食流通，并注重运用政策性信贷杠杆等经济手段对粮食市场进行间接调控。政府储粮实行委托代储方式。通过法规进行有效管理与监督。

(四) 美国粮食流通的政府干预政策

1. 价格支持政策

美国政府通过对粮食生产和流通的全面干预，防止了粮食价格下跌，保护了农民的利益，促进了农业生产的发展。2002 年美国《农业法》继续实行直接补贴（称"固定支付"）和无追索贷款（称"营销援助贷款计划"），同时又实行了反周期支付计划。

2. 生产灵活性合同下的直接支付

2002 年农业法将支付基期由 1991—1995 年调整为 1998—2001 年，支付面积是农场基期种植面积平均值的 85%，支付单产仍然采用 1985 年确定的水平，并且对支付率做了明确规定。与 1996 年农业法相比，支付品种新增加了大豆、花生和其他油料作物，维持或适当降低所涵盖农产品的直接支付率。

二、欧盟的粮食流通体制

欧盟是当今世界最大的超国家经济贸易区实体，也是世界粮食主要生产和消费区。欧盟创立初期，粮食不能自给，当时粮食政策重点是提高粮食价格，刺激粮食增产。20 世纪 70 年代中期以后，欧盟实现了粮食的自给，以后出现了日益严重的过剩，于是粮食政策的重点又转为解决粮食过剩问题。

(一) 欧盟粮食流通过程

欧盟国家粮食流通体系主要由合作粮食商业企业和私人粮食商业企业

构成，这些企业承担粮食收购、储存和销售任务。在德国，合作社粮食商业和私人粮食商业企业大体各占一半。在法国，合作社粮食商业企业约占总数的30％，私人粮食商业企业占70％，但在收购量上，合作社商业企业达70％以上。合作社粮食商业机构收购网点遍布各地，经营量大。农民收获粮食后，直接送到粮食收购企业交售。粮食收购企业把收购的粮食进行干燥、分类等预处理，并按照欧盟的统一政策和粮食质量标准对农民加价和减价，并把粮食集中起来，销售给粮食批发商和粮食加工厂。

（二）欧盟粮食流通的价格体系

欧盟共同农业政策以价格政策为基础，国家充分重视利用价格机制调节粮食市场，形成一个灵活应付市场供求变化的粮食价格体系。

1. 干预价格

这是一种保证价格。当市场价格降低到干预价格时，政府的专门机构便有义务以这个价格进行收购，从而使市场价格不再跌到这个水平以下。

2. 目标价格

目标价格是市场粮食价格的上限。这是欧盟成员国决策者们认为在谷物的主要调入区所应当达到的理想价格。目标价格现在是计算门槛价格的基础。目标价格为收购粮食的支出、运输费用、经营者应得收益和应纳税赋之和。

3. 门槛价格

这是用于调控进口的一个政策价格，是对进口谷物征收差价税依据之一，即当世界粮食市场价格低于欧盟市场价格时，第三国向欧盟输出粮食，必须交纳差价关税，使进口粮食价不能低于欧盟市场价水平。

4. 月加价价格

这种价格是按照粮食储藏的时间，生产者每多储一个月，就提高一定数额收购价格。月加价价格的目的在于鼓励农民和粮食流通企业尽可能长时间地自储粮食，以避免收获季节粮食过分集中上市。

（三）欧盟粮食市场政策

欧盟粮食市场政策的主要特点是：对内实行价格支持，对外实行贸易保护，其主要政策有以下项目：

1. 干预收购

这是欧盟实行于内部市场的主要政策，当市场价格跌到干预价格水平时，政府的专门机构便以购买者的身份进行收购。在收购数量上，没有上限，但有下限限制。一般规定卖给政府收购机构的粮食，每批至少应达180吨。

2. 共同责任税

这是一种向农民征收的粮食销售税。目的在于通过这种征税，使农民对解决粮食过剩问题，也同政府共同分担一些责任。

3. 进口差价税与出口补贴

差价关税是对进口粮食所征收的一种调节关税，它等于门槛价格与世界市场价格之差。差价税的具体作用效果取决于门槛价格与欧盟内部实际市场价格的高低关系，当内部市场的价格低于门槛价格时，外国粮食无法进入欧盟市场，这时差价税表现出强烈的保护农民生产作用；当欧盟市场价格等于门槛价格，差价关税则表现出稳定市场的作用，因为国际市场上粮食可以门槛价格的水平大量输入欧盟市场，并可使欧盟内部价格稳定在门槛价格水平上；当欧盟内部市场价格高于门槛价格时，差价税不存在。与进口差价税相对应的措施是出口补贴，其目的在于鼓励出口以消除过剩问题。

（四）直接补贴政策

1. 作物面积补贴

欧盟2000议程规定，对谷物继续保留干预价格政策，但是逐步降低干预价格水平，2000—2002年共降低15%。为补偿农民因为干预价格降低或取消而产生的收入损失，欧盟采用了与面积挂钩的直接补贴政策，即面积补贴。各成员国规定了一个享受面积补贴的基础面积数额，超过部分不能申请面积补贴。计算补贴金额的单位面积产量则由各成员国在保持国家平均单产的基础上，根据本国情况划定不同生产区，确定不同的单产水平。欧盟作物面积补贴的基本思路是使各种作物单位面积补贴的金额基本相等。

2. 休耕补贴

休耕补贴的主要目的是在保证农民收入的情况下解决过剩问题。欧盟规定享受休耕面积补贴的农场分为有强制性休耕义务的农场和自愿性休耕的农场，不同成员国和不同生产区的休耕补贴不同，休耕地的休耕补贴与当地谷物产量的面积补贴相当。

（五）欧盟粮食储备政策

欧盟各国都十分重视粮食储备，储备粮食主要由国家按照保护价收购农民的粮食而来。这种储备粮的所有权属于欧盟，但允许储备地所在国家优先使用，一般没有数量限制，而要求质量必须符合规定的标准。储备粮食的保管则全部由私人企业承担经营，政府主管部门同私人企业签订收购合同，商谈贮存期间的费用补贴标准。储备粮的经营管理方式十分灵活，在主管部门授权的一定范围内，贮存的私人企业可以自行选择在市场价格合适时销售储备粮，但要立即向主管部门报告。

三、国外粮食流通体制模式的启示

（一）坚持因地制宜，选择合适本国国情的粮食流通体制

美国和欧盟等经济发达国家的粮食流通体制都具有市场导向型的特点。由于市场成熟、机制完善，这种粮食流通体制达到了较高的效率。中国应积极探索适合自己的粮食流通模式，逐步形成适合中国国情的粮食流通体制。

（二）坚持市场化取向

从国外市场化粮食流通体制分析来看，不同国家根据不同国情形成不同类型的粮食流通体制，但总体上是以建立高效率的市场化粮食流通体制为方向。对粮食流通体制的改革，总体趋势是利用经济杠杆，推动粮食流通的市场化，减轻政府负担，放宽对民间粮食经营的限制。

（三）坚持政府有效调控

尽管不同国家每个阶段粮食流通政策调整的内容不同，改革的具体针对性不一，但基本目标不外乎都是向建立市场化流通体系和宏观调控体系发展。建立市场化流通体系是提高流通效率的需要，建立宏观调控体系是防止市场失灵的安全保障。从各国粮食流通体制的演变过程来看，政府对粮食流通的直接干预在减少，但通过法律手段、经济手段的间接干预都在加强。

（四）坚持粮食的生产保护

粮食生产属于弱质产业，它不仅面临着自然风险，而且面临着市场风险，从各国粮食发展的过程来看，粮食生产都离不开政府的政策保护。各国的经验提醒我们，建立较为完整的粮食生产政策保护体系，也是中国粮食流通体制改革的重要内容。

思 考 题

1. 目前世界粮食产量有什么特点？

2. 目前世界粮食的主要进口国有哪几个？

3. 目前世界粮食的主要出口国有哪几个？

4. 目前粮食贸易的特征有哪些？

5. 国外粮食流通体制模式对我国的启示有哪些？

6. 请去网站 http：//apps. fas. usda. gov/gats/ExpressQuery1. aspx 收集最新数据，论述一下现在的状况与文中所述状况相比是否发生了变化？如果有变化，在哪些方面发生了变化，理由是什么？

参 考 文 献

高帆. 日本粮食流通体系的特征及其对我国的启示 [J]. 调研世界，2008 (11).

韩一军. 世界粮食产业变化新特点及对我国的影响 [J]. 中国粮食经济，2014 (8).

李朋. 关于当前国际市场粮食价格上涨的有益探索 [J]. 中国外资，2013 (12).

刘颖. 国外粮食流通体制比较与启示 [J]. 世界农业，2008 (1).

刘忠涛，刘合光. 世界粮食贸易现状与趋势 [J]. 农业展望，2011 (5).

农业部农业贸易促进中心课题组. 国际农产品市场供需现状、趋势与特点 [J]. 世界农业，2014 (7).

孙雨南. 世界谷物市场新特点及未来走势 [J]. 黑龙江粮食，2014 (4).

吴朝阳. 国际粮食市场格局演化与我国的策略选择 [J]. 中国经贸，2014 (6).

朱行，李丰. 美国农业合同发展现状及启示 [J]. 粮食流通技术，2010 (3).

http：//apps. fas. usda. gov/psdonline/circulars/grain. pdf.

第十七章　世界粮食安全与粮食储备

本章学习目标：
1. 了解世界粮食安全与供求变化；
2. 了解发达国家粮食储备及经验借鉴。

第一节　世界粮食安全与供求变化

一、世界粮食安全特征变化与动因分析

（一）对粮食安全观念的回顾

粮食是一种关系国计民生、具有战略意义的重要物资，也是国家经济发展的基础。同时，粮食又是一种普通商品，是一般消费品，是工业原料，是金融商品。正由于粮食的多重属性，它的供给、需求与价格决定，都比较复杂。民以食为天是人们粮食安全观的最根本和原始的反映，而对国家粮食安全的认知也直接与一国的安全观，尤其是历史经验教训紧密相连。粮食安全是国家安全战略的重要组成部分，是治国安民的根本，是经济发展的基础，是维护独立自主的保障。它既有国民经济系统的经济特性，也有保障公民基本生存权利的政治特性，更有国家经济安全的战略特性。

联合国粮农组织对粮食安全的定义是"确保所有人在任何时候既买得到又买得起所需的基本食品"。它有三个具体目标：确保生产足够数量的粮食；最大限度地稳定粮食供应；确保所有需要粮食的人都能获得粮食。但由于各国经济水平、历史经验、社会制度、农业资源条件及国际贸易环境不同，它们对粮食安全的认识有明显差异。一般而言，国家粮食安全关注数量与价格两大主题，因为"短缺"和"昂贵"是导致一国粮食不安全的最主要原因。除自然原因外，粮食生产者、消费者、粮商、运输商、仓储机构、企业、金融家、政府、国际组织是构成这两大主题的具体

因子，每一个因子的炒作与膨胀都有可能对世界带来灾难性后果。

第二次世界大战后，世界和平持久，科技进步显著，经济增长强劲，粮食多年供大于求，粮食形势明显改善，人们的悲观情绪逐渐被乐观情绪所取代。但20世纪70年代初发生世界性干旱导致粮食歉收，引发粮食危机。严峻的现实把乐观情绪一扫而光，罗马俱乐部的著名报告《增长的极限》随之风行，对粮食不安全的忧虑普及世界各地。为使人类对粮食问题始终保持正确认识，重视发展粮食和农业生产，1979年联合国粮农组织决定，将1945年该组织成立之日，即10月16日，定为"世界粮食日"，并在此后的每一年进行不同主题的纪念活动。从20世纪80年代后半期开始，由于许多国家重视粮食安全问题，如欧盟实施"共同农业政策"，大力支持粮食生产，世界一度出现粮食过剩的问题。进入90年代后，因气候等多种要素影响，粮食生产、库存的不稳定性日益增加，但供应不足和过剩的情况依然交替出现。

2007—2008年的粮价高涨打碎了人们近20年对粮食安全的固有概念。全球粮食安全进入以国际粮价长期高位巨幅震荡为特征的新阶段。近年来，由于世界粮食生产量间歇式地低于消费量，不足的供给不断消耗着粮食库存，世界粮食生产量低于消费量（主要是工业消费），供求缺口则由粮食库存弥补，这是导致2007年度世界粮食库存降至历史新低，仅能满足54天世界粮食消费的重要原因之一。联合国粮农组织和全球谷物理事会的数据显示，2007—2010年全球粮食储备一直处于1980年以来的最低水平。同时，在美国次贷危机和国际金融危机阴云笼罩下，投机者赚得盆满钵满，游资进入大宗商品市场这一最后乐园。2005—2007年国际市场粮食价格普遍暴涨了一倍，有的地方甚至涨了两倍，2008年上半期上涨势头更加迅猛。经济学家使用"农业通胀"（Agflation）这一新名词，来描述这多年未见的农产品持久、普遍、大幅上涨现象。这一现象的产生使得人们脑海中的粮食这根弦愈发绷紧。

2008年末，粮价、油价竞相飙升，上演了国际金融危机前最后的非理性癫狂。随着国际金融危机席卷全球，"国际高粮价病"由"急性"转为"慢性"，游资也在粮食市场这一最后避风港蛰伏下来。国际金融危机席卷全球，也一度使国际粮价从最高峰滑落，但从2010年下半年开始，以玉米为代表的粮食价格又一路猛涨。半年间，谷物价格涨幅达57%，植物油涨幅达56%，蔗糖更飙涨77%。两次粮价高涨虽间隔两年，但事关粮食价格的"全球性疾病"并未根本痊愈。当前的不良状况实际是"金融危机粮食并发症"的第二次高潮。

（二）粮价危机动因分析

1. 供求紧平衡提供涨价的基本推力

需求方面，低收入国家经济高增长刺激口粮需求上升，而新兴市场中产阶级增多导致消费升级，居民越来越多地由植物淀粉转向动物蛋白，对肉类食品的消费量不断增加，刺激饲料粮需求快速增长。研究表明，生产1千克牛肉大约需要8千克谷物饲料，即1∶8，猪肉约1∶3，鸡肉约1∶2。膳食结构的改善导致饲料用粮需求膨胀，目前正以年平均2 100万吨的速度增长。据联合国预计，到2050年，世界人口将由目前的66亿增加到92亿。因此，对粮食的基本需求将不断增加，而自然灾害将再次成为粮食涨价的基本理由。2010年世界多灾多难，水、旱灾害全面光临几乎每一主要产粮国家，强度远超2008年粮食危机前两年的水平。俄罗斯干旱与大火使粮食减产过半，其粮食"奖入限出"政策更导致国际粮食市场出现供给缺口，助推小麦、大麦、玉米等主要粮食产品价格出现恐慌性上涨，继而牵动油料作物和食糖价格飙升。美国农业部最新预测显示，美国2010/2011年度小麦、玉米期末库存量分别下调至0.22亿吨和0.19亿吨；全球玉米期末库存量也分别下调至1.27亿吨，创15年以来新低。2008年，英媒报道世界粮食库存仅够57天是粮价危机暴发的最后一根稻草。当今，世界粮食储存消费比已跌至19％左右，接近18％的安全警戒线，风险不言而喻。

同时，忽视粮食生产与储备也使供求紧平衡导致的价格问题雪上加霜。农业比较收益较低，粮食种植则更低。因此，在追逐高利润动机的驱使下，很多发展中国家越来越忽视粮食生产与储备。印度拥有亚洲面积最大的耕地，气候条件优越，"绿色革命"曾使印度在过去很长时间里粮食自给有余、储备充足。但正是由于长年丰衣足食而忽视粮食生产与储备，导致近年来印度粮食产量无法满足国内需要。过去几年，印度经济年增长都在8％以上，但农业增长只有3％左右。自2005年开始，印度粮食产量无法满足国内所需，2006年首次从"小麦出口国"变成"小麦进口国"，2007—2010年则进一步加大粮食进口，国际粮价向国内传导，成为印度当前严重通货膨胀的重要诱因。严峻的现实使印度政府认识到，粮食生产低迷"已经严重威胁到印度整个国民经济的健康发展"，对印度普通百姓的生活来说，粮食安全甚至比石油、天然气等能源安全更加重要。

2. 粮食市场被操纵

世界粮价上涨与粮食生产、贸易的垄断关系密切。在粮食产量上，美国、澳大利亚、巴西等国居垄断地位，仅美国的粮食年出口量就常年稳占全球份额的35％左右，其中小麦更高达60％。美国、巴西、巴拉圭和阿根廷四国的大豆总产量超过世界大豆产量的90％。目前，ADM、邦吉、嘉吉和路易达孚等四大跨国粮商垄断着世界粮食交易量的80％。粮食生产潜力也主要集中在发达国家，尤其是美国。美国现有耕地面积1.9亿公顷，由于生产效率高，农产品过剩，长期采取休耕制度，一旦需要可很快复耕，且目前多数土地每年仅一熟，而其气候条件完全可一年两熟。因此，美国的粮食政策直接影响国际市场粮价的高低。

3. 粮食金融炒作愈演愈烈

粮价危机与金融危机一样有类似的因炒作而起的"自我实现"效应，即危机的酝酿、生成到恶化与投机者的心理预期密切相关，心理预期的恶化带来危机的不断恶化。当生产减少、储备下降、价格上涨以及随之而来的粮食禁运、出口管制、限额购买乃至社会骚乱等负面消息不断被报道后，投机者放大负面信号，使人们的恐慌心理与日俱增。由此，在一些别有用心的粮食贸易组织或机构的引导下，国际粮食交易陷入争购与价格不断上涨的恶性循环，粮食危机也因此不断升级。当前，全球流动性总体过剩将长期持续，庞大的游资不断追逐有限的资源，导致游资流向哪里，哪里的资产价格就会出现狂涨。近年来，能源、粮食等大宗商品不断成为国际游资的追逐对象。一方面，世界经济走上复苏轨道，拉动以粮食为代表的大宗商品需求，使游资炒作此类产品的获利前景得到保障；另一方面，美国高失业率、欧洲债务危机又使复苏之路坎坷，虚拟经济和实体经济并未真正复原，多数投资、投机领域仍乏善可陈，且风险趋高，使资金不得不继续滞留国际粮市避险。美国芝加哥商品交易所主导着全球大宗商品期货市场，早就成为全球粮价的晴雨表。美国商品期货交易委员会数据显示，在世界经济复苏的2年时间内，投机性多头持仓比例不断创历史新高。大投机者利用世界粮食库存减少、需求增加、气候变化等议题大肆投机炒作，赚个盆满钵溢。

4. 粮能共生联动态势增强

世界粮食价格与能源价格联动性增强。2000年至今，小麦和石油价格均翻了两番，玉米和稻米价格几乎都上涨了一倍以上。其中，美国在推动粮能联动方面所做"贡献"最大。研究表明，按照美国国会批准的生物能源计划，生产 300 亿加仑的生物燃料需要至少 3 亿吨植物原料，这个数字超过了过去 10 年美国卖出的全部轿车和轻型卡车的总重量。世界观察研究所所长莱斯特·布朗测算，按全球平均粮食消耗水平计算，美国用于生产生物燃料的谷物，足以为 3.3 亿人口提供一年的粮食。美国政府若不在世界粮食状况恶化失控前改变现行生物能源政策，停止对生物能源制造的补贴，保卫世界粮食安全就是一句空话。世界银行经济学家唐纳德·米切尔的研究显示，世界粮食危机原因的 65% 来自生物燃料。2011 年 3 月 30 日，美国总统奥巴马在华盛顿乔治敦大学发表能源政策演讲，提及大力发展生物燃料、减少美国对外石油依赖的政策取向。但按美国目前技术水平，一辆最普通的家用吉普加满一箱油需耗用 200 千克玉米，相当于非洲穷国布基纳法索一个成年男子一年的口粮。作为对美生物能源战略调整的反应，乙醇制造商对玉米需求不断增长。2011 年 4 月 9 日，美农业部预期到 8 月下旬收获季节到来时，美国的玉米储量将为 6.75 亿蒲式耳①，仅占全美玉米需求量的 5%，这将为 1996 年以来的最低储量水平。乙醇制造商对玉米的需求已经上涨了 1%，达 50 亿蒲式耳，大约占总玉米存量的 40%。

（三）未来粮价的可能趋势

长期看，全球粮食供给紧平衡的状况难以改变，寅吃卯粮的风险也在上升。随着人民生活不断改善，新兴市场对粮食的消耗将仍处于高速上升期；而受气候条件等因素影响，粮食很难连年增产，农业领域高新科技产业化速度也仍然较低。供需相比较，未来动用库存的频率必将升高，库存见底状况也难避免重演。中期看，全球层面泛滥流动性回收将相对缓慢，若世界经济复苏再遇阻碍，国际粮食市场内的资金量将难顺利回落至 2008 年以前的水平，粮价也将继续维持高位。短期看，阻碍粮价上升的力量薄弱。尽管 2008 年粮食危机后，各国虽进一步重视全球粮食安全问题，但措施却多着眼于扶助最贫穷国家发展农业等长远规划，对短期粮价飙升显得束手无策。从表面上看，高粮价是市场产物，或可惠及农民，限价是行政干预、是计划行为，为西方发达国家不容。但实质上，国际粮食贸易为美国等少数几个主要粮食出口国把持，自限价格将有损其根本利益。这也是长期以来国际组织只能通过高价买粮来缓解缺粮国家买不起粮

---

① 1 蒲式耳＝35.238 升，下同。

食这一矛盾的症结所在。某些国家或许对高粮价乐见其成，但粮食等大宗商品市场动荡确实是任何国家和人们都不愿意看到的。

推动粮价上涨因素也此起彼伏。首先，全球流动性泛滥，炒作资金量之大已今非昔比。国际金融危机后，西方发达国家经济过度刺激使廉价资金膨胀，政策效果在大宗商品市场集中生效，大量盲动资金在有目的游资带动下，涌入粮食市场捞取利润，使粮食泡沫也随之升级和扩张。而美联储不显露突出量化宽松政策意图，实质上也为国际游资继续安心炒作粮食等国际大宗商品提供了预期保证。当前，游资已逐步利用粮食与其他金融资产关联度、市场透明度"双低"的特殊属性，频繁进行粮食与其他金融产品对冲，这虽然降低了游资本身的综合风险，却给国际粮价带来更多不确定性。此外，炒粮高回报已开始吸引部分实业资本加入。预计若大宗商品价格上涨速度在一定时期内远超实体经济复苏步伐，更多资金将转进粮市。考虑到全球范围内流动性泛滥及其回收的长期性和复杂性，预计将出现粮价不降条件下的大宗商品全面飙涨。

其次，中东、非洲地区社会局势不稳催生投资者避险需求，石油、粮食价格轮动已经开始。回顾2008年粮价暴涨的基本特点是，石油价格猛升强力助推粮价，而当前因粮致乱的产油国又给本已回升的国际油价平添波澜。粮油互推的基本状况将使国家大宗商品价格乱象雪上加霜。这是因为，近年来，粮食、石油已成为名义上可替代性金融投机产品。一方面，生物能源转化技术应用尚未有革命性创新，生物燃料的原材料仍以粮为主。当国际油价突破生物燃料制造成本时，能源性粮食需求将异军突起，不但重压已处供求紧平衡的国际粮食市场，而且将对未来农业种植结构产生重要影响：水稻、小麦等主粮播种面积将被大豆、玉米、甘蔗等涉能农产品侵蚀。另一方面，国际粮价继续走高又将对中东缺粮产油国家社会动荡的蔓延起助燃作用。一旦占世界石油储量一半以上的中东国家全面卷入涉粮内乱，国际油价将疯涨直至逼停尚未完全复苏的世界经济。到那时，世界经济政治图景将难以想象。

此外，粮食、石油价格飙升使国际游资的投机行为有了口实。固然，生物能源生产耗粮甚巨，粮食运输用能成本也伴油共舞。但是真实世界的供求关系远没有游资投机者所预期的那样恐怖。即使是在生物燃料制造风生水起、美国政府大力补贴的2008年，乙醇汽油的实际产量也远低于游资预期。与其说是国际油价飙升带动生物燃料大规模生产，不如说是油价上涨概念在游资口中衍生出生物能源制造将掀起粮价狂潮的炒作幻象。

2008 年国际油价破百正是生物能源概念推升粮价暴涨的转折点。当前，国际油价已经破百，料想游资脑中的粮价必然已经提升到另一更高层次。

二、世界粮食安全现状

"全球米贵"让粮食安全成为与金融危机并列的世界热点话题。据粮农组织最新估计，2012—2014 年间，粮食费用上涨使近 8.05 亿人受食物不足困扰，全球范围内食物不足发生率为 11.3%，粮食价格高涨，加剧了很多国家的社会矛盾，甚至诱发了社会动荡。2010—2011 年，泰国超市出现断货闹食用油荒；印度不同党派民众举行游行，抗议粮价上涨；埃及是世界最大粮食购买国之一，小麦高价掀起了埃及骚乱的浪潮。联合国粮农组织报告指出，2000 年至今，食品价格指数从 91.1 上涨到 2014 年的 201.8，虽然在 2015 年初略有下降，但总体趋势仍是大幅上涨的。如表 17-1 所示，2000—2014 年，肉类价格指数由 96.5 上涨到 198.3；奶

表 17-1　粮农组织食品价格指数

年份	食品价格指数	肉类	奶类	谷物	植物油油脂	食糖
2000	91.1	96.5	95.3	85.8	69.5	116.1
2001	94.6	100.1	105.5	86.8	67.2	122.6
2002	89.6	89.9	80.9	93.7	87.4	97.8
2003	97.7	95.9	95.6	99.2	100.6	100.6
2004	112.7	114.2	123.5	107.1	111.9	101.7
2005	118.0	123.7	135.2	101.3	102.7	140.3
2006	127.2	120.9	129.7	118.9	112.7	209.6
2007	161.4	130.8	219.1	163.4	172.0	143.0
2008	201.4	160.7	223.1	232.1	227.1	181.6
2009	160.3	141.3	148.6	170.2	152.8	257.3
2010	188.0	158.3	206.6	179.2	197.4	302.0
2011	229.9	183.3	229.5	240.9	254.5	368.9
2012	213.3	182.0	193.6	236.1	223.9	305.7
2013	209.8	184.1	242.7	219.3	193.0	251.0
2014	201.8	198.3	224.1	191.9	181.1	214.2
2015 年 1 月	181.2	190.2	173.8	177.4	156.0	217.7
2015 年 2 月	179.4	187.4	181.8	171.7	156.6	207.1

数据来源：联合国粮食和农业组织、经济合作与发展组织。

类价格指数由 95.3 上涨为 224.1；谷物价格指数由 85.8 上涨为 191.9；植物油油脂价格指数由 69.5 上涨为 181.1；食糖价格指数由 116.1 上涨为 214.2；基本上都上涨了一倍以上。

（一）粮食需求总体增加

随着世界人口增加、全球经济逐渐复苏，各国 GDP 增长和居民收入的提高，粮食和农产品消费需求旺盛。2015 年全球人口约为 72.7 亿，到本世纪中叶，预计将达到 90 亿，粮食需求量还将继续增加。同时，随着生活水平提高，人们饮食结构正在改变，许多国家和地区对肉蛋奶鱼等动物蛋白食品消费量迅速增长，导致消耗更多的饲料粮。

其次，粮食转化为能源的开发需求增加。出于应对"石油价格暴涨"和保护生态环境的战略目标，替代性生物清洁能源备受青睐。各种机械"喝了大量生物柴油"，意味着供应市场的食用植物油大量减少，这自然会导致植物油料供应紧张。比如，一些国家大量利用玉米等粮食生产燃料乙醇，其中世界最大玉米生产国和消费国的美国，采取大幅度补贴政策，大大刺激了玉米燃料乙醇生产的突飞猛进。2011 年，美国乙醇产能达到 4 500 万吨，实际产量为 4 170 万吨，2013 年，北美燃料乙醇产量为 3 990 万吨。据 OECD 和 FAO 发布的《农业展望 2007—2016》估计，2016 年美国将有 1.1 亿吨玉米被用于燃料乙醇生产，占美国当年玉米产量的 32%。

（二）粮食供给日趋紧张

近年来，全球气候异常，灾害严重，造成世界粮食储备大幅下降，粮食主要出口国减产量更为明显。美国中西部地区作为粮食主产区，近期遭遇严寒暴雪，严重影响冬小麦生长，美国玉米库存用量已跌至 15 年来新低。加之反常的炎热天气导致美国农业蒙受损失，牲畜出栏率降低；恶劣的气候导致欧洲小麦主产区遭受灾难性损失；俄罗斯 2010 年森林大火使全国五分之一的土地绝收，俄政府随即宣布禁止粮食出口，直接引发了全球小麦及其他农产品的一轮暴涨；阿根廷则经受大旱，玉米、大豆播种放缓，作物生长受到阻碍。

全球粮食总产量下降，粮食消费量又不断增长，必然导致全球粮食储备量下降，如图 17 - 1 所示。2001—2011 年谷物产量和利用量的各年均值持平，使库存量增长乏力，其中最低点出现在 2006 年，全球粮食总储备量下降到 3.75 亿吨，粮食期末库存只占当年总产量的 17.1%，占当年总消费量的 16.5%，低于 FAO 确定的世界粮食安全线。迄今，全球粮食储备量已减少到 30 年来的最低水平，给世界粮食安全罩上阴影。

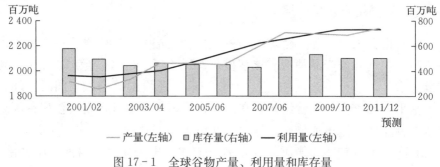

图 17-1　全球谷物产量、利用量和库存量

此外，粮食播种面积日趋严峻，粮食生产技术方面也未出现较大突破。例如，世界第三大米出口国的印度，近年来忽视农业发展，实施以城市为中心的经济政策，导致农业生产力逐年降低。

（三）外部环境的不确定性

首先，美国和欧盟等发达经济体对农业的大量补贴，对发展中国家的农业生产形成巨大冲击，恶化了贫穷的农业国家的贸易条件，这一直是世界农业和粮食问题的主要症结之一。以亚洲为例，亚洲国家曾盛产大豆、花生、葵花籽等油料作物。自 1995 年以来，美国农场靠政府巨额补贴廉价出口大豆，国际市场大豆价格持续走低。这种不公平竞争导致亚洲大豆生产逐步萎缩，一些大豆出口国变成了进口国。全球大豆的生产中心也由亚洲地区转移到了以美国、巴西和阿根廷为主的美洲地区。

其次，大量资金进入农产品期货市场进行投机，这些投机资金会推动价格的暴涨暴跌，从而对农产品价格进一步上涨形成"推力"。在房地产泡沫之后，美国实行量化宽松政策，大量美元流出，全球流动性过剩，逐利资本把目标转向资源和粮食为主的商品投机，在投机资金将大豆等农产品价格连续炒作至历史高位之后，发展中国家的进口成本成倍增加，消费者最终埋单，穷人则可能陷入忍饥挨饿的境地。

在各种外部不确定因素背景下，粮食和农业商品的价格未来十年可能会维持在一个更高平台。根据经合组织和粮农组织的预测，随着价格上升导致市场对获利增加做出反应，粮食与农产品价格将会从 2010—2011 年的高位回落，对未来价格展望持谨慎乐观态度。在库存得到重建之前，价格继续上行的波动风险依然很大。这种价格长期居高不下的局面可能会使粮食安全保障难度更大，同时贫困人口营养不良的风险也将有所扩大。

三、不同类型国家粮食供给的特征

近年来，全球粮食供求日益偏紧，粮食危机的隐患越来越大，确保粮食安全已经成为各国农业政策的首要目标。各个国家经济社会基础不同，自然资源禀赋各异，粮食安全战略选择差别很大。

（一）人少地多型国家

美国、加拿大、巴西、澳大利亚等国人均耕地面积大，粮食产量高，是世界主要的粮食出口国。这些国家的玉米、大豆、小麦等在世界市场上占有举足轻重的地位。在粮食生产上，"人少地多"型国家多采取大规模农场式的经营方式，现代农业的实现方式也以资本替代劳动为主。由于土地资源丰富、粮食供给的压力较小，这些国家的粮食供求矛盾主要侧重在如何保障粮食的国际竞争力和国内粮农收益的稳定性。因此，"人少地多"型国家的粮食安全保障机制一般是通过相对完善的法律手段和市场自我调节来实现的，很少采取行政干预手段。

（二）人多地少型国家

日本和韩国的人均耕地面积较少，粮食自给率较低，是世界主要的粮食进口国。他们保障粮食安全的重点在于如何为国内农业提供支持和保护，尽量提高粮食自给率并稳定国际粮源。由于长期面临粮食危机的挑战，"人多地少"型国家历来多以强有力的行政手段促进现代农业发展，保障食物安全。一方面，政府支持下的农业科技发达，且多以节约土地和水资源的集约化利用模式为主要取向；另一方面，政府通过高额的农业补贴、严格的农地保护和完善的粮食流通、贸易体制等手段全方位保障国家食物安全。

（三）人地平衡型国家

法国、德国、英国等西欧国家，人地矛盾不是非常突出，人均耕地面积处于世界中等水平，粮食供求总体保持平衡。随着全球粮食供求关系趋紧，国际粮价波动日益加大，"人地平衡型"国家保障粮食安全的风险也越来越大。当前，他们保障粮食安全的重点在于，如何确保国内粮食市场的稳定和供求的均衡，其具体措施主要是在备受争议的欧盟共同农业政策框架下构建的，主要特点是对内通过巨额补贴维持粮价稳定，对外实行农产品贸易保护。通过内外"两手"齐抓，这些国家不仅维护了本国的农业和农产品市场，还保证了欧盟的粮食安全。

总结世界各国保障粮食安全的主要经验，我们可以发现：第一，无论"人地关系"是否紧张，保障粮食安全一直都是各国农业政策的首要战略目标；第二，种类繁多、相互补充的政府补贴是各国实现粮食安全的重要手段；第三，与自然资源禀赋相协调的农业科技和经营体制是各国发展粮食生产的重要途径；第四，完善的粮食市场与贸易政策是各国确保粮食安全的重要基础；第五，符合 WTO 规则的灵活且有针对性的国际农产品贸易政策是各国保障粮食安全的重要补充。

四、世界粮食供求形势变化

粮食是国民基础之基础，其安全问题与人类的生存密切相关。冰冻三尺，非一日之寒。粮食危机是众多因素长期积累的恶果，抛开固有的传统因素，笔者认为当今世界正面临着前所未有的新挑战，即世界金融危机的暴发，全球气候的变暖，世界生物能源工业的快速发展。

（一）世界金融危机暴发，增加了粮食市场的不稳定因素

当今世界危机重重，2008 年世界金融危机的暴发更是增加了粮食市场的不稳定因素，加深了全球粮食危机。在粮食生产方面，由于受金融危机的影响，目前世界重要的粮食生产国如美国、一些欧洲国家及巴西都出现了信贷紧缩，在生产资金和贷款等诸多方面面临困难，从而导致世界粮食作物的种植面积和产量大幅下降。在消费方面，金融危机的背景下，粮食价格虽然比 2008 年年初有所下降，但仍处于历史高位。

（二）全球气候变暖，威胁国际粮食生产

今后 20 年，全球粮食产量的增长可能会因为气候变暖而减缓。美国斯坦福大学和国家大气研究中心科学家指出，气候变暖会使主要粮食作物产量增长明显减缓的风险大幅提高。研究人员发表在新一期《环境研究通

讯》上的论文说，他们用计算机模型模拟了未来的气候演变，并结合天气、农作物等相关数据，预测气候变化在未来 20 年中影响小麦和玉米产量达 10％的风险。他们发现，如果仅计入自然的气候演变趋势，这一风险约为 0.5％，而如果考虑到人类活动导致的温室气体排放，这一风险可能达到 5％～10％。研究人员量化了温度升高与粮食产量的关系：气温每升高 1 ℃，玉米生长就会减缓 7％，而小麦生长会减缓 6％。如果考虑到人类活动排放的温室气体，全球主要粮食产区未来 20 年内发生这一温度升高的几率可达 30％～40％，而如果只考虑自然的气候变化，温度升高的几率要低得多。

联合国粮农组织曾预测，到 2030 年，全球粮食作物产量将保持每年 1％～2％、每十年 13％的增长率。不过由于人口增加、生活水平提高以及生物能源的需要，全球粮食的需求增长更快。论文主要作者、美国国家大气研究中心的克劳迪娅·泰巴尔迪说，在气候变暖的背景下，总体来看粮食产量仍然会增长，不过其增长率可能明显降低，以至于赶不上粮食需求增长。人们可以转到较冷的地区种植小麦和玉米，不过这种适应性行动太慢，不足以抵消温度升高的影响。研究人员强调，目前他们还不能断言全球粮食作物产量增长一定会明显减缓，这一事件发生的几率还是相当低的，但是气候变化明显增加了其几率。从全球粮食安全和稳定的角度而言，相关机构应考虑这种风险。

（三）世界生物能源工业的快速发展，加剧了粮食供求矛盾

粮食的首要任务是保证人口的食物消费，但在目前世界粮食供需不平衡的局面下，一些国家依然大力发展生物能源工业（生物能源是指以淀粉质生物，如粮食、薯类、作物秸秆等为原料生产的燃料）。巴西生物柴油现在的年产能已经达到 1 亿吨的水平，中国的生物发电的产能在 2014 年也已经达到 300 多亿千瓦时的水平。生物能源工业的发展必然会扩大粮食的利用，增加粮食的需求，减少粮食市场的供给，正如俗话所说的："富人的汽车吃掉穷人的面包"，从而形成机器与人争粮的局面，引发更多更深远的问题。

（四）一些国家粮食安全形势的恶化，加深了全球粮食危机

随着各国经济、政治的发展，世界联系日益紧密，一些国家粮食危机的暴发，势必波及全球，加深全球粮食危机，从而引发社会动荡和政治危

机。自 2007 年开始，由于粮价的飙涨，全球第三世界贫困地区不断出现因为无法购粮而面临生存危机的现象，如海地、喀麦隆等国家的人民，为生存的粮食而走向街头抗争。联合国粮农组织（FAO）2015 年发布的报告表明，尽管近年来全球粮食生产总量已可满足世界人口的基本需求，但全球饥饿人口仍呈上升趋势，2014 年达到了 8.05 亿，全球大约每 6 秒钟就有一名儿童因饥饿而离开人间，饥饿问题已成为人类"最大悲剧"，因此，粮食安全问题仍然是许多国家面临的严峻现实问题。

第二节　发达国家粮食储备及经验借鉴

粮食储备在国民经济中占有重要地位。许多国家为了保证粮食供应安全和社会稳定，都试图建立一套与其国情和经济发展水平相适应的粮食储备制度，并采取相应的政策法规。我们有必要了解和分析世界主要粮食进出口国的粮食储备管理情况及其变化趋势，从中得到启示和借鉴，以完善我国的中央储备粮管理制度。

发达国家粮食储备的概念，在粮食出口国和进口国是有很大差异的。出口国的粮食储备主要是周转库存，而进口国的粮食储备则主要是战略储备。这里我们从粮食储备管理比较完善的国家中，选择了具有典型意义的美国、澳大利亚和日本三个国家，对其粮食储备规模、运作机制及粮食储备管理的政策法规进行分析和比较。

一、美国的粮食储备

美国粮食产量居世界首位，年产量一般在 3.3 亿～3.8 亿吨。美国是世界上最大的粮食出口国，出口量占世界粮食出口量的 50%。每年约有其总消费量 40%左右的粮食进入储备。因此，美国的粮食出口和储备对世界粮食市场有很大影响。

（一）美国的粮食储备规模

美国粮食总仓储能力达 201 亿浦式耳（约为 5 亿多吨）。其中，位于农场由农民或几户农民联合拥有和控制的粮食仓储能力为 116 亿浦式耳（约为 3 亿多吨），占总仓储能力的 58%。农民通过使用自己的仓储设施，可以较大程度上左右粮食的市场流通。农场以外的商业性粮仓共有仓储能力 85 亿浦式耳（约为 2 亿多吨），占总仓储能力的 42%。

美国的粮食储备大致有四种：第一，正常储备，即粮食生产者和加工商正常经营的周转性库存。第二，缓冲储备，是指在两个生产年度间调节供求的粮食储备，由美国政府和私人共同参与。第三，农场主自有储备，即参加自有储备计划的农场主储存的粮食。第四，政府储备，是指政府为保证粮食安全的储备，由作为美国粮食市场的政策性调控机构商品信贷公司（CCC）经营。目前政府储备大约在 500 万吨，相当于粮食年产量的 1.4%。

（二）美国粮食储备的运作机制

美国是市场经济高度发达的国家，主要通过市场来促进粮食流通，联邦政府运用信贷杠杆等经济手段对粮食市场实行间接调控。在《1996 年联邦农业完善与改革法》实施以前，政府为了保证粮食安全，通过 CCC 从农场主直接购买粮食进行储备。近年来，政府粮食储备量逐渐减少，而农场主的自有储备则不断增加。农场主（包括一些投机商）进行粮食储备的目的是为了赚钱，但要参加储粮计划，就必须与 CCC 在各地的分支机构签订合同。CCC 负责按合同规定的数量向农场主支付储藏费用和低息贷款。参加储粮计划的农场主必须执行政府的粮食种植计划，对储备的粮食在三年内必须保证质量，且不能自行处理储备粮，否则要被罚款。只有当市场粮价剧涨时，农场主方可出售储备粮。不仅如此，CCC 还要求农场主必须在特定时间内归还贷款，以迫使其抛售粮食。如果此时农场主还想将储备粮留着，CCC 就不再支付储粮费用和保证提供低息贷款。当市场价大大高于农场主抛售价时，才动用政府储备粮投放市场。美国的粮食仓储设施全部为农场主或私人公司所有，政府要寄存粮食须支付仓储费用。

（三）美国粮食储备管理的政策法规

美国政府对粮食仓储业的管理主要是通过法规来实行有效监督。1916年国会通过了《美国仓储法》，根据该法又制定了《粮食仓储条例》，对粮食仓储许可证、仓储保证金、仓储存单、仓储商的责任和粮食检验、称重、分级等一系列具体操作，都有非常具体和明确的规定。任何从事粮食公共仓储的法人，必须获得许可证。申请许可证必须符合农业部规定的财务状况、设施条件、管理能力以及仓储商对其设施的控制能力等各种条件。

为了确保粮食仓储商履行义务，粮食仓储商还必须交纳保证金，一般规定每蒲式耳（约36.37升）的仓容交纳0.20美元，每个仓储商交纳保证金的数额为2万～50万美元。

（四）美国的粮食安全管理制度的经验

1. 严格的耕地保护制度

美国的耕地保护计划是一个集调控粮食产量与保护土地资源为一体的保护计划。为减缓耕地的损失速度，美国政府自20世纪70年代以来先后制定了各种政策，其主要内容有：①耕地捐赠或农业保持权，即由私人耕地拥有者将耕地（产权）或农业保持权捐赠给政府或非营利组织，以换取捐赠者的税收减免。②征地，即联邦政府、州政府或其他耕地的保护机构购买耕地。③农业区，即农场主自愿生产的农业区，该区内对农业用地转化成非农用地实施限制。也就是区内土地城市功能区的改变是困难的，同时得到土地改良财产税收奖励。④农业用地功能分区，即农业用地功能分区是一种相对廉价的耕地保护政策，只要通过规划计划划定农业用地功能分区即可。⑤土地开发权购买，即由政府或非营利组织从土地拥有者手中购买土地开发权，即土地拥有者可以继续从事目前的使用，由于土地开发权被买走，土地使用者可以交易其他的土地权属，但是土地开发将永远不可能发生。⑥土地开发权转让或者可交易的土地开发权。土地开发权转让与土地开发权购买类似，不同的是土地开发商购买土地开发权，并在其地区利用购买的土地开发权建设更高或更密的建筑。⑦税收激励。为继续保持土地非城市利用的土地拥有者提供个人收入所得税减免，减少他们把土地出卖给开发商的经济利益驱动[①]。

2. 保障性的粮食补贴支持

1973年，美国的《农业法》提出了一项政策，方法是先由政府制定一个能够保证农民收入的合理价格作为目标价格，当市场价格低于目标价格时，政府就对农民进行差额补贴，差额补贴为目标价格与部分价格、贷款利率两者较高者之差。2002年的新《农业法》中，把差额补贴改为目标价格与反周期支付，差额补贴变成了目标价格与有效价格之差。据美国农业部测算，2002—2011年，政府补贴农业的资金为1 900亿美元，比1996年农业法预算增加了约830亿美元，平均每年增加190亿美元。补

---

① 陈宝森. 当代美国经济［M］. 北京：社会科学文献出版社，2000.

贴在美国农业政策史上是很广泛的。除了对原来的农产品继续进行补贴外，又把许多农产品增加到新《农业法》的补贴范畴当中，几乎覆盖了所有的农产品。美国政府的这些政策措施，可以大幅度减少政府的价格支持以及财政补贴对粮食市场价格失真的影响，但同时保护了种粮者的利益，减少了国家的财政负担，提高了农民的种粮积极性。

3. 未雨绸缪的粮食储备制度

美国粮食产量居世界首位，年产量一般在 3.3 亿～3.8 亿吨，是世界上最大的粮食出口国，出口量占世界粮食出口量的 50%，但每年仍有其总消费量 40% 左右的粮食进入储备。因此，美国粮食的出口和储备对世界粮食市场有很大影响。在《1996 年联邦农业完善与改革法》实行以前，政府为了保证粮食安全，通过 CCC（联邦储备）从农场主直接购买粮食进行储备。近年来，政府粮食储备量逐渐减少，而农场主的自有储备则不断增加。农场主（包括一些投机商）进行粮食储备的目的是为了赚钱，但要参加储粮计划，就必须与 CCC 在各地的分支机构签订合同。CCC 负责按合同规定的数量向农场主支付储藏费用和低息贷款，参加储粮计划的农场主必须执行政府的粮食种植计划，对储备的粮食在 3 年内必须保证质量，且不能自行处理储备粮，否则要被罚，只有当市场粮价剧涨时，农场主方可出售储备粮。CCC 还要求农场主必须在特定时间内归还贷款，以迫使其抛售粮食。如果此时农场主还想将储备粮留着 CCC 就不再支付储粮费用和保证提供低息贷款；当市场价大大高于农场主抛售价时，才动用政府储备粮投放市场。这些法律制度很好地解决了政府、农场主在粮食储备方面的关系问题，为政府间接调控粮食市场提供了法律依据[①]。

二、澳大利亚的粮食储备

澳大利亚是世界上重要粮食出口国之一，粮食出口约占年产量的三分之二，继美国、加拿大、欧盟之后，居世界第四位。主要出口的粮食品种有小麦、大麦等。

（一）澳大利亚的粮食储备规模

澳大利亚粮食储存、处理基本上是由五个分散处理机构承担，每个大

---

① 聂振邦. 世界主要国家粮食概况［M］. 北京：中国物价出版社，2003.

陆州各一个。这五个机构控制了年产量 70% 以上的粮食储存和处理。每个分散机构都有由公路或铁路连接起来的接收网络，这个网络还与几个出口港口连接。中央储存系统共有大约 900 个乡村接收基地和 17 个出口港。它能提供 1 800 万吨的乡村储存，600 万吨的港口储存和大约 300 万吨的其他各种法定储存，合计储存能力达 2 700 万吨。其余由农场和私人商业储存。

（二）澳大利亚粮食储备的运作机制

澳大利亚粮食市场的经营主体主要由农民合作经营组织、政府粮食经营机构和其他经营实体三大类构成。农民合作经营组织包括各州的粮食储运公司、种子联合公司等；政府粮食经营机构包括小麦局、大麦局等；其他经营实体是除以上两类外的各种从事粮食加工、流通的企业。从 1989 年开始，澳大利亚对粮食流通体制进行了改革，政府的小麦经营机构开始逐步走向合作制，正在使澳大利亚粮食市场由政府主导型转变为合作制主导型。

澳大利亚的粮食流通实行商流和物流分立。商流由小麦局等粮食流通商承担，根据国家法律、政策及市场供求关系的变化，具体负责开展小麦等粮食的国内外贸易活动，具有粮食经营权。近年来，小麦局还向粮食加工业延伸和开展多元化经营方向发展，包括在国内投资兴办粮食加工厂。物流则由粮食储运公司承担，具体负责粮食的收购、检验、装卸、储存和运输业务，但没有粮食经营权。粮食储运公司都是按合作制原则组成的，为非营利性组织，其宗旨是以最低的费用为粮食生产者提供最好的粮食收购、储存和运输等服务。澳大利亚的粮食仓储体系由农村收购仓库、地区终点仓库和港口终点仓库组成。这些仓库一般由小麦局指定的机构经营。

（三）澳大利亚粮食储备管理的政策法规

澳大利亚粮食市场发达，交易秩序井然，主要得益于健全的法律体系。一般情况下，政府不采用行政手段干预经济，主要采用法律手段。政府在粮食生产、加工、储运和销售等各个方面都制定了相应的法律，而且都有很强的可操作性。如粮食储运有《储运经营法》，小麦销售有《小麦市场法》，大麦销售有《大麦市场法》等，严格按法律规定办事。凡是法律明确的条文，各个相关方面都要严格执行，不得违反，否则，会受到法律的追究。

三、日本的粮食储备

日本是地少人多、粮食不能自给的国家。其粮食的主要品种是大米、麦类、大豆等。目前大米流通形成了自主流通米（主要由农协销售）、政府米（储备）、计划外流通米（农户自由销售）并行的流通格局。2014年，日本大米的年产量为789.9万吨，国内消费需求量为1040万吨。

（一）日本的粮食储备规模

长期以来，日本尽管作为粮食短缺的国家，每年要从世界市场进口大量小麦和饲料粮（国内消费中小麦的90％和饲料的80％依赖进口），但大米的进口量基本为零。自关贸总协定乌拉圭回合农业协议签署后，日本接受了大米的最低市场准入量，1995—2000年，大米进口量从38万吨增加到76万吨，占国内消费量的比例从4％提高到8％。进口大米一部分作为主食用米和加工用米出售，另一部分作为政府储备粮。

1993年日本发生了"米荒"，使日本政府下决心建立更为明确、有效的粮食储备制度。1995年日本《新粮食法》规定，政府设立专项储备，其规模以政府米150万吨及进口米50万吨充当，约相当于正常年份3个月的供应量。

（二）日本粮食储备的运作机制

1995年《新粮食法》规定设立专项储备，以政府米及部分进口米充当，由政府与民间共同负责，并以政府为主；民间储备由自主流通米法人负责，费用由政府补贴一部分。政府的储备大米，由政府根据国内生产的年成丰歉，决定是否抛售或增加储备，通过调整储备以抑制粮价的暴涨暴跌。为有效调节国内市场，政府确定了储备运作方针，包括储备数量、计划上市数量及政府收购数量。全国大米集货团体是日本农林水产大臣指定的主要负责全国计划大米收购和储运的法人。它由两部分组成：一是全国农业协同组合联合会（"农协"），二是全国主食收购协同组合联合会（"全集联"）。"农协"和"全集联"都是民间团体。全国大米集货团体依据农林水产大臣批准的大米流通计划，通过下设的两级集货商，将分散在全国农民生产的大米收集起来，通过政府粮食事务所检验后，按品种、质量、计划数量等区分为"政府米"和"自主流通米"，再分别交售给政府和大米批发商,其余的米可由农民自由出售。在保证储备水准合理化方面,日本政府也采取了一些措施:一是如有一部分政府米未完全销售,政府收购将做出相应数量的调整;二是由于日本大米价格较高,难以出口,为降低政府米储备数量,以减少财政补贴,日本政府把一部分超储备规模的大米用于国际援助。

日本是世界上对粮食实行高额补贴的国家,除对政府米储备费用据实进行补贴外,对生产者在年度末未能卖出的粮食也给予部分储存费用补贴。据日本食粮厅提供的数字,2001 年日本大米产量只有 906 万吨,但政府仅对大米生产、流通、储备等支出的相关财政补贴就达到 51.7 亿美元。1990—1995 年,日本政府的粮食管理费支出从 33 476 亿日元上升到 47 381 亿日元,增加了 42%。

(三)日本粮食储备管理的政策法规

日本在 1942 年制定了《粮食管理法》及其实施细则等配套法规,后又多次修订,对规范粮食生产和流通活动发挥了重要作用。为应对 WTO 有关规则,日本又于 1995 年制定了《新粮食法》。《新粮食法》的主要内容有:改变过去大米购销、价格由政府统一管理的模式,使流通中的自主流通米占主导地位,充分发挥市场机制作用;减少政府财政补贴,由市场形成价格;放宽大米经营限制,由许可制改为登记制;流通渠道多元化,加大市场化和自由化程度。最近日本又通过了《粮食法修改案》,对大米生产政策进行了调整,将在 2008 年彻底废除现行的大米生产政策。这些法律的出台和实施,为稳定粮食生产、规范粮食交易、建立粮食储备等起到了非常重要的作用。

四、发达国家粮食储备管理模式及其借鉴

(一)建立粮食生产性基础保障体系

一是保护耕地资源,确保粮食生产能力。我国保护 18 亿亩耕地红线不突破,保护 16 亿亩粮食播种面积不突破,粮食单产应提高至 350 千克以上,总产量保持在 1 万亿斤以上。同时推动实施好《全国新增 1 000 亿斤粮食生产能力建设规划》。二是提高粮食种植的比较效益,确保粮食播种面积稳定。2008 年《国家粮食安全中长期规划纲要》中指出国家下一步的任务要争取保护耕地,全国耕地保有量不低于 18 亿亩,基本农田不

低于 15.6 亿亩，要用更严格的制度和法律遏制粮食耕地面积不断下降的趋势。加大劳动力对外流转和保护农村青壮年种粮劳动力，直接增加对农业和粮食的扶持。通过土地经营权流转的方式实现土地集中规模化经营。加大科技成果的应用力度，提高粮食种植的技术含量。三是加大农田水利灌溉基础设施建设方面的力度。2011 年来的中央 1 号文件均涉及农业基础设施建设，应以此为契机，改善农业基础生产条件，提升应对自然灾害能力。如加大开发自主知识产权的节能型物种，建设高效的节水农业，完善水利设施，等等。四是按照"以工补农、以城带乡"战略和"多予、少取、放活"的方针，构建支农、惠农的长效机制。

（二）建立粮食安全的储备保障体系

从粮食安全的角度考虑，根据联合国粮农组织提出的世界粮食安全理论和一个确保全球粮食安全的最低储备水平的经验性标准，即当年世界粮食的储备量至少应达到当年世界粮食总消费量的 17％～18％，其中粮食专项储备占 5％～6％，并指出一个国家保险储备粮食需要满足 3～4 个月的口粮，这是既保证充足粮源，又节省储粮经费的最佳储粮标准。目前我国政府、企业、农民的全部储粮是 2.5 亿吨，约占全国粮食消费的一半。一是建立完备的区域性粮食储备体系，确保合理的粮食储备总量、布局的种类结构，特别是在省会和大中城市，建立储备粮管理公司，并在近五年内形成一定储备规模。二是倡导企业与农户的"粮食银行"模式。

（三）建立粮食安全的消费保障体系

一是控制人口增长。目前，我国仍是世界上人口第一大国，人口总数达到 14 亿。根据美国学者莱斯特·布朗的预测，到 2030 年，中国的人口将增加到 16 亿，人均消费粮食从 300 千克增加到 400 千克，粮食总需求从 3.46 亿吨增加到 6.4 亿吨，增长 85％。因此，有效控制人口的总量增长、改善人口结构、应对社会人口老龄化、城镇化等问题是实现粮食需求总量和增量控制的重要途径。二是确保科学合理的粮食消费结构，包括口粮消费、饲料用粮消费、工业用粮消费、种子用粮消费和粮食损耗。保证口粮消费，合理控制饲料用粮消费的快速增长，严格控制工业用粮消费的快速增长。三是确保粮食质量安全问题。目前，我国的人口数量和粮食生产已经达到一种平衡状态。对于我国消费者来讲，最大的威胁已经不是吃不饱的问题，而是很多人因为饮食结构不科学所带来的健康问题。据统计，2012 年，我国心血管病人已经达到 3 亿人，中国已经成为世界第一糖尿病大国，这都是吃出来的问题。食品安全主要是两个层次：食品安全性和食品安全感。安全性有国家标准及卫生指标，可以测定，具有法律效力。安全感是由心理因素决定的，与每个人的人生、经历、习惯、生活水准有关。

（四）建立粮食安全的物流保障体系

粮食产区与销区的区域和结构性分布不均是我国的基本国情，如何建立连接产区和销区的高效率、低成本的粮食物流体系，对于国家有效调控粮食市场、保障粮食安全至关重要。一是建设统一标准的粮食物流设施体系。建设先进技术支持的高效率仓储设施，建立一体化的散粮运输体系。二是配套的物流信息化支持。建立全国粮食物流配货平台，全国粮食电子交易平台和全国粮食管理信息平台。三是完善的粮食物流供应链管理。确立国家级大型粮食企业为粮食供应链的核心企业，发挥龙头作用与规模带动作用。通过政府引导、市场运作来延伸粮食产业链，实现供应链的战略管理。

（五）建立粮食安全的进出口保障体系

作为全球粮油商品进口大国，要提高国际市场上的定价话语权，这需要政府、企业和行业来共同争夺。我国农产品贸易的最大特点是"卖的比较零碎，买的比较大宗"，在出口方面，一些比较活跃的小品种粮油类商品产业化水平低，纳入现代化标准正规的扶持政策、体系比较难，因此要通过良种补贴、收储补贴等多项措施激励它们发展。与此同时，要建立专项出口促进基金，行业内建立粮油商品出口质量控制体系，增加科研投入，加快科技创新，提升产品的附加值，促进产业升级，增加进出口贸易企业的竞争力，提升大宗农产品定价的话语权。

（六）建立粮食安全的政策、财政及金融保障体系

一是建立健全农产品生产与采购的保护措施。在不改变现有土地制度的前提下，粮食的生产归根结底取决于农民种粮的积极性。当前政策对种粮农民的激励仍然不够，需要继续加大强农惠农政策支持力度，加快完善扶持粮食生产的政策体系，建立粮食稳定发展的长效机制。保障粮食安全

是政府的责任，主要是解决主销区和城市化日益增长的粮食需求。在目前粮食生产比较效益还较低的情况下，要依靠政策激励与价格引导并举才能调动农民种粮积极性。建立利益协调机制，调动产区政府抓粮的积极性。二是尽快完善粮食安全金融保障体系。对涉及粮食生产、流通、加工、储备等环节的配套金融服务要不断深化，提高对粮食产业链的金融支持力度。三是加强政策金融建设。着力推进农业发展银行和农业政策保险体系建设，在信贷支持和保险保障两个方面为粮食生产、储备、加工提供更有力的金融支持。稳定农产品市场，还需要采取一些直接作用于农产品生产流通消费的政策措施，使农产品价格调控朝着有利于农民发展生产和不增加低收入消费者负担的方向变化。四是建立一整套粮油产业化机制。工业化、城镇化和农业现代化的相互协作和竞争，形成了一个自组织系统，共同作用于农民增收上。如农业现代化促进家庭经营收入的提升，工业化促进农民工资性收入水平的提高，城镇化促进农村剩余劳动力转移，提高农民自身素质，从而促进农民增收。

思　考　题

1. 什么是世界粮食安全？引起粮价危机的动因有哪些？
2. 当前世界粮食供求形势有哪些新的变化？
3. 简要介绍美国、日本和澳大利亚的粮食储备特点。

参　考　文　献

陈宝森．当代美国经济［M］．北京：社会科学文献出版社，2000．

瞭望新闻周刊．中国口粮安全的挑战和机会［N］．瞭望周刊社，2011－04－17．

刘淑华．我国粮食安全的制约因素与化解对策［J］．经济问题探索，2007（12）：21．

马晓河，蓝海涛．中国粮食综合生产能力与粮食安全［M］．北京：经济科学出版社，2008：128．

聂振邦．世界主要国家粮食概况［M］．北京：中国物价出版社，2003．

新华网．"水荒"将成为全球粮食危机导火［EB/OL］．http：//news.xinhuanet.com/world 2009－05/18/content_11394580.htm．

尹成杰．粮安天下——全球粮食危机与中国粮食安全［M］．北京：中国经济出版社，2009：73.

IFPRI. High Food Prices: The What, Who, and How of Proposed Policy Actions [R]. IFPRI Policy brie, f IFPRI, Washington, DC. , 2008.

FAO. The State of Agricultural Commodity Markets: High food prices and the food crisis - experiences and lessons learned [R]. FAO, Rome, 2009.

FAO. World Agriculture: Towards 2015/2030 [R]. FAO, Rome, 2002.

IRWIN, S. , SANDERS, D. &. MERRIN, R. . Devil or Ange: The Role of Speculation in the Recent Commodity Price Boom (and Bust) [Z]. Southern Agricultural Eco - nomics Association Meetings. Atlanta, Georgia, 2009.

SANDERS, D. R. , IRWIN, S. H. &. MERRIN, R. P. . The Adequacy of Speculation in Agricultural Futures Mar - kets: Too Much of a Good Thing? [R]. Marketing and Outlook Research Reports. Urbana - Champaign, IL, De - partment of Agricultural and Consumer Economics, University of Illinois at Urbana - Champaign, 2008.

The Economist, The end of cheap food [J]. The Economist, Dec 6th, 2007.

TIMMER, C. P. . Causes of High Food Prices [R]. ADB Economics Working Paper Series 128. Manila, Asian De - velopment Bank, 2008.

TROSTLE, R. Fluctuating Food Commodity Prices: A Com - plex Issue With No Easy Answers [J]. Amber Waves, 2009 (6): 11 - 17.

VON BRAUN, J. &. TORERO, M. . Implementing Physical and Virtual Food Reserves to Protect the Poor and Prevent Market Failure [R]. IFPRI Policy Brief 10. Washington DC, IFPRI, 2009.